新编土木工程技术丛书

清华大学土木工程系 组织编写

丛书主编 崔京浩

建设工程项目投资控制与合同管理

卢谦 编著

中国水利水电出版社
www.waterpub.com.cn

内 容 提 要

本书系统地阐述了建设工程项目投资控制与合同管理的主要内容，包括：建设工程项目管理绪论、建设工程投资控制中应用的建筑经济方法、建设工程项目前期的造价控制、建筑安装工程费的计价模式、国内外建设工程合同概述、FIDIC《土木工程施工合同条件》的应用及各版对比、工程施工中的索赔和争端处理、建设工程项目的风险管理、建设工程的担保和保险。

本书可供从事建设工程项目管理的工程技术和管理人员参考使用，也可作为大专院校和培训班有关课程的教材或参考书。

图书在版编目（CIP）数据

建设工程项目投资控制与合同管理 / 卢谦编著. --北京：中国水利水电出版社，2013.7
（新编土木工程技术丛书）
ISBN 978-7-5170-1090-6

Ⅰ.①建… Ⅱ.①卢… Ⅲ.①基本建设投资－控制②建筑工程－经济合同－管理 Ⅳ.①F283②TU723.1

中国版本图书馆CIP数据核字(2013)第172911号

书　　名	新编土木工程技术丛书 **建设工程项目投资控制与合同管理** 清华大学土木工程系　组织编写
作　　者	丛书主编　崔京浩 卢谦　编著
出版发行	中国水利水电出版社 （北京市海淀区玉渊潭南路1号D座　100038） 网址：www.waterpub.com.cn E-mail：sales@waterpub.com.cn 电话：（010）68367658（发行部）
经　　售	北京科水图书销售中心（零售） 电话：（010）88383994、63202643、68545874 全国各地新华书店和相关出版物销售网点
排　　版	中国水利水电出版社微机排版中心
印　　刷	北京瑞斯通印务发展有限公司
规　　格	184mm×260mm　16开本　17.25印张　409千字
版　　次	2013年7月第1版　2013年7月第1次印刷
印　　数	0001—3000册
定　　价	35.00元

凡购买我社图书，如有缺页、倒页、脱页的，本社发行部负责调换

版权所有·侵权必究

序

土木工程——一个古老而又年轻的学科。

国务院学位委员会在学科简介中为土木工程所下的定义是："土木工程（Civil Engineering）是建造各类工程设施的科学技术的统称。它既指工程建设的对象，即建造在地上、地下、水中的各种工程设施，也指所应用的材料、设备和所进行的勘测、设计、施工、保养、维修等专业技术。"

英语中"civil"一词的意义是"民间的，民用的"。"Civil Engineering"一词最初是对应于军事工程（Military Engineering）而诞生的，它是指除了服务于战争设施以外的一切为了生活和生产所需要的民用工程设施的总称，后来这个界定就不那么明确了。随着科技的进步与发展，防护防灾工程、航天发射塔井、海上采油平台、通信线路敷设、核电站工程等也都不同程度地属于土木工程的范畴，特别是这些项目的基础性建设。土木工程是专业覆盖面和行业涉及面极广的一级学科。

相对于机械工程等传统学科而言，土木工程诞生得更早，其发展及演变历史更为古老。同时，它又是一个生命力极强的学科，它强大的生命力源于人类生活乃至生存对它的依赖，甚至可以毫不夸张地说，只要有人类存在，土木工程就有着强大的社会需求和广阔的发展空间。

土木工程是国家的基础产业和支柱产业，是开发和吸纳我国劳动力资源的一个重要平台，由于它投入大、带动的行业多，对国民经济的消长具有举足轻重的作用。改革开放后，我国国民经济持续高涨，土建行业的贡献率达到1/3；多年来，我国固定资产的投入接近甚至超过GDP总量的50%，其中绝大多数都与土建行业有关。随着城市化的发展，这一趋势还将继续呈现增长的势头。

随着技术的进步和时代的发展，土木工程不断注入新鲜血液，显示出勃勃生机。其中工程材料的发展和力学理论的发展起着最为重要的推动作用。现代土木工程早已不是传统意义上的砖、瓦、灰、砂、石，而是由新理论、新技术、新材料、新工艺、新方法武装起来的，为众多领域和行业不可或缺的一个大型综合性学科，一个古老而又年轻的学科。

综上所述，土木工程是一个历史悠久、生命力强、投入巨大、对国民经济具有拉动作用、专业覆盖面和行业涉及面极广的一级学科和大型综合性产业，随着时代的发展和科技的进步，为它编写一套新技术丛书既是社会的召唤和需求，也是我们的责任和义务。

清华大学土木工程系是清华大学建校后成立最早的科系之一，历史悠久，实力也比较雄厚，有较强的社会影响和较广泛的社会联系，组编一套"新编土木工程技术丛书"，既是应尽的责任也是一份贡献，但面对土木工程这样一个覆盖面极广的一级学科，我们组织编写实际起两个作用：其一是组织工作，组织广大兄弟院校及科研设计施工部门的专家和学者们编写；其二是保证质量，我们有一个较为完善的专家库，必要时请专家审阅、定稿。

这套书编写的原则遵循一个"新"字。一方面，"新"体现在组织选编的书目上，当然首选那些与国家建设息息相关、内容新颖、时代感强的书，改革开放以来，国家建设部门除对传统的土木工程结构的计算设计与施工等方面有了长足的改进和发展以外，还对运行管理、经济分析、安全保障、质量监控、交通分析及现代高科技建设过程的基础性工程等方面的需求日益迫切，在书目选择上我们有意识地在这一方面有所侧重；另一方面，"新"体现在内容上，即努力反映新理论、新规范、新技术、新方法、新技术成果。

这套丛书的读者对象是比较宽泛的，除高等学校师生及土木工程技术人员以外，对建设部门管理人员也是一套很有指导意义的参考读物。特别需要指出的是，这套书的作者几乎全是高等学校的教授，职业决定了他们写书在逻辑性、条理性和可读性诸方面有其独特的优势。在组织编写时我们又强调了深入浅出、说理透彻、理论与实际并重的原则，以便大专院校作为教材或研究生的参考书予以选用。

崔京浩 于清华园

崔京浩，男，山东淄博人。清华大学结构力学研究生毕业，改革开放后赴挪威皇家科学技术委员会做博士后，从事围岩应力分析的研究。先后发表论文180多篇，出版8本专著（其中有与他人合著者），参加并组织编写巨著《中国土木工程指南》，任副主编兼编辑办公室主任，并为该书撰写绪论；主持编写由清华大学土木工程系组编的"土木工程新技术丛书"和"简明土木工程系列专辑"并任主编。先后任清华大学土木系副主任、学术委员会副主任、消防协会常务理事、中国力学学会理事、《工程力学》学报主编，享受国务院特殊津贴。

前　言

　　感谢广大读者的支持，《建设工程招标投标与合同管理》一书，自 2001 年 10 月问世以来，包括第二版在内，至 2011 年 7 月，已印刷 14 次。过去的 10 年是国内外建设工程招投标模式与合同管理迅速发展的 10 年。在新的发展与形势下，出版社与清华大学土木工程系大力支持编写此书的新版。笔者虽年迈体衰，仍奋力新编此书，以回报读者的厚爱。新版的编写在指导思想和内容安排上与以前两版相比，略有改动，谨向读者说明如下：

　　（1）编写指导思想方面——鉴于当前地球环境与生态遭受到严重破坏，我国政府极其重视建设工程中的绿化建筑、低碳、环保等问题，并进行研究探讨，谋求解决和改善目前人类的处境，确保社会的可持续发展。笔者从 2006 年起参加了原建设部和中国科学院工程院与此有关的四项政策性科研课题，在国内许多城市做了调查研究，并对东西方哲学进行对比，开始认识到，科学技术的发展必须要以人类与自然界和谐共处为核心，而提出了整体系统论的观点。2000 多年前的都江堰工程，由于李冰父子吸取群众智慧，不修大坝而一揽子解决了岷江防洪、排除沙石。引水灌溉等问题，使川西平原成为鱼米粮仓。至今仍在发挥作用，成为世界水利工程的奇迹，也是符合整体系统论观点的一个范例。近代的埃及阿斯旺大坝，我国的三门峡水坝等，由于没有从总体上考虑对自然的影响，而造成严重的后患。历史的经验值得借鉴，因此，新版中首先通过实例阐明整体系统论的观点在建设工程项目管理中的重要性。

　　（2）内容安排方面——不少读者认为改版时，能否将招投标与合同管理单独成册，以便于教学安排，并建议增加进度控制、质量控制等内容以及将书名改为"建设工程项目管理"，以适应当前教学与培训的需求。笔者认为读者的上述希望和建议非常正确，经与出版社商谈后，此次改版，编为两册，即《建设工程项目招标投标和进度管理》和《建设工程项目投资控制与合同管理》。内容仍以结合实际和列举案例为主。这样安排是否恰当，敬请读者在使用中提出宝贵意见和建议。

　　编写过程中学习、参考和引用了陈肇元、遇平静、邱小坛、方东平、王守清、王雪青、何伯森、佟一哲、王秉桐、徐崇禄、程慧玲、马太建、江景波、杨俊杰、林爱莲、唐连珏等专家教授著作中的部分内容，谨致以衷心的感谢。

对中国水利水电出版社的支持及卢武、阎捷和卢歆在计算机使用中的协助表示感谢。

限于笔者水平，新版中定有错误和不当之处，希望读者与专家惠予指正。

卢谦

2013年2月于清华园

《建设工程招标投标与合同管理》第二版前言

本书第一版自 2001 年 10 月问世后，在广大读者的支持下，4 年中已印刷 5 次。在此期间，我国加入了世界贸易组织（WTO），国内建设业发展和改革进一步深化，有关项目管理、施工安全、规范的强制性条款、造价管理等规范与规定相继颁布执行，特别是从 2003 年 7 月起在全国范围内开始推行《建设工程工程量清单计价规程》，逐步摆脱计划经济下的官方定额的束缚，企业要自己制定企业的定额，参加投标的竞争。这一切将使我国建设业进一步与国际惯例接轨，以迎接加入世贸后来自国内外的挑战。

鉴于以上形势，读者频繁致函作者，希望本书再版，并提出了在新版中能看到上述新形势下的有关新内容。在读者的爱护和督促下，2004 年 10 月大病初愈后，结合在国内外学习和介绍我国建设业新成就、改革新精神、宣传贯彻新文件和规范的体会，以及近年来参与改革实践的经验与教训，历时四月，完成再版书稿。再版编写精神和内容与初版相同，即理论与实际密切结合，但较偏重实用。因此加强了案例和实际问题的分析。对有些问题，提出了作者的看法，例如工程量清单综合单价的应用等。希望读者对这些不成熟、甚至是错误的看法，严加剖析，惠予指正，以便修改。在此谨预致谢忱。

编写过程中参考引用了唐连珏、张琰、雷胜强、佟一哲、何伯森、陈慧玲、马太建、王秉桐、徐崇禄、杨俊杰等同志著作中的部分内容，谨在此致以衷心的感谢。

限于作者水平，书中定有错误和不当之处，再次希望读者和专家们指正。

卢谦
2005 年 1 月于清华大学

《建设工程招标投标与合同管理》第一版前言

建国以来,我国建筑业经历了巨大的变化,施工技术水平早已跻身于世界先进行列;但由于历史原因,我国建设工程的管理,与国际水平相比仍存在差距。改革开放后,从 1978 年起,我国建筑企业开始进入国际承包市场,开展了国际工程承包与劳务合作经营,取得了经验,也认识到自身的不足之处,并对国内工程建设的改革起了重要的推动作用。

与此同时,国内世界银行贷款工程项目及其他等利用外资的工程项目则要求实施国际公开招标和按国际惯例进行管理,特别是"鲁布革水电站引水工程"的按国际惯例招标和项目管理的成功经验,进一步加快了我国工程建设体制改革的步伐。政府为此相继颁发和推行了有关招标投标、合同管理和建设监理的法规及条例。近年来颁行的《中华人民共和国建筑法》、《中华人民共和国招标投标法》等法规以及《建设工程施工合同》示范文本修订本等,为改善和加强招标投标及合同管理奠定了健全的基础。

目前,我国已加入世界贸易组织(WTO),我国建设业又将进入一个关键性的改革阶段。如何在国外建筑企业即将涌入国内工程承包市场的新形势下,沉着应战,化挑战为机遇,促进我国经济的发展,同时促使更多的我国建设企业能把握这一宝贵时机,走出国门,奋力开拓国际承包业务,已成为我国建设业当前面临的光荣而艰巨的任务。

为了实现这一历史性任务,我国从事建筑业的工程技术和管理人员应当更好地熟悉掌握国际承包市场的运作体制和方法,能够按照国家规定或国际惯例编制招标文件和组织招标,参加投标、争取中标,中标后管理和履行好合同,以实现预期的利润,并取得良好的信誉。在加入世贸后新形势的指引下,适用人才的培训便成为首要的任务,这也是编写本书的目的之一,即能为有关人员的学习和培训提供一本适用的资料。

根据上述我国建设业面临的新形势和新要求,本书主要阐述建设工程的招标、投标与合同管理,既介绍国内的经验和做法,又较系统地阐明国际惯用的方法,例如世界银行工程招标文件和国际咨询工程师联合会(FIDIC)合同条件的有关规定和其具体应用。对在我国推行工程担保保证和保险制度也作了简短的探讨。本书编写过程中参考和引用了唐连珏、张琰、雷胜强、何伯森、陈慧玲、马太建、王秉桐、徐崇禄等同志著作中的部分内容,谨在此致以衷心的感谢。本书可供从事建设工程项目管理的工程技术和管理人员参考使用,也可作为大专学校有关课程的参考教材。

限于编者水平,书中定有错误和不当之处,敬希望读者和专家们指正。

卢谦

2001年10月于清华大学

目 录

序
前言
《建设工程招标投标与合同管理》第二版前言
《建设工程招标投标与合同管理》第一版前言

第一章 建设工程项目管理绪论

第一节 建设工程项目管理的定义和内涵 ………………………………………… 1
第二节 工程项目管理的特点和重点 ……………………………………………… 3
第三节 项目管理的动态控制 ……………………………………………………… 6
第四节 项目管理在我国应用及发展简况 ………………………………………… 7

第二章 建设工程投资控制中应用的建筑经济方法

第一节 资金的时间价值 …………………………………………………………… 13
第二节 设备购置和租赁的技术经济分析 ………………………………………… 19
第三节 设备更新问题 ……………………………………………………………… 25
第四节 价值工程及其应用 ………………………………………………………… 29

第三章 建设工程项目前期的造价控制

第一节 建设工程造价控制概述 …………………………………………………… 34
第二节 投资项目的可行性研究 …………………………………………………… 37
第三节 建设工程项目投资估算 …………………………………………………… 47

第四章 建筑安装工程费的计价模式

第一节 建设工程定额的类别 ……………………………………………………… 58
第二节 施工定额 …………………………………………………………………… 59
第三节 预算定额和单位估价表 …………………………………………………… 62
第四节 建设工程设计概算 ………………………………………………………… 65
第五节 建设工程项目施工图预算 ………………………………………………… 68
第六节 工程量清单计价 …………………………………………………………… 73
第七节 招标控制价和投标价的编制 ……………………………………………… 81

第五章 国内外建设工程合同概述

第一节 合同的定义及合同的类型 ………………………………………………… 87

第二节	国内建设工程合同的类型与内容	89
第三节	内地建设工程合同管理案例及相关建议	124
第四节	国际工程施工合同简介	126
第五节	有关经济贸易的国际公约及惯例	128

第六章 FIDIC《土木工程施工合同条件》的应用及各版对比

第一节	FIDIC《土木工程施工合同条件》各版文本简介	132
第二节	FIDIC 合同条件的内容组成	138
第三节	FIDIC 合同条件的特点	139
第四节	FIDIC 合同条件中有关期中付款的规定	140
第五节	FIDIC 施工合同条件第四版和1999年第一版的对比	152

第七章 工程施工中的索赔和争端处理

第一节	施工中的索赔	161
第二节	施工索赔的分析方法	171
第三节	监理工程师在索赔管理中的原则和主要任务	181
第四节	索赔管理的重要性和发展趋势	184
第五节	争端的解决	185

第八章 建设工程项目的风险管理

第一节	建设工程项目风险管理概述	191
第二节	建设项目风险管理计划	193
第三节	风险管理的措施	196
第四节	建设工程项目的风险识别	203
第五节	风险分析与评估	213
第六节	风险评估的方法	218

第九章 建设工程的担保和保险

第一节	我国工程担保和保险制度的市场背景和现状	224
第二节	建设工程担保	225
第三节	工程保险	229
第四节	建筑工程保险	232
第五节	安装工程险	240
第六节	职业责任保险	245
第七节	对建设工程担保发展的回顾与评述	249

附录 关于印发《建筑安装工程费用项目组成》的通知 256

参考文献 263

第一章 建设工程项目管理绪论

项目是人们经过深思熟虑后计划要做的一件比较复杂的大事。英语把项目称为 project，也是"想通了、想透了（pro-）再抛出去（-ject）的事"。所以，项目不同于一般的事，它有以下的特征。

(1) 具有特定的对象，并以其实现的绩效为主要目标。
(2) 应在一定的时间内完成，有资金限制，完成后对社会有一定的使用或服务功能。
(3) 一次性，相同的两个项目在不同的地点和环境下，其实现过程和效果不会相同。
(4) 成果好坏的不可挽回或难以挽回性。
(5) 完成项目所组织的机构的临时性和开放性。

建造水坝、桥梁或房屋建筑都具以上述特征，因此，建设工程属于项目范畴，但项目不仅包括建设工程，像研发一种武器、一项科研任务、登月计划等都是项目。

第二次世界大战后，科学技术发展异常迅速，项目愈趋复杂，参与项目的利益相关者愈来愈多，必须采用先进的方法和技术来管理，"项目管理"这门学科遂应运而生。为了与上述招投标教材相配合，本书主要内容是阐述建设工程项目管理的投资控制、合同管理和风险管理。

第一节 建设工程项目管理的定义和内涵

自 1949 年以来，对于建设工程项目管理（下文中简称"建设项目管理"），在认识上经历了一个不断深化的过程。新中国成立初期百废待兴，首先要抓大规模的工程建设。因而建设项目管理的重点在"新建"，对"在役建筑的保养维修"考虑较少，出了问题才去管理。在改革开放以前的计划经济时期，建设项目管理也只包括建设咱们的立项、规划、设计、施工和交付使用。基于政府各部委的分工，人们大多认为建设项目管理主要就是"建设项目的施工管理"。我国的《建筑法》也是以"建设工程的施工安装活动"为主要对象。

随着市场经济的出现和发展，人们不禁认识到，项目应当由投资的单位、法人、甚至个人依据国家的法规来管理，而且这种管理应当贯彻于项目的全寿命周期的始终。

如图 1-1 所示，建设项目全寿命周期的内涵在我国同样经立了不断深化的过程。世界银行和亚洲开发银行的贷款项目，虽然在贷款决策的评估阶段考虑到项目的使用维修，贷款协议签订后，对项目在其全寿命周期内的管理仍然局限于该项目的贷款周期。

2011 年 12 月 20 日国务院公布的《中华人民共和国招标投标法实施条例》，自 2012 年 2 月 1 日起施行。该条例第一条和第二条明确界定了工程建设项目和其内涵的定义，即："工程建设项目是指工程以及与工程建设有关的货物、服务；其中所称工程指建设工程，包括建筑物和构筑物的新建、改建、扩建及其相关的装修、拆除、修缮等；所称与工

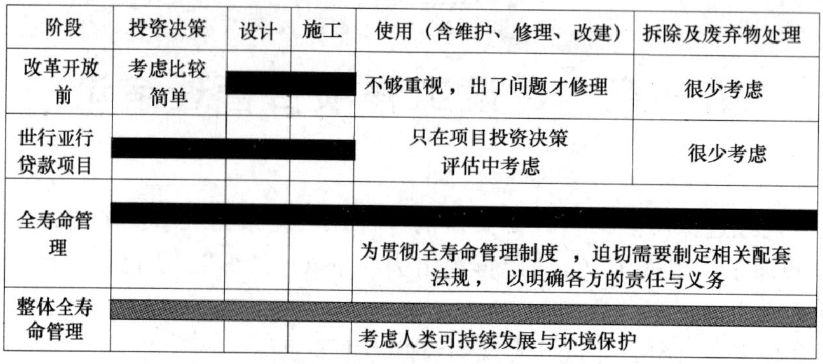

阶段
投资决策
设计
施工
使用（含维护、修理、改建）
拆除及废弃物处理
改革开放前
考虑比较简单
不够重视，出了问题才修理
很少考虑
世行亚行贷款项目
只在项目投资决策评估中考虑
很少考虑
全寿命管理
为贯彻全寿命管理制度，迫切需要制定相关配套法规，以明确各方的责任与义务
整体全寿命管理
考虑人类可持续发展与环境保护

图 1-1 我国建设项目全寿命管理内涵的发展

程建设有关的货物，是指构成工程不可分割的组成部分，且为实现工程基本功能所必需的设备、材料等；所称与工程建设有关的服务，是指为完成工程所需的勘察、设计、监理等服务”。

因此，建设工程的寿命周期向前延伸到其前期决策向后则延伸到其使用管理、维护、质量安全鉴定、直到拆除和废弃物处理。工程项目管理可定义为“对项目从论证、立项、筹资、计划、组织、实施、建成、使用、维修、直到拆除和废料处理的全寿命管理”。

在原建设部和中国科学院工程院 2005—2011 的有关建设工程管理制度科研课题的研究中，研究课题组考虑到当前人类恣意榨取、破坏自然的结果，全球生态系统遭遇严重威胁与恶化。本来为人类造福的科技发展，却使人类陷于难以摆脱的困境。以建筑业而论，目前全球房地产及相关领域造成了 70%的温室效应。全球 40%的二氧化碳排放量来自建筑物，而中国建筑能耗在能源耗费总量的比重已从 20 世纪 70 年代末的 10%，上升到近年来的 27%左右，并以每年 1%的平均速度增长。通过对东西方文化、哲学和科学技术发展的对比，启发课题组提出一个观点，即：目前分析和处理当代问题时，目标首先应当着眼于人类如何与自然动态而整体地协调，应有利于地球和人类的持续生存。因而提出应以“全寿命整体系统分析论或整体系统观（Holistic Life-Cycle System Approach）”为依据，其目标如图 1-2 所示。

社会要求
1. 保证功能
2. 保证健康
3. 保证安全
4. 方便舒适
文化要求
1. 生活方式
2. 经营要求
3. 适用美观
4. 环境协调
全寿命整体系统分析的目标
财务费用应考虑:
1. 项目全寿命投资
2. 生态环保费用
生态与环境
1. 生态平衡
2. 能源节约
3. 环保低碳
4. 废料利用

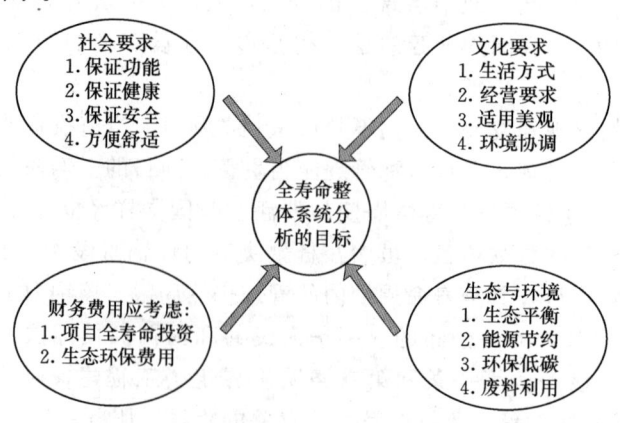

图 1-2 全寿命整体系统分析的目标（以建设工程项目为例）

第二节 工程项目管理的特点和重点

一、项目管理的特点

项目管理的特点主要有三个方面。

（1）管理方式。"程序化，动态化，体系化"，随着计算机应用的发展，目前已向"可视化"发展。

（2）管理目标。在满足环保等条件下，管理目标是"以客户为中心，使利益相关者满意"。

（3）管理的主导思想。依据总体系统论的"以计划为中心的优化组合与动态管理"。

二、项目管理的重点

经济学者从 20 世纪 80 年代起就提醒人们要重视项目的全寿命管理。图 1-3 说明项目各阶段对项目累计费用的影响程度，图 1-4 是美国能源部对项目全寿命周期成本分布的统计结果。

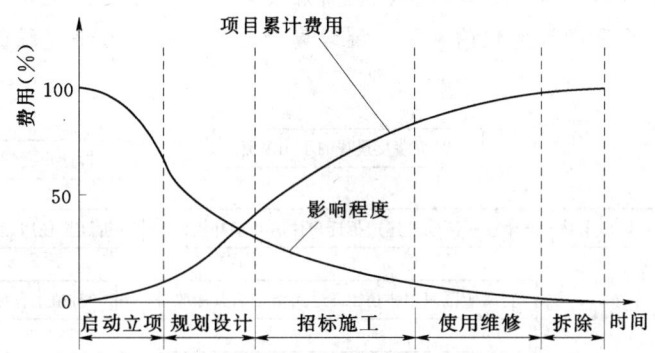

图 1-3 工程项目全寿命各阶段对项目累计费用的影响程度

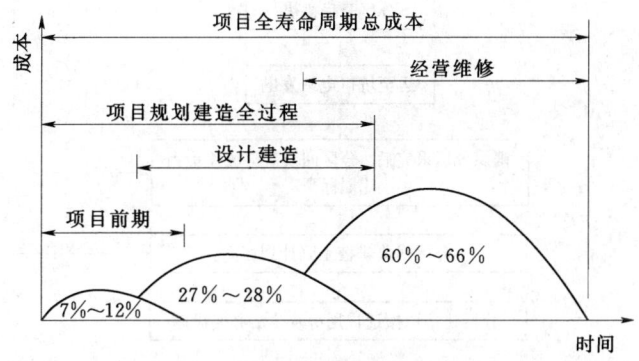

图 1-4 全寿命周期成本的分布

[资料来源：美国能源部（DOE），Life Cycle Estimae. 1997]

由图 1-3 和图 1-4 可以看出，项目管理的各个阶段对项目累计费用和效益的影响是不同的，见表 1-1。

表 1-1　　　　　　　　项目管理各阶段对项目累计费用和效益的影响

项目	启动立项	规划设计	招标施工	使用维修	拆除
各阶段投入比较	1	3	4	5	2
对累计费用的影响	5	4	3	2	1

注　5表示最大，依次递减。

表1-1说明，启动立项阶段对总费用乃至项目的效益影响最大，甚至影响项目的成败，参见以下案例。

从下面介绍的建设工程实例中，可以看出，在项目启动立项阶段，特别是在前期可行性研究阶段中，必须整体地通过认真调查和勘察确认该项目的建设方案是否会对原来生态、居民等有负面的影响，如何保证不会出现负面影响或将其减少到最低限度，如何实现其经久而安全的建造、使用和维修等。下面介绍三个实际案例说明。

【案例1-1】　德国某褐煤露天开采工程的规划与实施

1981年笔者访问了西德一个露天开采的褐煤矿区，很受启发。其规划、组织与实施符合了整体系统分析的思路。结果不但挖出褐煤发电，保护了耕织土，农民最后又回到了祖祖辈辈赖以生活而又经过优化的家园，继续勤劳耕作生产。整个过程的规划及实施如图1-5所示。

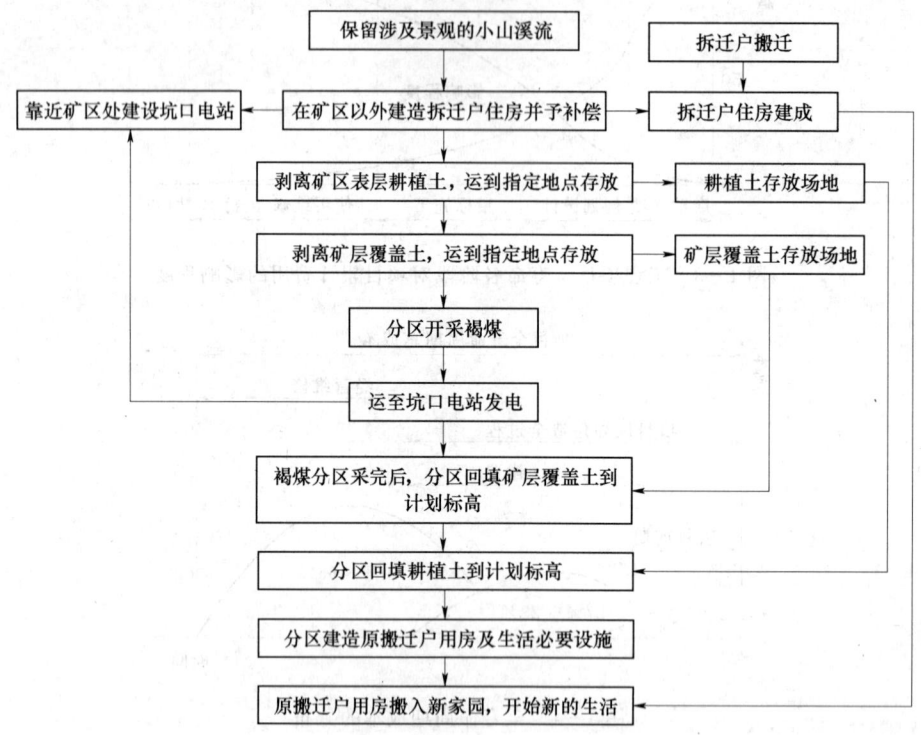

图1-5　原西德某褐煤矿区露天开采的规划及实施流程图

【案例1-2】　香港特别行政区从上水到落马洲铁路支线的建设

1994年为改善深圳、香港过境交通，香港特别行政区政府计划从新界上水车站向落马洲修建一条铁路支线。由于路线经过一片为生态保留的低洼湿地,决策时有两种备选方案。一是建桥架空通过,势必严重破坏湿地的生态。另一方案是从开挖隧道从地下通过,这样可以保全湿地,但要增加投资和拖长工期。由于香港法律健全,执法严格,且重视沿线居民意见,最终采取了开挖隧道方案,其立项到开工的过程见表1-2。

表1-2　　　　　我国香港特别行政区从上水到落马洲铁路支线的建设过程

年份	过　　　　程
1994	香港政府确定建设该支线
1998	香港政府委托九广铁路公司KCRC提交落马洲支线方案项目建议书,该建议书采用了架桥方案
1999	香港政府1999年接受了KCRC的建议书,预计2004年竣工
2000	4月KCRC向环保署提交环境影响评估(EIA);10月环保署拒绝颁发环境许可证;11月KCRC对环保署的决定提出上诉
2001	1月上诉委员会驳回了KCRC的上诉后,KCRC改用开挖隧道方案,提交了环境影响评估;3月环保署批准了该环境影响评估;6月立法局批准了该项目建议书;12月开始动工

修订方案采取从地下穿过该区的方案,对原来生态环境及居民居住和休闲无影响,但为此增加投资20亿港元,且竣工拖后了3年。这个案例说明:当一个国家或地区经济发展到一定水平时,应当重视环保问题,为保护人类所居住的地球做出贡献。

应当指出,基于整体系统观的全寿命管理目的在于保障人类和自然的可持续发展,有时甚至可能会增加投资,延长工期。但这正像人们花较少的钱做体格检查。如果体检发现了患有疾病就可及早医治。否则不去做体检,等到疾病发展严重,再去医治,不但花钱更多,往往无法治愈了。

【案例1-3】　赵州桥(图1-6)

赵州桥,又名安济桥,位于河北省赵县洨河上,它是世界上现存最早、保存最好的巨大石拱桥。建于隋朝大业(605—618)年间,是著名匠师李春建造。桥长64.40m,跨径37.02m,券高7.23m,是当今世界上跨径最大、建造最早的单孔敞肩型石拱桥。因桥两端肩部各有两个小孔,不是实的,敞开的小拱在减轻桥身的重量同时,又起到减少流水冲力的作用。这在当时是世界桥梁中的首创,称为敞肩桥,

图1-6　赵州桥

这是世界造桥史的一个创举。该桥在选址、设计和施工方面有下列优点。

(1)采用圆弧拱形式,改变了我国大石桥多为半圆形拱的传统。我国古代石桥拱形大多为半圆形,这种形式比较优美、完整,但也存在两方面的缺陷:一是交通不便;二是施工不利。为此,李春和工匠们一起创造性地采用了圆弧拱形式,使石拱高度大大降低。当然圆弧形拱对两端桥基的水平推力相应增大,需要对桥基的施工提出更高的要求。

(2)桥址选择比较合理,使桥基稳固牢靠。李春经过周密勘查和比较,选择了洨河两

岸较为平直且土质坚实的地方建桥。根据现代测算，这里的地层每平方厘米能够承受 45~66N 的压力，而赵州桥对地面的压力为 50~60N/cm²，能够满足大桥的要求。自建桥到现在，桥的基础仅下沉了 5cm，说明这里的地层非常适合于建桥。

(3) 赵州桥的砌筑方法便于施工，修理方便。

(4) 为了加强各道拱券间的横向联系，使 28 道拱组成一个有机整体，连接紧密牢固，李春采取了一系列有效的技术措施。

当然上述古代工程能够至今完好，持续发挥其作用，还有赖于使用中的维修。我国近年来蔓延的不正之风，造成了一些"豆腐渣"工程。仅以桥梁为例，2010—2012 年见诸报道的桥梁坍塌事故就多达 14 座（参见表 1-3）。掌握现代设计和施工技术的有关专业人员实有愧于先贤和因之死伤的同胞，也说明在建设工程项目管理中应用整体系统观决策的重要性。

表 1-3　　　　　　　　2010—2012 年我国桥梁坍塌统计

序号	日期	坍塌的桥梁名称	所在地区	备注
1	2010 年 1 月 8 日	锦江大桥	吉林抚松	突然坍塌
2	2010 年 4 月 12 日	伊河汤营大桥	河南栾川	大暴雨夜袭，整体坍塌
3	2010 年 8 月 19 日	海阳广汉间石亭江大桥	宝成路	洪流冲垮
4	2010 年 12 月 3 日	嘉绍跨江大桥	浙江海宁	
5	2011 年 4 月 12 日	库尔勒孔雀河大桥	新疆巴音郭楞	1998 年竣工
6	2011 年 7 月 11 日	328 省道通榆河桥	江苏盐城	1997 年建成
7	2011 年 7 月 12 日	黄邱大桥引桥开裂	湖北武汉	脚可伸进裂缝
8	2011 年 7 月 14 日	武夷山大桥	福建	已经两次封闭加固过
9	2011 年 7 月 12 日	钱塘江三桥引桥桥面坍毁	杭州	1997 年通车
10	2011 年 7 月 19 日	白河桥	宝山寺	超载货车通过时
11	2011 年 8 月 8 日	东澳镇桥大桥	海南万宁市	在建中
12	2012 年 6 月 18 日	西月牙岛跨江大桥	抚顺	即将竣工
13	2012 年 7 月 12 日	一高架桥	杭州	在建中
14	2012 年 8 月 24 日	阳明滩大桥引桥侧向翻坍	哈尔滨	调查报告：货车超重所致？

注　此表主要根据搜狗网张丽萍，1990—2012 年，《中国大桥坍塌事故盘点》一文选编。

第三节　项目管理的动态控制

项目管理的核心是"动态控制"，即 PDCA 循环。现用图 1-7 说明。PDCA 循环中计划是以时间为核心，必须切实可行；实施、检查和调整则是关键。拿破仑曾说过："计划本身是没有用的，计划（实施）过程是最重要的。"可见，计划实施过程就是根据实际情况的决策过程。

图 1-7 所示的 PDCA 循环中 P、D、C、A 的内容及作用如下：

（1）P 表示计划（Plan）。明确控制目标和预期指标，制订计划及安排各项工作的内容、顺序、时间所需资源和控制责任等。

（2）D 表示实施（Do）。以最佳方法和技术完成各项工作，执行计划。

（3）C 表示检查（Check）。计划实施过程中收集实施数据与原定计划对比，找出差距，查明产生差异的原因、明确经验和教训以及需要进一步解决的问题。

（4）A 表示调整（Adjust）。针对所明确的问题，采取措施，调整原计划、总结经验教训，在下一步实施计划中应用。

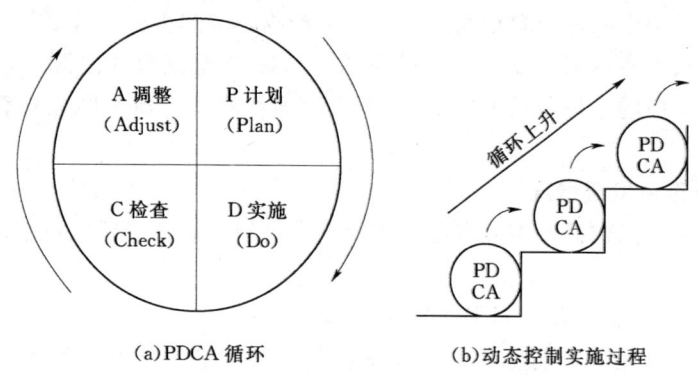

图 1-7 PDCA 循环及其实施过程

项目实施动态控制的主要对象是进度、造价和质量三个要素，其依据是有关合同管理，它们组成项目管理的"三控制、一管理"。在计划经济时期，建设单位（业主）就是政府，项目管理的重点是项目的施工阶段，"三控制、一管理"的内容也主要从施工单位考虑，而指进度控制、成本控制、质量控制及合同管理。改革开放后，随着市场经济的发展，项目的业主不仅包括政府，而且也包括私有经济的企业（法人）、个人甚至外国的投资者。因此，成本控制宜称为造价控制、投资控制或造价管理。本书中采用"造价控制"一词，进度控制和质量控制的对象是工程的施工阶段，合同管理的对象是项目周期某些阶段，如设计合同、施工合同物资采购合同等。造价控制则贯穿于建设项目的全寿命周期。对业主而言，工程造价就是投资控制，对施工单位讲，工程造价控制就是成本控制（承发包价格控制）。当初确定"造价工程师"的名称也是考虑到这一点。

第四节　项目管理在我国应用及发展简况

一、19 世纪末至 1949 年

鸦片战争后，帝国主义妄想瓜分中国，迫使清朝政府开放商埠，割让租界，作为他们搜刮中国人民血汗的根据地。与此同时，外国建筑承包商随之而至，包揽官方及私营土建工程，利用我国廉价劳动力，并与当时腐败的反动政府相勾结，获取了巨额的利润。

1880 年上海杨斯盛氏在上海创办了"杨瑞记"营造厂。此后，国人自营或与外资合

营的营造厂在各大城市相继成立，逐渐形成了沿袭资本主义国家管理模式的建筑承包业。当时的管理手段可归纳为以下四个方面。

(1) 招标投标承包制。

(2) 严格管理的合同制。

(3) 明确的经济责任制。

(4) 推行业主、设计事务所、营造厂和官方有关部门（如上海租界内的工务局等）各派各自的监工人员进行质量监督的"监工制"。

自上海杨瑞记营造厂成立起至1949年全国解放，营造厂业经营近70年，它是旧中国半封建半殖民地社会中的一个政治与经济的畸形产物，虽然力图与外商抗衡，但始终摆脱不掉外国势力、买办资本家与反动统治的桎梏。1949年全国解放之际，全国建筑行业仅有营造厂职工和分散的个体劳动者约20万人，远远不能满足新中国成立后空前规模的社会主义建设的要求。

二、1949年至今发展情况

新中国成立后我国建设业蓬勃发展，为社会主义建设做出了巨大贡献。这期间它经历了以下几个发展过程。

1. 1949年至第一个五年计划期间

这期间的经营管理方式主要是推行承发包制，即由基本建设主管部门，按照国家计划，把建设单位的工程任务以行政指令方式分配给建筑企业承包。建设单位作为发包一方（甲方），建筑企业作为承包一方（乙方），双方签订承发包合同，合同中明确规定双方的权利、义务与经济责任。

应当指出，承发包制与目前的招投标承包制有共同之处，但也有本质上的区别。区别在于承发包制是以行政手段分配工程施工任务，而不进行招投标择优授标，所采用的合同实质上是同为政府单位的甲、乙双方之间的约定，类似政府给双方下的任务单，其性质、目标和作用与新中国成立前采用的施工承包合同全然不同。新中国成立后，在很长一段时期内，招、投标承包制以及与之配套的承包合同，均被视为资本主义的残余而予以摒弃。

新中国成立初期，在百废待兴、建设任务极其庞大而施工力量又甚短缺的历史条件下，推行承发包制确有必要。又由于学习苏联的建设经验，引进了施工组织设计等项目管理手段和机械化施工方法，此期间竣工的工程项目质量良好，工期短，且经济效果显著。1954—1956年我国第一个汽车制造厂（长春汽车制造厂），作为全国的重点和试点工程，由当时的建筑工程部部长亲任现场施工公司经理，并有解放军两个师参加施工。在全体职工的努力下，工程进展迅速，质量优良，并总结制定出一整套各个工种的施工验收规范。与此后相继完成的156项重点建设工程，奠定了我国的工业基础，有力地回击了当时帝国主义对我国的经济封锁，而更具有历史意义的是，锻炼和培养了整整一代中国建设业的工人和技术人员。

应当指出，这一时期的建设成效高于以后"左"的倾向占上风的时期。"一五"期间建成的吉林、兰州等地氮肥厂，平均工期为41个月，而在"五五"期间，同样规模的氮肥厂却要87个月才能建成。

2. 1957年至今

1957年后，由于"左"的思想影响，全国各行各业出现了大干快上、急于求成、盲目提高生产指标等现象。建筑业也不例外，大上大下、先上后下、计划多变等违反基建程序与规律、不搞经济核算而搞平均主义的情况屡见不鲜。结果，大大削弱了建设业的经营管理，工期拖延，经济效果每况愈下，企业亏损严重。1974年全国建筑企业亏损面达53%，1975年降低到39%，但1976年又上升到54%。"一五"期间大中型项目平均工期为6年，而在"四五"期间为8~12年，国家经济受到了不应有的损失。

1976年粉碎"四人帮"后，建设业形势开始好转，特别是十一届三中全会确定了改革开放的基本方针后，我国建设业认真总结经验教训，加强经济立法，把过去看作资产阶级"管、卡、压"的各项必要规章制度进行整顿和建立，推行与社会主义市场经济相适应的招投标及相关合同管理等，使建设业逐渐步入正轨，国民经济奋起腾飞，中国人民在政治、经济、城乡面貌、人民生活等方面都取得了令全世界瞩目的进展。深圳，一个边远的渔村，在短短30年内，就建设成为经济高度发展的现代化城市。这确是世界历史上罕见的创举，是说明这一发展的活生生的实例。

八届人大四次会议批准的"国民经济和社会发展'九五'计划和2010年远景目标纲要"，展示了今后10年中华民族发展的光辉前景。"九五"期间全社会固定资产投资将达到130000亿元，是"八五"期间61637亿元的2.1倍，是1950—1995年所完成的全社会固定资产投资总额101561.77亿元的127.95%。

在此期间，由于我国众多公司走出国门，变过去的无私援助为到其他国家承包工程，为国家创汇，在国内又受到鲁布革工程冲击，因而推行或完善了以下四项工程建设基本制度，为建设工程项目管理的发展奠定了基础。

(1) 颁布和实施了建筑法等法律规章，为建筑市场的发展提供了法治基础。
(2) 制定和完善建设工程合同示范文本，贯彻合同管理制。
(3) 推行招标投标制，把竞争机制引入建筑市场。
(4) 创建建设监理制，改革建设工程的管理体制。

我国已于2001年12月正式成为WTO成员国。这意味着我国经济已开始融入世界经济之中，这不仅为我国建筑业的发展提供了机遇，而且WTO的规则、市场准入原则、国民待遇原则及市场国际化的大环境等使我国建设业面临着的国内外竞争的挑战。然而，我国建设业现行的法规政策和行业管理体系与WTO的规则和国际通行模式存在有较大的差异，这就迫切要求我国建设业必须调整、改革、完善现行的体系和体制，以应对挑战，任务是相当艰巨的。

三、鲁布革引水工程对我国项目管理的冲击

1982年开始的鲁布革引水工程的冲击，促使我国从1992年通过试点后大力推行鲁布革工程项目管理的经验。自1992年至今，立法建制逐步完善，项目管理在理论和实践上进入了一个全面实施的新阶段。

在本书姊妹篇《建设工程招标投标与进度管理》一书中对鲁布革水电站引水工程招标投标作了较全面的阐述，本部分将对其成本管理和合同管理简介如下。

鲁布革水电站位于云贵交界的黄泥河上。1981年6月经国家批准，列为重点建设工程。1982年7月国家决定将鲁布革水电站的引水工程作为水利电力部第一个对外开放、利用世界银行贷款的工程，并按世界银行的规定，实行新中国成立以来第一次的国际公开（竞争性）招标。该工程由一条长8.8km、内径8m的引水隧洞和一调压井等组成。招标范围包括其引水隧洞、调压井和通往电站的压力钢管等。招标工作由水利电力部委托中国进出口公司进行，其招标程序及合同履行情况及开标后并表折算报价见表1-4和表1-5。

表1-4　　　　鲁布革水电站引水工程国际公开招标程序及合同履行情况

日　期	工作内容	说　明
1982年9月	刊登招标通告及编制招标文件	
1982年9—12月	第一阶段资格预审	从13个国家32家公司中选定20家合格公司，包括我国3家公司
1983年2—7月	第二阶段资格预审	与世界银行磋商第一阶段预审结果，中外公司为组成联合投标公司进行谈判
1983年6月15日	发售招标文件（标书）	15家外商及3家国内公司购买了标书，8家投了标
1983年11月8日	当众开标	共8家公司投标，其中1家为废标
1983年11月至1984年4月	评标	确定大成（日）、前田（日）和英波吉洛公司（意美联合）3家为评标对象，最后确定日本大成公司中标，与之签订合同，合同价8463万元，比标底14958万元低43%，合同工期1597天
1984年11月	引水工程正式开工	
1988年8月13日	正式竣工	工程师签署了工程竣工接收证书，工程初步结算价9100万元，仅为标底的60.8%，比合同价增加7.53%，实际工期1475天，比合同工期提前122天

表1-5　　　　鲁布革水电站引水工程国际公开招标评标折算报价

公　司	折算报价（万元）	公　司	折算报价（万元）
大成公司	8460	中国闽昆与挪威FHS联合公司	12210
前田公司	8800	南斯拉夫能源公司	13220
英波吉洛公司（意美联合）	9280	法国SBTP联合公司	17940
中国贵华与西德霍尔兹曼联合公司	12000	西德某公司	废标

按照国际惯例，只有前三标个低标能进入评标阶段。见表1-4，我国两家公司没有入选，实为遗憾。这次国际竞争性招标，我国公司享受7.5%的优惠，地处国内，条件颇为有利，但未曾中标。事后分析，原因可能如下。

（1）标底计算过高，束缚了自己的手脚。

（2）外商标价中费用项目比我国概算要少得多。我国一个公司就负担着一个小社会，费用名目繁多，再加上人员设备工效低，临时建筑数量大，这些因素都会使报价增高，工期较长，削弱投标竞争能力。

（3）由于"文化大革命"的干扰，我国公司的施工技术和管理水平在当时与外国大公司比，有一定差距。此外，投标过程中对市场信息掌握的也稍差。差距首先表现在工效上。当时国内隧洞开挖进尺每月最高为112m，仅达到国外公司平均工效的50%左右。其次是施工工艺落后。日本大成公司混凝土的水泥用量比国内公司少用70kg/m³。我国公司与挪威联营的公司所用水泥比大成公司多了4万多t，按进口水泥运达工地价计算，差额约为1000万元。

(4) 国际招投标一般采用工程量清单计价。国外公司大多采用自己的分部分项工程单价报价，而我国公司在国内向来是根据国家或地方发布的定额报价。这次投标，措手不及，仓促应战，也是这次投标报价偏高的一个原因。鲁布革引水工程主要项目单价比较见表1-6所列。

表1-6　　鲁布革引水工程主要项目单价比较表（人民币，元）

项目	工程量	单价单位	单价			
			大成	前田	英波吉洛	闽昆挪
调压井上室明挖	118900m³	元/m³	13.5	17.16	6.77	30.07
发电隧洞开挖	541000m³	元/m³	36.81	34.89	25.86	55.76
调压井开挖	17000m³	元/m³	47.86	60.76	35.49	59.45
调压井上挡墙混凝土	3800m³	元/m³	201.59	293.93	171.12	266.49
压力管斜井开挖	20660m³	元/m³	96.44	66.10	139.96	171.06
发电隧道混凝土	99400m³	元/m³	199.63	218.16	269.00	290.62
调压井混凝土	5600m³	元/m³	304.36	285.67	217.12	352.22
压力管钢衬后混凝土	5280m³	元/m³	270.23	222.05	270.56	461.92
回填混凝土	7000m³	元/m³	127.65	205.40	130.09	212.76
3~6m锚杆钻孔	160000m	元/m	8.37	2.98	0.54	9.22
锚杆制作及灌浆	45060m	元/m	11.29	8.76	26.09	17.39
10cm厚喷射混凝土	17700m²	元/m²	55.67	29.28	26.42	55.31
钢筋加工与布设	2870t	元/t	962.24	666.45	1077.85	1275.30
压力钢管运输	2940t	元/t	1983.39	2024.46	1520.59	2838.96
压力钢管安装	2570t	元/t	956.42	1050.89	629.00	1114.35

注　货币为人民币元。

此外，国内设备利用率低，而国外一般高于我们，也是这次投标报价偏高的一个原因。由于上述因素，我国公司报价的主要指标一般高于此次投标报价较低的外国公司而处于不利地位。

鲁布革工程项目管理的经验主要有以下几点。

(1) 最核心的经验是把竞争机制引入工程建设领域，实行铁面无私的招标投标。

(2) 工程施工采用全过程总承包方式和科学的项目管理。

(3) 严格的合同管理和工程监理制，实施费用调整、工程变更及索赔，谋求综合经济效益。根据世界银行规定，当时采用了国际咨询工程师联合会（FIDIC）的《土木工程施工国际通用合同条件》（1977年第三版），从京津塘高速公路项目开始，世界银行贷款项目采用 1987 年第四版 FIDIC《土木工程施工合同条件》。

大成公司采用矩阵式项目管理机构制，管理及技术人员仅 30 人左右，雇用我国某公司为分包单位，采用科学的项目管理方法。合同工期为 1597 天，竣工工期为 1475 天，提前 122 天。工程质量综合评价为优良。包括除汇率风险以外的设计变更、物价涨落、索赔及附加工程量等增加费用在内的工程初步结算为 9100 万元，仅为标底的 60.8%，比合同价增加了 7.53%。

"鲁布革工程"的管理经验不但得到了世界银行的充分肯定，也受到我国政府的重视，号召建筑施工企业进行学习。建设部和国家计委等五单位于 1987 年 7 月发布《关于第一批推广鲁布革工程管理经验企业有关问题的通知》后，于 1988 年 8 月确定了 15 个试点企业共 66 个项目。1991 年将试点企业调整为 50 家。1991 年 9 月，建设部提出了《关于加强分类指导、专题突破、分步实施、全面深化施工管理体制综合改革工作的指导意见》，将试点工作转变为全行业的综合改革，为建设工程项目管理在我国发展创造了有利的局面。

第二章 建设工程投资控制中应用的建筑经济方法

第一节 资金的时间价值

任何一种经济活动,都需要消耗人力、物质等资源,通过管理和(或)加工,取得相应的经济效益,即以资金形式表现出来的价值。从本质上讲,时间是一种稍纵即逝的不可再生的资源。资金的价值随着时间的流逝而增值,这部分增值就是原有资金的时间价值。任何项目的经营都需要合理有效地发挥资金时间价值的作用,采取投资利润较高的项目、早期回收资金、加速资金周转、投资利润较高的项目等措施,以取得较高的经济效益。应该认识到,资金闲置就意味着资金时间价值的减少。

一、利息和利率

人们在银行存钱,会得到利息。对储户来讲,利息就是资金在其存款期间产生时间价值。利息是资金时间价值的一种最易于理解和重要的表现形式。在经济学中,通常把利息额的多少和利率的高低作为衡量资金时间价值的尺度。

以投资活动为例,投资者所投入的初始投资金额称为投资的初始本金或现值 P (present value),计算利息的时间单位称为计息周期,通常以年、半年、季、月、周或天计息。

如果投资盈利,则过了 n 个计息周期,所投资金 P 加上其时间价值增值 I,即 $P+I$ 称为终值 F (final value),又称本利和,I 称为利息。显然,P、F 及 I 之间存在以下关系:

$$F=P+I \text{ 或 } I=F-P \tag{2-1}$$

当只约定一个计息周期时,利息 I 等于初始本金 P 乘以利率 i,即 $I=P\times i$,或

$$\text{利率 } i \text{ 的定义为 } i=\frac{\text{第一个计息周期的利息 } I}{\text{初始本金 } P} \tag{2-2}$$

当计息周期在一个以上时,计算利息就要考虑是采用单利还是采用复利,说明如下。

1. 单利

单利是指计算利息时只用初始本金 P,而不计入此前的计息周期内所累计增加的利息额,即"利不生利"。银行的活期存款就采用单利。如利率为 i,则 n 期末的单利本利和 F (终值)按下式计算:

$$F=P+P\times n\times i=P(1+n\times i) \tag{2-3}$$

【案例 2-1】 如某公司以单利方式贷款 1000 万元,年利率 9%,3 年为期。则各年末的本利和各为

第一年末:$F_1=1000\times(1+1\times 9\%)=90$(万元);

第二年末:$F_2=1000\times(1+2\times 9\%)=180$(万元);

第三年末：$F_3=1000\times(1+3\times9\%)=270$（万元），3年利息共270万元。

单利"利不生利"，没有反映资金时间价值，在目前经济活动分析中，通常限于短期贷款或短期投资，如银行的活期存款采用单利方式。

2. 复利

复利是指计算某一计息周期末的利息时，要计入以前的计息周期内所累计增加的利息额，即"利滚利"，银行的定期存款就采用复利制。复利计息反映出资金时间价值，因而在实际经济活动分析中获得了广泛的应用。以下案例说明复利的计息过程。

【案例 2-2】 案例 2-1 中，如采用复利制，则各年末的本利和为

第一年末：$F_1=1000+1000\times9\%=1000(1+9\%)=1090$（万元）；

第二年末：$F_2=1000(1+9\%)(1+9\%)=1000(1+9\%)^2=1000\times1.1881=1188.10$（万元）；

第三年末：$F_3=1000(1+9\%)^2\times(1+9\%)=1000(1+9\%)^3=1295.03$（万元）。

因此，在第 n 年末的终值（本利和）为

$$F_n=P(1+i)^n \tag{2-4}$$

二、现金流量图的绘制和应用

1. 现金流量图的绘制

在经济活动分析中，常用现金流量图表示资金的流动状态。图 2-1 所示为现金流量图的绘制方法，其中横坐标表示时间，纵坐标表示资金额。现金流入用箭头向上的竖线表示，现今流出则用箭头向下的竖线表示。为了便于应用，下文中，P 称为现值，F 称为终值，I 为利息；t 为计息周期，P 发生的时点为 t_0，F 发生的时点为 t_n，m 为计息周期次数。图 2-2 是根据案例 2-2 第三年的金融活动绘制的现金流量图。

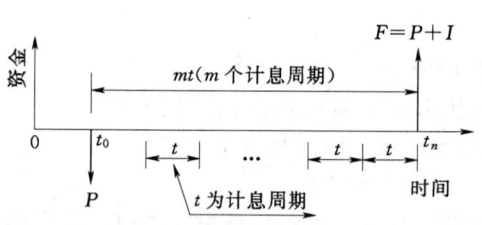
图 2-1 现金流量图的绘制

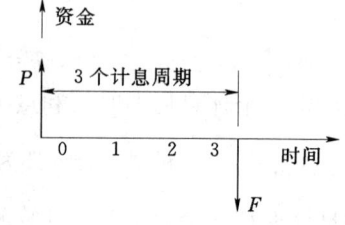
图 2-2 案例 2-2 第三年的现金流量图

2. 现值和终值的计算

（1）一次支付的现值和终值的计算。

图 2-2 表示只有一次现值收入（或支付）时计算终值的情况，故称为一次支付时现值和终值的计算。

当已知 P 时，可用式（2-4）求 F，即

$$F=P(1+i)^n$$

式中 $(1+i)^n$——一次支付终值系数，用 $(F/P,i,n)$ 表示。

故式（2-4）又可写为

$$F=P(F/P,i,n) \tag{2-5}$$

在 $(F/P, i, n)$ 这类符号中，斜线左侧表示所求的未知数，斜线右侧表示已知数，即 $(F/P, i, n)$ 表示已知 P、i 和 n，求终值 F 的情况。

如已知 F、i 和 n，求现值 P 时，则由式（2-4）得

$$P=F(1+i)^{-n} 或 P=F(P/F,i,n) \tag{2-6}$$

$(P/F, i, n)$ 称为一次支付现值系数。计算现值的过程又称为"折现"或"贴现"，所用的利率通常称为折现率或贴现率，故 $(P/F, i, n)$ 又称为折现系数或贴现系数。

(2) 等额支付系列的现值和终值的计算。

等额支付系列是指现金流量在多个时点发生，而且每次发生的数额相等，如图 2-3 所示。在图 2-3 (a) 中，A 为每个计息周期期末发生的等额支付金额，则依据式（2-4）得

$$F=A(1+i)^{n-1}+A(1+i)^{n-2}+A(1+i)^{n-3}+\cdots+A(1+i)+A$$

或

$$F=\sum_{i=1}^{n}A(1+i)^{n-t}=A\frac{(1+i)^{n}-1}{i}=A(F/A,i,n) \tag{2-7}$$

式（2-7）中 $(F/A, i, n)$ 称为等额支付系列终值系数。如已知 A 求 P，依据图 2-3 (b)。同理可求得

$$P=\sum_{i=1}^{n}A(1+i)^{-t}=A(P/A,i,n) \tag{2-8}$$

式（2-8）中 $(P/A, i, n)$ 称为等额支付系列现值系数。

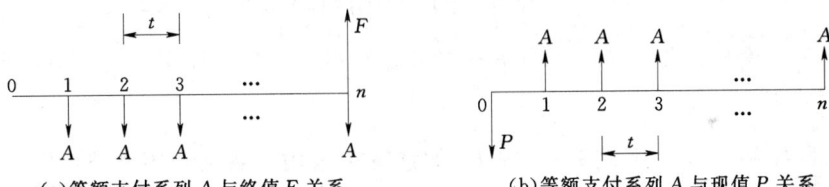

(a) 等额支付系列 A 与终值 F 关系　　　(b) 等额支付系列 A 与现值 P 关系

图 2-3　等额支付系列现金流量分析图

现值 P、终值 F 和等额支付金额 A 三者之间共有 6 种互相换算公式和换算系数，见表 2-1，换算系数的推导可参阅卢谦等所编《建筑工程招标投标手册》第 236～244 页，不再赘述。

表 2-1　　　　　　　　复利换算关系和换算系数

支付方式	复利换算公式	换算系数
一次支付	1. 给定 P 求 F：$F=P(1+i)^n$ 2. 给定 F 求 P：$P=F(1+i)^{-n}$	$(F/P,i,n)$ $(P/F,i,n)$
等额系列支付	3. 给定 F 求 A：$A=F\dfrac{i}{(1+i)^n-1}$ 4. 给定 P 求 A：$A=P\dfrac{i(1+i)^n}{(1+i)^n-1}$ 5. 给定 A 求 F：$F=A\dfrac{(1+i)^n-1}{i}$ 6. 给定 A 求 P：$P=\dfrac{(1+i)^n-1}{i(1+i)^n}$	$(A/F,i,n)$ $(A/P,i,n)$ $(F/A,i,n)$ $(P/A,i,n)$

3. 名义利率和有效利率

在复利计算中，利率周期一般以年为单位，当利率周期与计息周期相同时，前述复利换算关系和换算系数都可使用。当利率周期与计息周期不同时，就要考虑名义利率和有效利率的概念进行计算。

(1) 年利率 i 和名义年利率 r。在用复利计算资金的时间价值时，多采用以一年为计息周期的利率，称为"年利率 i"。当计息周期小于一年时，就需要引入名义年利率和有效利率（又称实际利率）两个概念，来进行利息计算。如一年中计息期数为 m，每一计息周期的利率为 i，则名义年利率 r 的定义为

$$r = m \times i \quad 或 \quad i = r/m \tag{2-9}$$

当名义年利率 r 为 12%，每年计息按月计算，即 $m=12$ 时，按上式计算，则计息周期利率 i 为

$$i = 12\% \div 12 = 1\%$$

这说明式（2-9）是以单利的概念为依据的，没有考虑各期利息再生利的复利概念，举例说明如下。

【案例 2-3】 贷款 1000 元，年利率为 12%，按年计息。由于利率周期与计息周期一致，1 年后的本利和 F_1 为可按单利公式计算，即

$$F_1 = 1000 \times (1 + 0.12) = 1120 (元)$$

如按月计息，如上所述，$r = 1\%$，则一年后的本利和 F_2 为

$$F_2 = 1000 \times \left(1 + \frac{0.12}{12}\right)^{12} = 1000 \times 1.12682 = 1126.82 (元)$$

从此例可以看出，贷款额、年利率与占用时间相同，只因计息周期不同，F_2 就比 F_1 多了 6.82 元。

(2) 实际年利率 i_{eff}。案例 2-3 中 F_1 的计算中采用（名义）年利率，因为利率周期与计息周期一致，均以年为单位。F_2 的计算中，因为利率按年计期，而利息的计算周期为月，两者不一致，必须将实际月利率折算成实际年利率，实际年利率又称有效年利率 i_{eff}。

如在年初贷款为 P，年名义利率为 r，一年内计息 m 次，则每一计息周期的利率 $I = r/m$。由复利公式 $F = P(1+i)^m$ 求得该年末的本利和 F 及应付利息 I 分别为

$$F = P(1 + r/m)^m$$

$$i = F - P = P\left(1 + \frac{r}{m}\right)^m - P = P\left[\left(1 + \frac{r}{m}\right)^m - 1\right]$$

因而该年的实际年利率 i_{eff} 为

$$i_{eff} = \left(1 + \frac{r}{m}\right)^m - 1 \tag{2-10}$$

如年名义利率 $r = 12\%$，则该年计息期按年、半年、季、月的年实际利率如表 2-2 所示。

综上所述，当资金收付周期是计息周期的整倍数或相等时，可按以下两种方法计算。

1) 按收付周期实际利率计算。

2）按计息周期利率依据以下公式计算，即：

表 2-2　　　　　　　　　　　名义利率与实际利率的比较

年名义利率 r	计息期	年计息次数 m	计息期利率 $i=r/m$	年实际利率 i_{eff}
12%	年	1	12%	12%
	半年	2	6%	12.36%
	季	4	3%	12.55%
	月	12	1%	12.68%

$$F=P(F/P,r/m,nm)$$
$$P=F(P/F,r/m,nm)$$
$$F=A(F/A,r/m,nm)$$
$$P=A(P/A,r/m,nm)$$

式中　n——年数。

应当指出，在技术经济方案比较中，如各方案的计息周期不同，则应按收付周期实际利率计算。

【案例 2-4】　某承包商近期有两个工程可供投标，但限于财力，只能选择其中之一。因此他要用现值比较法对这两项工程进行经济分析，以便选定利润较大的工程投标。

工程 A 预计一年竣工，工程 B 预计两年竣工。为使这两项工程有可比性，假设有一个与 A 类似的过程，在 A 竣工后开始进行。预期从这两项工程得到的月末利润如下。

工程 A：第 1～11 个月份，月末利润为 1000 美元；
　　　　第 12 个月份，月末利润为 3000 美元。
工程 B：第 1 个月份无收入。第 2～23 个月份，月末利润为 1100 美元；
　　　　第 24 个月份，月末利润为 2000 美元。

工程 A 和工程 B 的现金流量图如图 2-4 所示。

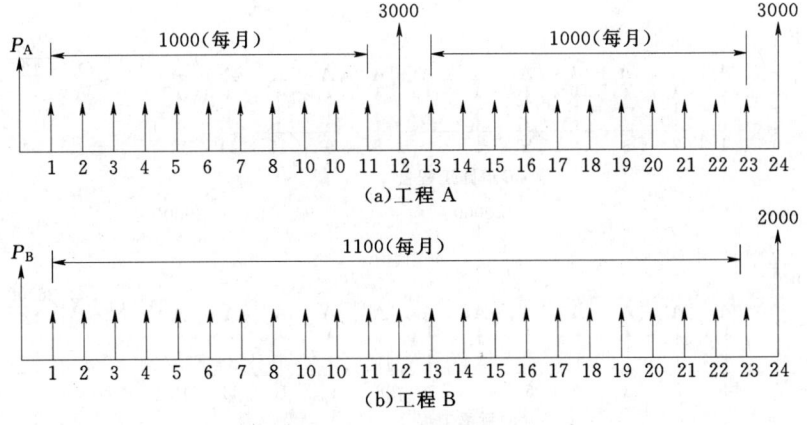

图 2-4　工程现金流量图

设月复利率为 5‰，工程 A 和工程 B 的预期利润现值计算如下

工程 A 的利润现值 $P_A=1000(P/A,i=0.005,11)+3000(P/F,i=0.005,12)+1000$

$(P/A,i=0.005,11)\times(P/F,i=0.005,12)+3000(P/F,i=0.005,24)=(1000\times10.677)+(3000\times0.9419)+(1000\times10.677\times0.9419)+(3000\times0.8872)=26222$（美元）

工程 B 的利润现值 $P_B=1100(P/A,i=0.005,22)\times(P/F,i=0.005,n=1)+2000(P/A,i=0.005,24)=(1100\times20.784\times0.9950)+(2000\times0.8872)=24522$（美元）

从以上经济分析来看，可选取工程 A，因其预期利润较大。当然该承包商还应考虑其他因素，诸如资源供应、施工条件，一年后有无合适的工程可投标等，作出最后的抉择。

（3）等价比较法。等价比较法适用于对各方案进行比较时有某个因素不肯定的情况，将其设为未知量。具体做法是，令各方案的现值计算两两相等，求得不肯定因素的值后，引入具体的条件，使各方案均属可解，再从中选取适用的方案。举例说明如下。

【**案例 2-5**】 某承包商有两项工程可以投标，但只能选择其中一项。一项工程是混凝土道路铺设，约有 1.2 万 m^3 土方；另一项工程是一座桥梁工程，其中约有 3.6 万 m^3 土方。承包商估计这两项工程工期均为一年左右。土方工程的收入按月支付。除土方外，其他工程价款分别于第 6 个月和竣工后分两次支付。铺路工程每次估计约 50000 美元；桥梁工程每次估计约 40000 美元。因为对这两项土方工程不能估出单价，但他认为，如果土方单价超过一美元，就不可能投中这两项工程。

在本例中，不肯定因素是土方工程。由于土方单价超过 1 美元，就不可能投这两项工程，故设土方工程的成本为 X 美元/m^3，则其利润为 $(1-X)$ 美元/m^3。这两项工程每月土方净收入各为

铺路工程：$A=(1-X)\dfrac{12000}{12}$;

桥梁工程：$A=(1-X)\dfrac{36000}{12}$。

这两项工程的现金流量如图 2-5 所示，月息均为 1%。

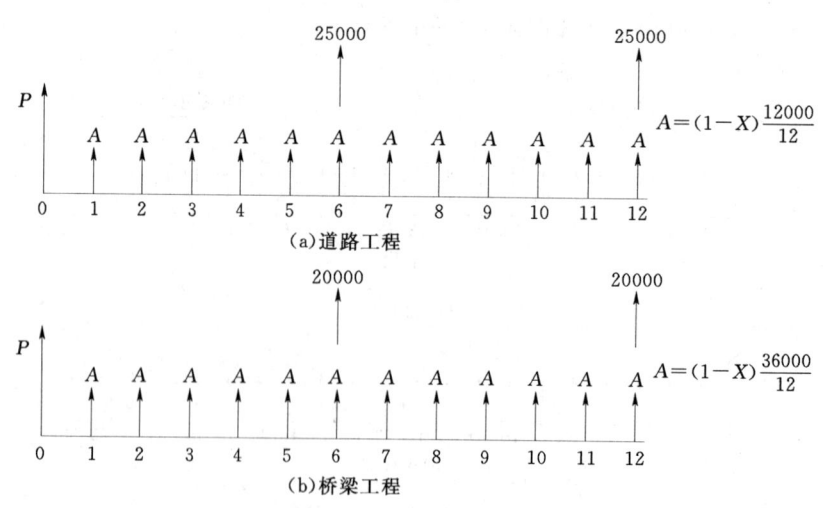

图 2-5 工程现金流量图

铺路工程的利润现值 $=(25000)\times(P/F,i=0.01,n=6)+(25000)\times(P/F,i=0.01,n$

=12)+(1.00-X)×(12000/12)×(P/A,i=0.01,n=12);

桥梁工程的利润现值=20000×(P/F,i=0.01,n=6)+20000×(P/F,i=0.01,n=12)+(1.00-X)(36000/12)×(P/A,i=0.01,n=12)。

若使铺路工程的利润现值等于桥梁工程的利润现值，则有

$$25000×0.9420+25000×0.8874+(1.00-X)×1000×11.255$$
$$=20000×0.9420+20000×0.8874+(1.00-X)×3000×11.255$$

求解 X，得 $X=0.59$ 美元。

如果承包商土方工程的成本为 0.59 美元/m^3，则此两项工程都可获得同样利润。如果承包商土方工程成本大于 0.59 美元/m^3 选择道路铺设工程更为有利。反之，则选择桥梁工程更为有利。这样，0.59 美元就是一个"判别依据"，便于选择有利的工程投标。

以上案例说明现金流量图和其计算在建筑工程投标方案比较中的应用，在以后章节中还将介绍其在工程经济和工程项目造价管理中有关的应用。

第二节 设备购置和租赁的技术经济分析

随着建设工程新结构、新工艺、新机具和新材料的发展，包括建筑企业在内的各类企业都必须重视企业的技术经济结构的合理化，提高企业机具设备的利用率和完好率、降低机具设备运营成本等问题。本节介绍的设备购置、租赁和更新的技术经济分析有助于合理解决上述问题。

一、设备的购置

设备及工器具购置费是指设备及工器具的原价和设备及工器具的运杂费之和。设备的原价分为国产设备和进口设备两种；国产设备又分国产标准设备和国产非标准设备两种。

（1）国产设备原价、工器具购置费及运杂费。国产标准设备的原价就是出厂价，国产非标准设备的原价应按表 2-3 计算。

表 2-3　　　　　　　　　国产非标准设备原价的计算

费用项目	计算方法
①材料费	Σ〔材料净重(1+损耗率)×每吨相应材料单价〕
②加工费	材料费×加工费占材料费比例(费率)
③辅助材料费	材料费×辅助材料费占材料费比例(费率)
④专用工具费	[①+②+③]×专用工具费占比例(费率)
⑤废品损失费	[①+②+③+④]×废品损失占比例(费率)
⑥外购配件费	实际进货价
⑦包装费	[①+②+③+④+⑤+⑥]×包装费占比例(费率)
⑧利润	[①+②+③+④+⑤+⑦]×利润率
⑨税金	销售额×增值税率-进项税额
⑩非标设备设计费	按国家规定标准计收

工器具购置费一般以设备费为基础计取,即工器具购置费＝设备购置费×定额费率

设备运杂费是指设备的运输及装卸费、原价中未包括的包装费、设备供销部门的手续费和设备的采购保管费等,按下式计算：

$$设备运杂费＝设备原价×设备运杂费率 \quad (2-11)$$

以上各项费用的费率均按主管部门或政府规定计取。一种以上的设备的选择应考虑设备购置总费用及设备寿命、维修费等因素综合考虑。

(2) 进口设备的原价。进口设备的原价按其交货的方式分内陆港交货,目的地交货和装运港交货三种方式。目前,多采用装运港交货（FOB）的方式进口设备。其原价计算的费用项目说明如下。

1）引进项目减免关税的技术资料、技术服务等软件部分不计国外运输费、国外运输保险费、外贸手续费和增值税。

2）外贸手续费、关税计算依据是硬件到岸价和应计关税软件的货价之和；银行财务费计算依据是全部硬、软件的货价；引进工艺设备的增值税的计算依据是应计关税价与关税之和。不考虑消费税。

$$硬件到岸价＝硬件货价＋国外运输费＋国外运输保险费 \quad (2-12)$$
$$应计关税价＝硬件到岸价＋应计关税软件的货价 \quad (2-13)$$

3）引进部分的购置投资＝引进部分的原价＋国内运杂费

引进部分的原价＝货价＋国外运费＋国外运输保险费＋外贸手续费＋银行财务费
$$＋关税＋增值税（不考虑进口车辆的消费税和附加费） \quad (2-14)$$

引进部分的国内运杂费包括：供销手续费、运输装卸费和包装费（设备原价中未包括的,而运输过程中需要的包装费）以及采购保管费等内容。并按式（2-15）计算。

$$国内运杂费＝国内供销手续费＋运输、装卸和包装费＋采保费 \quad (2-15)$$

国内供销、运输、装卸和包装费＝引进设备原价×（供销、运输、装卸和包装费率）

引进设备采保费＝（引进设备原价＋国内供销、运输、装卸和包装费）×采保费率

以上各项费用的计算公式参看表2-4。

表2-4　　　　　　　引进项目硬、软件从属费用计算表

费用名称	计算公式	备注
货价	货价＝合同中硬、软件的离岸价外币金额×外汇牌价	合同生效,第一次付款日期的兑汇牌价
国外运输费	国外运输费＝合同中硬件货价×国外运输费率	海运费率通常取6% 空运费率通常取8.5% 铁路运输费率通常取1%
国外运输保险费（价内税）	国外运输保险费＝（合同中硬件货价＋国外运输费） ×运输保险费率÷（1－运输保险费率）	海运保险费率常取3.5‰ 空运保险费率常取4.55‰ 陆运保险费率常取2.66‰
关税	硬件关税＝（合同中硬件货价＋运费＋运输保险费）×关税税率 ＝合同中硬件到岸价×关税税率 软件关税＝合同中应计关税软件的货价×关税税率	计关税的软件指设计费、技术诀窍、专利许可证、专利技术等

续表

费用名称	计 算 公 式	备 注
消费税 （价内税）	消费税＝[（到岸价＋关税）×消费税率]÷（1－消费税率）	进口车辆才有此税： 越野车、小汽车取5%； 小轿车取8%；轮胎取10%
增值税	增值税＝（硬件到岸价＋完关税软件货价＋关税）×增值税率	增值税率取17%
银行财务费	合同中硬和软件的货价×银行财务费率	银行财务费率取4‰～5‰
外贸手续费	（合同中硬件到岸价＋完关税软件货价）×外贸手续费率	外贸手续费率取1.5%
海关监管手续费	减免关税部分的到岸价×海关监管手续费率	海关监管手续费率取3‰

注 表中所有费率和税率均以计算时应采用的为准。

【案例2-6】 进口设备购置投资费用计算

拟由某国公司引进全套工艺设备和技术，在我国某港口城市郊区建设生产某种产品的工业项目，建设期2年，总投资11800万元。总投资中引进部分的合同总价682万美元。辅助生产装置、公用工程等均由国内设计配套。引进合同价款的细项如下。

（1）硬件费620万美元。

（2）软件费62万美元，其中计算关税的项目有：设计费、非专利技术及技术诀窍费用48万美元；不计算关税的有：技术服务及资料费14万美元（不计海关监管手续费）。

人民币兑换美元的外汇牌价均按1美元＝6.3元计算。

（3）中国远洋公司的现行海运费率6%，海运保险费率3.5‰，现行外贸手续费率、中国银行财务手续费率、增值税率和关税税率分别按1.5%、5‰、17%、17%计取。

（4）国内供销手续费率0.4%，运输、装卸和包装费率0.1%，采购保管费率1%。

本案例引进部分为工艺设备的硬、软件，其从属费用包括：货价、国外运输费、国外运输保险费、外贸手续费、银行财务费、关税和增值税等费用。引进部分购置投资为引进部分的原价与国内运杂费之和。其中引进部分的原价是指引进部分的从属费用之和。按照表2-4计算各项费用见表2-5。

表2-5　　　　　　　引进设备硬、软件原价计算表　　　　　　　单位：万元

费用名称	计 算 公 式	费用
货价	货价＝620×6.3＋62×6.3＝3906＋390.6＝4296.60	4296.60
国外运输费	国外运输费＝4296.60×6%＝257.80	257.80
国外运输保险费	国外运输保险费＝（4296.60＋257.80）×3.5‰/（1－3.5‰）＝16.00	16.00
关税	关税＝（4296.60＋257.80＋16.00＋48×6.3）×17%＝828.38	828.38
增值税	增值税＝（4872.80＋828.38）×17%＝5701.18×17%＝969.20	969.20
银行财务费	银行财务费＝4296.60×5‰＝21.48	21.48
外贸手续费	外贸手续费＝（3906＋257.80＋16.00＋48×6.3）×1.5%＝67.23	67.23
引进设备原价		6456.69

由表 2-5 得知，引进部分的原价为 6456.69 万元

$$国内运杂费 = 6456.69 \times (0.4\% + 0.1\% + 1\%) = 96.85(万元)$$

$$引进设备购置投资 = 6456.69 + 96.85 = 6553.54(万元)$$

二、设备租赁与购买方案的比较

我国某施工公司在伊拉克承包一项拦河闸工程的施工，由于工期紧迫，必须采用大型土方机械和能制备优质混凝土的现场搅拌站搅拌。施工主持人经过市场调查和方案比较，决定购买二手的德国 ELBA 厂现场搅拌站和租赁大型土方机械，结果工程提前完工，质量优良，得到该国灌溉部的好评，并为我国创收了外汇。这个实例充分说明设备的租赁与购买方案进行方案比较，作出合理选择的重要性。

1. 设备租赁的优缺点

设备租赁是设备的承租人（使用人）依据租赁合同规定，按期向出租人（设备所有者）以取得设备使用权的经济活动，有融资租赁和经营租赁两种方式。在融资租赁中，租赁双方承担租赁期内的租让和付费义务，而不得任意中止和取消租约；大型机械设备（如上述大型土方机械）适于采用这种方式。在经营租赁中，租赁双方的人一方可在随时通知对方后的规定期限内取消或中止租约，短期或临时使用的设备（车辆、仪器等）一般采用这种方式。

对于承租人讲，设备租赁与设备购买相比，有如下的优点。

(1) 租金短缺时，可用较少的租金租得急需而适用的设备并可引进先进的设备，提高企业的竞争能力。

(2) 可由出租方得到良好的维修服务。

(3) 可保持资金流动，不致呆滞，购买有时可能造成企业负债状况恶化。

(4) 可避免通货膨胀和汇率波动的风险。

(5) 设备租金可在所得税税前扣除。

设备租赁的缺点如下。

(1) 在租赁期间承租人对所租设备只有使用权，没有所有权，因而承租人无权对设备进行改造，也不能用以担保和抵押贷款。

(2) 承租人在租赁期间所支付的租金总额一般高于直接购买的费用。

(3) 常年支付租金，形成长期负债。

(4) 融资租约合同规定严格，毁约罚款额较高。

由于设备租赁有利有弊，对设备究竟是购买还是租赁，应慎重进行决策分析。上述案例中，所以决定购买二手混凝土搅拌站，是由于该搅拌站是一家承包公司因工程竣工后没有后续工程，而伊拉克政府规定，工程竣工后，承包商的机械设备必须当地出售或者征再出口税后运出境外，该公司决定低价出售，我国公司遂决定购买。对于大型土方机械，由于工期紧，使用时间短，后续工程又不需要这样的大型的机械，因而决定租赁。

2. 设备租赁与购买方案比较

进行设备购置与租赁方案的经济比较时，需要分析各方案每年的现金流量，简述如下：设备购置和租赁方案的净现金流量。设备购置方案的现金流量可参看表 2-6。

表 2-6　　　　　　　　　　　　　设备购置方案现金流量表　　　　　　　　　　　单位：万元

费用类别	所含项目	合计	计息周期				
			1	2	3	…	n
A 现金流入	①营业收入						
B 现金流出	②设备购置费用						
	③经营成本						
	④贷款利息						
	⑤营业税金及附加						
	⑥所得税						
C 净现金流量	(A－B)						
D 累计净现金流量							

设备租赁方案中的租赁费可以直接计入经营成本，但为与设备购置方案相比较，可将设备租用费用从经营成本中分离出来，则在每一计息周期的净现金流量见表 2-7。

表 2-7　　　　　　　　　　　　　设备租赁方案现金流量表　　　　　　　　　　　单位：万元

费用类别	所含项目	合计	计息周期				
			1	2	3	…	n
A 现金流入	①营业收入						
B 现金流出	②租赁费用						
	③经营成本						
	④营业税金						
	⑤所得税						
C 净现金流量	(A－B)						
D 累计净现金流量							

由表 2-7 可知

净现金流量＝(营业收入－租赁费用－经营成本－与营业相关的税金)×(1－所得税率)

(2-16)

式 (2-16) 中，租赁费用主要包括：租赁保证金、租金、担保费，分述如下：

1) 租赁保证金。承租人应缴纳租赁保证金，以确认租赁合同并保证执行合同。当租赁合同结束时，租赁保证金应退还给承租人。

2) 担保费。出租人一般要求承租人请担保人对该项租赁合同进行担保。当承租人付不起租金时，由担保人代付租金。

3) 租金。租金是租赁合同的一项重要内容。出租人要从取得的租金中收回租赁资产的购置原价、贷款利息、营业费用和利润。承租人要依据租金核算成本。租金的计算主要有附加率法和年金法。

a. 附加率法是在租赁资产的价格 P 上再加一定的费率 r 并用式 (2-17) 计算租金 R

$$R = P\frac{1+Ni}{N} + Pr \tag{2-17}$$

式中 P ——租赁资产的价格；
 N ——租赁期数，一般按月、季、半年、年计；
 i ——与租赁期数相对应的利率，又称折现率；
 r ——附加率。

【案例 2-7】 租赁公司租给某企业一台设备。设备的价格 80 万元人民币，租期 4 年，每年年末支付租金，折现率为 12％，附加率为 5％，则每年租金为 33.6 万元。

$$R = 80\frac{1+4\times 0.12}{4} + 80\times 0.05 = 33.6 \text{（万元）}$$

b. 年金法。年金法就是按等额支付系列方式将所租赁资产的价值分摊到将来各租赁期内的租金计算方法。与一般等额支付系列方式不同之处在于年金法可采用期末支付，也可采用期初支付方式。

采用每期期初支付租金 R_b 时，其现金流量图如图 2-6（a）所示，依据表 2-1 中第 4 式，求得

$$R_a = P\frac{i(1+i)^N}{(1+i)^N - 1} \tag{2-18}$$

式中 R_a ——每期期末支付的租金额；
 P ——租赁资产的价格；
 N ——租金支付期数，可按月、季、半年、年计；
 i ——与租赁期数相对应的利率。

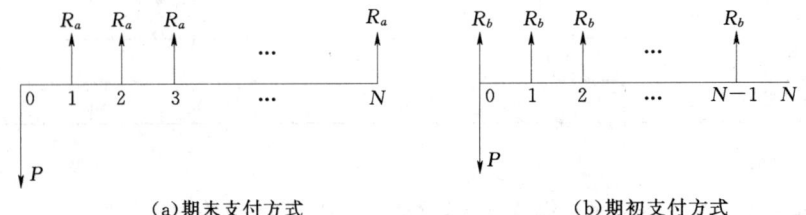

图 2-6 用年金法计算租金的现金流量图

采用每期期初支付租金 R_b 时，其现金流量图如图 2-6（b）所示，依据表 2-1 中第 4 式，求得

$$R_b = P\frac{i(1+i)^{N-1}}{(1+i)^N - 1} \tag{2-19}$$

式中 R_b ——每期期初支付租金额。

【案例 2-8】 租赁公司租给某企业一台设备。设备的价格 80 万元人民币，租期 4 年，每年年末支付租金，折现率为 10％，试求每年年末及每年初支付的年金各为多少。

按每年年末支付，则

$$R_a = 80\times \frac{10\% \times (1+10\%)^5}{(1+10\%)^5 - 1} = 80\times 0.2638 = 21.10 \text{（万元）}$$

按每年年初支付,则

$$R_b = 80 \times \frac{10\% \times (1+10\%)^5-1}{(1+10\%)^5-1} = 80 \times \frac{0.14541}{0.6105} = 80 \times 0.2381 = 19.05 \text{(万元)}$$

第三节 设备更新问题

随着科学技术的发展,建设工程项目的规模日趋复杂庞大、其施工已经由过去的中小型机械化发展为目前以大型机械为主的机械化。施工企业不仅要购置或租赁适用的机械设备完成所承包的任务,还需要研究如何提高其完好率和使用效率,以降低其运营成本。因此,如何进行维修,以保持机械设备处于良好状态以及机械设备需要更新时如何对更新方案进行科学的技术经济分析仪选取合理的方案,已成为施工企业所面临的重要问题。本节中主要介绍设备为什么要更新以及如何进行设备更新技术经济方案比选。

一、设备的磨损与处理方案

企业购置设备后,在设备使用或闲置中都要发生磨损。磨损分为有形和无形两类。

1. 有形磨损

有形磨损又有使用中磨损和闲置中磨损之分;前者指设备在使用过程中其主要部件或零件在外力作用下产生的磨损、变形和损坏,后者指设备在闲置期间受周围环境和材料性质作用发生的金属锈蚀、腐蚀和橡胶塑料老化等。从设备管理角度分析,有形磨损又可分为可通过大修消除的磨损以及不可消除而需要更新的磨损。

无论哪种有形磨损,都会造成设备性能和精度的降低、效率低下、运行和维修费用增加。

2. 无形磨损

无形磨损也分为两种。第一种是由于科学技术进步使同类产品成本和市场价格降低。这种磨损不会影响设备的技术特性和使用功能,只是使其原始价值贬值(折旧),因此不会导致提前更换的问题。第二种是由于科学技术进步使同类产品的结构和性能更加完善,制造中耗费的能源和原材料更少,以致原有设备不但陈旧落后,经济效益降低,而且其使用价值部分或全部丧失,而需要考虑更新现有设备的问题。

设备发生磨损后,根据磨损的情况,应采取图2-7所示的处理方案。设备大修将设备整体或磨损部分解体,更换已磨损零件或部件,以恢复其实用功能和效率。设备更新是

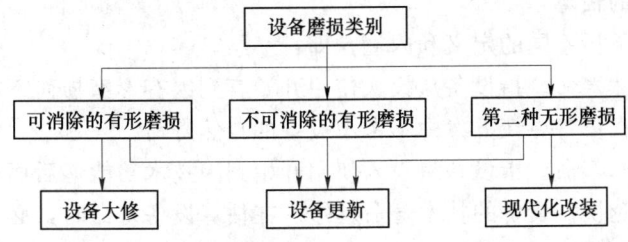

图2-7 设备磨损的处理方案

更换整个设备。现代化改装是对设备进行局部改装革新、增加新的零部件，以提高设备的使用功能和生产效率。例如国内的塔式起重机从 20 世纪 50 年代的仿东德的"建筑师 I 型"，经历了多次的革新而成为能满足当前现代化工程结构的主要吊装机械。

二、设备更新方案的比较原则

设备更新是用结构、技术、效率、性能、节能、环保和经济等方面更先进适用的新型设备来替代技术陈旧、经济上不宜再使用的旧设备，以尽快提高企业生产的现代化水平，实现旧设备不能达到的产品质量或生产能力。

设备更新既要考虑生产和技术发展的需要，又要考虑保障和提高经济效益，因此必须进行慎重研究和分析，采取适宜的策略；例如可以修复的不必过早更新，通过技术革新改造就可满足生产要求的不必急于更新，更换单机就可满足要求的，不必更换整条生产线。

一般优先考虑更新的设备如下。

(1) 设备磨损严重，大修后其性能、精度、效率仍不能满足生产要求的。

(2) 设备磨损虽未超出允许范围，但技术上已陈旧落后能耗高，对环境污染严重，经济效益很差的。

(3) 设备使用年久，大修后虽还可使用，但经济效益不如更换新型的。

对设备更新方案进行比较时，一般应依据以下原则。

(1) 设备更新方案比较属于互斥方案比较范畴，因此不要持有成见，应当客观地进行分析。

(2) 不考虑沉没成本（沉没资金）。沉没成本指付出而收不回的，但是当时必须要付出的资金成本。对设备更新方案比较而言，拟更新的设备的价值应按当前的实际价值计算。如某设备 5 年前的原始成本是 60000 元。由于历年折旧费为 25000 元，故当前的账面价值是 60000－25000＝35000 元，而当前的市场价格仅为 20000 元。在进行设备更新分析时，旧设备的沉没成本则为：

$$\text{沉没成本}=(\text{设备原价}-\text{历年折旧费})-\text{当前市场价格} \qquad (2-20)$$
$$=(60000-25000)-20000=15000（元）$$

由于沉没成本是根据原来投资决策已经发生的，与更新决策无关，当前该设备的价值等于市场价格。

(3) 逐年滚动比较。逐年滚动比较的目标是确定更新设备的最佳时机，先计算现有设备的剩余寿命和新设备的经济寿命，然后用逐年滚动方法进行比较。

三、设备寿命的估算

设备的寿命有下述不同的定义和内涵，即：

(1) 设备的自然寿命。指设备从投入使用开始直到因有形磨损而不能继续使用而报废为止的全部时间。在设备更新方案中不考虑设备的自然寿命。

(2) 设备的技术寿命。指设备从投入使用开始到因技术功能落后而被淘汰所经历的时间。科学技术发展越快，设备的技术寿命越短。在估算设备寿命时，必须考虑其技术寿命的变化特点和影响。

(3) 设备的经济寿命。指设备从投入使用开始到再继续使用，经济上就不合理而被更新所经历的时间。如图 2-8 所示,设备使用年限越长,所分摊的设备年资产消耗(折旧)成本虽降低,但由于设备的运行、维修和能源消耗等费用的增长,年平均使用成本反而由降低变为增长,在转折点 N_0 年处达到最低值。N_0 称为设备的经济寿命,即设备从投入使用开始到其年平均使用成本最低的使用年限,也就是从经济上(收益上)最佳的设备更新时机。

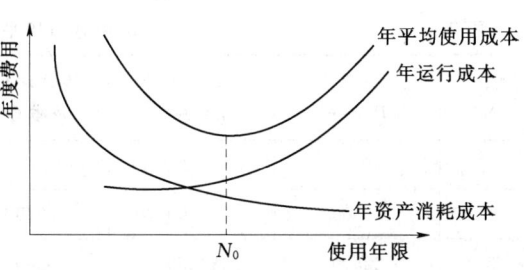

图 2-8 设备年度费用曲线

确定设备经济寿命要考虑以下两个原则,即:
(1) 设备在经济寿命内平均每年净收益(纯利润)达到最大。
(2) 设备在经济寿命内一次性投资和各种经营费用总和达到最小。

设备经济寿命的确定方法分为静态模式和动态模式两种,本节中只介绍静态法,即不考虑资金时间价值而确定设备年平均使用成本 C_{N_0} 的方法,公式如下:

$$C_{N_0} = \frac{P - L_N}{N} + \frac{1}{N} \sum_{i=1}^{N} C_i \qquad (2-21)$$

式中　C_{N_0}——N_0 年内设备的年平均使用成本;

　　　P——设备目前实际价值,如为新设备,包括购置费和安装费;如为旧设备,包括旧设备现在的市场价值和继续使用旧设备追加的投资;

　　　C_i——第 i 年的运行成本,包括人工费、材料费、能源费、维修费、停工损失、非此品损失等;

　　　L_N——第 N 年末的设备净残值;

　　　$\frac{P - L_N}{N}$——设备的平均年度资产消耗成本;

　　　$\frac{1}{N} \sum_{i=1}^{N} C_i$——设备的平均年度运行成本。

在式(2-21)中,如以 N 为变量,则当 N_0 为经济寿命时,应满足 C_{N_0}。

【案例 2-9】 某设备实际价值为 30000 元,有关统计资料见表 2-8。试求其经济寿命。

表 2-8　　　　　　　　　设备有关统计资料　　　　　　　　　单位:元

继续使用年限	1	2	3	4	5	6	7
年运行成本	5000	6000	7000	9000	11500	14000	17000
年末残值	15000	7500	3750	1875	1000	1000	1000

根据表 2-8 的统计资料,按式(2-21)计算表 2-9 中各项,可知该设备在使用 5 年时,其平均使用成本 13500 元为最低。因此,其经济寿命为 5 年。

设备使用的时间越长,其有形磨损和无形磨损随之加剧,使其维修费用逐年增长。设

表 2-9   设备静态年平均成本计算   单位：元

使用年限 N	资产消耗成本 $(P-L_N)$	平均年资产消耗成本	年度运行成本 C_i	运行成本累计 $\sum C_i$	平均年度运行成本 $(6)=(5)/(1)$	年平均使用成本 C_N
(1)	(2)	(3)=(2)/(1)	(4)	(5)	(6)	(7)=(3)+(6)
1	15000	15000	5000	5000	5000	20000
2	22500	11250	6000	11000	5500	16750
3	26250	8750	7000	18000	6000	14750
4	28125	7031	9000	27000	6750	13781
5	29000	5800	11500	38500	7700	13500
6	29000	1833	14000	52500	8750	13583
7	29000	4143	17000	69500	9929	14702

第 i 年这种费用的增加为 ΔC_i，称 ΔC_i 为设备的低劣化值。如每年设备的低劣化增量相等，即 $\Delta C_i = \lambda$。用年低劣化值 λ 表示设备损耗的方法称为低劣化值法。平均每年的设备使用成本 C_N 可表示如下：

$$C_{N_0} = \frac{P-L_N}{N} + \frac{1}{N}\sum_{i=1}^{N} C_i$$

$$= \frac{P-L_N}{N} + C_1 + \frac{1}{N}[\lambda + 2\lambda + 3\lambda + \cdots + (N-1)\lambda]$$

$$= \frac{P-L_N}{N} + C_1 + \frac{1}{2N}[N(N-1)\lambda]$$

$$= \frac{P-L_N}{N} + C_1 + \frac{1}{2}[(N-1)\lambda]$$

设 L_N 为一常数，对上式中的 N 求上式的一阶导数，并令其为零，则可得简化的经济寿命公式如下

$$N_0 = \sqrt{\frac{2(P-L_N)}{\lambda}} \qquad (2-22)$$

式中　N_0——设备的经济寿命；

　　　λ——设备的低劣化值。

【**案例 2-10**】 设某设备目前实际价值 P 为 8000 元，预计残值 L_N 为 800 元。第一年的设备运行成本 O 为 600 元，每年的劣化增量 ΔC_i 相等，年劣化值 λ 为 300 元，则该设备的经济寿命可用简化公式（2-22）及列表法计算如下

（1）用简化公式（2-22）计算，得设备的经济寿命为

$$N_0 = \sqrt{\frac{2\times(8000-800)}{300}} = 7 \text{（年）}$$

（2）用列表法计算，得年平均使用成本在第 7 年最低（2529 元），设备的经济寿命也是 7 年，两法所得结果相同，见表 2-10。

表 2-10　　　　用低劣化数值法计算设备最优更新期　　　　单位：元

使用年限 N	平均年资产消耗成本 $(P-L_N)/N$	年度运行成本 C_i	运行成本累计 $\sum C_i$	平均年度运行成本	年平均使用成本 C_N
(1)	(2)	(3)	(4)	(5)=(4)/(1)	(6)=(2)+(5)
1	7200	600	600	600	7800
2	3600	900	1500	750	4350
3	2400	1200	2700	900	3300
4	1800	1500	4200	10050	2850
5	1440	1800	6000	1200	2640
6	1260	2100	8100	1350	2550
7	1029	2400	10500	1500	2529
8	900	2700	15200	1650	2550
9	800	3000	16200	1800	2600

应当指出，设备更新方案比较的目的是确定何时更新。一般应进行逐年分析比较，并考虑实际情况，才能作出正确选择。按静态模式进行设备更新方案比较时，一般步骤如下。

(1) 如上所述，计算求出旧设备继续使用的静态年平均使用成本和经济寿命。

(2) 确定设备更新的时机。虽然算出旧设备需更新，但也不要考虑到时就立即更新，还应考虑以下的情况。

1) 如旧设备继续使用一年的年平均使用成本低于新设备的年平均使用成本，即
$$C_{N_0}(旧)<C_N(新)$$
则不宜更新设备，旧设备继续使用一年。

2) 如旧设备继续使用一年的年平均使用成本高于新设备的年平均使用成本，即
$$C_{N_0}(旧)>C_N(新)$$
则应更新设备。

第四节　价值工程及其应用

一、价值工程的特点及活动程序

价值工程是 value engineering 的直译，其实 engineering 在此的含义是"管理、分析……"，不指具体的工程，所以后来又称之为"价值分析（value analysis）"，下文中均采用价值分析一词，希望读者注意。

价值分析是一种通过有组织的分析产品或作业功能与成本的活动和管理方法，其目标是用最低的产品或作业寿命周期成本来实现产品或作业的必要功能。通俗地讲，价值分析就是研究如何以最少的人力、物力、财力和时间获得产品或作业必要功能的技术经济分析方法，其中产品或作业也包括建设工程产品或作业。

价值分析所说的"价值 V"指的是研究对象（产品或作业）所具有的功能 F 与获得

该功能的寿命周期成本 C 的比值，可用价值分析基本公式式（2-23）表示

$$V=\frac{F}{C}=\frac{功能}{寿命周期成本} \tag{2-23}$$

式中 V——价值；

F——研究对象的功能；质产品或作业的功用和用途；

C——产品或作业的寿命周期成本，包括设计、制造、储存、销售的生产成本及使用和维修的使用成本。

根据价值分析基本公式，可以看出产品或作业的功能 F 和成本 C 之间存在以下的关系。

（1）提高功能并降低成本，可以大幅度提高价值。

（2）在功能不变的条件下降低成本，也能提高价值。

（3）在成本不变的条件下提高功能，也能提高价值。

（4）在成本稍有提高的条件下，大幅度提高功能，也可提高价值。

（5）在功能稍有降低的条件下，大幅度降低成本，也可提高价值。

综上所述，价值分析的特点可归纳如下。

（1）价值分析的目标在于以提高产品或作业的竞争能力，即用最低的寿命周期成本来获得产品或作业的功能。为此，价值分析不仅仅着眼于降低生产成本，而且重视降低其使用成本。

（2）价值分析的核心是功能分析，通过功能分析，确定哪些功能是必不可少的，哪些是不必要的或过剩的。提出不必要的或过剩的功能，并加强或补充不足的功能，使产品或作业的功能结构更为合理。

（3）价值分析最突出的特点在于其功能分析是有组织的活动，不是一个人或一个部门所能胜任的。要组织有关部门和人员，建立一个工作组，共同开动脑筋，发挥集体智慧，运用能者的知识与经验，寻求提高产品或作业价值的方案。

基于以上特点，价值分析的活动程序一般如表 2-11 所列，对其中步骤说明如下。

表 2-11　　　　　　　　价值分析活动的一般工作程序

工作阶段	工作内容	步骤	主要工作	要解决的问题
准备阶段	确定目标、落实工作组织与计划	选择对象	1. 选择工作对象 2. 收集信息资料	选择分析对象
分析阶段	功能确定和分析	功能分析	3. 功能定义及确定 4. 功能分析整理	对象的功能分析
评价阶段	功能评价	根据功能评价，确定改进范围	5. 分析功能成本 6. 功能评价 7. 确定改进范围	成本多少？ 价值是多少？ 怎样改进？
综合阶段	提出和确定创新方案	制定创新方案	8. 提出拟改进方案 9. 方案概略性评价 10. 方案调整完善 11. 详细评价 12. 确定方案	有没有其他方案？ 哪个方案可以更好地实现功能要求？

续表

工作阶段	工作内容	步骤	主要工作	要解决的问题
实施阶段	检查和评价实施方案情况	方案实施和评价	13. 方案批准 14. 方案实施与检查 15. 方案评价或鉴定	该方案的实施是否符合要求？

对方案的实施进行检查评估后，需要时，再进行进一步价值分析。

二、价值分析方法简介

价值分析所用的方法包括下述选择价值分析对象及制定改进方案两类。

(1) 选择价值分析对象的方法有 ABC 法、强制确定法、功能成本法等。

(2) 制定改进方案的方法有头脑风暴法、专家检查法、哥顿法等。

限于篇幅，本节只介绍强制确定法，以便读者了解价值分析的主导思想和应用；其他方法和相关内容可参阅有关文献，如《注册造价工程师考试复习教程》（王维如、赵志缙主编，同济大学出版社），《价值工程学》（沈岐平等著）。

采用强制确定法选择价值分析活动对象时，首先计算产品或作业的功能重要系数和成本系数，求出这两个系数的比值，即"价值系数"，然后将价值系数低的选为活动对象。举例说明如下。

【案例 2-11】 某分项工程的价值主要由 A、B、C、D 和 E 五部分构成，成本费用分别为 18 万元、8 万元、8 万元、11 万元和 25 万元，总成本 70 万元。试用强制确定法确定价值分析活动的对象。

分析步骤如下。

(1) 计算功能重要性系数。将该分项工程总成本的五个部分填入功能重要系数表（表2-12）中，并将各部分的重要程度作一比一低成对比较；重要的得 1 分，次要的得 0 分。如比较 A 与 C，C 比 A 重要，则在与 A、C 对应的格中填写 1。

表 2-12 功能重要系数表

比较对象	A	B	C	D	E	得分	功能重要系数＝得分÷得分合计
A		1	0	1	1	3	0.3
B	0		0	1	1	2	0.2
C	1	1		1	1	4	0.4
D	0	0	0		0	0	0
E	0	0	0	1		1	0.1
合计						10	1

从表 2-12 可以看出，C 部分的功能重要系数最高（0.4），说明它在该分项工程中最重要；D 的功能重要系数为 0，说明它最不重要，可以考虑把它排除或与其他部分合并。

实际价值分析活动中，最好采用多比例评分法，即采用 1∶0、0.9∶0.1、0.8∶0.2、0.7∶0.3、0.6∶0.4、0.5∶0.5 等 6 种比例。

(2) 计算成本系数。成本系数是指每个部分的现时成本在总成本中所占比重，可用下

式计算

$$成本系数 = \frac{某部分的现时成本}{该部分工程的总成本}$$

求出此例的成本系数后,填入表 2-13 的第 4 栏中。

表 2-13　　　　　　　　　价值系数计算表

各部分名称	功能重要性系数 ①	现时成本 ②	成本系数 ③=②/②合计	价值系数 ④=①/③	对象选择顺序
A	0.3	18 万元	0.26	1.154	4
B	0.2	8 万元	0.11	1.818	3
C	0.4	8 万元	0.11	3.636	1
D	0	11 万元	0.18	0	
E	0.1	25 万元	0.36	0.278	2
合计	1	70 万元	1.00		

(3) 价值系数分析。根据上表中的价值系数,有以下 4 种情况。

1) 价值系数小于 1 的部分,说明其重要程度小而成本高,应作为价值分析的重点。可用降低其成本或提高其功能来改进。

2) 价值系数大于 1 的部分,说明其比较重要,但投入的成本较少,以它为价值分析的对象,可以适当增加成本,以充分发挥其功能,进一步提高该部分的质量。

3) 价值系数等于 1 的部分,说明其重要程度和成本比例适当,可不作为价值分析的对象。

4) 价值系数等于 0 的部分,说明该部分不重要,可以取消或合并。

根据表 2-13 中价值系数偏离 1 的程度,确定价值分析对象的次序为 C、E、B、A。

(4) 确定目标成本。根据上述价值系数分析,可以提出改进方案,并估算出该方案的预计成本。再将预计成本依据价值系数大小分配给各部分,作为它们的目标成本,进行如下的分析。

设表 2-13 所列的方案改进后的预期成本为 60 万元,则其分配情况及各部分成本降低幅度如表 2-14 所列。

表 2-14　　　　　　　　各部分目标成本分配及成本降低幅度表

部分	目前成本(万元) ①	功能系数 F_i, ②	成本系数 ③	价值系数 C_i, ④	目标成本(万元) ⑤=60×②	成本降低(万元) ⑥=①-⑤
A	18	0.3	0.26	0.26	18	0
B	8	0.2	0.11	0.11	12	-4
C	8	0.4	0.11	0.11	24	-16
D	11	0	0.18	0.18	0	11
E	25	0.1	0.36	0.36	6	19
小计	70	1	1.00		60	10

价值工程于第二次世界大战期间起源于美国的军工业,在建筑工程中的应用则始于20世纪60年代。最初是在工程施工阶段。美国建筑工程承包施工合同里增加了承包商开展价值工程活动的条款。如果承包商由于开展价值工程活动而降低了工程的造价,可以获得奖金。70年代前后,价值工程开始用于发达国家的工程设计阶段,获得了更大的效益,使工程的建造和经营运行成本都大大降低。

1978年前后,我国开始在机械行业应用和推广价值工程,以后逐步扩大到电子、仪表、电器、钢制、建筑、轻工、冶金、化工、造船和运输等行业。1983年国家经委将价值工程列为18种现代管理方法之一。1987年上海市价值工程成立、1988年中国企业管理协会价值工程研究会、有关高校价值工程研究会等相继成立,标志着我国价值工程的理论研究和实际应用得到了广泛的发展。限于篇幅,本章仅对价值工程的基本概念和方法作了简要的介绍。有兴趣或有志于价值工程的读者可以参阅孙继德编著的《建设项目的价值工程》(北京:中国建筑工业出版社,2011),王乃静主编的《价值工程概论》(北京:经济科学出版社,2006)等专著和文献。

第三章 建设工程项目前期的造价控制

第一节 建设工程造价控制概述

一、建设工程造价控制的目标与要求

建设工程造价控制(以下简称"造价控制")的目标就是确定和控制的工程造价,其要求是工程造价的确定应当合理,其控制应当有效,二者是相互依存、互相制约的。

工程造价的确定过程就是工程造价的控制过程,只有通过层层控制才能最终合理确定;而工程造价的控制则贯穿于工程造价确定的全过程,两者相辅相成。

工程造价的合理确定是指在工程项目建设各阶段合理确定项目的总造价。根据我国基本建设程序,工程项目建设各阶段需确定的项目造价和内容如表3-1所列。

表3-1 工程项目建设各阶段需确定的项目造价

工程项目建设阶段	需确定的项目造价
拟建项目建议书和可行性研究	投资估算——根据所掌握的资料,选择合适的方法编制拟建项目的总造价,即投资估算造价。对于非生产性项目(如住宅小区、桥梁等),总造价就是该项目的建设总造价;对于生产性项目(如生产产品、供给能源等项目),项目的总投资估算造价则为项目的建设造价与该项目生产所需的流动资金投资额的总和
初步设计	设计概算——需编制拟建项目的总概算造价,包括各单位工程施工图预算造价和单项工程综合预算造价
施工图设计	施工图预算——编制拟建项目中各单位工程施工图预算价和单项工程综合预算价,还要编制拟建项目的总预算价
拟建项目招投标	合同价——根据招标文件内容,以合同形式确定建筑安装工程的承发包合同价
工程实施阶段	结算价——按照承包商实际完成的工程量与合同规定的结算时间和结算方式及时结算工程价款
工程竣工阶段	竣工决算价——投资方应全面汇总工程项目在建造过程中,实际花费的全部费用。编制建设项目的竣工决算价

二、我国现行工程造价管理现状

随着社会主义市场经济体系的建立和发展,我国基本建设管理模式发生了很大的变化。如投资渠道的多源化、投资主体的多元化、投资决策的分权化以及建设项目的招投标等变化,都有利地促进了建设市场的健康发展。但是多年来,对我国现行工程造价管理的改革却涉及不深,至今仍然没有构成成熟的建设市场,没有建成符合市场要求的工程造价管理体制。目前我国现行工程造价管理存在的主要问题归纳如下。

1. 我国现行造价管理模式,依然是计划经济范畴的定额管理模式

多年来,我国工程造价管理的核心是定额,是以一种类似政府定价的形式存在,并直接决定了工程造价的计价形成。虽然,在建设市场经济体制改革中,定额的性质和作用已

经发生了很大变化。但由于多方面原因，目前定额仍然是作为定价性文件执行的。所以，我国现行造价管理模式依然是定额管理而不是价格管理。

2. 工程造价的形成缺乏市场价格机制

在长期的计划经济中，为了简化计价工作，我国造价管理部门将定额配以价格，形成了"量价合一"的单位估价表，并规定了统一取费标准，作为建筑工程的计价基础。在建设市场经济体制改革中，虽然对费用定额提出了几项"竞争性"成本，但却限定了范围和幅度。这种通过定额配价，实行"量价合一、固定取费"的政府指令性计价模式，是一种对工程实施"半管制"的价格管理机制。不利于企业间竞争，不利于施工企业内部潜力的挖掘和积极性的发挥。

其实，所有竞争最终都是围绕着价格进行的，而我国的建筑工程招投标依然是以计划价格为基础，它自然不能真实地反映市场供求关系，也不可能达到价值规律自发调节建设市场供求关系的目标。所以，目前我国建筑市场价格机制还不能算是完全的市场价格机制。

3. 建设市场膨胀，市场竞争无序

我国建设市场供给能力总量多年来一直大于社会固定资产总投资对建设的需求。加之，为了向一般国有大中型企业倾斜，编制的定额水平相对偏高，虽然在一定程度上保护了国有大中型企业，但由于工程价格存在较大的获利空间，从而使新的供给不断扩大。再加上配套措施不健全，实际上就鼓励了投资者优先选择低价的乡镇企业承接工程，加剧了建设市场的膨胀和无序竞争。

4. 现行造价管理模式不符合国际经济一体化要求

我国加入WTO后，国际竞争日益激烈，在国际经济一体化的要求下，工程造价管理也必须逐步向国际惯例接轨。但目前，政府还是用定额方式控制着人工、材料、机械和各种取费的价格水平，这种从定额中放价的管理模式与国际惯例的统一工程量计算和市场定价的管理模式，极不相宜。

三、有关工程造价管理体制改革的建议

随着经济体制改革的不断完善，和已加入WTO的现实状况，表明原有一套工程造价管理体制已不能适应市场经济和国际经济一体化的需要。我国工程造价管理必须要建立以市场形成价格为主的价格机制。因此，建议工程造价改革从以下有关实质性问题着手。

1. 改革现行工程造价管理模式

改革当前"半管制"的价格管理机制。实行量价分离，在具有中国特色的"定额"管理中，保留消耗标准部分，舍去价格部分。使消耗量成为国家统一标准，使价格成为市场信息，对定额实行管量不管价的原则，实行工程量计算规则统一化、工程量计算方法标准化和工程造价确定市场化。

2. 建立以市场形成价格为主的价格体系

我国工程造价管理改革最终目标是要形成市场经济的计价模式。这就要求工程造价管理机构做到"控制量、放开价，政府宏观指导，企业自主报价，最终由市场竞争形成价格"。

原建设部2003年2月17日发布的《建设工程工程量清单计价规范》（GB 50500—

2003),根据使用经验,又进行了修订,发布了《建设工程工程量清单计价规范》(GB 50500—2008)。新规范进一步推动了全国统一价格信息网的建设。通过工程价格信息网可以方便、及时地了解所需材料的价格,能更好地反映工程的市场价格。

工程造价中的利润和各项费用计取问题。长期以来,我国工程造价是由直接费、间接费、利润和税金组成的。按国际惯例间接费、利润和税金是分摊在各分项工程的综合单价中。但在我国,工程造价中的利润和各项费用计取,是依据造价管理部门规定的取费标准、利润率和税率来计算的。计算基础是直接费。而直接费又是依据单位估价表进行计算的。显然,这样的工程造价带有浓厚的计划经济色彩。其实,市场开放给微观主体提供了更广阔的竞争空间和更高的要求,而这种计价模式,却使市场竞争主体的企业,不能成为真正的定价主体,而真正的定价主体依然隶属于政府的造价管理部门。为此,按照国际惯例,政府不仅要开放各种工程价格,还应开放各企业的利润率和费率,让利润和取费也由市场来决定。这样,才能建立起以市场形成价格为主的价格体系。

3. 转变政府在工程造价管理中的职能

工程造价管理体制的改革应以加入WTO为契机,转变政府在工程造价管理中的职能。政府应逐渐减少用定额对微观经济活动的干预,甚至不插手微观经济活动。而法律法规才是一个国家市场准入的门槛,也是政府进行行业管理的重要手段。政府部门的主要工作应该是规范建设市场,对工程造价管理实现行之有效的政府间接宏观控制。而作为隶属政府部门的造价管理机构的主要工作则应该是定期发布各类建筑产品的造价资料,以及人工、材料、机械台班的单价信息和价格指数等,引导承包方的市场行为,为投资方控制工程造价提供参考依据,制定适应市场需求的工程量计算规则和计价方法,对工程造价进行宏观管理。

我国加入WTO以后,工程造价将被迫纳入国际经济一体化系统。所以,政府更应该在工程造价逐渐步入正轨的同时,建立完善工程造价管理法律法规体系。必须组织力量尽快了解各成员国的法律法规体系,分析比较国内建设领域的法律法规与发达国家的差距,建立健全符合我国实际的、与世界贸易组织规则相衔接的建设事业的法律法规体系。努力缩小与国际工程造价管理的差距。

4. 工程造价管理必须引入信息化技术

在信息技术的快速推动下,工程造价管理也必须跟上时代的步伐。我国各级造价管理机构需要收集、整理、发布的各类工程价格信息,不能滞后于市场。建立健全的全国建设工程造价信息网,完善多渠道的信息发布体系已是刻不容缓了。为此,必须要求迅速开发出能较好地满足量价分离、综合单价法报价以及工程量清单等改革的要求,并能与国际接轨的新一代工程造价软件,以替代目前社会上流行的套价软件。为用户提供一个理想的工程造价管理平台,能够方便地处理现代工程造价管理中遇到的各种问题,减轻劳动强度,提高工作效率,促进工程造价管理的科学化、规范化和国际化。

总之,工程造价是工程建设的重要组成部分,工程造价管理改革是建设市场改革的切入点。我国有关部门正在整顿规范招标行为,进一步深化工程造价计价依据和计价方法的改革,迅速推行国际通行的工程量清单计价方法。随着我国社会主义市场经济的发展,基本建设投入越来越大,对工程造价管理的要求也越来越高。加入WTO对工程造价管理来说，是机遇也是挑战。我们要抓住这个机遇，深化改革，加强人才培育，使我国工程造价管理的模式和方法，立足于促进我国社会主义市场经济的发展，并适应国际经济一体化的进程。

建设工程项目前期的造价管理主要包括投资项目的可行性研究和投资估算，前者研究该项目的建设是否可行，能否盈利，对国家经济建设和环境的影响如何等；后者也是可行性的一个主要内容，主要估算拟建项目需要多少投资费用。由于投资估算计算方法较多，一般多将其单列为项目前期造价管理的一个重要内容。

下面将举例扼要说明工程项目建设各阶段的项目造价管理的内容和做法。

第二节 投资项目的可行性研究

一、投资项目可行性研究的内容

投资项目可行性研究主要是研究和论证拟建项目在以下方面的可行性。

（1）拟建什么项目。
（2）为什么要建，建多大规模。
（3）在什么地区和地点建设。
（4）选用何种工艺和技术，选用什么规格、型号的设备。
（5）需要多少投资费用（即投资估算），资金如何筹措（提交一份融资方案）。
（6）建造工期多长。
（7）经济上的可行性、盈利性。
（8）对环保生态有无负面现象，甚至造成严重后果；这个问题对大型项目尤其重要。

因此，可行性研究的内容主要是对投资项目进行4个方面的研究，即市场研究、技术研究、经济研究和环保生态研究。

（1）市场研究。通过市场研究来论证项目拟建的必要性、拟建规模、建造地区和建造地点、需要多少投资、资金如何筹措等。

（2）技术研究。选定了拟建规模、确定了投资额和融资方案之后，就应该选择技术、工艺和设备。选择的原则是：尽量立足于国内技术和国产设备，必要时应考虑是选用国内技术和国产设备，还是选用引进技术和进口设备；是采用中等适用的工艺技术，还是选用先进可行的工艺技术；这都取决于项目具体需要、资金状况等条件。

（3）经济研究。经济研究是可行性研究的核心内容，通过经济研究论证拟建项目经济上的盈利性、合理性以及对国民经济可持续发展的可行性。经济上的盈利性与合理性是根据下文中各项经济评价指标来分析的。

（4）环保生态研究。国内外已建大中型项目在环保生态方面失误，甚至造成不可挽回的人为灾害，给人类敲起了警钟。从整体系统论分析的观点看，环保生态研究目前亟需重视，认真开展，绝不可走过场。

二、可行性研究中的经济评价指标

可行性研究中的经济评价指标有两大类：一类是动态盈利能力评价指标，另一类是静态盈利能力评价指标。静态盈利能力评价指标中还含有清偿能力评价指标。具体的评价指

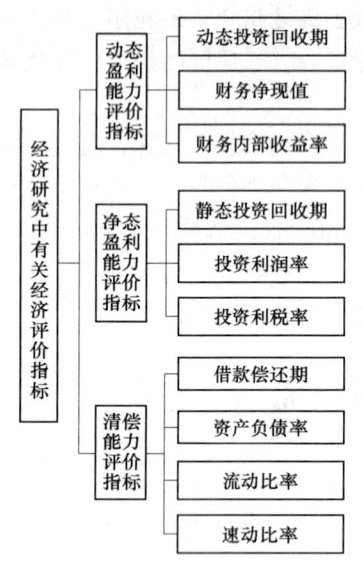

图 3-1 经济评价指标

标如下（见图 3-1）。

（1）动态盈利能力评价的主要指标有动态投资回收期、财务净现值和财务内部收益率。

（2）静态盈利能力评价的主要指标有静态投资回收期、投资利润率、投资利税率。

（3）清偿能力评价的主要指标有借款偿还期、资产负债率、流动比率和速动比率。在可行性研究报告中，一般只计算借款偿还期。

以上的评价指标都是通过各类财务报表计算出来的。在可行性研究中，所用的基本报表有现金流量表和损益表。

通过现金流量表计算以下指标：动态、静态投资回收期、财务净现值和财务内部收益率（又称投资收益率）。

通过损益表计算以下指标：投资利润率、投资利税率和借款偿还期。

下面将通过实例计算介绍各评价指标的计算和应用。

三、用动态盈利能力评价指标分析拟建工程的可行性

计算中依据全部投资的现金流量表。此现金流量表的编制步骤见表 3-2 和表 3-3，举例如下。

表 3-2　　　　某拟建项目的全部现金流量数据表（一）　　　　单位：万元

序号	项 目	建 设 期		投 产 期		
		第 1 年	第 2 年	第 3 年	第 4 年	第 5 年
	生产负荷			70%	100%	100%
1	现金流入	0	0	490.00	700.00	700.00
1.1	销售收入	0	0	490.00	700.00	700.00
1.2	回收固定资产余值					
1.3	回收流动资金					
2	现金流出	380	400	499.00	427.14	427.14
2.1	固定资产投资	380	400			
2.2	流动资金投资			200.00		
2.3	经营成本			210.00	300.00	300.00
2.4	销售税金及附加 6%			29.40	42.00	42.00
2.5	所得税 33%			59.60	85.14	85.14
3	净现金流量	−380	−400	−9.00	272.86	272.86
3.1	累计净现金流量					
4	折现系数 $i_c=10\%$	0.9091	0.8264	0.7513	0.6830	0.6209
5	折现净现金流量	−345.46	−330.56	−6.76	186.36	169.42
6	累计折现净现金流量	−345.46	−676.02	−682.8	−496.4	−327.0

表 3-3　　　　　　　　某拟建项目的全部现金流量数据表（二）　　　　　　　　单位：万元

序号	项目	投产期				
		第5年	第6年	第7年	第8年	第9年
	生产负荷	100%	100%	100%	100%	100%
1	现金流入	700.00	700.00	700.00	700.00	1175.00
1.1	销售收入	700.00	700.00	700.00	700.00	700.00
1.2	回收固定资产余值					275.00
1.3	回收流动资金					200.00
2	现金流出	427.14	427.14	427.14	427.14	427.14
2.1	固定资产投资					
2.2	流动资金投资					
2.3	经营成本	300.00	300.00	300.00	300.00	300.00
2.4	销售税金及附加6%	42.00	42.00	42.00	42.00	42.00
2.5	所得税33%	85.14	85.14	85.14	85.14	85.14
3	净现金流量	272.86	272.86	272.86	272.86	747.86
3.1	累计净现金流量					
4	折现系数 $i_c=10\%$	0.6209	0.5645	0.5132	0.4665	0.4241
5	折现净现金流量	169.42	154.03	140.03	127.29	317.17
6	累计折现净现金流量	−327.0	−173.0	−32.94	94.35	411.52

注　表中4折现系数一栏所列数字为由终值 F 求现值 P 的折现系数（复利系数），即 $(P/F, i, n)$。

【案例 3-1】 某企业拟建设一个生产性项目，以生产国内某种急需的产品。该项目的建设期为2年，运营期为7年。预计建设期投资800万元（含建设期贷款利息20万元），并全部形成固定资产。固定资产使用年限10年，运营期末残值50万元，按照直线法折旧。

该企业于建设期第1年投入项目资本金为380万元，建设期第2年向当地建设银行贷款400万元（不含贷款利息），贷款利率10%，项目第3年投产。投产当年又投入资本金200万元，作为流动资金。

运营期中，正常年份每年的销售收入为700万元，经营成本300万元，产品销售税金及附加税率为6%，所得税税率为33%，年总成本400万元，行业基准收益率10%。

投产的第1年生产能力仅为设计生产能力的70%，为简化计算这一年的销售收入、经营成本和总成本费用均按照正常年份的70%估算。投产的第2年及其以后的各年生产均达到设计生产能力。试从财务评价的角度，分析说明拟建项目的可行性。

根据以上背景资料，分析步骤及结果如下。

(1) 计算销售税金及附加和所得税。

1) 运营期销售税金及附加。

　　　　销售税金及附加＝销售收入×销售税金及附加税率

　　第3年　销售税金及附加＝700×70%×6%＝29.40（万元）

第 4~9 年　销售税金及附加＝700×100％×6％＝42.00（万元）

2) 运营期所得税。

所得税＝(销售收入－销售税金及附加－总成本)×所得税率

第 3 年　所得税＝(490－29.40－280)×33％＝59.60（万元）

第 4~9 年　所得税＝(700－42－400)×33％＝85.14（万元）

(2) 编制全部投资现金流量表。计算以下数据。

1) 项目的使用年限 10 年，营运期 7 年。所以，固定资产余值按以下公式计算。

年折旧费＝(固定资产原值－残值)÷折旧年限＝(800－50)÷10＝75（万元）

固定资产余值＝年折旧费×(固定资产使用年限－营运期)＋残值
　　　　　　＝75×(10－7)＋50＝275（万元）

2) 建设期贷款利息计算：建设期第 1 年没有贷款，建设期第 2 年贷款 400 万元。

贷款利息＝(0＋400÷2)×10％＝20（万元）

根据已知背景资料和以上计算结果，编制表 3-2 所列的现金流量表（该表较宽，以第 5 年为界，分为表 3-2 和表 3-3 所示）。

3) 计算项目的动态投资回收期和财务净现值。根据现金流量表中数据，按以下方法计算出项目的动态投资回收期和财务净现值 FNPV（Financial Net Present Value）。

从表中的累计折现后的净现金流量可以看出动态投资回收期在第 7 年和第 8 年之间（图 3-2）。用直线插入法求得

$$32.94 : 94.35 = x : (1-x)$$
$$94.35x + 32.94x = 32.94$$
$$x = 32.94 \div (94.35 + 32.94) = 0.26$$

所以，拟建项目的动态投资回收期为 7.26 年。

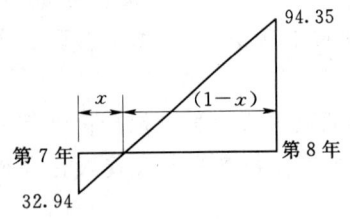

图 3-2　动态投资回收期

由现金流量表可知：项目的财务净现值＝411.52 万元。这说明本项目的投资收益，除达到了同行业的收益水平外，到第 9 年末还能比同行业多挣 411.52 万元。那么拟建该项目的投资收益率为多少呢？这就要确定拟建项目的财务内部收益率。

4) 计算项目的财务内部收益率 FIRR（Financial Internal Rate of Return）。编制现金流量表如表 3-4 及表 3-5 所示。表 3-4 及表 3-5 的编制是从表 3-2 及表 3-3 的第 6 项及其从属数据开始，设定折现系数试算。

表 3-4　　　　　　　某拟建项目现金流量表（一）　　　　　　单位：万元

序号	项目	建设期		投产期		
		第 1 年	第 2 年	第 3 年	第 4 年	第 5 年
6	累计折现净现金流量	－345.46	－676.02	－682.8	－496.4	－327.0
7	折现系数 $i_1=20\%$	0.8333	0.6944	0.5787	0.4823	0.4019
8	折现净现金流量	－316.65	－277.76	－5.21	131.60	109.66

续表

序号	项 目	建 设 期		投 产 期		
		第1年	第2年	第3年	第4年	第5年
9	累计折现净现金流量	−316.65	−594.41	−599.6	−468.0	−358.4
10	折现系数 $i_2=21\%$	0.8264	0.6830	0.5645	0.4665	0.3855
11	折现净现金流量	−314.03	−273.20	−5.08	127.29	105.18
12	累计折现净现金流量	−314.03	−587.23	−592.3	−465.0	−359.8

表 3-5　　　　　某拟建项目现金流量延长表（二）　　　　　单位：万元

序号	项 目	投 产 期				
		第5年	第6年	第7年	第8年	第9年
6	累计折现净现金流量	−327.0	−173.0	−32.94	94.35	411.52
7	折现系数 $i_1=20\%$	0.4019	0.3349	0.2791	0.2326	0.1938
8	折现净现金流量	109.66	91.38	76.16	63.47	144.94
9	累计折现净现金流量	−358.4	−267.0	−190.8	−127.4	17.59
10	折现系数 $i_2=21\%$	0.3855	0.3186	0.2633	0.2176	0.1799
11	折现净现金流量	105.18	86.93	71.84	59.37	135.54
12	累计折现净现金流量	−359.8	−272.9	−201.1	−141.7	−6.16

采用试算法求出拟建项目的内部收益率。具体做法和计算过程如下（图3-3）：

• 首先设定 $i_1=20\%$，以 i_1 作为设定的折现率，计算出各年的折现系数。利用表3-4及表3-5，计算出各年的折现净现金流量和累计折现净现金流量，从而得到财务净现值 $FNPV_1$，见表3-4及表3-5。

• 再设定 $i_2=21\%$，以 i_2 作为设定的折现率，计算出各年的折现系数。同样，利用表3-4及表3-5，计算各年的折现净现金流量和累计折现净现金流量，从而得到财务净现值 $FNPV_2$，见表3-4及表3-5。

• 如果试算结果满足：$FNPV_1>0$，$FNPV_2<0$，且满足精度要求，可采用插值法计算出拟建项目的财务内部收益率 FIRR。

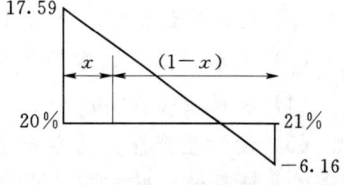

图3-3　内部收益率

由表3-4及表3-5可知：$i_1=20\%$ 时，$FNPV_1=17.59$；$i_2=21\%$ 时，$FNPV_2=-6.16$。

采用插值法计算拟建项目的内部收益率 FIRR 如下

$$17.59:6.16=x:(1-x)$$
$$6.16x+17.59x=17.59$$
$$x=17.59\div(6.16+17.59)=0.74$$

所以，本项目投资的财务内部收益率为 20.74%。

5）分析说明拟建项目的可行性。从财务评价角度评价该项目的可行性。根据计算结果,项目净现值=411.52万元>0,内部收益率=20.74%>行业基准收益率10%;超过行业基准收益水平,所以该项目是可行的。

四、用静态盈利能力评价指标分析拟建工程的可行性

用静态盈利能力指标评价拟建工程的可行性是采用损益表进行的,其方法和步骤举例说明如下。

【案例3-2】 某拟建项目固定资产投资总额为3600万元,其中:预计形成固定资产3060万元(含建设期贷款利息为60万元),无形资产为540万元。固定资产使用年限为10年,残值率为4%,固定资产余值在项目运营期末收回。该项目的建设期为2年,运营期为6年。其他背景资料如下所列。

(1)项目的资金投入、收益、成本等基础数据见表3-6。

表3-6　　　　某建设项目资金投入、收益及成本表　　　　单位:万元

序号	项目	第1年	第2年	第3年	第4年	第5～8年
1	建设投资: 　自有资金部分 　贷款(不含贷款利息)	1200	340 2000			
2	流动资金: 　自有资金部分 　贷款部分			300 100	400	
3	年销售量(万件)			60	90	120
4	年经营成本			1682	2360	3230

(2)固定资产贷款合同规定的还款方式为:投产后的前4年等额本金偿还。贷款利率为6%;流动资金贷款利率为4%。

(3)无形资产在运营期6年中,均匀摊入成本。

(4)流动资金为800万元,在项目的运营期末全部收回。

(5)设计生产能力为年产量120万件,产品售价为45元/件,销售税金及附加的税率为6%,所得税率为33%,行业基准收益率为8%。

(6)行业平均投资利润率为20%,平均投资利税率为25%。

根据以上背景资料,分析步骤及结果如下。

(1)编制还本付息表(表3-7)、总成本费用表(表3-8)和损益表。

1)列出还本付息表中的费用名称,根据以下贷款利息公式,计算各年度的贷款利息。其中需要对建设期利息作一说明。建设期利息是指项目在建设期内的借款所发生并计入固定资产的利息。为了简化计算,在编制投资估算时通常假定借款均在每年的年中支用,借款第一年按半年计息,其余各年按全年计息,计算公式如下。

各年贷款应计利息=(年初累计借款本利和+本年新增借款/2)×贷款利率　(3-1)

例如下表中第2年新增借款2000万元,贷款利率为6%,则

第2年应计利息=(0+2000/2)×6%=60(万元)

第 3 年应计利息＝(2000＋60)×6%＝123.60（万元）

余类推。

表 3-7　　　　　　　　　　　　某项目还本付息表　　　　　　　　　　单位：万元

序号	项目	第1年	第2年	第3年	第4年	第5年	第6年
1	年初累计借款	0	0	2060	1545.00	1030.00	515.00
2	本年新增借款	0	2000	0	0	0	0
3	本年应计利息	0	60	123.60	92.70	61.80	30.90
4	本年应还本金	0	0	515.00	515.00	515.00	515.00
5	本年应还利息	0	0	123.60	92.70	61.80	30.90
6	其他借款						
7	其他还款						

2）计算各年度应等额偿还本金。

各年应等额偿还本金＝第3年初累计借款÷还款期＝2060÷4＝515（万元）

由图 3-4 得第 6 年初应计利息为：

515×6%＝30.9（万元），余类推。

3）根据总成本费用的构成列出总成本分析表的费用名称。计算固定资产折旧费和无形资产摊销费、年销售收入、销售税金，并将折旧费、摊销费、年经营成本和还本付息表中的各年贷款利息与流动资金利息等数据填入总成本费用估算表中，计算出各年的总成本费用。

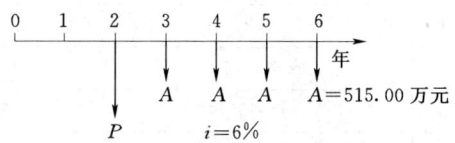

图 3-4　第 3~6 年末应等额偿还的本金

计算固定资产折旧费和无形资产摊销费如下。

折旧费＝(固定资产总额－无形资产)×(1－残值率)÷使用年限
　　　＝(3600－540)×(1－4%)÷10＝293.76（万元）

无形资产摊销费＝无形资产÷摊销年限＝540÷6＝90（万元）

表 3-8　　　　　　　　　　　某项目总成本费用估算表　　　　　　　　　单位：万元

序号	项目	第3年	第4年	第5年	第6年	第7年	第8年
1	经营成本	1682.00	2360.00	3230.00	3230.00	3230.00	3230.00
2	折旧费	293.76	293.76	293.76	293.76	293.76	293.76
3	摊销费	90.00	90.00	90.00	90.00	90.00	90.00
4	建设投资贷款利息	123.60	92.70	61.80	30.90	0.00	0.00
5	流动资金贷款利息	4.00	20.00	20.00	20.00	20.00	20.00
6	总成本费用	2193.36	2856.46	3695.56	3664.66	3633.76	3633.76

4) 计算各年的销售收入、销售税金，并将各年的总成本逐一填入损益表中。

年销售收入＝当年产量×产品售价

第3年 销售收入＝60×45＝2700（万元）

第4年 销售收入＝90×45＝4050（万元）

第5～8年 销售收入＝120×45＝5400（万元）

年销售税金及附加

第3年 销售税金及附加＝2700×6%＝162（万元）

第4年 销售税金及附加＝4050×6%＝243（万元）

第5～8年 销售税金及附加＝5400×6%＝324（万元）

计算各年的其他费用，如利润、所得税、税后利润等，均按损益表中公式逐一计算求得，填入以下的损益表（表3-9）。

表3-9　　　　　　　　　　　某项目损益表　　　　　　　　　　单位：万元

序号	项　目	第3年	第4年	第5年	第6年	第7年	第8年
（1）	销售收入	2700	4050	5400	5400	5400	5400
（2）	总成本费用	2193.36	2856.46	3695.56	3664.66	3633.76	3633.76
（3）	销售税金及附加×6%	162.00	243.00	324.00	324.00	324.00	324.00
（4）	利润总额(1)－(2)－(3)－上年度亏损	344.64	950.54	1380.44	1411.34	1442.24	1442.24
（5）	所得税(4)×33%	113.73	313.68	455.55	465.74	475.94	475.94
（6）	税后利润(4)－(5)	230.91	636.86	924.89	945.60	966.30	966.30
（7）	盈余公积金(6)×10%	23.09	63.69	92.49	94.56	96.63	96.63
（8）	应付利润(6)－(7)－(9)	76.58	441.93	701.16	719.80	869.67	869.67
（9）	未分配利润	131.24	131.24	131.24	131.24	0	0

5) 计算还款期的未分配利润、盈余公积金和应付利润。

各年未分配利润＝各年应还款额－折旧费－摊消费＝515－293.76－90＝131.24（万元）

各年盈余公积金＝税后利润×10%（盈余年份才计取）

各年应付利润＝税后利润－未分配利润－盈余公积金

表3-9中，第3年税后利润为230.91万元，大于该年还款所需的未分配利润131.24万元，故投产第1年就是盈余年份，可提取盈余公积金。即：

第3年盈余公积金＝230.91×10%＝23.09（万元）

第3年应付利润＝税后利润－盈余公积金－未分配利润

＝230.91－23.09－131.24＝76.58（万元）

如此，依次在表中计算出各年的盈余公积金、未分配利润和应付利润，见表3-9。

(2) 项目的投资利润率、投资利税率和资本金利润率等静态盈利能力指标，按以下计算。

1) 计算投资利润率。

$$年平均利润总额 = \left(\sum_{i=5}^{8} 第i年利润\right) \div 4$$
$$= (1380.44 + 1411.34 + 1442.24 \times 2) \div 4 = 1419.07（万元）$$
$$投资利润率 = [1419.07 \div (3600 + 800)] \times 100\% = 32.25\%$$

2) 计算投资利税率。

$$年平均利税总额 = 1419.07 + 324 = 1743.07（万元）$$
$$投资利税率 = [1743.07 \div (3600 + 800)] \times 100\% = 39.62\%$$

3) 计算资本金利润率。

$$年平均税后利润 = (924.89 + 945.60 + 966.30 + 966.30) \div 4 = 950.77（万元）$$
$$资本金利润率 = [950.77 \div (1540 + 300)] \times 100\% = 51.67\%$$

【案例3-3】 如果案例3-2的还款方式改为：自投产第1年开始按最大偿还能力偿还。借款4年内还清。在这种还款方式条件下，由于各年偿还能力与各年应计利息、总成本费用以及税后利润有着紧密的联系。为此，还本付息表、总成本费用表、损益表就必须进行交插计算。三表编制后，还应计算借款偿还期，以评价其是否能在规定期限内还清贷款。评价按以下步骤进行。

(1) 计算还本付息表（表3-10），1~3年贷款利息为123.6万元，第3年初累计借款额2060万元。

表3-10　　　　　　　　　　某项目还本付息表　　　　　　　　　　单位：万元

序号	项目	第1年	第2年	第3年	第4年	第5年	第6年
1	年初累计借款	0	0	2060	1445.33	420.7	0
2	本年新增借款	0	2000	0	0	0	0
3	本年应计利息	0	60	123.60	85.72	25.24	0
4	本年应还本金	0	0	614.67	4024.63	420.70	0
5	本年应还利息	0	0	123.60	86.72	25.24	0

(2) 将第3年应还利息123.6万填入总成本费用估算表（表3-11）中，计算出该年总成本2193.36万元。

表3-11　　　　　　　　　　某项目总成本费用估算表　　　　　　　　　　单位：万元

序号	项目	第3年	第4年	第5年	第6年	第7年	第8年
1	经营成本	1682.00	2360.00	3230.00	3230.00	3230.00	3230.00
2	折旧费	293.76	293.76	293.76	293.76	293.76	293.76
3	摊销费	90.00	90.00	90.00	90.00	90.00	90.00
4	建设投资贷款利息	123.60	86.72	25.24	0	0	0
5	流动资金贷款利息	4.00	20.00	20.00	20.00	20.00	20.00
6	总成本费用	2193.36	2850.48	3659.00	3633.76	3633.76	3633.76

(3) 将第 3 年总成本 2193.36 万填入损益表 (表 3-12) 中, 计算出该年税后利润 230.91 万元。

表 3-12　　　　　　　　　　某项目损益表　　　　　　　　　单位: 万元

序号	项目	第3年	第4年	第5年	第6年	第7年	第8年
(1)	销售收入	2700	4050	5400	5400	5400	5400
(2)	总成本费用	2193.36	2850.48	3659.00	3633.76	3633.76	3633.76
(3)	销售税金及附加	162.00	243.00	324.00	324.00	324.00	324.00
(4)	利润总额(1)-(2)-(3)	344.64	956.52	1417.00	1442.24	1442.24	1442.24
(5)	所得税(4)×33%	113.73	315.65	467.61	475.94	475.94	475.94
(6)	税后利润(4)-(5)	230.91	640.87	949.39	966.30	966.30	966.30
(7)	盈余公积金(6)×10%	0	0	94.94	96.63	96.63	96.63
(8)	应付利润(6)-(7)-(9)	0	0	817.51	869.67	869.67	869.67
(9)	未分配利润	230.91	640.87	36.94	0	0	0

(4) 计算第 3 年的最大还款能力。

第 3 年最大还款能力 = 该年税后利润 + 年折旧费 + 年摊销费
= 230.91 + 293.76 + 90 = 614.67 (万元)

(5) 将第 3 年的最大还款能力 614.67 万元填入还本付息表的第 3 年本年应还本金格内。计算出第 4 年初累计借款额 1445.33 万元, 该年应计利息 86.72 万元。

(6) 将第 4 年应计利息 86.72 万元填入总成本费用估算表内, 得到第 4 年总成本 2850.48 万元。

(7) 将第 4 年总成本再填入该年损益表内的税后利润 640.87 万元。则

第 4 年的最大还款能力 = 640.87 + 293.76 + 90 = 1024.63 (万元)

(8) 重复以上计算, 得到第五年初累计借款为 420.70 万元, 应计利息 25.24 万元, 总成本 3659 万元, 税后利润 949.39 万元。

第 5 年应还款额只需要 420.70 万元, 所以:

该年用于还款的税后利润 (即未分配利润) = 420.70 - 293.76 - 90 = 36.94 (万元)

填入第 5 年损益表的未分配利润格内。

第 6、第 7、第 8 三年已还清了贷款, 不再计算固定资产贷款利息。所以, 各年总成本均相同, 税后利润自然也均相同。而且, 所有的税后利润除提取 10% 的盈余公积金外, 均为投资者的利润, 称为应付利润。用于还款的未分配利润均为 0。

(9) 按下式计算借款偿还期。

借款偿还期 = (出现盈余的年份 - 贷款年份) + $\dfrac{该年应还款额}{该年可用于还款额}$

$= 5 - 2 + \dfrac{420.70}{939.39 + 293.76 + 90} = 3 + 0.32 = 3.32$ (年) (含建设期 1 年)

所以, 实际投产后 2.32 年就可以还清贷款。只要这个时间不超过银行规定的贷款期限, 则在资金方面项目是可行的。

第三节　建设工程项目投资估算

建设工程项目投资是指项目从筹建到竣工所预计花费或实际花费的各项费用的总和。生产项目的总投资包括拟建项目的固定资产投资和流动资金投资，大多采用设备与厂房系数法和比例估算法进行估算。具体做法是：当可行性研究达到一定深度，已选定了工艺设备和工艺布置的情况下，先估算该项目与工艺设备有关的主厂房投资额；再估算与主厂房有关的辅助工程、附属工程以及工程建设的其他投资；然后，估算拟建项目的静态投资、涨价预备费、投资方向调节税和建设期内贷款利息等，得到拟建项目的固定资产总投资。最后，用流动资金的扩大指标估算法，估算出项目的流动资金投资额。

非生产性项目没有流动资金，建设项目总投资就是指固定资产总投资。

一、建设项目固定资产总投资估算

建设项目固定资产总投资的费用是由建筑安装工程费、设备及工器具购置费、工程建设其他费、预备费、投资方向调节税和建设期内贷款利息等费用组成的，详见表3-13。

表3-13　　　　　　　　　　建设工程项目总投资的组成

			费用项目名称
建设工程项目总投资	建设投资	第一部分 工程费用	建筑安装工程费
			设备及工器具购置费
		第二部分 工程建设其他费用	第一类　土地使用费，包括： 　　土地征用费 　　迁移补偿费 　　土地使用权出让金
			第二类　与项目建设的有关费用，包括： 　　建设管理费 　　可行性研究费 　　研究试验费 　　勘察设计费 　　环境影响评价费 　　劳动安全卫生评价费 　　场地准备及临时设施费 　　引进技术和进口设备其他费 　　工程保险费 　　特殊设备安全监督检验费 　　市政公用设施建设及绿化补偿费
			第三类　与企业生产经营有关费用，包括： 　　联合试验运转费 　　生产准备费 　　办公和生活家具购置费
		第三部分 预备费	基本预备费
			涨价预备费
		投资方向调节税	
		建设利息费	
	流动资产投资	铺底流动资金	

二、设备及工器具购置费

设备及工器具购置费包括为工程项目购置或自制的达到固定资产标准的设备及工器具的原价和运杂费。即：

设备购置费＝国产设备原价或进口设备到岸价＋设备运杂费

固定资产标准是指使用年限在一年以上，单位价值在国家或主管部门规定的限额以上，1992年财政部规定，大、中、小型工业企业固定资产的限额标准分别为2000元、1500元和1000元以上。新建项目或扩建项目的新建车间购置或自制的全部设备、工具、器具，不论达到固定资产标准与否，均计入设备及工器具购置费中。

工器具购置费一般以设备费为基础计取，即：

工器具购置费＝设备购置费×定额费率

设备原价按以下三类设备计算：

(1) 国产标准设备的原价。国产标准设备的原价一般指设备制造厂的出厂价。如设备是由设备成套公司供应，则以合同价为设备原价。某些设备有带备件的出厂价和不带备件的出厂价两种价格，在计算设备原价时，一般按带备件的设备出厂价计算。

(2) 国产非标准设备的原价有多种计算方法，如按成本估价法、系列设备插入估价法、分部组合估价法、定额估价法等。无论选用哪种方法，都应使算出的价格接近实际出厂价。如按成本估价法，则按以下公式分项计算。

①材料费＝Σ[材料净重(1＋损耗率)×每吨相应材料单价]

②加工费＝材料费×加工费占材料费比例

③辅助材料费＝材料费×辅助材料费占材料费比例

④专用工具费＝(①～③)项之和×专用工具费占比例

⑤废品损失费＝(①～④)项之和×废品损失占比例

⑥外购配件费＝实际进货价

⑦包装费＝(①～⑥)项之和×包装费占比例

⑧利润＝(①～⑤＋⑦)之和×利润率

⑨税金＝销售额×增值税率－进项税

⑩非标设备设计费按国家规定标准计收

(3) 进口设备的原价。进口设备的原价按其交货的方式分内陆港交货、目的地交货和装运港交货三种方式。目前，多采用装运港交货的方式进口设备。其原价按以下方式计算：

进口设备原价＝货价＋国际运费＋国际运输保险费＋银行财务费＋外贸手续费＋关税＋消费税＋增值税＋海关监管手续费＋车辆购置附加税

式中　货价＝外币的离岸价FOB×外汇牌价

国际运费＝运量×单位运价　或　国际运费＝货价×运费率

国际运输保险费一般按（离岸价＋国际运费＋国际运输保险费）×国际运输保险费率计算，与价内税计价方法相同，故

$$国际运输保险费 = \frac{离岸价＋国际运费}{1－国际运输保险费率} \times 国际运输保险费率$$

如按价外税计价方式，则

$$国际运输保险费 = （离岸价 + 国际运费） \times 国际运输保险费率$$

以上三项费用之和为到岸价。即：

到岸价 CIF ＝货价＋国际运费＋国际运输保险费

银行财务费＝货价×银行财务费率，（银行财务费率一般为 0.4％～0.5％）

外贸手续费＝到岸价×外贸手续费率（外贸手续费率一般为 0.5％）

关税＝到岸价×关税率

$$消费税 = \frac{到岸价 + 关税}{1 - 消费税率} \times 消费税率 \quad （进口车辆时才征此税）$$

增值税＝（到岸价＋关税＋消费税）×增值税率

海关监管手续费＝减免关税设备的到岸价×监管手续费率

（一般为 0.3％，减免关税的货物才征收此项费用）

车辆购置附加费：指进口车辆征收的附加费按以下公式计算：

$$附加费 = （到岸价 + 关税 + 消费税 + 增值税） \times 车辆购置附加费率$$

设备运杂费是指设备的运输及装卸费、原价中未包括的包装费、设备供销部门的手续费和设备的采购保管费等。

设备运杂费＝设备原价×设备运杂费率

以上各项费用的费率均按主管部门或政府规定计取。其计算公式参看表 3－14。

表 3－14　　　　　　　　引进项目硬、软件从属费用计算表

费用名称	计 算 公 式	备　　注
货价	货价＝合同中硬、软件的离岸价外币金额×外汇牌价	合同生效，第一次付款日期的兑汇牌价
国际运输费	国际运输费＝合同中硬件货价×国际运输费率	海运费率通常取 6％ 空运费率通常取 8.5％ 铁路运输费率通常取 1％
国际运输保险费 （价内税）	国际运输保险费＝（合同中硬件货价＋国际运费） ×运输保险费率÷（1－运输保险费率）	海运保险费率常取 3.5‰ 空运保险费率常取 4.55‰ 陆运保险费率常取 2.66‰
关税	硬件关税＝（合同中硬件货价＋运费＋运输保险费）×关税税率 ＝合同中硬件到岸价×关税税率 软件关税＝合同中应计关税软件的货价×关税税率	计关税的软件指设计费技术诀窍、专利许可证、专利技术等
消费税 （价内税）	消费税＝[（到岸价＋关税）×消费税率]÷（1－消费税率）	进口车辆才有此税 越野车、小汽车取 5％ 小轿车取 8％；轮胎取 10％
增值税	增值税＝（硬件到岸价＋完关税软件货价＋关税）×增值税率	增值税率取 17％
银行财务费	合同中硬和软件的货价×银行财务费率	银行财务费率取 4‰～5‰
外贸手续费	（合同中硬件到岸价＋完关税软件货价）×外贸手续费率	外贸手续费取 1.5％
海关监管手续费	减免关税部分的到岸价×海关监管手续费率	海关监管手续费率取 3‰

注　表中所有费率和税率均以计算时应采用的为准。

【案例 3-4】 进口设备购置投资费用计算

拟由某国公司引进全套工艺设备和技术,在我国某港口城市郊区建设生产某种产品的工业项目,建设期2年,总投资1.18亿元。总投资中引进部分的合同总价682万美元。辅助生产装置、公用工程等均由国内设计配套。引进合同价款的细项如下:

(1) 硬件费620万美元。

(2) 软件费62万美元,其中计算关税的项目有:设计费、非专利技术及技术诀窍费用48万美元;不计算关税的有:技术服务及资料费14万美元(不计海关监管手续费)。

人民币兑换美元的外汇牌价均按1美元=6.3元计算。

(3) 中国远洋公司的现行海运费率6%,海运保险费率3.5‰,现行外贸手续费率、中国银行财务手续费率、增值税率和关税税率分别按1.5%、5‰、17%、17%计取。

(4) 国内供销手续费率0.4%,运输、装卸和包装费率0.1%,采购保管费率1%。

本案例引进部分为工艺设备的硬、软件,其从属费用包括:货价、国外运输费、国外运输保险费、外贸手续费、银行财务费、关税和增值税等费用。引进部分购置投资为引进部分的原价与国内运杂费之和,其中引进部分的原价是指引进部分的从属费用之和。按照表3-15计算各项费用如下。

表 3-15 引进设备硬、软件原价计算表 单位:万元

费用名称	计 算 公 式	费用
货价	货价=620×6.3+62×6.3=3906+390.6=4296.60	4296.60
国际运输费	国际运输费=4296.60×6%=257.80	257.80
国际运输保险费	国际运输保险费=(4296.60+257.80)×3.5‰/(1−3.5‰)=16.00	16.00
关税	关税=(4296.60+257.80+16.00+48×6.3)×17%=828.38	828.38
增值税	增值税=(4872.80+828.38)×17%=5701.18×17%=969.20	969.20
银行财务费	银行财务费=4296.60×5‰=21.48	21.48
外贸手续费	外贸手续费=(3906+257.80+16.00+48×6.3)×1.5%=67.23	67.23
引进设备原价		6456.69

由表3-15得知,引进部分的原价为6456.69万元。

国内运杂费=6456.69×(0.4%+0.1%+1%)=96.85(万元)

引进设备购置投资=6456.69+96.85=6553.54(万元)

三、工程建设其他费

工程建设其他费是指工程项目从筹建到竣工验收和交付使用为止的整个建设期间,为保证项目顺利和建成货物交付使用后能正常发挥效用而发生的各种费用,但不包括建筑安装工程费和设备及工器具购置费。这种费用包括土地使用费、与项目建设有关的费用以及与未来企业生产和经营活动有关的费用。

(1) 土地使用费是依据《中华人民共和国土地管理法》的法规规定,建设工程项目征用或租用土地应支付的费用,有农用土地征用费和取得国有土地使用费两类。

1) 农用土地征用费包括土地补偿费、安置补偿费、土地投资补偿费、土地管理费、

耕地占用税等，并依据被征用土地的原用途给予以下补偿。

- 征用耕地的土地补偿费，为该耕地征用前三年平均产值的5~10倍。
- 征用耕地的安置补偿费，按照需要安置的农业人口数计算。每一个需要安置的农业人口安置补偿费标准为该耕地征用前三年平均产值的4~6倍，但不得超过15倍。
- 征用耕地上的附着物和青苗的补助标准，由省、自治区、直辖市规定。
- 征用城市郊区菜地，用地单位应依据国家有关规定缴纳新菜地开发建设基金。

2）取得国有土地费包括土地使用权金、城市建设配套费、房屋征收补偿费等，详见《国有土地上房屋征收与补偿条例》等法规。

(2) 建设管理费。是指建设单位从工程项目筹建到竣工验收合格或交付使用为止发生的项目建设管理费用，包括：

1）建设单位管理费是指建设单位发生的管理性质的费用，包括工作人员工资、工资性补贴、施工现场津贴、职工福利费、住房基金、基本养老保险费、基本医疗保险费、失业保险费、工伤保险费、办公费、差旅交通费、劳动保护费、工具用具使用费、固定资产使用费、必要的办公及生活用品购置费、必要的通信设备及交通工具购置费、零星固定资产购置费、招募生产工人费、技术图书资料费业务招待费、设计审查费、工程招标费、合同契约公证费、法律顾问费、咨询费、完工清理费、竣工验收费、印花费和其他管理性质费用等。

建设单位管理费的计算公式为

$$建设单位管理费＝工程费用×建设单位管理费率$$

式中　工程费用＝建筑安装工程费＋设备及工器具购置费

2）工程监理费是指建设单位委托监理单位进行工程施工监理时所支付的监理费，其计算应根据所委托的监理工作的范围和深度在委托监理合同中商定或依据当地行政主管部门的有关规定。

3）工程质量监督费是指工程质量监督检验部门检验工程质量所收取的费用。

(3) 可行性研究费是指在建设性目前期工作中，编制或评价项目建议书（或预可行性报告）及可行性研究报告所需的费用。可行性研究费依据项目前期研究委托合同、或参照《国家计委关于印发〈建设工程项目前期工作咨询收费暂行规定〉的通知》（计投资〔1999〕1283号）规定计算。编制预可行性研究报告的费用参照编制项目建议书收费标准，并可适当调增。

(4) 研究试验费是指为建设工程项目提供或验证设计数据、资料等进行必要的研究试验或依据设计规定必须进行试验或验证所需的费用。

以下三项费用不包括在研究试验费内。

1）应由科技三项费用（新产品试制费、中间试验费和重要科研补助费）支付的项目。

2）应在建筑安装费用中支付的施工企业对建筑材料、构建和建筑物进行一般鉴定、检查所发生的费用及技术革新的研究试验费。

3）应由勘察设计费或工程费中支付的费用。

(5) 勘察设计费包括：

1）工程勘察费。

2) 初步设计费、施工图设计费。
3) 设计模型制作费。

勘察设计费的计算依据勘察设计委托合同,或参照国家计委、原建设部《关于发布(工程勘察设计费收费管理规定)的通知》规定。

(6) 环境影响评价费。是指依据《中华人民共和国环境保护法》《中华人民共和国环境影响评价法》等规定为评价建设工程项目对环境可能产生污染或重大影响所需的费用,包括编制环境影响报告书、环境影响报告表和评估环境影响报告书等的费用。

环境影响评价费的计算依据环境影响评价委托合同的,或按照国家计委、国家环境保护总局的《关于规范环境影响咨询收费有关问题的通知》的规定。

(7) 劳动安全卫生评价费。是指依据劳动部《建设工程项目(工程)劳动安全卫生监察规定》和《建设工程项目(工程)劳动安全卫生预评价管理办法》的规定,为预测和分析建设工程项目存在的职业危险、危害因素的种类和危险危害程度,并提出科学、合理、可行的劳动安全卫生技术和管理对策所需的费用,包括编制建设工程项目劳动安全卫生预评价大纲和劳动安全卫生预评价报告书以及为编制上述文件所进行的工程分析和环境调查等所需费用。

劳动安全卫生评价费的计算依据劳动安全卫生预评价委托合同计划,或依据建设工程项目所在省(自治区、直辖市)劳动行政部门规定的标准。

(8) 场地准备及临时设施费是指建设场地准备费和建设单位临时设施费,其中:

1) 建设场地准备费是指建设场地的平整以及对建设场地上遗留的有碍施工的设施进行拆除清理的费用。

2) 建设单位临时设施费是指未列入工程费用的临时水、电、路、通信等工程费用及建设单位的现场临时建(构)筑物的搭设、维修、拆除、摊销或建设期间租赁的费用,以及施工期间专用公路或桥梁的加固、养护、维修等费用。此项费用不包括已列入建筑安装费中的施工单位临时设施费用。

场地准备及临时设施应尽量与永久性统一考虑。建设场地的大型土石方工程应进入工程费用中的总图运输费中。

新建项目的场地准备及临时设施费应根据实际工程量估算,或按工程费用的比例计算。该扩建项目一般只计拆除清理费。

$$场地准备及临时设施费 = 工程费用 \times 费率 + 拆除清理费 \quad (3-2)$$

发生拆除清理费时,可按新建同类工程造价或主材费、设备费的比例计算。凡可回收材料的作业采用以料抵工方式冲抵拆除清理费。

(9) 引进技术和进口其他费。引进技术和进口其他费包括出国人员费用、国外技术人员来华费用、技术引进费、分期或延期付款利息、担保费及进口设备检验费。其中出国人员费用中的使用外汇部分应计算银行财务费用。

1) 国外技术人员来华费用按每人每月费用指标计算。

2) 技术引进费包括专利费、专有技术费、国外设计及技术资料费、计算机软件费等,此项费用根据合同或协议的商订价格计算。

3) 担保费指国内金融机构为买方出具保函的担保费,通常按承包金额的5%计算。

4）进口设备检验费指按规定付给商品检验部门的费用，按进口设备价的3‰～5‰计算。

（10）工程保险费指建设工程项目在建设期间根据需要对建筑工程、安装工程、机械设备和人身安全投保所发生的费用，包括建筑安装一切险、进口设备财产保险和人身意外险等，但不包括已列入施工企业管理费中的施工管理用财产、车辆保险费。不投保的工程不交此项费用。

（11）特殊设备安全监督检验费是指在施工现场组装的锅炉及其压力容器、压力管道、消防设备、燃气设备、电梯等特殊设备和设施，由安全监察部门按照规定进行安全检验所需的费用。此项费用应由建设单位向安全监察部门缴纳。

（12）市政公用设施建设及绿化补偿费按工程所在地人民政府规定的标准计算。不发生或按规定免征项目不计取此项费用。

（13）联合试运转费是指新建项目或新增加生产能力的项目，在交付生产前按照设计文件规定的质量标准和技术要求，进行整个生产线或装置的负荷联合试运转或局部联动试车所发生的净支出（试运转支出大于收入的差额部分的费用）。

联合试运转费不包括应由设备安装费开支的调试及试车费用，以及在试运转中暴露出来的因施工原因或设备缺陷等发生的处理费用。

（14）生产准备费是指新建项目或新增加生产能力的项目，为保证竣工交付使用进行必要的生产准备所发生的费用，包括：

1）生产职工培训费。

2）生产单位提前进入参加施工、设备安转、调试等以熟悉工艺流程及设备性能等人员的工资、工资性补贴、职工福利费、差旅交通费、劳动保护费等。

新建项目按设计定员为基数计算，改扩建项目按新增设计定员为基数计算。

$$生产准备费 = 设计定员 \times 生产准备费指标(元/人)$$

（15）办公和生产家具购置费。

四、预备费和投资方向调节税

（1）预备费包括基本预备费和涨价预备费。

1）基本预备费是指不可预见费。如：工程变更、工程索赔等合同调整的追加工程款。按以下公式计算。

$$基本预备费 = (建安工程费 + 设备购置费 + 工程建设其他费) \times 基本预备费费率$$

2）涨价预备费是指由于物价上涨、汇率、政策等变化所增加的费用。按以下公式计算。

$$涨价预备费 = \sum_{t=1}^{n} I_t [(1+f)^t - 1]$$

式中　I_t——建设期第 t 年的静态投资，包括建筑安装工程费、设备及工器具购置费、工程建设其他费和基本预备费；

　　　f——建设期物价的平均上涨率；

　　　n——建设期年数。

（2）投资方向调节税。投资方向调节税是国家用来控制投资规模、引导投资方向、调整投资结构所征收的一种税金。执行差别税率0%～30%（近年来我国暂不征收）。按以下公式计算。

$$调节税 = (建安工程费 + 设备购置费 + 工程建设其他费 + 预备费) \times 税率$$

（3）建设期内贷款利息是指项目借款在建设期内发生并计入固定资产的利息。为了简化计算，在编制投资估算时通常假定借款第一年按半年计息，其余各年份按全年计息，计算公式为

$$贷款利息 = \left(年初累计借款的本利和 + \frac{本年新增借款}{2}\right) \times 贷款利率 \qquad (3-3)$$

五、工程建设项目的固定资产总投资和总投资

（1）工程建设项目的固定资产总投资。在上节所述的各项费用的基础上，可用下式估算工程建设项目的固定资产总投资。

$$固定资产总投资 = 静态投资 + 涨价预备费 + 投资方向调节税 + 建设期贷款利息$$

$$(3-4)$$

式中　静态投资＝建安工程费＋设备及工器具购置费＋建设工程其他费＋基本预备费

对于非生产性工程项目来说，建设工程项目的固定资产总投资也就是建设工程项目的总投资。

对于生产性建设项目来说，其总投资中除了固定资产总投资外，还应包含生产必需的流动资金。

（2）流动资金的估算。流动资金估算的方法有扩大指标估算法和分项详细估算法。

1）扩大指标估算法。扩大指标估算法是按照流动资金占某种基数的比率来估算流动资金的。一般常用的基数有：固定资产总投资、年销售收入、年经营成本等。究竟采用何种基数，依行业习惯而定。流动资金占各类基数的比率，可根据同类企业的实际资料或经验确定。这种方法估算流动资金简单易行，但精确度不高。适用于拟建项目建议书阶段的估算，分述如下。

- 固定资产投资资金率估算法

$$流动资金 = 固定资产总投资 \times 固定资产投资资金率(5\%～12\%) \qquad (3-5)$$

- 年销售收入（年产值）资金率估算法

$$流动资金 = 年销售收入(年产值) \times 年销售收入(年产值)资金 \qquad (3-6)$$

- 年经营成本资金率估算法

$$流动资金 = 年经营成本 \times 年经营成本资金率 \qquad (3-7)$$

2）分项详细估算法。分项详细估算法是目前国际上通用的流动资金估算方法。按以下款项分项详细估算。

$$流动资金 = 流动资产 - 流动负债$$

$$流动资产 = 现金 + 存货 + 应收或预付账款$$

$$流动负债 = 预收或应付账款$$

其中流动资产可据以下各式估算。

$$现金 = \frac{年工资福利费 + 年其他费}{年周转次数}$$

存货：存货占用流动资金有 4 种。

$$外购原材料、燃料费 = \frac{年外购原材料、燃料费}{年周转次数}$$

$$在产品 = \frac{工资福利费 + 其他制造费 + 外购原材料、燃料费 + 年修理费}{年周转次数}$$

$$产成品 = \frac{年经营成本}{年周转次数}$$

$$预付或应收账款 = \frac{年销售收入}{年周转次数}$$

流动负债：指应付或预收账款。

$$应付或预收账款 = \frac{年外购原材料、燃料费}{年周转次数}$$

以上公式中所用的年周转次数，一般根据资金最低需要的周转天数，按以下公式计算。

$$年周转次数 = \frac{360}{最低需要周转天数}$$

举以下案例说明。

【案例 3-5】 拟建年产 10 万 t 炼钢厂，根据可行性研究报告提供的主厂房工艺设备清单和询价资料估算出该项目主厂房设备投资约 3600 万元。已建类似项目资料：与设备有关的其他各专业工程投资系数，见表 3-16；与主厂房投资有关的辅助工程及附属设施投资系数，见表 3-17。

表 3-16　　　　主厂房与设备投资有关的各专业工程投资系数

加热炉	汽化冷却	余热锅炉	自动化仪表	起重设备	供电与传动	建安工程
0.12	0.01	0.04	0.02	0.09	0.18	0.40

表 3-17　　　　主厂房投资有关的辅助及附属设施投资系数

动力系统	机修系统	总图运输系统	行政及生活福利设施工程	工程建设其他费
0.30	0.12	0.20	0.30	0.20

本项目的资金来源为自有资金和贷款，贷款总额为 8000 万元，贷款利率 8%（按年计息）。建设期 3 年，第 1 年投入 30%，第 2 年投入 50%，第 3 年投入 20%。预计建设期物价平均上涨率 3%，基本预备费率 5%，投资方向调节税率为 0%。

试用系数估算法估算该项目主厂房投资和项目建设的工程费与其他费投资。

【解答】 由表 3-15 求得主厂房投资
　　　　= 3600×(1+12%+1%+4%+2%+9%+18%+40%)
　　　　= 3600×1.86 = 6696（万元）
其中，建安工程投资 = 3600×0.4 = 1440（万元）
设备购置投资 = 3600×(1.86−0.40) = 5256（万元）
由表 3-16 求得工程费与工程建设其他费（建设投资）

$$=6696×(1+30\%+12\%+20\%+30\%+20\%)$$
$$=6696×(1+1.12)=14195.52（万元）$$

【案例3-6】 估算该项目的固定资产投资额，并编制固定资产投资估算表。

【解答】 （1）基本预备费计算：（5%～10%）。

基本预备费=14195.52×5%=709.78（万元）

由此得：静态投资=14195.52+709.78=14905.30（万元）

按建设期各年投资比例计算各年的静态投资额：

第1年　14905.3×30%=4471.59（万元）

第2年　14905.3×50%=7452.65（万元）

第3年　14905.3×20%=2981.06（万元）

（2）涨价预备费计算。

$$涨价预备费=4471.59×[(1+3\%)-1]+7452.65×[(1+3\%)^2-1]$$
$$+2981.06×[(1+3\%)^3-1]$$
$$=134.15+453.87+276.42=864.44（万元）$$

由此得：预备费=709.78+864.44=1574.22（万元）

（3）投资方向调节税计算。

$$投资方向调节税=(14905.3+864.44)×0\%=0（万元）$$

（4）建设期贷款利息计算。

第1年贷款利息=(0+8000×30%÷2)×8%=96（万元）

第2年贷款利息=[(2400+96)+(8000×50%÷2)]×8%
$$=(2400+96+4000÷2)×8\%=359.68（万元）$$

第3年贷款利息=[(2400+96+4000+359.68)+(8000×20%÷2)]×8%
$$=(6855.68+1600÷2)×8\%=612.45（万元）$$

建设期贷款利息=96+359.68+612.45=1068.13（万元）

由此得：项目固定资产投资额=14195.52+1574.22+0+1068.13=16837.87（万元）

（5）编制拟建项目固定资产投资估算表，见表3-18。

表3-18　　　　　　　　拟建项目固定资产投资估算表

序号	工程费用名称	系数	建安工程费（万元）	设备购置费（万元）	工程建设其他费（万元）	合计（万元）	占总投资比例（%）
1	工程费		7600.32	5256.0		12856.3	81.53
1.1	主厂房		1440.00	5256.0		6696.00	
1.2	动力系统	0.30	2008.80			2008.80	
1.3	机修系统	0.12	803.52			803.52	
1.4	总图运输系统	0.20	1339.20			1339.20	
1.5	行政、生活福利设施	0.30	2008.80			2008.80	
2	工程建设其他费	0.20			1339.20	1339.20	8.49

续表

序号	工程费用名称	系数	建安工程费（万元）	设备购置费（万元）	工程建设其他费（万元）	合计（万元）	占总投资比例（%）
	（1）＋（2）		7600.32	5256.0	1339.2	14195.5	
3	预备费				1574.22	1574.22	9.98
3.1	基本预备费				709.78		
3.2	涨价预备费				864.44		
4	投资方向调节税				0.00	0.00	
5	建设期贷款利息				1068.13	1068.13	
	固定资产总投资（1）＋（2）＋～＋（5）		7600.32	5256.0	3981.55	16837.87	100

注 表中，计算占固定资产投资比例时，其固定资产中不含投资方向调节税和建设期贷款利息。即：各项费用占固定资产投资比例＝各项费用÷(工程费＋工程建设其他费＋预备费)。

【案例 3-7】 若固定资产投资资金率为6%，试用扩大指标估算法估算项目的流动资金。确定项目的总投资。

【解答】 （1）流动资金＝16837.87×6%＝1010.27（万元）。

（2）拟建项目总投资＝16837.87＋1010.27＝17848.14（万元）。

第四章 建筑安装工程费的计价模式

从 20 世纪 50 年代起，我国建筑安装工程费用采用了定额计价模式。"文化大革命"期间废除了定额，实行无定额的实报实销模式。改革开放后，从 80 年代又恢复了定额计价模式。定额计价模式的基础是计划经济体制，由政府有关部门编制和颁发建设工程概、预算定额；定额量价合一、是计算建筑安装工程造价的法定依据。在计划经济时期，定额对工程造价的控制和管理起了不容否认的作用。定额计价法在确定"量"的方面是科学合理的，但"量价合一"由官方统一管理的制度是计划经济时期"物价稳定、甚至不变"情况下推行的，不适合改革开放后的市场经济。

20 世纪 90 年代至今，市场经济体制逐步发展，渐趋成熟，建筑市场不再是国营企业的一统天下，集体企业、私有企业、三资企业等都参与了建筑市场招标投标的竞争。作为市场的主体，企业理所当然地是价格决策的主体。没有充分价格自主权的企业，招投标如何能发挥择优授标的竞争机制。由政府有关机构制定的定额，无论怎样调整修订，也不能适应市场化经济的发展。

我国加入 WTO 后，外国企业将进入我国建筑市场，我国企业也将更多地走出国门，参加国际建筑市场的竞争。这就要求我国的工程造价计价体系要加速摆脱定额模式的制约，采用国际上大多使用的工程量清单计价模式，即"控制工程量，企业用自己的'企业定额'自主报价，最终实现的工程价格不由政府定额确定，而由市场形成"。只有这样，我国建筑业才为此，2000 年建设部在广东、吉林、天津等地进行了工程量清单计价的试点，结果证明：招投标活动的透明度增强，工程造价由于充分竞争而降低，提高了投资效益，取得了显著的效果。在对试点结果总结并借鉴国外工程量清单计价做法的基础上，建设部于 2003 年 1 月 29 日制定发布了《建设工程量清单计价规范》（GB 50500—2003），并自 2003 年 7 月 1 日在全国统一施行。从此，建筑安装工程计价遂有了官方定额计价和工程量清单计价两种模式。

本章所以介绍"官方定额计价"，一则原有的定额有其合理的"量的内核"，了解"定额的编制和计价程序"，有助于建立合理的"企业定额"，有利于我国工程造价计价的改革。二则目前工程量清单计价模式主要应用在建设工程的招标投标阶段，但估算、概算和预算仍然沿用原来定额计价模式，有待于进一步改革。

第一节 建设工程定额的类别

建设工程定额是在合理的条件下，根据实测和统计所规定的完成单位合格产品等所应消耗资源的标准数值。根据不同的用途和情况，建设工程定额分为表 4－1 列示的类别。

表 4-1　建设工程定额的类别

建设工程定额的类别	分类方法
	按编制单位和适用范围分： (1) 国家定额。由国家建设行政主管部门编制，在全国内使用（不包括香港、澳门）。 (2) 行业定额。由行业建设主管部门组织和编制的定额，在本行业范围内使用。 (3) 地区定额。由地区建设主管部门组织和编制的定额，在本地区范围内使用。 以上三种定额都是由官方编制推行的，可统称为"官方定额"。 (4) 企业定额。由施工企业自行组织，主要根据企业自身情况所编制的定额，在该企业内部使用
	按基本建设程序编制和适用范围分： (1) 投资估算指标。一般是以单独的单项工程或完整的工程项目为对象所编制的项目费用标准或生产要素消耗的数量。投资估算指标是在项目建议书和可行性研究阶段使用投资估算指标来编制投资估算以及估算项目生产要素需要量。 (2) 概算指标。一般是以整个建筑物或构筑物为对象，以更为扩大的计量单位，在概算定额和预算定额的基础上编制的，概算指标是设计单位编制设计概算或建设单位编制年度投资计划的依据。 (3) 概算定额。是以扩大的分部分项工程为对象编制的。概算定额是编制扩大初步设计概算以及项目投资额的依据。 (4) 预算定额。是以整个建筑物或构筑物各分部分项工程为对象，以施工定额为基础综合扩大编制的。预算定额是编制概算定额的基础，它既是编制施工图预算的主要依据，又是编制单位估价表、确定工程造价、控制建设工程投资的基础和依据。 (5) 施工定额。是施工单位进行施工组织、成本管理、经济核算和投标报价的重要依据。施工定额直接用于施工管理如编制施工作业计划、签发施工任务单和限额领料单以及工资结算等。施工定额由人工定额、材料消耗定额和施工机械使用台班定额组成
	按投资费用性质分： (1) 建筑工程定额。是建筑工程的施工定额、预算定额、概算定额和概算指标的统称。 (2) 设备安装工程定额。是设备安装工程的施工定额、预算定额、概算定额和概算指标的统称。设备安装工程定额属于直接工程费定额，只包括设备安装过程中的人工、材料和机械台班消耗的数量标准。 (3) 建筑安装工程费用定额。一般包括两部分内容，即措施费定额和间接费定额。 (4) 工具、器具定额。是为新建或扩建项目投产运转首次配置的工具、器具数量标准，其中所指的工具、器具是按照有关规定不够固定资产标准，只作为劳动手段的工具、器具和生产用家具。 (5) 工程建设其他费用定额。是独立于设备安装工程定额、设备和工器具购置以外的其他费用的标准。其他费用定额是按照各项独立费用分别编制的，以便合理控制这些费用的开支

下面将介绍第三章中未曾涉及的上表中造价管理和定额的概念与方法。

第二节　施　工　定　额

施工定额是施工单位直接用于施工管理，进行施工组织、成本管理、经济核算、投标报价、编制施工作业计划、签发施工任务单和限额领料单以及竣工结算等。施工定额由人工定额、材料消耗定额和施工机械使用台班定额组成，其编制方法与应用简述如下。

(1) 人工定额。人工定额表示生产工人在正常施工条件下的劳动效率，分为时间定额和产量定额两种形式。

1) 人工时间定额是指工人班组或个人，在合理的劳动组织和所用材料的条件下，完成单位合格产品所必需的工作时间。工作时间的单位按工日（一个工人工作 8h）计算。如每个工人在一个工日内完成合格产品 n 个，则

$$单位产品时间定额=\frac{1(工日)}{每工产量\ n}=\frac{1}{n}\quad(工日/单位产品) \tag{4-1}$$

或
$$单位产品时间定额=\frac{班组成员工日数总和}{班组总产量}\quad(工日/单位产量) \tag{4-2}$$

2) 人工产量定额指工人班组或个人，在合理的劳动组织和所用材料的条件下，在一个工日内所应完成的合格产品的数量，可用式（4-3）计算。

$$人工产量定额=\frac{1}{单位产品时间定额}\quad(产品数量/工日) \tag{4-3}$$

显然，时间定额与产量定额互为倒数，即

$$时间定额=\frac{1}{产量定额} \tag{4-4}$$

（2）材料消耗定额主要包括直接使用在工程上的材料净用量和在施工现场运输及操作过程中不可避免的废料和损耗。

1) 材料净用量的确定。一般采用理论计算法、测定法、图纸计算法、经验法等。理论计算法是依据设计、施工验收规范和材料规格尺寸，从理论上计算材料的净用量。如砌筑砖墙的标准砖和砂浆用量，由于标准砖尺寸为 240mm×115mm×53mm，砂浆灰缝厚 10mm，故 1m³ 砖墙体积的净用砖量 Z 可用式（4-5）计算

$$Z=\frac{K}{墙厚\times(砖长+灰缝厚)\times(砖厚+灰缝厚)} \tag{4-5}$$

式中　　K——墙厚的砖数×2；

墙厚的砖数——以砖的长度 240mm 表示墙厚，如 1 砖墙指墙厚为 240mm，其 $K=1$；半砖墙（墙厚为 120mm）的 K 为 1/2；余类推。

【案例 4-1】　计算砌筑 1m³ 365mm 厚标准砖墙的用砖量和用砂量。

365 砖墙的 K 为 1.5，故

$$标准砖净用量=\frac{1.5\times2}{0.365\times(0.24+0.01)\times(0.053+0.01)}\times 521.7\ (块/m^3)$$

考虑 1% 的损耗，标准砖总消耗量 = 521.7×(1+0.01) = 526.92（块/m³）

$$每\ 1m^3\ 标准砖砌体砂浆净用量=1-标准砖净体积\times标准砖数量$$
$$=1-0.24\times0.115\times0.053\times521.7=1-0.0014628\times521.7=0.237\ (m^3)$$

考虑 1% 的损耗，砂浆总耗量 = 0.237×(1+0.01) = 0.239（m³）

2) 周转性材料消耗定额的编制。材料的损耗率一般用损耗率表示，按式（4-6）计算

$$损耗率=\frac{损耗量}{净用量}\times100\% \tag{4-6}$$

$$总消耗量=净用量+消耗量=净用量(1+损耗率) \tag{4-7}$$

以下因素与周转性材料消耗有关，即：

- 首次制作时的材料消耗，又称"第一次使用量"。
- 每周转一次的材料消耗，应加上所需要补充的材料。
- 周转使用次数。

- 周转材料的最终回收及其回收折价。

定额中周转材料消耗量应当用一次使用量和摊销量两个指标表示。一次使用量指周转材料在不重复使用时的一次使用量，供施工企业组织施工用；摊销量是指周转材料退出使用时应按计量单位分摊到每一相应结构构件的周转性材料消耗量，供施工企业成本核算或投标报价用。

例如现浇混凝土结构木模板用量按以下公式计算

$$一次使用量 = 净用量 \times (1 + 操作损耗率) \tag{4-8}$$

$$周转使用量 = \frac{一次使用量 \times [1 + (周转次数 - 1) \times 补损率]}{周转次数} \tag{4-9}$$

$$回收量 = \frac{一次使用量 \times (1 - 补损率)}{周转次数} \tag{4-10}$$

$$摊销量 = 周转使用量 - 回收量 \times 回收折价率 \tag{4-11}$$

预制混凝土构件的钢模版用量则按以下公式计算

$$一次使用量 = 净用量 \times (1 + 操作损耗率) \tag{4-12}$$

$$摊销量 = \frac{一次使用量}{周转次数} \tag{4-13}$$

(3) 施工机械使用台班定额分为机械时间定额和机械产量定额，分述如下：

1) 机械时间定额是指在合理劳动组织和合理使用机械的条件下，完成合格单位产品所必需的时间，包括有效工作时间、不可避免的中断时间、不可避免的无负荷下的工作时间。机械时间定额以"台班"表示，即一台机械工作一个作业班的时间（8h）。

$$单位产品机械时间定额(台班) = \frac{1}{台班产量} \tag{4-14}$$

由于机械施工必须有工人小组配合，所以同时列出相应的时间定额如下

$$单位产品人工时间定额(工日) = \frac{小组成员总人数}{台班产量} \tag{4-15}$$

【**案例 4-2**】 有容量为 1m³ 挖掘机一台，挖掘深度 2m 以内的四类土，装入汽车。地面配合小组人员两人，机械台班产量为 476m³。如定额按 100m³ 计，则

$$挖 100m^3 土的人工时间定额 = \frac{2}{4.76} = 0.42（工日）$$

$$挖 100m^3 的机械台班产量定额 = \frac{1}{4.76} = 0.21（台班）$$

2) 机械产量定额是指在合理劳动组织和合理使用机械的条件下，机械在每个台班内应完成合格产品的数量，即

$$机械台班产量定额 = \frac{1}{机械时间定额(台班)} \tag{4-16}$$

机械产量定额和机械时间定额互为倒数关系。机械台班使用定额的复式表示方式为

$$\frac{人工时间定额}{机械台班定额}$$

第三节　预算定额和单位估价表

一、预算定额

预算定额是在施工定额的基础上进行扩大编制的，是编制施工图预算的主要依据。预算定额中的人工、材料和施工机械台班的消耗水平，根据施工定额综合确定，定额子目划分的综合程度大于施工定额，以简化施工图预算的编制。

表 4-2 所示为 1995 年《全国统一建筑工程基础定额》中砖石结构工程分部工程砖墙的预算定额。

表 4-2　　　　砖石结构工程分部工程砖墙的预算定额

工作内容：吊、运、铺灰浆、运砖、砌砖，包括窗台虎头砖、腰线、门窗套、安装木砖、铁件等

单位：$10m^3$

定额编号			4-2	4-3	4-5	4-8	4-10	4-11
项目		单位	单面清水砖墙			混水砖墙		
			1/2 砖	1 砖	1 砖半	1/2 砖	1 砖	1 砖半
人工	综合工日	工日	21.79	18.81	17.83	20.14	18.08	15.63
材料	水泥砂浆 M5	m^3	—	—	—	1.95	—	—
	水泥砂浆 M10	m^3	1.95	—	—	—	—	—
	水泥混合砂浆 M2.5	m^3	—	2.25	2.40	—	2.25	2.04
	普通黏土砖	千块	5641	5314	5380	5641	5341	5650
	水	m^3	1.13	1.06	1.07	1.33	1.06	1.07
机械	灰浆搅拌机	台班	0.33	0.38	0.40	0.33	0.38	0.40

二、单位估价表的编制

如表 4-2 所示，预算定额给出了砌筑 $10m^3$ 所需要的人工、材料和机械台班的数量。但依据造价管理的要求，有时还需要根据工程所在地区的人工工资价格、材料的预算价格和施工机械台班价格，计算每一分部分项工程的单位预算价格，即编制单位估价表。编制单位估价表可以简化设计概算和施工图预算的编制。

单位估价表是由分部分项工程单价构成的单价表，可分为工料单价单位估价表和综合单价单位估价表等。

(1) 工料单价单位估价表。工料单价是确定定额计量单位的分部分项工程的人工费、材料费和机械使用费的费用标准，即直接工程费单价，又称定额基价。工料单价单位估价表是以定额的人工、材料和机械台班消耗量分别乘以相应的人工、材料和机械台班价格，经汇总而构成的。将各个分部分项工程量分别乘以单位估价表中的单价后，求得分部分项工程的直接工程费，经累加汇总可得到整个工程的直接工程费。

由于人工、材料和机械台班的价格随地区的不同和市场价格的变化而变化，因此单位估价表应随着价格变化而进行动态的调整、修改和补充。

单位估价表一般是按一个城市或一个地区编制的，适用于该城市或地区，其编制过程如下。

1）依据全国统一或地区通用的概算定额、预算定额或基础定额，确定人工、材料和机械台班的消耗量。

2）依据本地区或市场上的资源实际价格或市场价格，确定人工、材料和机械台班的价格。

因此工料单价单位估价表的工程分部分项单价的计算公式为

$$
\text{分部分项单价} = \sum(\text{人工定额消耗量} \times \text{人工价格}) + \sum(\text{材料定额消耗量} \times \text{材料价格}) + \sum(\text{人工机械台班定额消耗量} \times \text{机械台班价格}) \quad (4-17)
$$

此外，单位估价表中的项目划分、项目名称和编号、计量单位和工程量计算规则应尽量与定额保持一致。

（2）综合单价单位估价表。得到直接工程费以后，再按取定的措施费和间接费等费用比率以及取定的利润率和税率计算各项费用，汇总直接费、间接费、利润和税金，就构成以相应单位计的分部分项工程的综合单价。综合单价乘以分部分项工程量，即可得到分部分项工程的造价费用。

三、概算定额与概算指标

1. 概算定额及其编制

概算定额又称"扩大结构定额"，规定一定计量单位的扩大结构构件或扩大分项工程的人工、材料和机械台班消耗量的数量标准，是确定建设工程项目投资额的依据和编制概算指标额基础；其用途是在初步设计阶段编制设计概算或在技术设计阶段编制修正概算，也可用以进行设计方案的技术经济比较。

概算定额是对几项预算定额适当地扩大、综合和简化编制的，所采用的编制方法如下。

（1）直接依据综合预算定额，如砖基础、楼梯、阳台等。

（2）在预算定额的基础上再合并其他次要项目如墙身再包括伸缩缝；地面包括平整场地、回填土、垫层、赵平曾、面层及踢脚等。

（3）改变计量单位，如屋架、天窗架等不再按立方米体积计算，而按屋面水平投影面积算等。

（4）采用标准设计的项目，可以依据已编好的标准预算计算，如水塔、水池等，以座为单位。

（5）工程量计算规则简化，如砖基础、带形砖基础以轴线（中心线）长度乘以断面面积算；内外墙也都以轴线（中心线）长度乘以高，再扣除门窗洞口计算；细小零星占比重很小的项目，不计算工程量，按占主要工程的百分率计算。

概算定额手册是按专业和地区特点编制的，内容一般包括文字说明、定额项目表和附录三部分。

（1）文字说明部分包括总说明和分部工程说明。总说明主要阐述概算定额的编制依据、使用范围、包括的内容及作用、应遵守的规则及建筑面积计算规则等。分部工程说明主要阐述该分部工程包括的综合工作内容及分部分项工程的工程量计算规则等。

（2）定额项目表主要包括以下内容。

1）定额项目的划分。概算定额项目一般按工程结构和按工程部位两种方法划分。前者按土石方、基础、墙、梁板柱、门窗、楼地面、屋面、装饰、构筑物等划分；后者按基础墙、墙体、梁柱、楼地面、屋盖、其他工程等部位划分。

2) 定额项目表。这是概算定额手册的主要内容，由若干按节划分的定额表组成。各节定额由工程内容、定额表及附注说明组成。定额表中列有定额编号、计量单位、概算价格、人工、材料和机械台班消耗量指标，参见表4-3。

表4-3　　　　　　　　　　现浇钢筋混凝土柱概算定额表

工程内容：模版制作、安装、拆除、钢筋制作、安装；混凝土浇捣、抹灰、刷浆　　　　　单位：10m³

概算定额编号				4-3		4-4	
项　目		单位	单价（元）	矩形柱			
				周长1.8m以内		周长1.8m以外	
				数量	合价	数量	合价
基准价		元			13428.76		12947.26
其中	人工费	元			2116.40		1728.76
	材料费	元			10272.03		10361.83
	机械费	元			2040.33		856.87
	合计工	工日	22.06	96.20	2116.40	78.58	1728.76
材料	中（粗）砂（天然）	t	35.81	94.94	339.98	8.817	315.74
	碎石5~20mm	t	36.18	12.207	441.65	12.207	441.65
	石灰膏	m³	98.89	0.221	20.75	0.155	14.55
	普通木成材	m³	1000.00	0.302	302.00	0.187	187.00
	圆钢（钢筋）	t	3000.00	2.188	6564.00	2.407	7221.00
	组合钢模版	kg	4.00	64.416	257.66	39.848	159.39
	钢支撑（钢管）	kg	4.85	34.165	165.70	21.134	102.50
	零星卡具	kg	4.00	33.954	135.82	21.004	84.02
	铁钉	kg	5.96	3.091	18.42	1.912	11.40
	镀锌钢丝22号	kg	8.70	8.368	67.53	9.206	74.29
	电焊条	kg	7.84	15.644	122.65	17.212	154.94
	803涂料	kg	1.45	22.901	33.21	16.038	23.26
	水	m³	0.99	12.700	12.57	12.300	12.21
	水泥32.5级	kg	0.25	664.459	166.11	517.117	129.28
	水泥42.5级	kg	0.30	4141.20	1242.36	4141.20	1242.36
	脚手架	元	—		196.00		90.60
	其他材料费	元			185.62		117.64
机械	垂直运输费	元			628.00		510.00
	其他机械费	元			412.33		346.67

2. 概算指标及其编制

概算指标是以整个建筑物或构筑物为对象编制的，同样包括劳动力、材料和机械台班定额三部分，还列出各结构分部工程的工程量及单位工程的造价，如每 1000m³ 体积的建筑物或构筑物、每 1000m 道路或管道以及每座小型独立构筑物所需的劳动力、材料和机械台班消耗量等。在设计深度不够的情况下，往往用概算指标来编制初步设计概算。根据现行的概算指标来做投资估算更为简便，但精确度因而降低。

(1) 概算指标的编制。各类建设工程项目所需的劳动力、材料和机械台班的数量不同，因而概算指标一般按工业建筑和民用建筑分别编制。工业建筑中按各工业部门类别、企业规模、车间结构（如机修车间、金工车间、装配车间、锅炉房、空压机房、变电站、仓库等）；民用建筑则按用途、层高和结构类型（如办公楼、公寓住宅楼、单身宿舍、教学楼、门卫室等），根据设计图纸和现行的概算定额等，计算每 100m² 或每 1000m³ 建筑体积所需的劳动力、材料和机械台班的消耗量指标和相应的费用指标等。

(2) 概算指标的内容和形式。概算指标的内容包括文字说明、指标列表和附录等。文字说明一般包括概算指标的编制范围、编制依据、分册情况、指标包括和未包括的内容、指标的适用范围、指标允许调整的幅度和调整方法等。

建筑工程的指标列表形式中，房屋建筑和构筑物一般以建筑面积 100m² 或建筑体积 1000m³、"座"、"个" 等为计量单位，附以必要的示意图（建筑物轮廓示意图或单线平面图），列明自然条件、建筑物类型、结构形式、各部位中结构的主要特点、主要工程量，列出综合指标和劳动力、材料和机械台班的消耗量。设备以 "台、t" 为计量单位，也可以设备购置费或设备占总价的百分比表示。

第四节　建设工程设计概算

建设工程设计概算是由项目设计单位根据初步设计（或技术设计）图纸及说明、概算定额（或概算指标）、各项费用定额或取费指标、设备和材料预算价格等资料或参照类似工程的预结算文件所编制的重要设计文件，是确定和控制建设工程项目全部投资、编制固定资产投资计划、签订贷款合同以及考核项目经济合理性的依据文件。如果设计概算金额超过项目立项时批准的投资控制额，必须修改设计或重新立项审批。批准后的设计概算不得任意修改或调整。如需修改或调整时，必须由原批准部门重新批准。编制设计概算时应考虑建设项目施工条件等对投资的影响、按项目合理预测建设期内市场价格水平，以及资产和贷款的时间价值等动态因素对投资的影响。设计概算分为单位工程概算、单项工程综合概算和建设工程项目总概算三级，各级之间的相互关系如图 4-1 所示。限于篇幅，不再介绍各级工程概算的编制方法及设计概算的审查，可参考全国一级建造师执业资格考试用书（第三版）《建筑经济》及其他有关文献。

一、设计概算的作用

(1) 设计概算是确定和控制建设投资的依据。对于使用政府

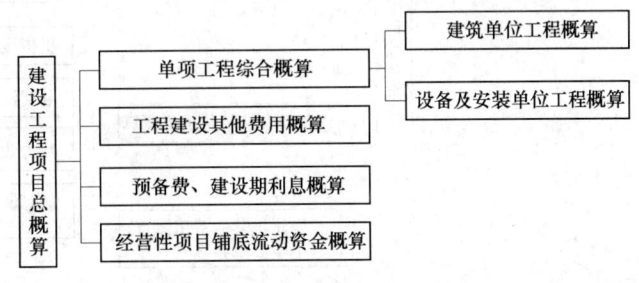

图 4-1　设计概算文件的内容

资金的项目，应按照规定请有关部门或单位批准初步设计及总概算。一经上级批准，总概算就是总造价的最高限额，不得任意突破。如有突破，须报原审批部门批准。

（2）设计概算是编制建设计划的依据。建设工程项目年度计划的安排、其投资需要量的确定、建设物资供应计划和建筑安装施工计划等，都以主管部门批准的设计概算为依据。若实际投资超出了总概算，建设单位和设计单位应当共同提出追加投资的申请报告，经上级计划部门批准后，才能追加投资。

（3）设计概算是进行贷款的依据。银行根据经批准的设计概算和年度投资计划进行贷款，并严格监督控制。

（4）设计概算是签订工程总承包合同的依据。对于施工期限较长的大中型建设工程项目，可以根据批准的建设计划、初步设计和总概算文件确定工程项目的总承包价，采用工程总承包方式进行建设。

（5）设计概算是考核设计方案经济合理性以及控制施工图预算和设计的依据。

（6）设计概算是考核和评价建设工程项目成本和投资效果的依据。

二、单位工程概算

单位工程概算是根据初步设计或扩大初步设计图纸和概算定额（或概算指标）并考虑市场价格信息等编制的，用以确定各单位工程由直接费、间接费、利润和税金组成的建设费用。一般工业与民用建筑的单位工程概算又按其工程性质分为建筑单位工程概算以及设备及安装单位工程概算两类，其所包含的概算项目见图4-2。建筑单位工程概算的编制方法有概算定额法、概算指标法、类似工程预算法；设备及安装单位工程概算的编制方法有预算单价法、扩大单价法、设备价值百分比法和综合吨位指标法等。

三、单项工程综合概算

单项工程综合概算是由单项工程中各单位工程概算汇总编制而成的，是建设工程项目总概算的组成部分，用以确定一个单项工程所需的建设费用，其内容如图4-2所示。当

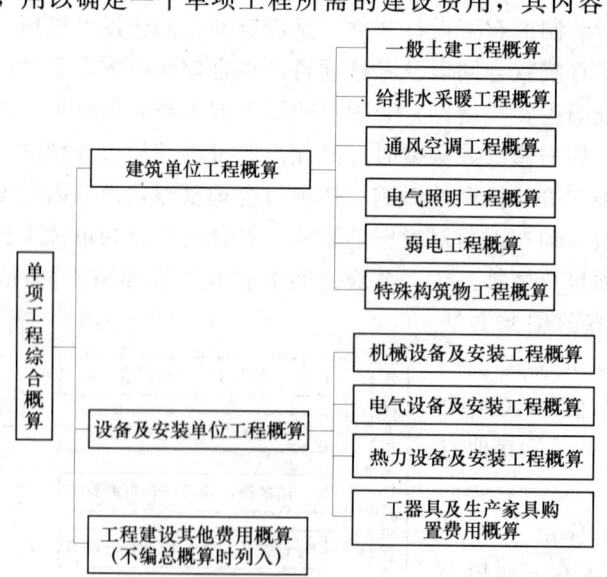

图4-2 建设工程综合概算的组成

建设工程项目只有一个单项工程时，单项工程综合概算就是该工程的总概算，因此还应该包括工程建设其他费用概算。

四、工程项目总概算

建设工程项目总概算又称"设计概算"，是确定整个建设工程须从筹建开始到竣工验收、交付使用所需的全部费用的文件，是由各单项工程综合概算、工程建设其他费用概算、预备费、建设期利息概算和经营性项目铺底流动资金概算汇总编制的，如图4-3所示。建设工程项目总概算文件一般由以下7部分组成，并按统一格式和表格编制。

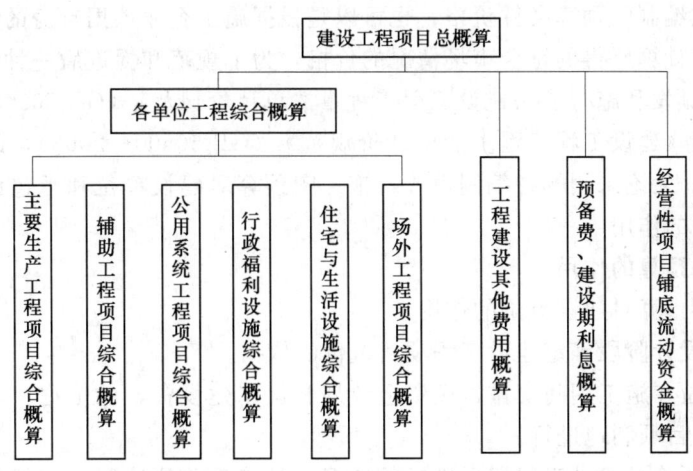

图4-3 建设工程项目总概算

（1）封面、签署页及目录。

（2）编制说明。包括以下内容。

1）工程概况。说明建设项目性质、特点、生产规模、建设地点等，对于引进项目应说明引进内容及与国内配套工程等情况。

2）资金来源及投资方式。

3）编制依据及编制原则。

4）编制方法。

5）投资分析。主要分析各项投资的比重、各专业投资的比重等。

6）其他需说明的事项。

（3）总概算表。总概算表应包括静态投资和动态投资两部分。静态投资是按设计概算编制期价格、费率、利率、汇率等确定的投资；动态投资则指从概算编制期到竣工验收前的工程和价格变化等因素所需的投资。

（4）工程建设其他费用概算表。工程建设其他费用概算表按国家、地区或部委所规定的项目和标准确定。

（5）单项工程综合概算表。

（6）单位工程概算表。

（7）附录：补充估价表。

第五节 建设工程项目施工图预算

目前施工图预算的编制存在两种计价模式,即:传统计价模式(定额计价模式)和工程量清单计价模式。按传统计价模式编制的施工图预算原来是指在施工图完成以后,依据主管部门制定的定额和其他取费文件等根据施工图所编制的建设工程单位工程或单项工程预算价格的文件。但从国内推行招标投标制和发展市场经济以来,施工图预算可以是按原来传统计价模式编制的预算文件价格;也可以是根据施工企业依据自身的实力和市场供求关系与竞争情况计算所得的符合市场情况的价格,为了规范和促进后一种计价模式,我国于 2003 年开始颁发和施行了《建设工程工程量清单计价规范》(GB 50500—2008),2008 年又推出了新版《建设工程工程量清单计价规范》(GB 50500—2008),即实行"工程量清单计价模式"。无论采用哪种编制模式,施工图预算对建设单位和承包该工程的施工单位都应起到如下的作用:

一、施工图预算的作用

(1) 施工图预算对建设单位的作用。
1) 施工图设计阶段确定建设工程项目造价的依据。
2) 建设单位在施工期间安排建设资金计划和运用建设资金的依据,以确保资金有效的使用,保证项目顺利地进行。
3) 施工图预算是建设工程招标投标的依据,是建设单位编制标底的依据。颁布招标投标法和推行工程量清单计价方法以来,传统的施工图预算在投标报价中的应用虽逐渐弱化,但工程量清单计价基础资料还不够完整,大多数建筑企业还没有自身的企业定额,同时人们还需要一定时间熟悉和掌握清单计价方法,因此,传统的定额计价模式往往还是编制工程量清单的基础。
4) 施工图预算是支付施工进度款和办理竣工结算的依据。
(2) 施工图预算对施工单位的作用。
1) 施工图预算失去定投标报价的依据。
2) 施工图预算是施工单位进行施工准备的依据。
3) 施工图预算是控制施工成本的依据。

二、施工图预算的编制方法

施工图预算文件包括总预算、综合预算和单位工程预算。总预算由综合预算汇总编成;综合预算由单位工程预算汇总编成。单位工程预算包括建筑工程预算和设备与安装工程预算。单位工程预算的编制方法有单价法和实物法两种;单价法又分为定额单价法和工程量清单法。工程量清单法将在第六节介绍,本节主要介绍定额单价法。

中华人民共和国建设部与财政部于 2003 年 10 月 15 日印发了建标 [2003] 206 号关于印发《建设安装工程费用项目组成》的通知,指出"为了适应工程计价改革工作的需要,按照国家有关法律、法规,并参照国际惯例,在总结建设部、中国人民建设银行《关于调整建筑安装工程费用项目组成的若干规定》(建标 [1993] 894 号)执行情况的基础上,我们制定了《建筑安装工程费用项目组成》(以下简称《费用项目组成》),现印发给你们。为了便于各地区、各部门做好《费用项目组成》发布后的贯彻实施工作"。

"该通知对《费用项目组成》调整的主要内容为：

（一）建筑安装工程费由直接费、间接费、利润和税金组成。

（二）为适应建筑安装工程招标投标竞争定价的需要，将原其他直接费和临时设施费以及原直接费中属工程非实体消耗费用合并为措施费。措施费可根据专业和地区的情况自行补充。

（三）将原其他直接费项下对建筑材料、构件和建筑安装物进行一般鉴定、检查所发生的检验试验费列入材料费。

（四）将原现场管理费、企业管理费、财务费和其他费用合并为间接费。根据国家建立社会保障体系的有关要求，在规费中列出社会保障相关费用。

（五）原计划利润改为利润。

二、为了指导各部门、各地区依据《费用项目组成》开展费用标准测算等工作，我们统一了《建筑安装工程费用参考计算方法》和《建筑安装工程计价程序》(详见附件一、附件二)。

三、《费用项目组成》自 2004 年 1 月 1 日起施行。原建设部、中国人民建设银行《关于调整建筑安装工程费用项目组成的若干规定》（建标［1993］894 号）同时废止。"

《费用项目组成》通知全文，包括"附件一：建筑安装工程费用参考计算方法和附件二：建筑安装工程计价程序"均详见本书附录一。通知规定的"建筑安装费用组成"如图 4-4 所示。

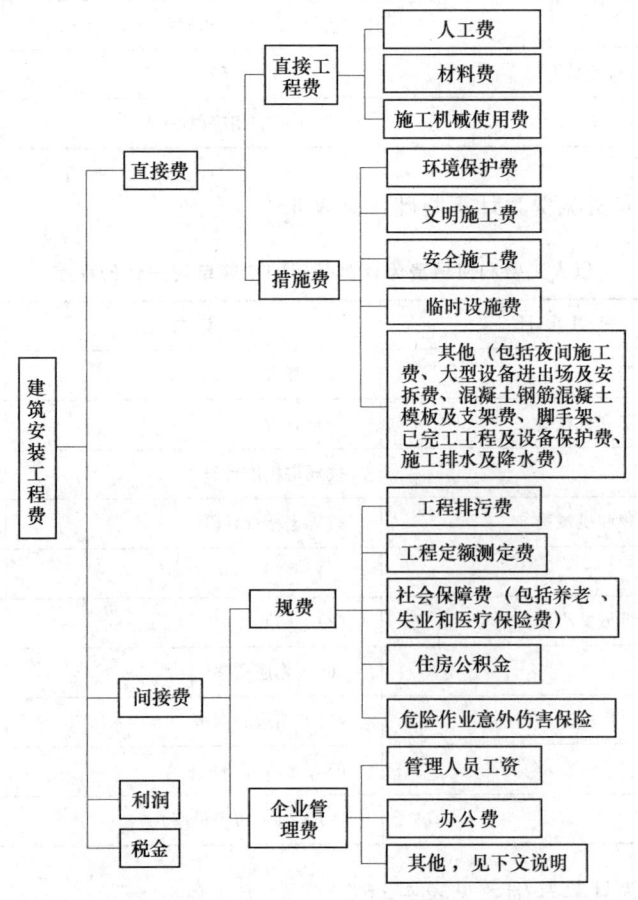

图 4-4 建筑安装工程费用项目组成

三、建设安装工程费用计价程序

根据建设部第107号部令《建筑工程施工发包与承包计价管理办法》的规定，发包与承包价的计算方法分为工料单价法和综合单价法，其计价程序如下。

1. 工料单价法计价程序

工料单价法是以分部分项工程量乘以单价后的合计为直接工程费，直接工程费以人工、材料、机械的消耗量及其相应价格确定。直接工程费汇总后另加间接费、利润、税金生成工程承发包价，其计算程序分为3种。

（1）以直接工程费为计算基础，见表4-4。

表4-4　　　　　以直接费为计算基础的工料单价法计价程序

序号	费用项目	计算方法	备注
(1)	直接工程费	按预算表	
(2)	措施费	按规定标准计算	
(3)	小计(直接费)	(1)+(2)	
(4)	间接费	(3)×相应费率	
(5)	利润	[(3)+(4)]×相应利润率	
(6)	合计(不含税造价)	(3)+(4)+(5)	
(7)	含税造价	(6)×(1+相应税率)	

（2）以人工费和机械费为计算基础，见表4-5。

表4-5　　　　以人工费和机械费为计算基础的工料单价法计价程序

序号	费用项目	计算方法	备注
(1)	直接工程费	按预算表	
(2)	其中人工费和机械费	按预算表	
(3)	措施费	按规定标准计算	
(4)	其中人工费和机械费	按规定标准计算	
(5)	小计	(1)+(3)	
(6)	人工费和机械费小计	(2)+(4)	
(7)	间接费	(6)×相应费率	
(8)	利润	(6)×相应利润率	
(9)	合计	(5)+(7)+(8)	
(10)	含税造价	(9)×(1+相应税率)	

（3）以人工费为计算基础，见表4-6。

表 4-6　　　　　　　以人工费为计算基础的工料单价法计价程序

序号	费用项目	计算方法	备注
(1)	直接工程费	按预算表	
(2)	直接工程费中人工费	按预算表	
(3)	措施费	按规定标准计算	
(4)	措施费中人工费	按规定标准计算	
(5)	小计	(1)+(3)	
(6)	人工费小计	(2)+(4)	
(7)	间接费	(6)×相应费率	
(8)	利润	(6)×相应利润率	
(9)	合计	(5)+(7)+(8)	
(10)	含税造价	(9)×(1+相应税率)	

【案例 4-3】 某钢筋混凝土挡土墙直接工程费为 450 万元。以直接费为基础计算建筑安装费，其中措施费为直接费的 5%，间接费率为 8%，利润率为 4%，综合计税系数为 3.41%。该工程的建筑安装工程造价列表（表 4-7）计算如下。

表 4-7　　　　某钢筋混凝土挡土墙工程的建筑安装工程造价计算　　　　单位：万元

序号	费用项目	计算方法及结果
(1)	直接工程费	450
(2)	措施费	(1)×0.05=22.5
(3)	直接费	(1)+(2)=450+22.5=472.5
(4)	间接费	(3)×0.08=472.5×0.08=37.8
(5)	利润	[(3)+(4)]×0.04=510.3×0.04=20.41
(6)	不含税造价	(3)+(4)+(5)=472.5+37.8+20.41=530.71
(7)	税金	(6)×3.41%=530.71×0.0341=18.10
(8)	含税造价	(6)+(7)=530.71+16.10=546.81

该工程的建筑安装工程造价为 546.81 万元。

2. 综合单价法计价程序

综合单价法是分部分项工程单价为全费用单价，全费用单价经综合计算后生成，其内容包括直接工程费、间接费、利润和税金（措施费也可按此方法生成全费用价格）。

各分项工程量乘以综合单价的合价汇总后，生成工程承发包价。

由于各分部分项工程中的人工、材料、机械含量的比例不同，各分项工程可根据其材料费占人工费、材料费、机械费合计的比例（以字母"C"代表该项比值）在以下三种计算程序中选择一种计算其综合单价。

(1) 当 $C > C_0$（C_0 为本地区原费用定额测算所选典型工程材料费占人工费、材料费和机械费合计的比例）时，可采用以人工费、材料费、机械费合计为基数计算该分项的间接费和利润，见表4-8。

表4-8　　　　　以直接工程费为计算基础的综合单价法计价程序

序号	费用项目	计算程序	备注
(1)	分项直接工程费	人工费＋材料费＋机械费	
(2)	间接费	(1)×相应费率	
(3)	利润	(1)×利润率	
(4)	合计	(1)+(2)+(3)	
(5)	含税造价	(4)×(1+相应税率)	

（2）当 $C<C_0<C_0$ 为本地区原费用定额测算所选典型工程材料费占人工费、材料费和机械费合计的比例）时，可采用以人工费和机械费合计为基数计算该分项的间接费和利润，见表4-9。

表4-9　　　　　以人工费和机械费为计算基础的综合单价法计价程序

序号	费用项目	计算程序	备注
(1)	分项直接工程费	人工费＋材料费＋机械费	
(2)	其中人工费和机械费	人工费＋机械费	
(3)	间接费	(2)×相应费率	
(4)	利润	(2)×相应利润率	
(5)	合计	(1)+(3)+(4)	
(6)	含税造价	(5)×(1+相应税率)	

（3）如该分项的直接工程费仅为人工费，无材料费和机械费时，可采用以人工费为基数计算该分项的间接费和利润，见表4-10。

表4-10　　　　　以人工费为计算基础的综合单价法计价程序

序号	费用项目	计算程序	备注
(1)	分项直接工程费	人工费＋材料费＋机械费	
(2)	直接工程费中人工费	人工费	
(3)	间接费	(2)×相应费率	
(4)	利润	(2)×相应利润率	
(5)	合计	(1)+(3)+(4)	
(6)	含税造价	(5)×(1+相应税率)	

目前采用定额单价法编制施工图预算时，其中建筑安装工程费应当按《费用项目组成》规定计算，其步骤如下。

（1）准备资料，熟悉图纸。准备和熟悉施工图纸、施工方案、施工组织设计、现行建筑安装定额和取费标准、统一工程量计算标准、地区材料预算、人工、机械台班价格等价格。

（2）计算工程量。步骤如下：

1）列出需计算工程量的分部分项工程。

2）根据一定的计算规则和顺序，列出分部分项工程量的计算公式。

3）根据施工图纸的设计尺寸及有关数据，根据公式进行计算，计算结果的计量单位，应与定额中相应的分部分项工程的计量单位一致。

（3）套用定额单价，计算直接工程费。单位工程直接工程费根据下式计算

$$单位工程直接工程费 = \sum(分项工程量 \times 定额单价) \quad (4-18)$$

计算直接工程费时应注意事项如下。

1）分项工程的名称、规格和计量单位应与定额单价或单位估价表所列内容完全一致时，可以直接套用定额单价。

2）分项工程的主要材料品种与定额单价或单位估价表中规定材料不一致时，不可以直接套用定额单价，需要按材料实际价格换算定额单价。

3）分项工程施工工艺条件与定额单价或单位估价表不一致而造成人工、机械的数量有增减时，一般调"量"不调"价"。

4）分项工程不能直接套用定额、不能换算或调整时，应编制补充单价表。

（4）编制工料分析表。根据各分部分项工程实物工程量和预算定额项目中所列的人工及材料数量，计算各分部分项工程所需人工及材料数量，汇总后求得该单位工程所需各类人工和材料数量。

（5）按计价程序计取其他费用，并汇总造价。依据规定的税率费率和相应的计算结果，分别计算措施费、间接费、利润和税金，将上述费用累计后，与直接费汇总，求得单位工程预算造价。措施费、间接费、利润和税金见《费用项目组成》通知，不再赘述。

（6）复核。对以上各项工作结果，进行全面复核，以及时发现错误并修正，保证预算的准确性。

（7）编制说明，填写封面。说明中主要列述该预算所适用的工程内容及范围、依据图纸编号、承包方式、有关部门现行的调价文、套用单价需要补充说明的问题等。封面应写明工程编号、预算总造价、单方造价、编制单位名称、负责人、编制日期以及审核单位的名称、负责人和审核日期等。

第六节 工程量清单计价

工程量清单计价的基本原理是以招标人提供的招标文件中的工程量清单的"量"为平台，投标人根据工程情况、自身的技术和管理水平进行报"价"。招标人对各投标人的报价进行评标，择优选择中标单位。这种计价方式是市场定价体系的具体表现形式。工程量清单计价的特点是：工程价格形成的主要阶段是招投标阶段。在工程量清单计价的招标方式下，标底不再是评标的主要依据，甚至可以不编标底，从而摆脱了计划经济的色彩，由市场的双方自主定价。与物价由国家控制使其稳定的计划经济下定额计价相比，具有以下特点：

（1）为市场经济的发展提供了平等合理的竞争条件。

（2）通过合同约定，有利于工程款的拨付和造价的确定以及施工中双方争议的解决。

(3) 有利于风险合理分担：业主承担工程量的风险，承包商承担报价的风险。

(4) 有利于业主对投资以及承包商对成本的主动控制。

(5) 有利于施行计划经济国家的建筑企业进入国际工程承包市场，以促进国民经济的发展。

工程量清单计价适用于建设工程实施的全过程，包括招标、投标、评标、定标、签订施工合同、竣工结算和维修期间修好各种缺陷等，其运作过程简述如下。

(1) 招标阶段：招标单位根据施工设计图纸、工程量清单计价规范统一格式和工程量计算规则，编制工程量清单有关表格。并作为招标文件的组成部分，发售各投标单位。

(2) 投标阶段：投标单位进行投标报价：首先对招标文件进行分析研究，深刻理解设计图纸；然后，对工程量清单所提工程量进行审核，对漏项的或工程量误差较大的分项工程，利用招标答疑会提出商定；报价应尽量使用本企业定额。

(3) 评标阶段：在此阶段应坚持倾向于合理最低价中标的原则进行评标。

工程量清单计价的作用如下。

(1) 采用工程量清单计价招标，符合"逐步建立以市场形成价格为主的价格机制"的目标。

(2) 采用工程量清单计价招标，有利于投标单位通过报价的调整来反映质量、工期、成本三者之间的科学关系。

(3) 有利于业主获得最合理的工程造价。

(4) 有利于标底管理与控制。

(5) 有利于中标企业精心施工，控制成本。

一、建设工程量清单计价编制依据

工程量清单应由具有编制能力的招标人或受其委托具有相应资质的工程造价咨询人进行编制。工程量清单的编制依据如下。

(1) 《建设工程工程量清单计价规范》（GB 50500—2008）。

(2) 国家或省级建设行业主管部门颁发的计价依据和办法。

(3) 建设工程设计文件。

(4) 与建设工程有关的标准、规范和技术资料。

(5) 招标文件及其补充通知、答疑记录。

(6) 施工现场情况、工程特点及常规施工方案。

(7) 其他相关资料。

二、分部分项工程量清单

分部分项工程量清单应根据《建设工程工程量清单计价规范》（GB 50500—2008）附录中的项目编码、项目名称、项目特征、计量单位和工程量计算规则进行编制。应当指出，分部分项工程量清单中所列工程量是指构成该分部分项工程所需要的实体净量，例如钢筋混凝土结构的工程量是指该结构实体需要的钢筋混凝土总数量，而不包括其施工必须要用的模板和支架的数量。模板和支架属于"措施项目"，应列入措施项目清单内。分部分项工程量清单包括项目编码、项目名称、计量单位和工程数量。

(1) 项目编码的设置。分部分项工程量清单的项目编码，1~9位应按附录A、附录

B、附录 C、附录 D、附录 E 的规定设置；10～12 位应根据拟建工程的工程量清单项目名称由其编制人设置，并应自 001 起顺序编制（参看图 4-5 及表 4-11）。

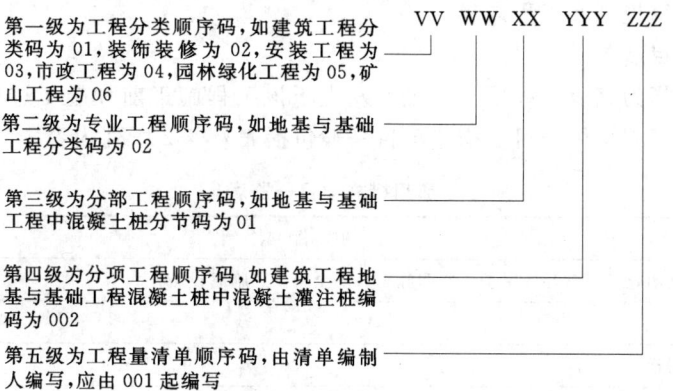

图 4-5　工程量清单项目编码的规定

（2）项目名称。分部分项工程量清单的项目名称应根据《建设工程工程量清单计价规范》（GB 50500—2008）附录的项目名称并考虑拟建工程的实际确定。如附录 A 中混凝土灌注桩（项目名称）的编码为 010201002，可考虑工程实际情况定名为"C30 混凝土钻孔灌注桩"。编制工程量清单，出现附录 A、附录 B、附录 C、附录 D、附录 E 中未包括的项目，编制人可作相应补充，并应报工程造价管理机构（省级）备案。

（3）计量单位的选择。除各专业有特殊规定外。均按下列单位计量。

1）以重量计算的项目，吨或千克（t 或 kg）。
2）以体积计算的项目，立方米（m^3）。
3）以面积计算的项目，平方米（m^2）。
4）以长度计算的项目，米（m）。
5）以自然计量单位计算的项目，个、套、块、组、台、……
6）没有具体数量的项目，宗、项、……

工程数量的有效位数应遵守下列规定。

1）以"吨"为单位，应保留三位小数，第四位小数四舍五入。
2）以"立方米"、"平方米"、"米"为单位，应保留两位小数，第三位小数四舍五入。
3）以"个"、"项"等为单位，应取整数。

表 4-11　　　　　　　　工程名称：××大学第五教学楼基础　　　　　　第　页　共　页

序号	项目编码	项目名称	计量单位	工程数量
…	…	……	……	…
4	010201002007	混凝土灌注桩	根	120
5	…	……	……	…
6	…	……	……	…

如出现《建设工程工程量清单计价规范》（GB 50500—2008）附录中没有的项目，编

制人可以补充,并报省级或行业工程造价管理机构备案。补充项目的编码由"该附录的顺序码与B和三位阿拉伯数字"组成,清单中并应附有补充项目的名称、项目特征、计量单位、工程量计算规则和工程内容。

三、措施项目清单

措施项目是指为完成工程项目施工,发生于该工程施工前和施工过程中技术、生活、安全等方面的非工程实体项目。措施项目一般包括表4-12所列内容。

表4-12 通用措施项目一览表

序号	项 目 名 称
1	安全文明施工(含环境保护、文明施工、安全施工、临时设施)
2	夜间施工
3	二次搬运
4	冬雨季施工
5	大型机械进出场及安拆
6	施工排水
7	施工降水
8	地上、地下设施、建筑物的临时保护设施
9	已完工程及设备保护

四、其他项目清单

其他项目清单指分部分项工程量清单和措施项目清单所不包含的由于招标人的特殊要求而发生的其他费用项目和数量的清单,应根据拟建工程的具体情况,按暂列金额、暂估价、计日工、总承包服务费、零星工作项目费和材料购置费等列项确定,其中:

(1) 暂列金额和暂估价包括材料(指仅由招标人购置的材料)和专业工程的暂估价。如为依法必须招标的,由招标人和承包人共同通过招标确定材料单价和专业工程分包价。如材料不是依法必须招标的,由招标人和承包人双方协商确认单价后计价。如专业工程不是依法必须招标的,由招标人、总承包人和分包人按有关计价依据计价。由招标人按估算金额确定。

(2) 计日工和总承包服务费由投标人根据招标人提出的要求,按估算费用确定。总承包服务费指为配合协调招标人进行的工程分包和材料采购所需的费用。

(3) 零星工作项目费指完成招标人提出的,不能以实物量计量的零星工作项目所需的费用。零星工作项目表应根据拟建工程的具体情况,详细列出人工、材料、机械的名称、计量单位和相应数量,并随工程量清单发至投标人。

工程量清单计价应采用计价规范规定的统一表格,由招标人随同招标文件发给投标人,并由投标人填写。"规范"规定有封面四种、总说明一种、汇总表六种、分部分项工程量清单两种、措施项目清单表两种、其他项目清单表九种、规费、税金项目清单与计价表一种和工程款支付申请(核准)表一种,详见规范第5.1节。

五、工程量清单计价

工程量清单计价应符合《建设工程工程量清单计价规范》(GB 50500—2008)第4.1

节的一般规定，其中必须强制执行的条文列述如下（下文中的各节编号为《建设工程工程量清单计价规范》第4.1节中的原有编号）。

4.1.2 分部分项工程量清单应采用综合单价计价。

4.1.3 招标文件中的工程量清单标明的工程量是投标人投标报价的共同基础，竣工结算的工程量按发、包双方在合同中约定应予完成且实际完成的工程量确定。

4.1.5 措施项目清单中的安全文明施工费应按国家或省级、行业建设主管部门的规定计价，不得作为竞争性费用。

4.1.8 规费和税金应按国家或省级、行业建设主管部门的规定计价，不得作为竞争性费用。

（1）招标文件中工程量清单的计价程序如图4-6所示。

（2）按工程量清单计价的建筑安装造价组成。采用工程量清单计价时，建筑安装造价组成如图4-4所示。

可以看出，图4-7所示的造价组成实质上与图4-4所示的《建筑安装工程费用项目组成》（建标〔2003〕206号）没有什么差异。后者主要确定了建筑安装工程费用项目的组成，而按《建设工程工程量清单计价规范》（GB 50500—2008）的建筑安装工程费用项目组成则考虑了工程承包和实施对造价的具体要求，如索赔与现场签证、工程价款调整、竣工结算和工程计价争议处理等，其内容更加全面具体。二者本质上的区别在于采用官方颁布的定额还是采用企业根据自身情况编制的企业定额以及项目单价的确定方法。

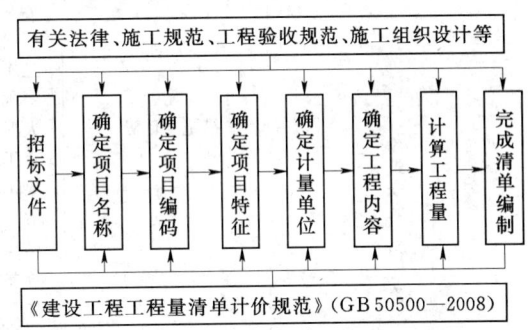

图4-6 招标文件中工程量清单编制程序

采用工程量清单计价时，建设工程造价由分部分项工程费、措施项目费、其他项目费、规费和税金组成。工程量清单计价中采用单价，单价往往直译成英语为unit price，但国际上多用rate一词，一般译为"费率"。

目前国内外采用的单价有如下三种。

1) 工料单价。以"人工费+材料费+施工机械使用费"为基价。

2) 综合单价。以"人工费+材料费+施工机械使用费+措施项目费+管理费+利润"为基价。

3) 全费用综合单价。以"人工费+材料费+施工机械使用费+措施项目费+管理费+利润+规费+税金"为基价。

《建设工程工程量清单计价规范》（GB 50500—2008）规定，分部分项工程量清单应采用综合单价计价，计价程序如下。

$$分部分项工程费 = \sum 分部分项工程量 \times 分部分项工程综合单价 \quad (4-19)$$

$$措施项目费 = \sum 措施项目工程量 \times 措施项目综合单价 + \sum 单项措施费 \quad (4-20)$$

$$其他项目费 = 暂列金额 + 暂估价 + 计日工 + 总承包服务费 + 其他 \quad (4-21)$$

$$单位工程报价 = 分部分项工程费 + 措施项目费 + 其他项目费 + 规费 + 税金 \quad (4-22)$$

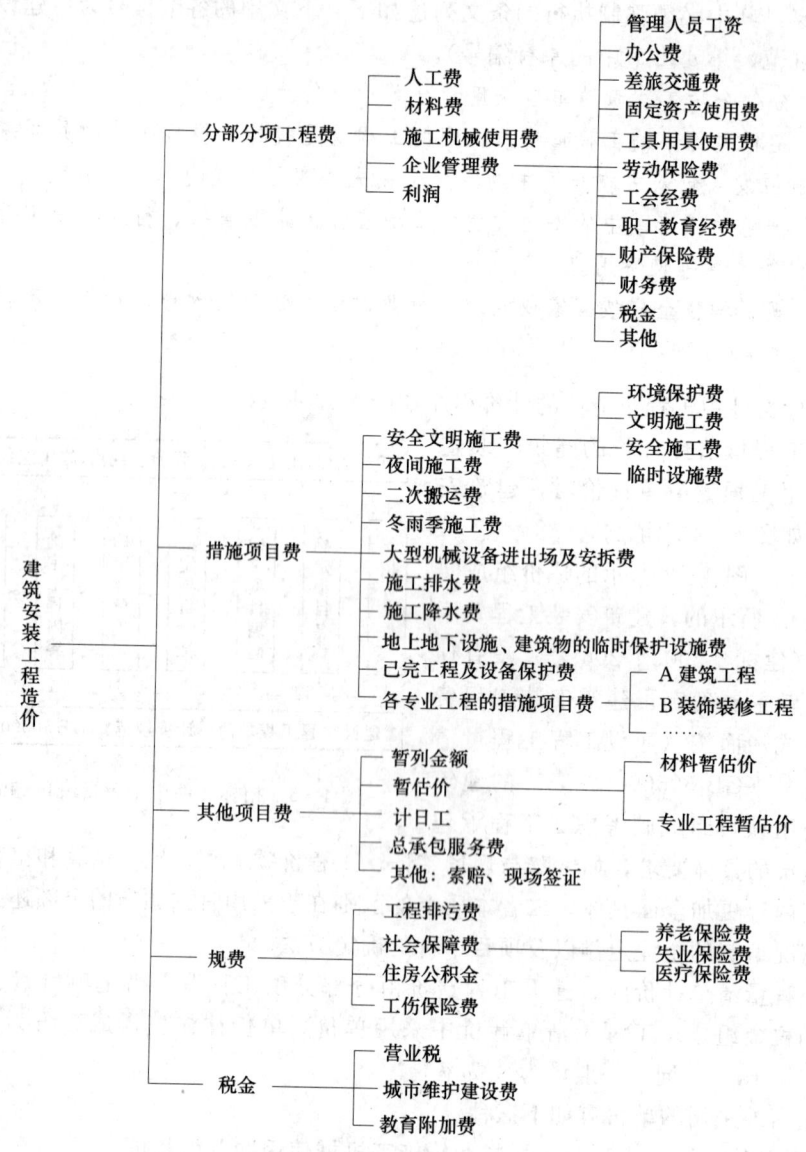

图 4-7 按工程量清单计价的建筑安装工程造价组成

$$单项工程报价 = \sum 单位工程报价 \qquad (4-23)$$
$$总造价 = \sum 单项工程报价 \qquad (4-24)$$

下面分别说明以上各项费用的计算方法和应注意问题。

计算分部分项工程费的关键问题是确定其工程量和综合定额。计算程序如下。

（1）分部分项工程量的确定。工程量清单中开列的工程量是招标人编制招标控制价和投标人投标报价的基础，是清单编制人按施工图和工程量计算规则确定的工程净量，简称"清单工程量"，但该工程量不是合同约定由承包人应予完成的实际工程量。承发包双方在竣工结算时的工程量应按双方合同中约定应予计量且实际完成的工程量。其计算同样应符合《建设工程工程量清单计价规范》（GB 50500—2008）的规定，但以实际工程量为准。

(2) 综合单价的编制。

(3) 确定综合单价子目和工程量。清单项目一般包括多个子目（有关工程）。在企业自身有完备的企业定额时，可以直接采用。但考虑目前企业定额还不完备的内地情况，一般要将清单项目的工程内容与官方定额项目进行比较，确定清单项目应该用哪些定额子目。如下面所举的某多层砖混住宅基础基槽土方施工分项工程，根据其项目特征，就确定采用三个定额子目。

(4) 测算人工、材料和机械的消耗量。编制招标控制价时一般参照官方颁发的消耗量定额。投标人投标报价时一般采用自身的企业定额。没有企业定额时，可参照官方颁发的消耗量定额，并适当调整。

(5) 确定人工、材料和机械单价。人工单价、材料价格和机械台班单价应根据当时情况参考市场价格确定。

(6) 计算清单项目的直接工程费。已确定以上各项后，可用下式计算清单项目的直接工程费。

直接工程费＝∑计价工程量×(∑人工消耗量×人工单价＋∑材料消耗量×
材料单价＋∑机械台班消耗量×台班定额) (4－25)

(7) 计算清单项目的管理费和利润，计算公式如下。

管理费＝直接工程费×管理费率 (4－26)

利润＝(直接工程费＋管理费)×利润率 (4－27)

(8) 计算清单项目的综合单价，计算公式如下。

综合单价＝(直接工程费＋管理费＋利润)÷清单工程量 (4－28)

以上计价程序通过人工挖土案例说明如下。

【案例 4-4】 土方工程计价。某多层砖混住宅基础基槽土方工程剖面图如图 4-8 所示。灰土垫层宽度为 1000mm，基槽中心线长度为 1450m。该工程的招标和投标的计价过程分述如下。

1. 招标人根据基础施工图计算土方实体净工程量（即图 4-8 中粗实线断面面积乘槽中心线总长度所得土方工程量）

基槽挖土截面面积为 $1.0m×1.8m=1.800(m^2)$。

基槽总长度为 1450m，故挖槽工程量为 $1.8×1450=2610(m^3)$。

2. 投标人计价过程如下

(1) 人工挖土土方施工方案、实体工程量及费用计算。

根据招标文件、施工条件和地质资料，投标人决定采取放坡挖土施工。土为三类土，挖土深度为 1800mm＞1500mm，故取放坡系数为 0.2，工作面宽度 250mm。

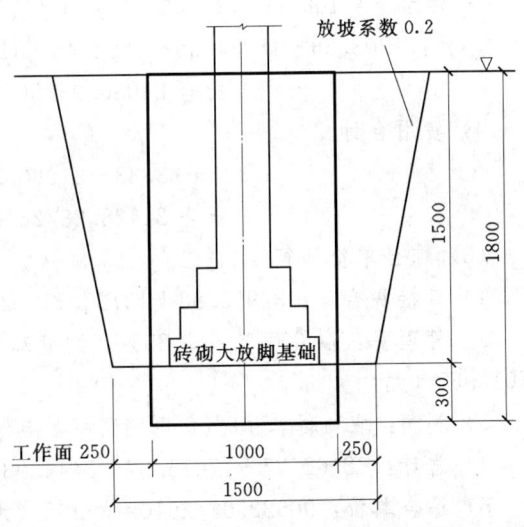

图 4-8 带形基础挖槽土方剖面图

基础挖土截面面积为$[(1.00+0.50)+(1.00+0.50+2\times1.5\times0.2)]\times1.5/2=2.70(m^2)$。

基础中心线总长度为1450m,人工挖土总实体量为$2.70\times1450=3915(m^3)$。

(2) 根据施工方案,除沟边堆土以供基槽回填外,现场堆土1859.5m^3,人工运土,运距60m。剩余土方量1080m^3,现场用装载机装土,自卸汽车运到指定卸土场,运距4km,卸土场处用一台推土机和一台洒水车清理清洁场地,故有关子项为人工挖土、人工运土,由于没有企业定额,投标人使用全国统一基础定额计算如下。

1) 人工挖土。

人工费:$3915m^3\times8.4$元/$m^3=32886$(元),折合$32886\div2610=12.60$(元/m^3)

机械费:槽底夯实采用电动打夯机8元/台班,0.0018台班/m^2,槽底面积1.0m×1450m=1450(m^2)。1450$m^2\times8$元/台班×0.0018台班/$m^2=20.88$(元),折合20.88/2610=0.008(元/m^3)

人工挖土的人工费和机械费合计:32886+20.88=32906.88(元),折合32906.88/2610=12.61(元/m^3)

2) 人工运土(运距60m以内)。

人工费:$1859.50m^3\times7.38$元/$m^3=13727.11$(元),折合13727.11/2610=5.26(元/m^3)

3) 装载机运土及自卸汽车运土(运距4km)。

人工费:$1080m^3\times0.006$工日/$m^3\times25$元/工日×2=324.00(元)

折合324.00/2610=0.12(元/m^3)

材料费(水费):$1080m^3\times0.012m^3/m^3\times1.8$元/$m^3=23.33$(元)

折合23.33/2610=0.01(元/m^3)

机械费:

- 轮胎式1m^3装载机:$1080m^3\times0.0039$台班/$m^3\times280$元/台班=1203.55(元)
- 自卸汽车(3.5t):$1080m^3\times0.04925$台班/$m^3\times340$元/台班=18084.60(元)
- 推土机(75kW):$1080m^3\times0.00296$台班/$m^3\times500$元/台班=1598.40(元)
- 洒水车:$1080m^3\times0.0006$台班/$m^3\times300$元/台班=194.40(元)

小计:1203.55+18084.60+1598.40+194.40=21080.95(元)

折合21080.95/2610=8.08(元/m^3)

4) 费用合计。

324+23.33+21080.95=21428.28(元)

折合21428.28/2610=8.21(元/m^3)

(3) 综合单价计算。

1) 直接费合计:32906.88+13727.11+21428.28=68062.27(元)。

2) 管理费:取管理费率为25%,则管理费=直接费×管理费率=68062.27×0.25=17015.57(元)。

3) 利润:取利润率为8%,则利润=直接费×利润率=68062.27×0.08=5444.98(元)。

4) 总计:68062.27+17015.57+5444.98=90522.02(元)。

5) 综合单价:90522.02/2610=34.68(元/m^3)。

(4) 列入措施项目清单费用的大型机械进出场费。

1) 装载机进出场费按一个台班计算：280元。
2) 自卸汽车进出场费（3台）按1.5台班计算为1.5×340＝510（元）。
3) 推土机用15t平板拖车运输进出场，按一个台班计算：500元。
4) 大型进出场费总计：1290元。

（5）以上结果列入分部分项工程工程量计价表，见表4-13。

表4-13　　　　　　　　　　分部分项工程量清单

工程名称：某多层砖混住宅工程　　　　　　　　　　　　　　　第　页共　页

序号	项目编码	项目名称	项目特征描述	计量单位	工程量	金额（元）		
						综合单价	合价	其中暂估价
	010101003001	挖基础土方	土壤类别：三级土 基础类型：砖大放脚，带型基础 垫层宽度：1000mm 挖土深度：1.8m 弃土运距：4km	m³	2610	34.68	90522.02	
			本页小计					
			合计					

（6）分部分项工程工程量清单综合单价计算表可根据以上单价分析填列，见表4-14。

表4-14　　　　　　　分部分项工程工程量清单综合单价计价表

工程名称：某多层砖混住宅工程　　　　　　　　　　计量单位：m³
项目编码：010101003001　　　　　　　　　　　　　工程数量：2610
项目名称：挖基础土方　　　　　　　　　　　　　　综合单价：34.68元/m³

序号	定额编号	工程内容	计量单位	实际数量	按工程量2610m³的综合单价组成费用（元/m³）					综合单价（元/m³）
					人工费	材料费	机械费	管理费	利润	
	1-8	人工挖土方（三类土）	m³	3915	12.60		0.01	3.15	1.01	16.77
	1-49	人工运土方（60m）	m³	1859.5	5.26			1.32	0.42	7.00
	1-174	机械运土方	m³	1080	0.12	0.01	8.08	2.05	0.65	10.91
		合计			17.98	0.01	8.09	6.52	2.08	34.68

求得各分项工程的费用和综合单价后，就可按上述计价程序计算总造价。

第七节　招标控制价和投标价的编制

一、招标控制价的编制

根据《中华人民共和国招标投标法》的规定，国有资金投资的工程建设项目招标时，招标人可设标底。当招标人不设标底时，为能公平合理地评标及防止哄抬标价，导致国有资金流失，招标人应编制招标控制价，作为招标人能接受的最高标价。

依据《建设工程工程量清单计价规范》(GB 50500—2008) 第 4.2 节招标控制价的规定，国有资金投资的工程建设项目应实行工程量清单招标，并应编制招标控制价。招标控制价超过经批准的概算时，招标人应将其报原概算部门审核。投标人的投标报价高于招标控制价的，其投标应予以拒绝。

招标控制价应由具有编制能力的招标人或受其委托具有相应资质的工程造价咨询人编制。招标控制价应依据下列文件资料编制。

(1)《建设工程工程量清单计价规范》(GB 50500—2008)。

(2) 国家或省级建设行业主管部门颁发的计价定额和计价办法。

(3) 建设工程设计文件及相关资料。

(4) 招标文件中的工程量清单及有关要求。

(5) 与建设项目有关的标准、规范和技术资料。

(6) 工程造价管理机构发布的工程造价信息，没有发布工程造价信息时，参照市场价。

(7) 其他相关资料。

招标人应将所编定的招标控制价及有关资料报送工程所在地工程造价管理机构备查。招标控制价应在招标文件中公布，投标过程中，不得上浮或下调。

招标控制价的性质使其不同于标底，无需保密。招标文件中应如实公布招标控制价的各组成部分内容，以防止投标人抬高或压低投标价格。

如投标人经过复核，认为招标控制价的编制没有按照《建设工程工程量清单计价规范》(GB 50500—2008) 的规定，应在开标前五日之前向工程所在地招投标监督机构或工程造价管理机构投诉。招投标监督机构应会同工程造价管理机构对投诉进行处理。发现确有错误的，应责成招标人修改。

二、投标价的编制

投标价是投标人希望能够中标的期望价格，但不能高于招标文件中给定的招标控制价。投标价应由投标人或受其委托具有相应资质的工程造价咨询人编制。应当指出，工程的施工组织设计或施工方案以及施工进度和工期是可供投标人选择的投标价计算的重要条件。

(1) 投标价的编制原则。投标能否成功取决于投标报价的高低及是否合理。采用工程量清单计价时，投标价的编制原则一般如下。

1) 无论投标价是由投标人或受其委托具有相应资质的工程造价咨询人编制的，投标报价必须由投标主管人最后确定。

2) 投标人的投标报价不得低于工程的成本。《中华人民共和国招标投标法》第四十一条规定："中标人的投标应当符合下列条件之一：

（一）能够最大限度地满足招标文件中规定的各项综合评价标准；

（二）能够满足招标文件的实质性要求，并且经评审的标价最低，但是投标价格低于成本的除外。"

3) 按招标人提供的工程量清单填报价格。招标人在招标文件中提供的工程量清单是各投标人投标报价的共同竞争平台，因此投标人应按招标人提供的工程量清单填报价格。

4) 应以投标人所编的施工组织设计或施工方案、本企业的企业定额以及发挥企业技术和管理特长为投标报价的基本条件。

(2) 投标价应依据下列文件资料编制。

1)《中华人民共和国招标投标法》、《建设工程工程量清单计价规范》(GB 50500—2008) 及其他有关法律规章。

2) 国家或省级的行业建设主管部门颁发的计价定额和计价办法。

3) 建设工程设计文件及相关资料。

4) 企业定额。

5) 招标文件中的工程量清单及其补充通知、答疑纪要等。

6) 与建设项目有关的标准、规范和技术资料。

7) 施工现场情况、工程项目特点、投标人所编的施工组织设计或施工方案等。

8) 市场价格信息或工程造价管理机构发布的工程造价信息。

9) 其他相关资料。

(3) 投标价的编制。

在编制投标报价之前，必须对招标文件中的工程量清单进行复核。因为招标人编制工程量清单时，设计往往深度不够，使清单中各分部分项工程工程量不甚准确，甚至某些工程量与将来实际完成量差额很大。由于工程量的数量准确与否，必然影响投标报价的准确性，故需要对其进行复核。

工程投标报价的编制过程参见图 4-9，应注意的问题如下。

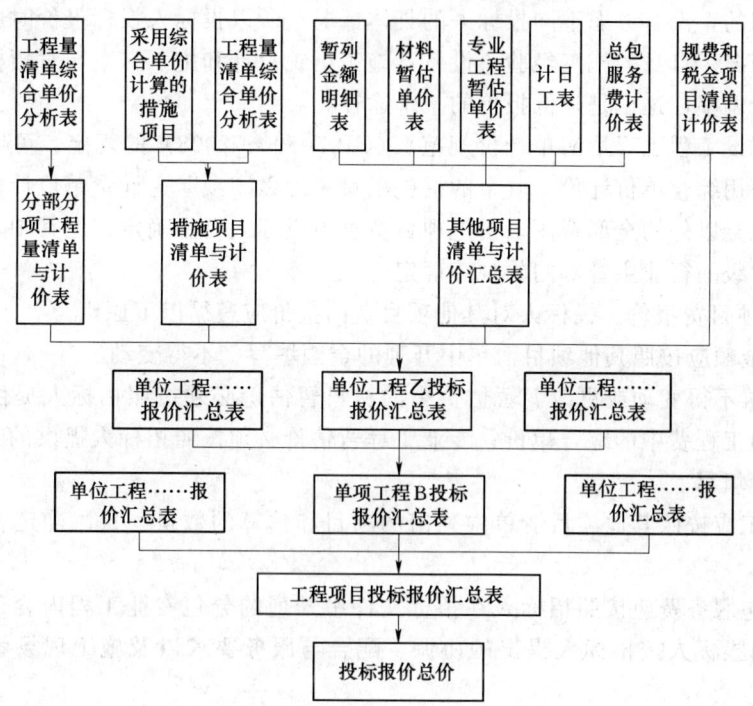

图 4-9 工程项目工程量清单投标报价程序

1) 分部分项工程费报价。投标人应按招标人提供的工程量清单填报价格。关键问题是确定分部分项工程的综合单价。方法虽与案例 4-4 所述者相同，但对于投标报价，还应注意以下事项。

- 分部分项工程清单中的综合单价直接取决于项目的特征描述。在投标过程中，如投标人发现招标文件中某些分部分项工程清单特征描述与图纸不符，当差别不大时，一般应依据分部分项工程清单特征描述来确定其综合单价。如差别较大，应致函招标单位，询问以何者为准。如在施工过程中由于施工图纸或设计变更而使项目特征与分部分项工程清单特征不一致时，则发包和承包双方应按实际的项目特征，根据合同约定重新确定。

- 投标企业应尽量使用本企业定额。投标企业没有企业定额时，可如果热闹据该企业自身和市场情况，参照官方的人工、材料和施工机械台班消耗定额进行调整。

- 资源的供应价格及质量应多方询价比较确定，因这将影响综合单价的高低和工程的质量。

- 企业管理费费率和利润率应考虑当前企业经营现状及投标竞争等情况确定。

- 如招标文件要求投标人承担的风险费用，投标人或在确定综合单价中考虑，或在中标后的合同商讨中提出。如考虑当时具体情况提出增加某些物料价格上涨幅度的条款。如施工中此等物料价格上涨超过该幅度时，则应按其超过幅度所增加的费用，对有关综合单价或工程款进行相应调整。

- 招标文件中如提供了暂估单价的材料，则按暂估单价计入综合单价。

2) 措施项目费报价。招标人在招标文件中所列出的措施项目清单是招标人根据一般施工情况拟定的，没有考虑不同投标人的具体情况。所以投标人投标报价时应根据该工程项目的实际情况、自身的施工经验、设备、施工组织设计和施工方案，对招标人所开列的措施项目进行调整，这也是降低报价的一个途径。

根据《建设工程工程量清单计价规范》（GB 50500—2008）的规定，可以计算工程量的措施项目采用综合单价计价。其余的措施项目采用以"项"为计量单位计价，其中应包括除规费、税金以外的全部费用。措施项目费虽由投标人自主确定，但其中安全文明施费应按国家、省级的行业主管部门的规定确定。

3) 其他项目费报价。投标人对其他项目费的报价应遵循以下原则。

- 暂列金额应按照其他项目清单中开列的金额填写，不得变动。

- 暂估价不得变动或更改。暂估价中的材料暂估价必须按照招标人提供的暂估单价计入分部分项工程费中的综合单价；专业工程暂估价必须按照招标人提供的其他项目清单中列出的金额填写。

- 计日工应按照其他项目清单中列出的项目和估算的数量，自主确定各项综合单价并计算费用。

- 总承包服务费应按照招标人在招标文件中开列的分包专业工程内容、供应材料和设备情况、由投标人按招标人提出的协调、配合与服务要求以及施工现场管理需要自主确定。

4) 规费和税金报价。规费和税金应按国家或省级的行业建设主管部门规定计算，不得作为竞争费用。

5）投标价的汇总。投标人的投标总价应与组成工程量清单的分部分项工程费、措施项目费、其他项目费、规费和税金的合计金额相一致，即投标人在进行工程项目工程量清单招标的投标报价时，不能进行投标总价优惠（或降价、让利）。投标人对投标报价的任何优惠（或降价、让利）均应反映在相应清单项目的综合单价中。

三、工程合同价款的约定

《建设工程工程量清单计价规范》（GB 50500—2008）第 4.4.1 款对工程合同价款有如下规定。

（1）实行招标的工程合同价款应在中标通知书发出之日起 30 天内，由发、承包人双方依据招标文件和中标人的投标文件在书面合同中约定。

（2）实行招标的工程合同价款应在中标通知书发出之日起 30 天内，由发、承包人双方依据招标文件和中标人的投标文件在书面合同中约定。

（3）不进行招标的工程合同价款在发、承包人双方认可的工程价款的基础上，由发、承包人双方在书面合同中约定。

《建设工程工程量清单计价规范》（GB 50500—2008）第 4.4.3 款规定："实行工程量清单计价的工程，宜采用单价合同。"但国内外工程承包合同的类型包括固定总价合同、计量单价合同、单价合同、成本加酬金合同等，工程承包的模式也有多种形式。这些合同一般也采用工程量清单和单价（费率）计价。因此遇到与《建设工程工程量清单计价规范》（GB 50500—2008）规定的单价合同不同的合同时，必须对其合同中关于合同价款支付的条款仔细阅读和分析，以便按其规定执行，不致失误。如果发现对方故意设置不利于我方的不公平条款，必须与之协商修改，保证合同的公平合理性。

《建设工程工程量清单计价规范》（GB 50500—2008）第 4.4.3 款规定：发、承包人双方应在合同条款中对下列事项进行约定，合同中没有约定或约定不明的，由双方协商确定；协商不能达成一致的，按本规范执行。

（1）预付工程款的数额、支付时间及抵扣方式。预付工程款是发包人在施工准备阶段向承保人提供的款额，以协助解决承包人在购买钢材、水泥等大宗材料的资金周转问题。预付工程款的数额可以是 100 万元等具体金额，也可以是合同价的 10％或 15％等额度。支付时间可约定为合同签订后若干时间后或开工日前几天归还等。抵扣方式则指约定开工后第几个月开始从月进度款中按约定百分数或比例扣还，扣完为止。

（2）工程计量与支付工程进度款的方式、数额及时间。工程计量时间和方式可按月计量，如每月 24 日；可按工程形象部位分段计量，如±0.000 以下的基础和地下室，主体结构 1～4 层、5～8 层等。进度款支付周期应与计量时间相协调，如计量后 7 天或 14 天内支付，也可按已完工程价款的百分之多少支付。

（3）工程价款的调整因素、方法、程序、支付及时间。可约定的调整因素包括大宗材料价格上涨超过投标报价时某一百分数（如 5％等），工程发生变更后综合定额的调整，工程所在地的工程造价管理机构发布的人工费的调整等。调整方法与时间可约定：工程竣工结算时一次调整，采购时报发包人调整，或与工程进度款同时进行等。调整程序一般采取由承包人报发包人或总监理工程师调查检验后签字准许等。

（4）索赔与现场签证的程序、金额确认与支付时间。一般依照工程所在地的政府规定和合同索赔条款约定办理。

（5）发生工程价款争议的解决办法及时间。最好是事先发现提出协商解决，如我国某公司在中东某国承包其政府的一个取水泵站时，发现该国对主要建筑材料实行按政府专卖价格销售，且不得调价。我方根据国际惯例力争在合同内写入"政府专卖价格上涨幅度超过15%时，应对超过15%的上涨部分给承包商以补偿"。开工后不久政府专卖价格全部上涨18%，承包人获得了相应的补偿。对事后的工程价款争议，其解决办法及时间则一般依照工程所在地的政府规定和合同索赔条款通过协商、调节、仲裁、甚至诉讼办理，往往旷日持久。因此只有涉及款额巨大时，才向发包人提出。

（6）承担风险的内容、范围以及超出约定内容、范围的调整方法。如何预测、化解和转移风险，对于发包人和承包人是工程施工合同管理中的重要而极其复杂的问题之一，将在本书风险管理一章内介绍。

（7）工程竣工价款结算编制与核对、支付及时间。合同中应明确约定承包方提交竣工结算书的时间以及支付竣工结算款的方式与时间。

（8）工程质量保修证书的内容和保修金的数额、预扣及发还时间可参照国内外工程施工合同有关条款约定。

（9）与履行合同、支付价款有关的其他事项。《建设工程工程量清单计价规范》（GB 50500—2008）中的工程计量与价款支付、索赔与现场签证、工程价款调整、工程计价争议处理和竣工结算等问题因涉及合同管理的主要内容，将在本书合同管理一章内阐述。

第五章 国内外建设工程合同概述

第一节 合同的定义及合同的类型

为了保护合同当事人的合法权益，维护社会秩序，促进社会主义现代化建设，我国从1981年起相继颁行了有关的法律和规章，如第五届全国人民代表大会第四次会议于1981年12月13日审批颁行了《中华人民共和国经济合同法》（1993年修订），第六届全国人民代表大会第十次会议和第二十一次会议分别于1985年3月21日和1987年6月23日审批颁行了《中华人民共和国涉外经济合同法》和《中华人民共和国技术合同法》，以更好地调整中国涉外经济和科技商品经济法律关系。从1983年至今，国务院和其各部、委、局以及省、自治区、直辖市级人民政府也制订颁行了有关的配套法规或规章等。继1997年11月1日第八届全国人民代表大会常务委员会第二十八次会议通过颁行《中华人民共和国建筑法》之后，1999年3月15日第九届全国人民代表大会第二次会议批准颁布了《中华人民共和国合同法》（以下简称为《合同法》），并从1999年10月1日起施行，届时《中华人民共和国经济合同法》、《中华人民共和国涉外经济合同法》和《中华人民共和国技术合同法》同时废止。

《合同法》第二条中将合同定义为"平等主体的自然人、法人、其他组织之间设立、变更、终止民事权利义务关系的协议"，但不包括"婚姻、收养、监护等有关身份关系的协议"。任何合同均应具备三大要素，即主体、标的和内容。

（1）主体，即签约双方的当事人。合同的当事人可为自然人、法人和其他组织，且合同当事人的法律地位平等，一方不得将自己的意志强加给另一方。依法成立的合同具有法律约束力。当事人应当按照合同约定履行各自的义务，不得擅自变更或解除合同。

（2）标的（又称客体），是当事人的权利和义务共同指向的对象，如建设工程项目，货物，劳务等，标的应规定明确，切忌含混不清。

（3）内容，指合同当事人之间的具体权利与义务，详见以下各节。

《合同法》中除对合同的订立、效力、履行、变更和转让、合同的权利义务终止、违约责任等有规定外，还载有关于买卖合同，供用电、水、气、热力合同，赠与合同，信贷合同，租赁合同，融资租赁合同，承揽合同，建设工程合同，运输合同，技术合同，保管合同，仓储合同，委托合同，行纪合同和居间合同等的具体规定。

合同的定义还可表述为"在两个或两个以上的当事人之间为设立、变更或终止法律权利和义务而达成的协议"。合同形式有口头和书面之分，建设工程合同必须采用书面形式。按照合同格式的繁简程度，书面合同包括协议书、合同、确认书、备忘录和订单等。较大工程项目的施工合同一般多由合同当事人双方签署协议书后才能生效。对大型工程的施工合同，签合同就是双方在协议书上签字。但也有不采用协议书而在合同文本末尾签字盖章的合同。较简单的经济合同可以只采用协议书的形式。

合同与协议书的区别在于"协议书必须有'代价（consideration）'作为支持或者采用契约的形式，才能成为合约"（见罗德立主编，香港合约纲要第一章和第三章）。凡法律承认具有经济价值者都可以作为代价，合同各方当事人都必须付出代价。在买卖合同中，买方承诺支付的规定价款是卖方承诺交付货物的代价，反之亦然。

国际经贸合同（又称涉外经贸合同）是指涉及两国或多国的经贸合同，属于涉外合同范畴。《合同法》第一百二十六条规定："涉外合同的当事人可以选择处理合同争议所适用的法律，但法律另有规定的除外。涉外合同的当事人没有选择的，适用与合同有最密切联系的国家的法律。"根据这条规定，涉外合同的当事人可以选择适用于所订合同的法律。但应注意，我国规定中外合资经营企业合同、中外合作经营企业合同和中外合作勘探开发自然资源合同这三类合同必须适用中国的法律。根据合同标的，国际经济合同可分为：

1) 国际工程承包合同。
2) 涉外劳务合同。
3) 国际货物销售合同。
4) 中外合资经营企业合同。
5) 中外合作经营企业合同。
6) 补偿贸易合同。
7) 中外合作勘探开发自然资源合同。
8) 国际技术转让合同。

此外还有涉外的运输合同、信贷合同、保险合同、保管合同等。根据订立合同时能否改变调整由要约一方已拟好的合同条款规定，合同又有经合同当事人协商订立的合同和格式合同两种类型。国际上涉及巨大款额及重要的合同一般采用格式合同。

在各国立法和判例学说中，对格式合同的称谓不一，与我国有关的主要有以下几种：

（1）附意合同。法国法、美国法和日本法称为"附合合同、附意合同（contract d'adhésion, contract of adhesion）"。法国法所称的附合合同是指"一方当事人对于另一方当事人事先已确定的合同条款只能表示全部同意或不同意的合同"，也就是另一方当事人只有接受合同或不接受合同的选择。美国法将格式合同界定为"一方当事人事先起草并印制好的全部或主要由标准化条款构成的合同"。这种合同的另一方当事人对合同一般没有或只有很少的讨价还价余地。格式合同中的不容协商的条款被形容为'锅炉钢板（Boiler plate）'条款。这些条款通常相互联系和制约，构成一个严密体系，另一方当事人只能对其或者全盘接受，或者全盘否认。所以"附意合同"完全不容当事人讨价还价。

（2）英国法的格式合同（又称标准格式合同 standard form contract）。英国采用的格式合同分为两种：一类是示范合同（model contract form，又称范本合同），即根据法律和惯例而确定的具有标准化格式和条款的合同，其本身不具有强制效力．当事人订立此类合同时可以修改其条款和格式，也可以增减条款；另一类是附意合同（contract of adhesion），指经济实力较强的当事人事先拟定一定格式和内容的合同文件，并凭借自己经济实力强加于对方的合同。此类合同实际上已不存在协商订约的问题，对方当事人只能对已确定的合同条件表示接受和拒绝。

（3）我国的格式合同（又称格式条款）。我国合同法中对格式条款的定义是："格式条款是当事人为了重复使用而预先拟定,并在订立合同时未与对方协商的条款"(引自《中华人民共和国合同法》第三十九条)。目前使用的各种合同示范文本就属这类合同。

目前国际重大商贸合同多采用格式合同,如国际工程项目承包中应用较广的国际咨询工程师联合会(FIDIC,Fédération Internationale des Ingénieurs Conseils 的缩写,下文中简称"FIDIC",汉译"菲迪克")编写的 FIDIC 施工合同条件(Conditions of Contract for Construction)等,FIDIC 所编的施工合同一般由通用条件(General Conditions)和专用条件(Conditions of Particular Application)两部分组成。通用条件本身不能修改,但专用条件可以根据所要建造的工程的具体情况,对通用条件进行修改或增删,而且在合同实施中专用条件优先于通用条件,这样就解决了所谓"锅炉钢板条款"的问题,因而获得了广泛的应用。

第二节 国内建设工程合同的类型与内容

建设工程合同属于经济合同范畴,适用《中华人民共和国合同法》和有关法规。这类合同分为国内建设工程合同与国际工程施工合同两大类。本节主要介绍国内建设工程合同,国际工程施工合同的简介见下节。

国内建设工程合同又分为国内非涉外建设工程合同与国内涉外建设工程合同。前者指我国企业或经济组织之间为国内建设工程签订的合同,如建设部与国家工商行政管理局1999年颁行的《建设工程施工合同示范文本》(GF—1999—0201)。后者指我国企业或经济组织与外国企业或经济组织之间为国内建设工程项目实施所订立的合同(但不包括国际运输合同),如在我国境内履行的世界银行等国际金融机构贷款项目、中外合资、中外合作、外方独资等建设工程所签订并按国际惯例履行的合同均属此类。《中华人民共和国合同法》第一百二十六条规定:"涉外合同的当事人可以选择处理合同争议所适用的法律,但法律另有规定的除外。涉外合同的当事人没有选择的,适用与合同有最密切联系的国家的法律"。此外还规定:"在中华人民共和国境内履行的中外合资经营企业合同、中外合作经营企业合同、中外合作勘探开发自然资源合同,适用中华人民共和国法律。"

国际建设工程承包合同虽属于涉外建设工程承包合同范畴,但具有以下特点。

(1) 国际性。由于国际建设工程承包合同是乙国的企业或乙、丙两个或多个国家的企业以合伙或分包方式,为完成位于甲国境内的某工程项目的建设,而与该项目的业主签订的合同,故它具有国际性特征,这种特征表现在合同涉及不同的国家;适用多国的法律,有时还可适用非当事人所属国的第三国法律;工程价款容许用多种货币支付;合同争端通常提交国际仲裁机构仲裁等。国际性还表现在合同履行过程中往往会涉及多国的提供担保的银行或保险公司、分包商、材料设备供应商、合伙人、有关政府和社会机构等多方的关系。大型国际建设工程承包有时需要签订数十份合同,因而增加了履约的复杂性。

(2) 较高的风险性。由于上述的风险性,国际工程承包合同的风险性一般高于国内建设工程合同;因为工程项目位于国外,合同期限长且合同金额巨大,工程所在国的政策、法律乃至国际形势和金融市场、承包市场的激烈竞争与变化,都可能造成难以预计的巨大风险,导致亏损。

目前我国已公布施行的建设工程合同文本主要有:建设工程可行性研究合同、建设工程勘察和（或）设计合同、建设工程监理合同、建筑安装工程施工承包合同、装饰工程施工承包合同、劳务合同和技术服务合同、材料或设备供应合同。下文中将择要介绍如下。

一、建设工程可行性研究合同

前文中已对可行性研究的任务和工作内容作了较详尽的阐述。建设工程可行性研究合同列入"合同法"第十八章第四节"技术咨询合同和技术服务合同"项下。根据《中华人民共和国合同法》及《关于建设项目进行可行性研究的试行办法》的有关规定，建设项目可行性研究合同的内容由当事人约定，一般包括以下条款。

（1）委托方和承包方的名称、地址和适用法律，以明确双方的法律地位、权利、责任和义务。

（2）委托方提供必要的数据和资料，并对它们的准确性负责。

（3）承包方应在合同规定日期以前，向委托方提交本合同项目的可行性研究报告的份数，并对之承担责任。

（4）关于可行性研究报告内容的规定，一般应包括：经济评价指标，包括投资的内部收益率及投资回收期；贷款偿还能力分析；外汇偿还能力分析；盈亏平衡、灵敏度分析和风险分析；其他内容；分析结论。

（5）合同的变更及重新订立。在合同履行期间，委托方如对可行性研究报告内容提出重大变更，甚至原始资料有重大变动而导致承包方修改或重作可行性研究时，须经双方协商，对合同增加任务变更附件或另行订立合同。

（6）费用支付条款。可行性研究报告付费标准由各部门各地区具体制定，报国家计委审定。非政府项目则可由双方参考上述付费标准商定。一般在合同生效之日，委托方向承包方支付合同总费用的20％～30％作为定金，下余金额于合同期满后付清。委托方中止合同时无权要求承包方退还定金。

（7）违约金或损失赔偿条款。一般包括以下内容：承包方误期提交可行性研究报告时每天罚金数额，以及承包方所做可行性研究报告中的错误给委托人造成损失时损失赔偿的计算及支付。

（8）解决合同争议条款。

（9）可行性研究报告预审与复审规定等。

（10）名词和术语的解释。

下面列出《建设工程可行性研究合同》文本，读者供参考。

建设工程可行性研究合同

承包方：_____

地　址：_____

邮　编：_____

电　话：_____

法定代表人：_____

职　务：_____

经双方协商，由委托方委托承包方承担_____工程的可行性研究，特订立本合同。

第一条　委托方在合同签订之日起_____天以内，向承包方提供所有与研究工程有关的数据和资料，并对资料的准确性负责。

1. 提供数据、资料的内容如下：_____。

2. 在合同期内，委托方进行与本工程有关的讨论、询价、对外谈判、调研考察等所得的信息资料，应及时提供给承包方，必要时可吸收承包方参加本工程可行性研究的人员参加。

第二条　承包方应在_____年_____月_____日以前，向委托方提交本合同工程的可行性报告，并对此承担责任。可行性报告内容应包括：

1. 经济评价指标：1）投资内部收益率：_____；2）投资回收期：_____。

2. 贷款偿还能力分析：_____。

3. 外汇偿还能力分析：_____。

4. 盈亏平衡、灵敏度分析与风险评价：_____。

5. 结论：_____。承包方应向委托方提交可行性报告_____份。委托方如在合同期间对_____工程提出重大变更，甚至原始资料、数据有重大变动，有可能导致承包方对可行性报告作修改甚至返工时，须经双方协商，对本合同进行修改，或增加任务变更附件，或另订合同。

第三条　费用支付条款

1. 本工程的可行性研究费为人民币_____元整。于合同生效之日，委托方应向承包方付给上述金额的20％的定金。余下金额于合同期满时全部付清。

2. 委托方中止合同时，无权要求承包方退还定金。

3. 承包方不履行本合同规定的责任与义务时，应双倍偿还定金。

第四条　违约罚金

1. 承包方不按合同规定的日期提交可行性研究报告时，每延期一天，应扣除其所应得费用的____％，作为违约罚金。

2. 承包方提供的可行性研究报告中出现错误，且此等错误系承包方造成者，应扣除其所应得费用的10％～30％，视错误性质严重程度而定。

3. 因委托方责任造成的可行性研究重大修改，或返工重作，应另行增加费用，其数额由双方商定。

4. 委托方超过合同规定日期付费时，应偿付给承包方以逾期违约罚金，以每逾期一天按合同规定费用的____％计算。

第五条　本合同自签订之日起生效。合同中如有未尽事宜，由双方共同协商，作出修改或补充规定。修改或补充规定与本合同具有同等效力。

第六条　本合同正本一式二份，双方各执一份。合同副本一式____份，送____各一份备案。

委托方：_____（盖章）负责人：_____年____月____日

承包方：_____（盖章）负责人：_____年____月____日

二、建设工程勘察、设计合同

建设工程勘察、设计合同的签订,除依据委托方提供的资料、技术要求、取费标准和期限外,还应遵循《中华人民共和国合同法》和《建设工程勘察设计合同条例》的规定。此类合同具有以下的特征。

(1) 合同当事人必须是有民事权利能力和民事行为能力的特定法人资格的组织。例如,承包方必须拥有国家批准的勘察、设计许可证,以证实其有民事权利能力,民事行为能力则指承包方具有经有关部门核准的资质等级。某一资质等级的勘察、设计单位只能承接相应等级或投资限额的项目任务。如越级承包,则该合同为无效合同。

(2) 建设工程勘察、设计合同必须符合国家规定的基本建设管理程序。国家重大建设工程合同,应当按国家规定的程序和国家批准的投资计划、可行性研究报告等文件订立。国际上一般采用两种类型的设计合同。即单独的设计合同和在工程施工承包合同中增加设计条款,由承包商承担全部或部分设计任务,同时负责施工。前者多适用于大型工程,由业主与咨询单位和施工单位分别签订设计合同和施工合同;后者多用于小型项目和私人项目。除当事人双方,术语定义与解释等一般条款外,勘察设计合同应包括以下内容。

1) 建设工程名称、规模、投资额和建设地点。

2) 委托方应提供的资料、技术要求与提供期限。

3) 承包方勘察工作范围、工作进度及质量要求。对于设计合同,则应明确规定设计的阶段、进度、质量要求、技术经济指标、设计规范、设计文件内容及份数、是否制作模型、图纸及文件的寄送与交付以及其使用权和所有权。

4) 勘察、设计取费的标准及支付条款,包括:合同价计算方法与支付方式,定金的数额和支付时间(勘察合同的定金一般为合同价的30%,设计合同的定金一般为合同价的20%),用多种货币支付合同款时各种货币的支付比例,汇兑银行和兑换汇率,税金及调价条款等。

5) 有关不可抗力事件的规定。

6) 设计的修改和中止的有关规定,一般包括:

• 设计文件经有关部门批准后不得任意修改。如果必须修改,也必须经有关部门批准,其批准权限视修改内容所涉及的范围而定。设计任务书和初步设计的内容修改需各经原批准单位批准。施工图设计的修改须经设计单位同意。

• 委托方要求修改工程设计,经承包方同意后,除设计文件提交时间另定外,委托方还应按承包方修改设计的实际工作量增付设计费。

• 委托方因故要求中途停止设计时,应及时通知承包方。已付的设计费不退还,并按该阶段实际所耗工时,增付和结清合同费用,以结束合同关系。

7) 适用法律。合同应规定甲、乙双方应遵守的工程所在国的勘察(设计)有关法律、法令或法规,以及当地或相应的合法当局所颁发的条例和规程。

8) 委托方的违约责任主要有:

• 委托方如不履行合同规定,无权请求退还定金。

• 由于委托方原因而造成勘察、设计工作的返工、停工、窝工或修改设计时,委托方应按承包方实际消耗的工作量增付费用。因委托方责任而造成重大返工或重做设计时,应另增加合同费用。

- 勘察、设计的成果按期、按质、按量提交后，委托方应按合同规定，按期、按量支付合同费用。委托方付款时间超过合同规定日期时，应偿付逾期违约金。

9) 承包方的违约责任主要有：

- 因承包方提交成果质量低劣导致返工或提交成果日期拖延造成损失者，除由承包方进一步改善外，还应根据所造成的损失的大小，减少合同费用。
- 因勘察、设计错误而造成工程重大质量事故者，承包方除扣除受损失部分的勘察、设计费外，还应支付赔偿金。
- 如承包方不履行合同，应双倍返还定金。

10) 合同争议的处理。

11) 有关合同语言、合同保密范围及合同生效和失效等条款。下面列出《建筑安装工程设计合同》和《建设工程勘察合同（示范文本）》文本，读者供参考。

建筑安装工程设计合同

订立合同双方：

建设单位：_____，以下简称甲方；

设计单位：_____，以下简称乙方。

为了明确责任，分工协作，共同完成国家建设项目的设计任务，根据《建设工程勘察设计合同条例》的规定和_____批准的计划任务书，经甲乙双方充分协商，特签订本合同，以便共同遵守。

一、工程名称，规模，投资额，建设地点

甲方委托乙方承担_____工程的设计项目，建筑安装面积为_____平方米，批准总投资为____万元，建设地点在_____

二、甲方的义务

1. 甲方应在二零____年____月____日以前，向乙方提交业经上级批准的设计任务书，工程选址报告，以及原料（或经过批准的资源报告）、燃料、水、电、运输等方面的协议文件和能满足初步设计要求的勘察资料，需要经过科研取得的技术资料。甲方在二零____年____月____日施工图设计前，应提供经过批准的初步设计文件和能满足施工图设计要求的勘察资料，施工的条件，以及有关设备的技术资料。甲方对上述资料必须保证质量，不得随意变更。

2. 及时办理各设计阶段的设计文件审批工作。

3. 在工程开工前，甲方应组织有关施工单位，与乙方进行设计技术交底；工程竣工后，甲方应通知乙方参加竣工验收。

4. 在设计人员进入施工现场进行工作时，甲方应提供必要的工作条件，并在生活上予以方便。在设计和施工过程中因技术上的特殊需要进行试制试验，所需一切费用以及为配合甲方到外地的差旅费均由甲方负责。

5. 甲方必须维护乙方的设计文件，不得擅自修改；未经乙方同意，甲方不得复制，重复使用或擅自扩大建设范围。甲方有义务保护乙方的设计版权，不得转让给第三方重复使用。

三、乙方的义务

1. 乙方必须在二零____年____月____日以前，向甲方交付初步设计文件；在二零____年____月____日以前，向甲方交付技术设计文件；在二零____年____月____日以前，向甲方交付施工图设计文件。其中，初步设计文件一式_____份，技术设计文件一式_____份，施工图设计文件一式_____份，甲方另需增添文件份数和需要模型费，另行收费。二零____年____月____日以前，乙方必须向甲方提交完毕所有设计文件（包括概预算文件、材料设备清单）。

大型建筑安装工程，甲乙双方可视具体情况分阶段进行设计，在具备设计条件时，双方签订阶段设计合同，具体规定甲方应提交各阶段设计资料的名称和日期，乙方交付设计文件的日期，作为本合同的附件，详见附件（2）。

2. 乙方必须根据批准的设计任务书或上一阶段设计的批准文件，以及有关设计技术经济协议文件、设计标准、技术规范、规程、定额等提出勘察技术要求和进行设计，提交符合质量的设计文件。

3. 初步设计经上级主管部门审查后，在原定任务书范围内的必要修改，乙方应负责承担。

4. 设计单位对所承担设计任务的建设项目应配合施工单位进行施工前技术交底，解决施工中的有关设计问题，负责设计变更和修改预算，参加隐蔽工程验收和工程竣工验收。

四、设计的修改和停止

1. 甲方因故要求修改工程的设计，经乙方同意后，除设计文件交付时间另定外，甲方应按乙方实际返工修改工日，每工日按____元增付设计费，或按设计阶段中返工的工作量百分比计算。

2. 原定任务书如有重大变更而重做或修改设计时，须具有设计审批机关或设计任务书批准机关的意见书，经双方协商，另订合同。已经进行了的设计费用的支付，按前条办法计算。

3. 甲方因故要求中途停止设计时，应及时用书面通知乙方，已付设计费不退，并按该阶段的实际耗工日，增付和结清设计费，同时结束合同关系。

五、设计费的数量和交付办法

本设计合同生效后____天内，甲方应向乙方交付相当于设计费的20％的定金，设计合同履行后，定金抵作设计费；乙方向甲方提交初步设计方案后____天内，甲方应向乙方支付____％的设计费；乙方向甲方提交施工图文件后____天内，甲方应向乙方结清全部设计费（设计周期较长的大型工程项目，施工图阶段的设计费，可按单项工程设计完成后分别拨付）。

六、奖励与违约责任

1. 在合理的工程投资控制数内，由于乙方采用先进技术或合理建议而节省了工程投资，可以从节约投资额中提取____％奖励乙方。

2. 由于甲方不能按期、准确提供有关设计资料，致使乙方无法进行设计或造成设计返工，乙方除可将设计文件交付日期顺延外，还应由甲方按乙方实际损失工日，以每日____元计算增付设计费。

3. 甲方不按照合同规定的时间向乙方支付定金和设计费，应根据银行关于延期付款的规定，向乙方偿付违约金。

4. 由于乙方的原因，延误设计文件的交付时间，每延误____天，乙方应向甲方偿付相当于设计费的____%的违约金（甲方可在设计费中扣除）。

5. 因乙方设计质量低劣引起返工，应由乙方继续完善设计任务，并视造成的损失浪费大小减收或免收设计费。对于因乙方设计错误造成工程重大质量事故者，乙方除免收受损失部分的设计费外，还应付与直接受损失部分设计费相等的赔偿金。

七、其他_____。

本合同自二零____年____月____日双方签字后生效，全部设计任务完成后失效。本合同如有未尽事宜，需经双方共同协商，作出补充协定。补充协定与本合同具有同等效力，但不得与本合同内容抵触。

在合同执行中如发生纠纷，双方应及时协商解决。协商不成时，双方属于同一部门的，由上级主管部门调解；调解不成，或不属于同一部门的，可向国家规定的合同管理机关申请仲裁，也可以直接向人民法院起诉。

本合同正本一式二份，甲乙双方各执一份；合同副本一式____份，送计委、建委、建行等单位各留存一份。

建设单位（甲方）：　　　　　设计单位（乙方）：
代表人：　　　　　　　　　　代表人：
联系人：　　　　　　　　　　联系人：
通信处：　　　　　　　　　　通信处：
电话或电报：　　　　　　　　电话或电报：
开户银行：　　　　　　　　　开户银行：
账号：　　　　　　　　　　　账号：

二零____年____月____日签订

建设工程勘察合同（示范文本）

［岩土工程勘察、水文地质勘察（含凿井）、工程测量、工程物探］

工程名称：_____

工程地点：_____

合同编号：_____

（由勘察人编填）

勘察证书等级：_____

发包人：_____

勘察人：_____

签订日期：_____

中华人民共和国建设部　　监制
国家工商行政管理局
二〇〇〇年三月

发包人：＿＿＿＿＿＿＿＿＿＿＿＿＿＿＿＿＿＿＿＿＿＿＿＿＿＿＿＿＿＿＿
勘察人：＿＿＿＿＿＿＿＿＿＿＿＿＿＿＿＿＿＿＿＿＿＿＿＿＿＿＿＿＿＿＿
发包人委托勘察人承担＿＿＿＿＿＿＿＿＿＿＿＿＿＿＿＿＿＿＿＿＿＿＿＿
＿＿＿＿＿＿＿＿＿＿＿＿＿＿＿＿＿＿＿＿＿＿＿＿＿＿＿＿＿＿＿＿任务。

根据《中华人民共和国合同法》及国家有关法规规定，结合本工程的具体情况，为明确责任，协作配合，确保工程勘察质量，经发包人、勘察人协商一致，签订本合同，共同遵守。

第一条 工程概况。
1.1　工程名称：＿＿＿＿＿＿＿＿＿＿＿＿＿＿＿＿＿＿＿＿＿＿＿＿
1.2　工程建设地点：＿＿＿＿＿＿＿＿＿＿＿＿＿＿＿＿＿＿＿＿＿＿
1.3　工程规模、特征：＿＿＿＿＿＿＿＿＿＿＿＿＿＿＿＿＿＿＿＿＿
1.4　工程勘察任务委托文号、日期：＿＿＿＿＿＿＿＿＿＿＿＿＿＿＿
1.5　工程勘察任务（内容）与技术要求：＿＿＿＿＿＿＿＿＿＿＿＿
1.6　承接方式：＿＿＿＿＿＿＿＿＿＿＿＿＿＿＿＿＿＿＿＿＿＿＿＿
1.7　预计勘察工作量：＿＿＿＿＿＿＿＿＿＿＿＿＿＿＿＿＿＿＿＿＿

第二条 发包人应及时向勘察人提供下列文件资料，并对其准确性、可靠性负责。
2.1　提供本工程批准文件（复印件），以及用地（附红线范围）、施工、勘察许可等批件（复印件）。
2.2　提供工程勘察任务委托书、技术要求和工作范围的地形图、建筑总平面布置图。
2.3　提供勘察工作范围已有的技术资料及工程所需的坐标与标高资料。
2.4　提供勘察工作范围地下已有埋藏物的资料（如电力、电信电缆、各种管道、人防设施、洞室等）及具体位置分布图。
2.5　发包人不能提供上述资料，由勘察人收集的，发包人需向勘察人支付相应费用。

第三条 勘察人向发包人提交勘察成果资料并对其质量负责。
勘察人负责向发包人提交勘察成果资料四份，发包人要求增加的份数另行收费。

第四条 开工及提交勘察成果资料的时间和收费标准及付费方式。
4.1　开工及提交勘察成果资料的时间
4.1.1　本工程的勘察工作定于＿＿＿年＿＿＿月＿＿＿日开工，＿＿＿年＿＿＿月＿＿＿日提交勘察成果资料，由于发包人或勘察人的原因未能按期开工或提交成果资料时，按本合同第六条规定办理。
4.1.2　勘察工作有效期限以发包人下达的开工通知书或合同规定的时间为准，如遇特殊情况（设计变更，工作量变化，不可抗力影响以及非勘察人原因造成的停、窝工等）时，工期顺延。
4.2　收费标准及付费方式
4.2.1　本工程勘察按国家规定的现行收费标准＿＿＿＿＿＿＿＿＿＿计取费用；或

以"预算包干"、"中标价加签证"、"实际完成工作量结算"等方式计取收费。国家规定的收费标准中没有规定的收费项目,由发包人、勘察人另行议定。

4.2.2 本工程勘察费预算为_____元(大写_____),合同生效后3天内,发包人应向勘察人支付预算勘察费的20%作为定金,计_____元(本合同履行后,定金抵作勘察费);勘察规模大、工期长的大型勘察工程,发包人还应按实际完成工程进度_____%时,向勘察人支付预算勘察费的_____%的工程进度款,计_____元;勘察工作外业结束后____天内,发包人向勘察人支付预算勘察费的_____%,计_____元;提交勘察成果资料后10天内,发包人应一次付清全部工程费用。

第五条 发包人、勘察人责任。

5.1 发包人责任

5.1.1 发包人委托任务时,必须以书面形式向勘察人明确勘察任务及技术要求,并按第二条规定提供文件资料。

5.1.2 在勘察工作范围内,没有资料、图纸的地区(段),发包人应负责查清地下埋藏物,若因未提供上述资料、图纸,或提供的资料图纸不可靠、地下埋藏物不清,致使勘察人在勘察工作过程中发生人身伤害或造成经济损失时,由发包人承担民事责任。

5.1.3 发包人应及时为勘察人提供并解决勘察现场的工作条件和出现的问题(如:落实土地征用、青苗树木赔偿、拆除地上地下障碍物、处理施工扰民及影响施工正常进行的有关问题、平整施工现场、修好通行道路、接通电源水源、挖好排水沟渠以及水上作业用船等),并承担其费用。

5.1.4 若勘察现场需要看守,特别是在有毒、有害等危险现场作业时,发包人应派人负责安全保卫工作,按国家有关规定,对从事危险作业的现场人员进行保健防护,并承担费用。

5.1.5 工程勘察前,若发包人负责提供材料的,应根据勘察人提出的工程用料计划,按时提供各种材料及其产品合格证明,关承担费用和运到现场,派人与勘察人的人员一起验收。

5.1.6 勘察过程中的任何变更,经办理正式变更手续后,发包人应按实际发生的工作量支付勘察费。

5.1.7 为勘察人的工作人员提供必要的生产、生活条件,并承担费用;如不能提供时,应一次性付给勘察人临时设施费_____元。

5.1.8 由于发包人原因造成勘察人停、窝工,除工期顺延外,发包人应支付停、窝工费(计算方法见6.1);发包人若要求在合同规定时间内提前完工(或提交勘察成果资料)时,发包人应按每提前一天向勘察人支付_____元计算加班费。

5.1.9 发包人应保护勘察人的投标书、勘察方案、报告书、文件、资料图纸、数据、特殊工艺(方法)、专利技术和合理化建议,未经勘察人同意,发包人不得复制、不得泄露、不得擅自修改、传送或向第三人转让或用于本合同外的项目;如发生上述情况,发包人应负法律责任,勘察人有权索赔。

5.1.10 本合同有关条款规定和补充协议中发包人应负的其他责任。

5.2 勘察人责任

5.2.1 勘察人应按国家技术规范、标准、规程和发包人的任务委托书及技术要求进行工程勘察，按本合同规定的时间提交质量合格的勘察成果资料，并对其负责。

5.2.2 由于勘察人提供的勘察成果资料质量不合格，勘察人应负责无偿给予补充完善使其达到质量合格；若勘察人无力补充完善，需另委托其他单位时，勘察人应承担全部勘察费用；或因勘察质量造成重大经济损失或工程事故时，勘察人除应负法律责任和免收直接受损失部分的勘察费外，并根据损失程度向发包人支付赔偿金，赔偿金由发包人、勘察人商定为实际损失的_____％。

5.2.3 在工程勘察前，提出勘察纲要或勘察组织设计，派人与发包人的人员一起验收发包人提供的材料。

5.2.4 勘察过程中，根据工程的岩土工程条件（或工作现场地形地貌、地质和水文地质条件）及技术规范要求，向发包人提出增减工作量或修改勘察工作的意见，并办理正式变更手续。

5.2.5 在现场工作的勘察人的人员，应遵守发包人的安全保卫及其他有关的规章制度，承担其有关资料保密义务。

5.2.6 本合同有关条款规定和补充协议中勘察人应负的其他责任。

第六条 违约责任。

6.1 由于发包人未给勘察人提供必要的工作生活条件而造成停、窝工或来回进出场地，发包人除应付给勘察人停、窝工费（金额按预算的平均工日产值计算），工期按实际工日顺延外，还应付给勘察人来回进出场费和调遣费。

6.2 由于勘察人原因造成勘察成果资料质量不合格，不能满足技术要求时，其返工勘察费用由勘察人承担。

6.3 合同履行期间，由于工程停建而终止合同或发包人要求解除合同时，勘察人未进行勘察工作的，不退还发包人已付定金；已进行勘察工作的，完成的工作量在50％以内时，发包人应向勘察人支付预算额50％的勘察费计_____元；完成的工作量超过50％时，则应向勘察人支付预算额100％的勘察费。

6.4 发包人未按合同规定时间（日期）拨付勘察费，每超过一日，应偿付未支付勘察费的千分之一逾期违约金。

6.5 由于勘察人原因未按合同规定时间（日期）提交勘察成果资料，每超过一日，应减收勘察费千分之一。

6.6 本合同签订后，发包人不履行合同时，无权要求返还定金；勘察人不履行合同时，双倍返还定金。

第七条 本合同未尽事宜，经发包人与勘察人协商一致，签订补充协议，补充协议与本合同具有同等效力。

第八条 其他约定事项：_____

第九条 本合同发生争议，发包人、勘察人应及时协商解决，也可由当地建设行政主管部门调解，协商或调解不成时，发包人、勘察人同意由_____仲裁委员会仲裁。发包人、勘察人未在本合同中约定仲裁机构，事后又未达成书面仲裁协议的，可向人民法院起诉。

第十条 本合同自发包人、勘察人签字盖章后生效；按规定到省级建设行政主管部门规定的审查部门备案；发包人、勘察人认为必要时，到项目所在地工商行政管理部门申请鉴证。发包人、勘察人履行完合同规定的义务后，本合同终止。

本合同一式____份，发包人____份、勘察人____份。

发包人名称：	勘察人名称：
（盖章）	（盖章）
法定代表人：（签字）	法定代表人：（签字）
委托代理人：（签字）	委托代理人：（签字）
住所：	住所：
邮政编码：	邮政编码：
电话：	电话：
传真：	传真：
开户银行：	开户银行：
银行账号：	银行账号：
建设行政主管部门备案：	鉴证意见：
（盖章）	（盖章）
备案号：	经办人：
备案日期： 年 月 日	
鉴证日期： 年 月 日	

三、建设工程监理合同

从 1988 年以来，我国开始建立和推行建设工程监理制度，取得了良好的效果，提高了工程项目管理的水平，并有利于与国际建筑承包市场的接轨。《中华人民共和国合同法》第二百七十六条规定："建设过程实行监理的，发包人应当与监理人采用书面形式订立委托监理合同。发包人与监理人的权利和义务以及法律责任，应当依照本法委托合同（第二十一章）以及其他有关法律、行政法规的规定。"

建设工程监理合同的主体包括建设单位（业主）和监理单位。监理单位是指取得监理资质证书，具有法人资格的监理公司、监理事务所和兼营监理业务的工程设计、科研及工程建设咨询的单位。建设部 1990 年 11 月 12 日发布的《关于开展建设监理试点工作的若干意见》中规定："建设监理单位取得监理业务，可由建设单位指名委托或投标竞争择优委托，也可经商议委托"。目前通过投标竞争择优委托是主要的方式。根据合同的标的和内容，监理合同可分为 3 种。

（1）建设前期监理合同。在此类监理合同中，监理单位（或称咨询单位）的主要任务是编制建设项目的可行性研究和参与项目任务书的编制。

（2）设计监理合同。在此类监理合同中，监理单位的主要任务是：审查或评选设计方案，根据评选结果向业主提出关于选择勘察、设计单位的意见，参与勘察设计合同的谈判与签订并监督其实施，代编或代审预算或概算等。

（3）施工监理合同。在此类监理合同中，监理单位的主要任务是：审查工程施工方案和施工进度计划，监督施工单位严格按合同、规范、标准施工，审查工程变更，工程资金、质量和进度的控制，施工安全防护设施的检查，对原材料、设备、构配件的检查和验收，核定已完成工程的质量和数量，对已完成的工程进行验收和签发付款凭证，审查竣工结算和最终决算价款，处理合同纠纷和索赔，处理质量事故，发布竣工报告，合同文件和技术档案的整理。有时这类合同还包括工程施工的招标直至定标和商签合同，但也可单独订立招标监理合同。

我国建设部和国家工商行政管理局1995年10月9日颁发的《工程建设监理合同》示范文本（GF—95—0202）由工程建设监理合同、工程建设监理合同标准条件和工程建设监理合同专用条件三部分组成。工程建设监理合同标准条件共46条，包括11个部分：①词语定义、适用语言和法规；②监理单位的义务；③业主的义务；④监理单位的权利；⑤业主的权利；⑥监理单位的责任；⑦业主的责任；⑧合同生效、变更与终止；⑨监理酬金；⑩争议的解决；⑪其他。《工程建设监理合同标准条件》文本如下，供读者参考。

工程建设监理合同标准条件

第一条 下列名词和用语，除上下文另有规定外，具有如下含义：
（1）"工程"是指业主委托实施监理的工程。
（2）"业主"是指承担直接责任的、委托监理业务的一方，以及其合法继承人。
（3）"监理单位"是指承担监理业务和监理责任的一方，以及其合法继承人。
（4）"监理机构"是指监理单位派驻本工程现场实施监理业务的组织。
（5）"第三方"是指除业主、监理单位以外与工程建设有关的当事人。
（6）"工程建设监理"包括正常的监理工作、附加工作和额外工作。
（7）"日"是指任何一个午夜至下一个午夜间的时间段。
（8）"月"是根据公历从一个月份中任何一天开始到下一个月相应日期的前一天的时间段。

第二条 工程建设监理合同适用的法规是国家的法律、行政法规，以及专用条件中议定的部门规章或工程所在地的地方法规、地方规章。

第三条 监理合同的书写、解释和说明，以汉语为主导语言。当不同语言文本发生不同解释时，以汉语合同文本为准。

监理单位的义务

第四条 向业主报送委派的总监理工程师及其监理机构主要成员名单、监理规划，完成监理合同专用条件中约定的监理工程范围内的监理业务。

第五条 监理机构在履行本合同的义务期间，应运用合理的技能，为业主提供与其监理机构水平相适应的咨询意见，认真、勤奋地工作。帮助业主实现合同预定的目标，公正地维护各方的合法权益。

第六条 监理机构使用业主提供的设施和物品属于业主的财产。在监理工作完成或中止时，应将其设施和剩余的物品库存清单提交给业主，并按合同约定的时间和方式移交此类设施和物品。

第七条 在本合同期内或合同终止后，未征得有关方同意，不得泄露与本工程、本合同业务活动有关的保密资料。

业主的义务

第八条　业主应当负责工程建设的所有外部关系的协调，为监理工作提供外部条件。

第九条　第九条业主应当在双方约定的时间内免费向监理机构提供与工程有关的为监理机构所需要的工程资料。

第十条　业主应当在约定的时间内就监理单位书面提交并要求作出决定的一切事宜作出书面决定。

第十一条　业主应当授权一名熟悉本工程情况、能迅速作出决定的常驻代表，负责与监理单位联系。更换常驻代表，要提前通知监理单位。

第十二条　业主应当将授予监理单位的监理权利，以及监理机构主要成员的职能分工，及时书面通知已选定的第三方，并在与第三方签订的合同中予以明确。

第十三条　业主应为监理机构提供如下协助：

(1) 获取本工程使用的原材料、构配件、机械设备等生产厂家名录。

(2) 提供与本工程有关的协作单位、配合单位的名录。

第十四条　业主免费向监理机构提供合同专用条件约定的设施，对监理单位自备的给予合理的经济补偿。

第十五条　如果双方约定，由业主免费向监理机构提供职员和服务人员，则应在监理合同专用条件中增加与此相应的条款。

监理单位的权利

第十六条　业主在委托的工程范围内，授予监理单位以下监理权利：

(1) 选择工程总设计单位和施工总承包单位的建议权。

(2) 选择发包设计单位和施工分包单位的确认权与否定权。

(3) 工程建设有关事项包括工程规模、设计标准、规划设计、生产工艺设计和使用功能要求，向业主的建议权。

(4) 工程结构设计和其他专业设计中的技术问题，按照安全和优化的原则，自主向设计单位提出建议，并向业主提出书面报告；如果由于拟提出的建议会提高工程造价，或延长工期，应当事先取得业主的同意。

(5) 工程施工组织设计和技术方案，按照保质量、保工期和降低成本的原则，自主向承建商提出建议，并向业主提出书面报告；如果由于拟提出的建议会提高工程造价、延长工期，应当事先取得业主的同意。

(6) 工程建设有关的协作单位的组织协调的主持权，重要协调事项应当事先向业主报告。

(7) 报经业主同意后，发布开工令、停工令、复工令。

(8) 工程上使用的材料和施工质量的检验权。对于不符合设计要求及国家质量标准的材料设备，有权通知承建商停止使用；不符合规范和质量标准的工序、分项分部工程和不安全的施工作业，有权通知承建商停工整改、返工。承建商取得监理机构复工令后才能复工。发布停、复工令应当事先向业主报告，如在紧急情况下未能事先报告时，则应在24

小时内向业主作出书面报告。

(9) 工程施工进度的检查、监督权,以及工程实际竣工日期提前或超过工程承包合同规定的竣工期限的签订权。

(10) 在工程承包合同约定的工程价格范围内,工程款支付的审核和签认权,以及结算工程款的复核确认权与否定权,未经监理机构签字确认,业主不支付工程款。

第十七条 监理机构在业主授权下,可对任何第三方合同规定的义务提出变更。如果由此严重影响了工程费用,或质量、进度,则这种变更须经业主事先批准。在紧急情况下未能事先报业主批准时,监理机构所作的变更也应尽快通知业主。在监理过程中如发现承建商工作不力,监理机构可提出调换有关人员的建议。

第十八条 在委托的工程范围内,业主或第三方对对方的任何意见和要求(包括索赔要求),均必须首先向监理机构提出,由监理机构研究处置意见,再同双方协商确定。当业主和第三方发生争议时,监理机构应根据自己的职能,以独立的身份判断,公正地进行调解。当其双方的争议由政府建议行政主管部门或仲裁机关进行调解和仲裁时,应当提供作证的事实材料。

业 主 的 权 利

第十九条 业主有选定工程总设计单位和总承包单位,以及与其订立合同的签订权。

第二十条 业主有对工程规模、设计标准、规划设计、生产工艺设计和设计使用功能要求的认定权,以及对工程设计变更的审批权。

第二十一条 监理单位调换总监理工程师须经业主同意。

第二十二条 业主有权要求监理机构提交监理工作月度报告及监理业务范围内的专项报告。

第二十三条 业主有权要求监理单位更换不称职的监理人员,直到终止合同。

监 理 单 位 的 责 任

第二十四条 监理单位的责任期即监理合同有效期。在监理过程中,如果因工程建设进度的推迟或延误而超过约定的日期,双方应进一步约定相应延长的合同期。

第二十五条 监理单位在责任期内,应当履行监理合同中约定的义务。如果因监理单位过失而造成了经济损失,应当向业主进行赔偿。累计赔偿总额不应超过监理酬金总数(除去税金)。

第二十六条 监理单位对第三方违反合同规定的质量要求和完工(交图、交货)时限,不承担责任。

因不可抗力导致监理合同不能全部或部分履行,监理单位不承担责任。

第二十七条 监理单位向业主提出赔偿要求不能成立时,监理单位应当补偿由于该索赔所导致业主的各种费用支出。

业 主 的 责 任

第二十八条 业主应当履行监理合同约定的义务,如有违反则应当承担违约责任,赔偿给监理单位造成的经济损失。

第二十九条 业主如果向监理单位提出的赔偿要求不能成立，则应当补偿由该索赔所引起的监理单位的各种费用支出。

<h3 style="text-align:center">合同生效、变更与终止</h3>

第三十条 本合同自签字之日起生效。

第三十一条 由于业主或第三方的原因使监理工作受到阻碍或延误，以致增加了工作量或持续时间，则监理单位应当将此情况与可能产生的影响及时通知业主。由此增加的工作量视为附加工作，完成监理业务的时间应当相应延长，并得到额外的酬金。

第三十二条 在监理合同签订后，实际情况发生变化，使得监理单位不能全部或部分执行监理业务时，监理单位应当立即通知业主。该监理业务的完成时间应予延长。当恢复执行监理业务时，应当增加不超过42天的时间用于恢复执行监理业务。并按双方约定的数量支付监理酬金。

第三十三条 业主如果要求监理单位全部或部分暂停执行监理业务或终止监理合同，则应当在56天前通知监理单位，监理单位应当立即安排停止执行监理业务。

当业主认为监理单位无正当理由而又未履行监理义务时，可向监理单位发出指明其未履行义务的通知。若业主发出通知后21天内没收到答复，可在第一个通知发出后35天内发出终止监理合同的通知，监理合同即行终止。

第三十四条 监理单位在应当获得监理酬金之日起30天内仍未收到支付单据，而业主又未对监理单位提出任何书面意见时，或根据第三十二条或第三十三条已暂停执行监理业务时限超过半年时，监理单位可向业主发出终止合同的通知。如果终止监理合同的通知发出后14天内未得到业主答复，可进一步发出终止合同的通知，如果第二次通知发出后42天内仍未得到业主答复，可终止合同，或自行暂停或继续暂停执行全部或部分监理业务。

第三十五条 监理单位由于非自己的原因而暂停或终止执行监理业务，其善后工作以及恢复执行监理业务的工作，应当视为额外工作，有权得到额外的时间和酬金。

第三十六条 合同的协议终止并不影响各方应有的权利和应当承担的责任。

<h3 style="text-align:center">监 理 酬 金</h3>

第三十七条 正常的监理业务、附加工作和额外工作的酬金，按照监理合同专用条件约定的方法计取，并按约定的时间和数额支付。

第三十八条 如果业主在规定的支付期限内未支付监理酬金，自规定支付之日起，应当向监理单位补偿应支付的酬金利息。利息额按规定支付期限最后一日银行贷款利息率乘以拖欠酬金时间计算。

第三十九条 支付监理酬金所采用的货币币种、汇率由合同专用条件约定。

第四十条 如果业主对监理单位提交的支付通知书中酬金或部分酬金项目提出异议，应当在收到支付通知书24小时内对监理单位发出异议的通知，但业主不得拖延其他无异议酬金项目的支付。

其 他

第四十一条 委托的工程建设监理所必要的监理人员出外考察,经业主同意其所需费用随时向业主实报实销。

第四十二条 监理单位如需另聘专家咨询或协助,在监理业务范围内其费用由监理单位承担,监理业务范围以外,其费用由业主承担。

第四十三条 监理机构在监理工作中提出的合理化建议,使业主得到了经济效益,业主给予适当的物质奖励。

第四十四条 未经对方的书面同意,无论业主或监理单位均不得转让本合同约定的权利和义务。

第四十五条 除业主书面同意外,监理单位及职员不应接受监理合同约定以外的与监理工程项目有关的报酬。

监理单位不得参与可能与合同规定的与业主的利益相冲突的任何活动。

争 议 的 解 决

第四十六条 因违反或终止合同而引起的损失和损害的赔偿,业主与监理单位之间应当协商解决,如未能达成一致,可提交主管部门协调,仍不能达成一致时,双方选择:

1. 仲裁由____仲裁委员会仲裁;
2. 诉讼由____人民法院管辖。

工程建设监理合同专用条件

第一条 本合同适用的法规及监理依据:

第四条 监理业务:

第八条 外部条件包括:

第九条 双方约定的业主应提供的工程资料及提供时间:

第十条 业主应在____天内对监理单位书面提交并要求作出决定的事宜作出书面答复。

第十四条 业主免费向监理机构提供如下设施:

监理单位自备的,业主给予经济补偿的设施如下:

第十五条 在监理期间,业主免费向监理机构提供____名职员,由总监理工程师安排其工作,并免费提供____名服务人员。

第二十五条 监理单位在责任期内如果失职,同意按以下办法承担责任,赔偿损失:

$$赔偿金=直接经济损失×酬金比率(扣除税金)$$

第三十七条 业主同意按以下的计算方法、支付时间与金额,支付监理单位的酬金:

业主同意按以下计算方法、支付时间与金额,支付附加工作酬金:

业主同意以下计算方法、支付时间与金额,支付额外工作酬金:

第三十九条 双方同意用____支付酬金,按____汇率计付。

第四十三条 奖励办法:

第四十六条 工程建设监理合同在履行过程中发生争议时，业主与监理单位应及时协商解决。协商不成时，双方同意按（ ）项解决：

1. 由____仲裁委员会仲裁。
2. 向____人民法院起诉。

工程建设监理合同专用条件是根据每个工程的特点、施工条件和社会环境，由业主和监理单位商定后编写的，专用条件是对标准条件的具体化、修订、补充乃至增删，它必须与标准条件结合使用，且二者条款编号相互对应。

国际上应用较为广泛的一种标准监理合同是国际咨询工程师联合会（以下简称FIDIC）编制的《业主与咨询工程师标准服务协议书及合同条件》，世界银行贷款项目也采用这种标准合同。FIDIC监理合同由协议书、标准条件和特殊应用条件三部分组成。我国在1995年以前编制的地方性监理合同主要是参照FIDIC监理合同编写的。限于篇幅，对这两种合同，读者可参看所附有关文献，不再赘述。

四、建设工程施工合同（示范文本）

根据有关工程建设施工的法律、法规，结合我国工程建设施工的实际情况，并借鉴了国际上广泛使用的土木工程施工合同（特别是FIDIC土木工程施工合同条件），国家建设部和国家工商行政管理局1999年12月24日发布了《建设工程施工合同（示范文本）》（以下简称《施工合同示范文本》）。《施工合同示范文本》是对国家建设部、国家工商行政管理局1991年3月31日发布的《建设工程施工合同示范文本》的改进，是各类公用建筑、民用住宅、工业厂房、交通及线路管理设施的施工和设备安装的样本。

《施工合同示范文本》由《协议书》《通用条款》《专用条款》三部分组成，并附有三个附件：附件一是《承包人承揽工程项目一览表》、附件二是《发包人供应材料设备一览表》、附件三是《工程质量保修书》。应当指出，《施工合同示范文本》适用于国内采用最多的"总承包"方式的施工合同。

（1）《协议书》是《施工合同示范文本》中总纲性的文件。虽然其文字量并不大，但它规定了合同当事人双方最主要的权利义务，规定了组成合同的文件及合同当事人对履行合同义务的承诺，并且合同当事人在这份文件上签字盖章，因此具有很高的法律效力。《协议书》的内容包括工程概况、工程承包范围、合同工期、质量标准、合同价款、组成合同的文件等，见下示的协议书原文。

协 议 书

发包人（全称）：_____
承包人（全称）：_____
依照《中华人民共和国合同法》、《中华人民共和国建筑法》及其他有关法律、行政法规、遵循平等、自愿、公平和诚实信用的原则，双方就本建设工程施工项协商一致，订立本合同。

一、工程概况

工程名称：_____
工程地点：_____

工程内容：_____

群体工程应附承包人承揽工程项目一览表（附件1）工程立项批准文号：_____

资金来源：_____

二、工程承包范围

承包范围：_____

三、合同工期

开工日期：_____

竣工日期：_____

合同工期总日历天数_____天

四、质量标准

工程质量标准：_____

五、合同价款

金额（大写）：_____元（人民币）

¥：_____元

六、组成合同的文件

组成本合同的文件包括：

1. 本合同协议书

2. 中标通知书

3. 投标书及其附件

4. 本合同专用条款

5. 本合同通用条款

6. 标准、规范及有关技术文件

7. 图纸

8. 工程量清单

9. 工程报价单或预算书

双方有关工程的洽商、变更等书面协议或文件视为本合同的组成部分。

七、本协议书中有关词语含义本合同第二部分《通用条款》中分别赋予它们的定义相同

八、承包人向发包人承诺按照合同约定进行施工、竣工并在质量保修期内承担工程质量保修责任

九、发包人向承包人承诺按照合同约定的期限和方式支付合同价款及其他应当支付的款项

十、合同生效

合同订立时间：_____年_____月_____日

合同订立地点：_____

本合同双方约定_____后生效。

发包人：（公章）_____ 承包人：（公章）_____

住所：_____ 住所：_____

法定代表人：_____　　法定代表人：_____
委托代表人：_____　　委托代表人：_____
电　　话：_____　　电　　话：_____
传　　真：_____　　传　　真：_____
开户银行：_____　　开户银行：_____
账　　号：_____　　账　　号：_____
邮政编码：_____　　邮政编码：_____

(2)《通用条款》是根据《合同法》《建筑法》《建设工程施工合同管理办法》等法律、法规对承发包双方的权利义务作出的规定，除双方协商一致对其中的某些条款作了修改、补充或取消，双方都必须履行。它是将建设工程施工合同中共性的一些内容抽象出来编写的一份完整的合同文件。《通用条款》具有很强的通用性，基本适用于各类建设工程。《通用条款》共由十一部分 47 条组成。这十一部分内容是：

1）词语定义及合同文件。
2）双方一般权利和义务。
3）施工组织设计和工期。
4）质量与检验。
5）安全施工。
6）合同价款与支付。
7）材料设备供应。
8）工程变更。
9）竣工验收与结算。
10）违约、索赔和争议。
11）其他。

(3)《专用条款》。建设工程的内容各不相同，工期、造价也随之变动，承包、发包人各自的能力、施工现场的环境和条件也各不相同，《通用条款》不能完全适用于各个具体工程，因此配之以《专用条款》对其作必要的修改和补充，使《通用条款》和《专用条款》成为双方统一意愿的体现。《专用条款》的条款号与《通用条款》相一致，但主要是空格，由当事人根据工程的具体情况予以明确或者对《通用条款》进行修改和补充。

下文中介绍的《建设工程施工合同》（示范文本）中，居中的黑体字为《建设工程施工合同》（示范文本）的十一个部分，楷体汉字为条文内容，宋体汉字为本书对条文的补充说明。

一、词语定义及合同文件

1. 词语定义

下列词语除专用条款另有约定外，应具有本条所赋予的定义：

……（列有 23 个词语定义）

2. 合同文件及解释顺序

2.1　合同文件应能相互解释，互为说明。除专用条款另有约定外，组成本合同的文件及优先解释顺序如下：

(1) 本合同协议书

(2) 中标通知书

(3) 投标书及其附件

(4) 本合同专用条款

(5) 本合同通用条款

(6) 标准、规范及有关技术文件

(7) 图纸

(8) 工程量清单

(9) 工程报价单或预算书

合同履行中，发包人承包人有关工程的洽商、变更等书面协议或文件视为本合同的组成部分。

3. 语言文字和适用法律、标准及规范

3.1 语言文字

本合同文件使用汉语语言文字书写、解释和说明。如专用条款约定使用两种以上（含两种）语言文字时，汉语应为解释和说明本合同的标准语言文字。

在少数民族地区，双方可以约定使用少数民族语言文字书写和解释、说明本合同。

3.2 适用法律和法规

本合同文件适用国家的法律和行政法规。需要明示的法律、行政法规，由双方在专用条款中约定。

3.3 适用标准、规范

双方在专用条款内约定适用国家标准、规范的名称；没有国家标准、规范但有行业标准、规范的，约定适用行业标准、规范的名称；没有国家和行业标准、规范的，约定适用工程所在地地方标准、规范的名称。发包人应按专用条款约定的时间向承包人提供一式两份约定的标准、规范。

国内没有相应标准、规范的，由发包人按专用条款约定的时间向承包人提出施工技术要求，承包人按约定的时间和要求提出施工工艺，经发包人认可后执行。发包人要求使用国外标准、规范的，应负责提供中文译本。

本条所发生的购买、翻译标准、规范或制定施工工艺的费用，由发包人承担。

4. 图纸

4.1 发包人应按专用条款约定的日期和套数，向承包人提供图纸。承包人需要增加图纸套数的，发包人应代为复制，复制费用由承包人承担。发包人对工程有保密要求的，应在专用条款中提出保密要求，保密措施费用由发包人承担，承包人在约定保密期限内履行保密义务。

4.2 承包人未经发包人同意，不得将本工程图纸转给第三人。工程质量保修期满后，除承包人存档需要的图纸外，应将全部图纸退还给发包人。

4.3 承包人应在施工现场保留一套完整图纸，供工程师及有关人员进行工程检查时使用。

二、双方一般权利和义务

5. 工程师

5.1 实行工程监理的,发包人应在实施监理前将委托的监理单位名称、监理内容及监理权限以书面形式通知承包人。

5.2 监理单位委派的总监理工程师在本合同中称工程师,其姓名、职务、职权由发包人承包人在专用条款内写明。工程师按合同约定行使职权,发包人在专用条款内要求工程师在行使某些职权前需要征得发包人批准的,工程师应征得发包人批准。

5.3 发包人派驻施工场地履行合同的代表在本合同中也称工程师,其姓名、职务、职权由发包人在专用条款内写明,但职权不得与监理单位委派的总监理工程师职权相互交叉。双方职权发生交叉或不明确时,由发包人予以明确,并以书面形式通知承包人。

5.4 合同履行中,发生影响发包人承包人双方权利或义务的事件时,负责监理的工程师应依据合同在其职权范围内客观公正地进行处理。一方对工程师的处理有异议时,按本通用条款第37条关于争议的约定处理。

5.5 除合同内有明确约定或经发包人同意外,负责监理的工程师无权解除本合同约定的承包人的任何权利与义务。

5.6 不实行工程监理的,本合同中工程师专指发包人派驻施工场地履行合同的代表,其具体职权由发包人在专用条款内写明。

6. 工程师的委派和指令

6.1 工程师可委派工程师代表,行使合同约定的自己的职权,并可在认为必要时撤回委派。委派和撤回均应提前7天以书面形式通知承包人,负责监理的工程师还应将委派和撤回通知发包人。委派书和撤回通知作为本合同附件。

工程师代表在工程师授权范围内向承包人发出的任何书面形式的函件,与工程师发出的函件具有同等效力。承包人对工程师代表向其发出的任何书面形式的函件有疑问时,可将此函件提交工程师,工程师应进行确认。工程师代表发出指令有失误时,工程师应进行纠正。

除工程师或工程师代表外,发包人派驻工地的其他人员均无权向承包人发出任何指令。

6.2 工程师的指令、通知由其本人签字后,以书面形式交给项目经理,项目经理在回执上签署姓名和收到时间后生效。确有必要时,工程师可发出口头指令,并在48小时内给予书面确认,承包人对工程师的指令应予执行。工程师不能及时给予书面确认的,承包人应于工程师发出口头指令后7天内提出书面确认要求。工程师在承包人提出确认要求后48小时内不予答复的,视为口头指令已被确认。

承包人认为工程师指令不合理,应在收到指令后24小时内向工程师提出修改指令的书面报告,工程师在收到承包人报告后24小时内作出修改指令或继续执行原指令的决定,并以书面形式通知承包人。紧急情况下,工程师要求承包人立即执行的指令或承包人虽有异议,但工程师决定仍继续执行的指令,承包人应予执行。因指令错误发生的追加合同价款和给承包人造成的损失由发包人承担,延误的工期相应顺延。

本款规定同样适用于由工程师代表发出的指令、通知。

6.3 工程师应按合同约定,及时向承包人提供所需指令、批准并履行约定的其他义务。由于工程师未能按合同约定履行义务造成工期延误,发包人应承担延误造成的追加合同价款,并赔偿承包人有关损失,顺延延误的工期。

6.4 如需更换工程师,发包人应至少提前7天以书面形式通知承包人,后任继续行使合同文件约定的前任的职权,履行前任的义务。

7. 项目经理

7.1 项目经理的姓名、职务在专用条款内写明。

7.2 承包人依据合同发出的通知,以书面形式由项目经理签字后送交工程师,工程师在回执上签署姓名和收到时间后生效。

7.3 项目经理按发包人认可的施工组织设计(施工方案)和工程师依据合同发出的指令组织施工。在情况紧急且无法与工程师联系时,项目经理应当采取保证人员生命和工程财产安全的紧急措施,并在采取措施后48小时内向工程师提交报告。责任在发包人或第三人,由发包人承担由此发生的追加合同价款,相应顺延工期;责任在承包人,由承包人承担费用,不顺延工期。

7.4 承包人如需要更换项目经理,应至少提前7天以书面形式通知发包人,并征得发包人同意。后任继续行使合同文件约定的前任的职权,履行前任的义务。

7.5 发包人可以与承包人协商,建议更换其认为不称职的项目经理。

内地仍沿用"项目经理"一词,国际施工合同中称为"承包商(contractor)",而项目经理多指为发包人管理项目的人。

8. 发包人工作

8.1 发包人按专用条款约定的内容和时间完成以下工作:

(1)办理土地征用、拆迁补偿、平整施工场地等工作,使施工场地具备施工条件,在开工后继续负责解决以上事项遗留问题。

(2)将施工所需水、电、电信线路从施工场地外部接至专用条款约定地点,保证施工期间的需要。

(3)开通施工场地与城乡公共道路的通道,以及专用条款约定的施工场地内的主要道路,满足施工运输的需要,保证施工期间的畅通。

(4)向承包人提供施工场地的工程地质和地下管线资料,对资料的真实准确性负责。

(5)办理施工许可证及其他施工所需证件、批件和临时用地、停水、停电、中断道路交通、爆破作业等的申请批准手续(证明承包人自身资质的证件除外)。

(6)确定水准点与坐标控制点,以书面形式交给承包人,进行现场交验。

(7)组织承包人和设计单位进行图纸会审和设计交底。

(8)协调处理施工场地周围地下管线和邻近建筑物、构筑物(包括文物保护建筑)、古树名木的保护工作,承担有关费用。

(9)发包人应做的其他工作,双方在专用条款内约定。

8.2 发包人可以将8.1款部分工作委托承包人办理,双方在专用条款内约定,其费用由发包人承担。

8.3 发包人未能履行8.1款各项义务，导致工期延误或给承包人造成损失的，发包人赔偿承包人有关损失，顺延延误的工期。

国际施工合同中多称发包人为"雇主（employer）"。

9. 承包人工作

9.1 承包人按专用条款约定的内容和时间完成以下工作：

（1）根据发包人委托，在其设计资质等级和业务允许的范围内，完成施工图设计或与工程配套的设计，经工程师确认后使用，发包人承担由此发生的费用。

（2）向工程师提供年、季、月度工程进度计划及相应进度统计报表。

（3）根据工程需要，提供和维修非夜间施工使用的照明、围栏设施，负责安全保卫。

（4）按专用条款约定的数量和要求，向发包人提供施工场地办公和生活的房屋及设施，发包人承担由此发生的费用。

（5）遵守政府有关主管部门对施工场地交通、施工噪音以及环境保护和安全生产等的管理规定，按规定办理有关手续，并以书面形式通知发包人，发包人承担由此发生的费用，因承包人责任造成的罚款除外。

（6）已竣工工程未交付发包人之前，承包人按专用条款约定负责已完工程的保护工作，保护期间发生损坏，承包人自费予以修复；发包人要求承包人采取特殊措施保护的工程部位和相应的追加合同价款，双方在专用条款内约定。

（7）按专用条款约定做好施工场地地下管线和邻近建筑物、构筑物（包括文物保护建筑）、古树名木的保护工作。

（8）保证施工场地清洁符合环境卫生管理的有关规定，交工前清理现场达到专用条款约定的要求，承担因自身原因违反有关规定造成的损失和罚款。

（9）承包人应做的其他工作，双方在专用条款内约定。

9.2 承包人未能履行9.1款各项义务，造成发包人损失的，承包人赔偿发包人有关损失。

三、施工组织设计和工期

10. 进度计划

10.1 承包人应按专用条款约定的日期，将施工组织设计和工程进度计划提交修改意见，逾期不确认也不提出书面意见的，视为同意。

10.2 群体工程中单位工程分期进行施工的，承包人应按照发包人提供图纸及有关资料的时间，按单位工程编制进度计划，其具体内容双方在专用条款中约定。

10.3 承包人必须按工程师确认的进度计划组织施工，接受工程师对进度的检查、监督。工程实际进度与经确认的进度计划不符时，承包人应按工程师的要求提出改进措施，经工程师确认后执行。因承包人的原因导致实际进度与进度计划不符，承包人无权就改进措施提出追加合同价款。

11. 开工及延期开工

因发包人原因不能按照协议书约定的开工日期开工，工程师应以书面形式通知承包人，推迟开工日期。发包人赔偿承包人因延期开工造成的损失，并相应顺延工期。

12. 暂停施工

工程师认为确有必要暂停施工时,应当以书面形式要求承包人暂停施工,并在提出要求后48小时内提出书面处理意见。承包人应当按工程师要求停止施工,并妥善保护已完工程。承包人实施工程师作出处理意见后,可以书面形式提出复工要求,工程师作出处理意见后,可以书面形式提出复工要求,工程师应当在48小时内给予答复。工程师未能在规定时间内提出处理意见,或收到承包人复工要求后48小时内未予答复,承包人可自行复工。因发包人原因造成停工的,由发包人承担所发生的追加合同价款,赔偿承包人由此造成的损失,相应顺延工期;因承包人原因造成停工的,由承包人承担发生的费用,工期不予顺延。

13. 工期延误

13.1 因以下原因造成工期延误,经工程师确认,工期相应顺延:

(1) 发包人未能按专用条款的约定提供图纸及开工条件。

(2) 发包人未能按约定日期支付工程预付款、进度款,致使施工不能正常进行。

(3) 工程师未按合同约定提供所需指令、批准等,致使施工不能正常进行。

(4) 设计变更和工程量增加。

(5) 一周内非承包人原因停水、停电、停气造成停工累计超过8小时。

(6) 不可抗力。

(7) 专用条款中约定或工程师同意工期顺延的其他情况。

13.2 承包人在13.1款情况发生后14天内,就延误的工期以书面形式向工程师提出报告。工程师在收到报告后14天内予以确认,逾期不予确认也不提出修改意见,视为同意顺延工期。

14. 工程竣工

14.1 承包人必须按照协议书约定的竣工日期或工程师同意顺延的工期竣工。

14.2 因承包人原因不能按照协议书约定的竣工日期或工程师同意顺延的工期竣工的,承包人承担违约责任。

14.3 施工中发包人如需提前竣工,双方协商一致后应签订提前竣工协议,作为合同文件组成部分。提前竣工协议应包括承包人为保证工程质量和安全采取的措施、发包人为提前竣工提供的条件以及提前竣工所需的追加合同价款等内容。

四、质量与检验

15. 工程质量

15.1 工程质量应当达到协议书约定的质量标准,质量标准的评定以国家或行业的质量检验评定标准为依据。因承包人原因工程质量达不到约定的质量标准,承包人承担违约责任。

15.2 双方对工程质量有争议,由双方同意的工程质量检测机构鉴定,所需费用及因此造成的损失,由责任方承担。双方均有责任,由双方根据其责任分别承担。

16. 检查和返工

16.1 承包人应认真按照标准、规范和设计图纸要求以及工程师依据合同发出的指令施工，随时接受工程师的检查检验，为检查检验提供便利条件。

16.2 工程质量达不到约定标准的部分，工程师的要求拆除和重新施工，直到符合约定标准。因承包人原因达不到约定标准，由承包人承担拆除和重新施工的费用，工期不予顺延。

16.3 工程师的检查检验不应影响施工正常进行。如影响施工正常进行，检查检验不合格时，影响正常施工的费用由承包人承担。除此之外影响正常施工的追加合同价款由发包人承担，相应顺延工期。

16.4 因工程师指令失误或其他非承包人原因发生的追加合同价款，由发包人承担。

17. 隐蔽工程和中间验收

17.1 工程具备隐蔽条件或达到专用条款约定的中间验收部位，承包人进行自检，并在隐蔽或中间验收前48小时以书面形式通知工程师验收。通知包括隐蔽和中间验收的内容、验收时间和地点。承包人准备验收记录，验收合格，工程师在验收记录上签字后，承包人可进行隐蔽和继续施工。验收不合格，承包人在工程师限定的时间内修改后重新验收。

17.2 工程师不能按时进行验收，应在验收前24小时以书面形式向承包人提出延期要求，延期不能超过48小时。工程师未能按以上时间提出延期要求，不进行验收，承包人可自行组织验收，工程师应承认验收记录。

17.3 经工程师验收，工程质量符合标准、规范和设计图纸等要求，验收24小时后，工程师不在验收记录上签字，视为工程师已经认可验收记录，承包人可进行隐蔽或继续施工。

18. 重新检验

无论工程师是否进行验收，当其要求对已经隐蔽的工程重新检验时，承包人应按要求进行剥离或开孔，并在检验后重新覆盖或修复。检验合格，发包人承担由此发生的全部追加合同价款，赔偿承包人损失，并相应顺延工期。检验不合格，承包人承担发生的全部费用，工期不予顺延。

19. 工程试车

19.1 双方约定需要试车的，试车内容应与承包人承包的安装范围相一致。

19.2 设备安装工程具备单机无负荷试车条件，承包人组织试车，并在试车前48小时以书面形式通知工程师。通知包括试车内容、时间、地点。承包人准备试车记录，发包人根据承包人要求为试车提供必要条件。试车合格，工程师在试车记录上签字。

19.3 工程师不能按时参加试车，须在开始试车前24小时以书面形式向承包人提出延期要求，不参加试车，应承认试车记录。

19.4 设备安装工程具备无负荷联动试车条件，发包人组织试车，并在试车内容、时间、地点和对承包人的要求，承包人按要求做好准备工作。试车合格，双方在试车记录上签字。

19.5 双方责任

（1）由于设计原因试车达不到验收要求，发包人应要求设计单位修改设计，承包人按修改后的设计重新安装。发包人承担修改设计、拆除及重新安装的全部费用和追加合同价款，工期相应顺延。

(2) 由于设备制造原因试车达不到验收要求,由该设备采购一方负责重新购置或修理,承包人负责拆除和重新安装。设备由承包人采购的,由承包人承担修理或重新购置、拆除及重新安装的费用,工期不予顺延;设备由发包人采购的,发包人承担上述各项追加合同价款,工期相应顺延。

(3) 由于承包人施工原因试车不到验收要求,承包人按工程师要求重新安装和试车,并承担重新安装和试车的费用,工期不予顺延。

(4) 试车费用除已包括在合同价款之内或专用条款另有约定外,均由发包人承担。

(5) 工程师在试车合格后不在试车记录上签字,试车结束24小时后,视为工程师已经认可试车记录,承包人可继续施工或办理竣工手续。

19.6 投料试车应在工程竣工验收后由发包人负责,如发包人要求在工程竣工验收前进行或需要承包人配合时,应征得承包人同意,另行签订补充协议。

五、安 全 施 工

20. 安全施工与检查

20.1 承包人应遵守工程建设安全生产有关管理规定,严格按安全标准组织施工,并随时接受行业安全检查人员依法实施的监督检查,采取必要的安全防护措施,消除事故隐患。由于承包人安全措施不力造成事故的责任和因此发生的费用,由承包人承担。

20.2 发包人应对其在施工场地的工作人员进行安全教育,并对他们的安全负责。发包人不得要求承包人违反安全管理的规定进行施工。因发包人原因导致的安全事故,由发包人承担相应责任及发生的费用。

21. 安全防护

21.1 承包人在动力设备、输电线路、地下管道、密封防震车间、易燃易爆地段以及临街交通要道附近施工时,施工开始前应向工程师提出安全防护措施,经工程师认可后实施,防护措施费用由发包人承担。

21.2 实施爆破作业,在放射、毒害性环境中施工(含储存、运输、使用)及使用毒害性、腐蚀性物品施工时,承包人应在施工前14天以书面通知工程师,并提出相应的安全防护措施,经工程师认可后实施,由发包人承担安全防护措施费用。

22. 事故处理

22.1 发生重大伤亡及其他安全事故,承包人应按有关规定立即上报有关部门并通知工程师,同时按政府有关部门要求处理,由事故责任方承担发生的费用。

22.2 发包人承包人对事故责任有争议时,应按政府有关部门的认定处理。

六、合同价款与支付

23. 合同价款及调整

23.1 招标工程的合同价款由发包人承包人依据中标通知书中的中标价格在协议书内约定。非招标工程的合同价款由发包人承包人依据工程预算书在协议书内约定。

23.2 合同价款在协议书内约定后,任何一方不得擅自改变。下列三种确定合同价款的方式,双方可在专用条款内约定采用其中一种:

(1) 固定价格合同。双方在专用条款内约定合同价款包含的风险范围和风险费用的计算方法，在约定的风险范围内合同价款不再调整。风险范围以外的合同价款调整方法，应当在专用条款内约定。

(2) 可调价格合同。合同价款可根据双方的约定而调整，双方在专用条款内约定合同价款调整方法。

(3) 成本加酬金合同。合同价款包括成本和酬金两部分，双方在专用条款内约定成本构成和酬金的计算方法。

23.3 可调价格合同中合同价款的调整因素包括：
(1) 法律、行政法规和国家有关政策变化影响合同价款。
(2) 工程造价管理部门公布的价格调整。
(3) 一周内非承包人原因停水、停电、停气造成停工累计超过8小时。
(4) 双方约定的其他因素。

23.4 承包人应当在23.3款情况发生后14天内，将调整原因、金额以书面形式通知工程师，工程师确认调整金额后作为追加合同价款，与工程款同期支付。工程师收到承包人通知后14天内不予确认也不提出修改意见，视为已经同意该项调整。

24. 工程预付款

实行工程预付款的，双方应当在专用条款内约定发包人向承包人预付工程款的时间和数额，开工后按约定的时间和比例逐次扣回。预付时间应不迟于约定的开工日期前7天。发包人不按约定预付，承包人在约定预付时间7天后向发包人发出要求预付的通知，发包人收到通知后仍不能按要求预付，承包人可在发出通知后7天停止施工，发包人应从约定应付之日起向承包人支付应付款的贷款利息，并承担违约责任。

25. 工程量的确认

25.1 承包人应按专用条款约定的时间，向工程师提交已完工程量的报告。工程师接到报告后7天内按设计图纸核实已完工程量（以下称计量），并在计量前24小时通知承包人，承包人为计量提供便利条件并派人参加。承包人收到通知后不参加计量，计量结果有效，作为工程价款支付的依据。

25.2 工程师收到承包人报告后7天内未进行计量，从第8天起，承包人报告中开列的工程量即视为被确认，作为工程价款支付的依据。工程师不按约定时间通知承包人，致命承包人未能参加计量，计量结果无效。

25.3 对承包人超出设计图纸范围和因承包人原因造成返工的工程量，工程师不予计量。

26. 工程款（进度款）支付

26.1 在确认计量结果后14天内，发包人应向承包人支付工程款（进度款）。按约定时间发包人应扣回的预付款，与工程款（进度款）同期结算。

26.2 本通用条款第23条确定调整的合同价款，第31条工程变更调整的合同价款及其他条款中约定的追加合同价款，应与工程款（进度款）同期调整支付。

26.3 发包人超过约定的支付时间不支付工程款（进度款），承包人可向发包人发出要求付款的通知，发包人收到承包人通知后仍不能按要求付款，可与承包人协商签订延期付款协议，经承包人同意后可延期支付。协议应明确延期支付的时间和从计量结果确认后第 15 天起应付款的贷款利息。

26.4 发包人不按合同约定支付工程款（进度款），双方又未达成延期付款协议，导致施工无法进行，承包人可停止施工，由发包人承担违约责任。

七、材料设备供应

27. 发包人供应材料设备

27.1 实行发包人供应材料设备的，双方应当约定发包人供应材料设备的一览表，作为本合同附件（附件2）。一览表包括发包人供应材料设备的品种、规格、型号、数量、单价、质量等级、提供时间和地点。

27.2 发包人按一览表约定的内容提供材料设备，并向承包人提供产品合格证明，对其质量负责。发包人在所供材料设备到货前 24 小时，以书面形式通知承包人，由承包人派人与发包人共同清点。

27.3 发包人供应的材料设备，承包人派人参加清点后由承包人妥善保管，发包人支付相应保管费用。因承包人原因发生丢失损坏，由承包人负责赔偿。

发包人未通知承包人清点，承包人不负责材料设备的保管，丢失损坏由发包人负责。

27.4 发包人供应的材料设备与一览表不符时，发包人承担有关责任。发包人应承担责任的具体内容，双方根据下列情况在专用条款内约定：

（1）材料设备单价与一览表不符，由发包人承担所有价差。

（2）材料设备的品种、规格、型号、质量等级与一览表不符，承包人可拒绝接收保管，由发包人运出施工场地并重新采购。

（3）发包人供应的材料规格、型号与一览表不符，经发包人同意，承包人可代为调剂串换，由发包人承担相应费用。

（4）到货地点与一览表不符，由发包人负责运至一览表指定地点。

（5）供应数量少于一览表约定的数量时，由发包人补齐，多于一览表约定数量时，发包人负责将多出部分运出施工场地。

（6）到货时间早于一览表约定时间，由发包人承担因此发生的保管费用；到货时间迟于一览表约定的供应时间，发包人赔偿由此造成的承包人损失，造成工期延误的，相应顺延工期。

27.5 发包人供应的材料设备使用前，由承包人负责检验或试验，不合格的不得使用，检验或试验费用由发包人承担。

27.6 发包人供应材料设备的结算方法，双方在专用条款内约定。

28. 承包人采购材料设备

28.1 承包人负责采购材料设备的，应按照专用条款约定及设计和有关标准要求采购，并提供产品合格证明，对材料设备质量负责。承包人在材料设备到货前 24 小时通知工程师清点。

28.2 承包人采购的材料设备与设计标准要求不符时，承包人应按工程师要求的时间运出施工场地，重新采购符合要求的产品，承担由此发生的费用，由此延误的工期不予顺延。

28.3 承包人采购的材料设备在使用前,承包人应按工程师的要求进行检验或试验,不合格的不得使用,检验或试验费用由承包人承担。

28.4 工程师发现承包人采购并使用不符合设计和标准要求的材料设备时,应要求承包人负责修复、拆除或重新采购,由承包人承担发生的费用,由此延误的工期不予顺延。

28.5 承包人需要使用代用材料时,应经工程师认可后才能使用,由此增减的合同价款双方以书面形式议定。

28.6 由承包人采购的材料设备,发包人不得指定生产厂或供应商。

八、工 程 变 更

29. 工程设计变更

29.1 施工中发包人需对原工程设计变更,应提前14天以书面形式向承包人发出变更通知。变更超过原设计标准或批准的建设规模时,发包人应报规划管理部门和其他有关部门重新审查批准,并由原设计单位提供变更的相应图纸和说明。承包人按照工程师发出的变更通知及有关要求,进行下列需要的变更:

(1) 更改工程有关部分的标高、基线、位置和尺寸。
(2) 增减合同中约定的工程量。
(3) 改变有关工程的施工时间和顺序。
(4) 其他有关工程变更需要的附加工作。

因变更导致合同价款的增减及造成的承包人损失,由发包人承担,延误的工期相应顺延。

29.2 施工中承包人不得对原工程设计进行变更。因承包人擅自变更设计发生的费用和由此导致发包人的直接损失,由承包人承担,延误的工期不予顺延。

29.3 承包人在施工中提出的合理化建议涉及对设计图纸或施工组织设计的更改及对材料、设备的换用,须经工程师同意。未经同意擅自更改或换用时,承包人承担由此发生的费用,并赔偿发包人的有关损失,延误的工期不予顺延。

工程师同意采用承包人合理化建议,所发生的费用和获得的收益,发包人承包人另行约定分担或分享。

30. 其他变更

合同履行中发包人要求变更工程质量标准及发生其他实质性变更,由双方协商解决。

31. 确定变更价款

31.1 承包人在工程变更确定后14天内,提出变更工程价款的报告,经工程师确认后调整合同价款。变更合同价款按下列方法进行:

(1) 合同中已有适用于变更工程的价格,按合同已有的价格变更合同价款。
(2) 合同中只有类似于变更工程的价格,可以参照类似价格变更合同价款。
(3) 合同中没有适用或类似于变更工程的价格,由承包人提出适当的变更价格,经工程师确认后执行。

31.2 承包人在双方确定变更后14天内不向工程师提出变更工程价款报告时，视为该项变更不涉及合同价款的变更。

31.3 工程师应在收到变更工程价款报告之日起14天内予以确认，工程师无正当理由不确认时，自变更工程价款报告送达之日起14天后视为变更工程价款报告已被确认。

31.4 工程师不同意承包人提出的变更价款，按本通用条款第37条关于争议的约定处理。

31.5 工程师确认增加的工程变更价款作为追加合同价款，与工程款同期支付。

31.6 因承包人自身原因导致的工程变更，承包人无权要求追加合同价款。

九、竣工验收与结算

32. 竣工验收

32.1 工程具备竣工验收条件，承包人按国家工程竣工验收有关规定，向发包人提供完整竣工资料及竣工验收报告。双方约定由承包人提供竣工图的，应当在专用条款内约定提供的日期和份数。

32.2 发包人收到竣工验收报告后28天内组织有关单位验收，并在验收后14天内给予认可或提出修改意见。承包人按要求修改，并承担由自身原因造成修改的费用。

32.3 发包人收到承包人送交的竣工验收报告后28天内不组织验收，或验收后14天内不提出修改意见，视为竣工验收报告已被认可。

32.4 工程竣工验收通过，承包人送交竣工验收报告的日期为实际竣工日期。工程按发包人要求修改后通过竣工验收的，实际竣工日期为承包人修改后提请发包人验收的日期。

32.5 发包人收到承包人竣工验收报告后28天内不组织验收，从第29天起承担工程保管及一切意外责任。

32.6 中间交工工程的范围和竣工时间，双方在专用条款内约定，其验收程序按本通用条款32.1款至32.4款办理。

32.7 因特殊原因，发包人要求部分单位工程或工程部位甩项竣工的，双方另行签订甩项竣工协议，明确双方责任和工程价款的支付方法。

32.8 工程未经竣工验收或竣工验收未通过的，发包人不得使用。发包人强行使用时，由此发生的质量问题及其他问题，由发包人承担责任。

33. 竣工结算

33.1 工程竣工验收报告经发包人认可后28天内，承包人向发包人递交竣工结算报告及完整的结算资料，双方按照协议书约定的合同价款及专用条款约定的合同价款调整内容，进行工程竣工结算。

33.2 发包人收到承包人递交的竣工结算报告及结算资料后28天内进行核实，给予确认或者提出修改意见。发包人确认竣工结算报告通知经办银行向承包人支付工程竣工结算价款。承包人收到竣工结算价款后14天内将竣工工程交付发包人。

33.3 发包人收到竣工结算报告及结算资料后28天内无正当理由不支付工程竣工结算价款，从第29天起按承包人同期向银行贷款利率支付拖欠工程价款的利息，并承担违约责任。

33.4 发包人收到竣工结算报告及结算资料后 28 天内不支付工程竣工结算价款，承包人可以催告发包人支付结算价款。发包人在收到竣工结算报告及结算资料后 56 天内仍不支付的，承包人可以与发包人协议将该工程折价，也可以由承包人申请人民法院将该工程依法拍卖，承包人就该工程折价或者拍卖的价款优先受偿。

33.5 工程竣工验收报告经发包人认可后 28 天内，承包人未能向发包人递交竣工结算报告及完整的结算资料，造成工程竣工结算不能正常进行或工程竣工结算价款不能及时支付，发包人要求交付工程的，承包人应当交付；发包人不要求交付工程的，承包人承担保管责任。

33.6 发包人承包人对工程竣工结算价款发生争议时，按本通用条款第 37 条关于争议的约定处理。

34. 质量保修

34.1 承包人应按法律、行政法规或国家关于工程质量保修的相关规定，对交付发包人使用的工程在质量保修期内承担质量保修责任。

34.2 质量保修工作的实施。承包人应在工程竣工验收之前，与发包人签订质量保修书，作为本合同附件（附件 3 略）。

34.3 质量保修书的主要内容包括：
(1) 质量保修项目内容及范围。
(2) 质量保修期。
(3) 质量保修责任。
(4) 质量保修金的支付方法。

十、违约、索赔和争议

35. 违约

35.1 发包人违约。当发生下列情况时：
(1) 本通用条款第 24 条提到的发包人不按时支付工程预付款。
(2) 本通用条款第 26.4 款提到的发包人不按合同约定支付工程款，导致施工无法进行。
(3) 本通用条款第 33.3 款提到的发包人无正当理由不支付工程竣工结算价款。
(4) 发包人不履行合同义务或不按合同约定履行义务的其他情况。

发包人承担违约责任，赔偿因其违约给承包人造成的经济损失，顺延延误的工期。双方在专用条款内约定发包人赔偿承包人损失的计算方法或者发包人应当支付违约金的数额或计算方法。

35.2 承包人违约。当发生下列情况时：
(1) 本通用条款第 14.2 款提到的因承包人原因不能按照协议书约定的竣工日期或工程师同意顺延的工期竣工。
(2) 本通用条款第 15.1 款提到的因承包人原因工程质量达不到协议书约定的质量标准。

(3) 承包人不履行合同义务或不按合同约定履行义务的其他情况。

承包人承担违约责任，赔偿因其违约给发包人造成的损失。双方在专用条款内约定承包人赔偿发包人损失的计算方法或者承包人应当支付违约金的数额可计算方法。

35.3 一方违约后，另一方要求违约方继续履行合同时，违约方承担上述违约责任后仍应继续履行合同。

36. 索赔

36.1 当一方向另一方提出索赔时，要有正当索赔理由，且有索赔事件发生时的有效证据。

36.2 发包人未能按合同约定履行自己的各项义务或发生错误以及应由发包人承担责任的其他情况，造成工期延误和（或）承包人不能及时得到合同价款及承包人的其他经济损失，承包人可按下列程序以书面形式向发包人索赔：

（1）索赔事件发生后28天内，向工程师发出索赔意向通知。

（2）发出索赔意向通知后28天内，向工程师提出延长工期和（或）补偿经济损失的索赔报告及有关资料。

（3）工程师在收到承包人送交的索赔报告和有关资料后，于28天内给予答复，或要求承包人进一步补充索赔理由和证据。

（4）工程师在收到承包人送交的索赔报告和有关资料后28天内未予答复或未对承包人作进一步要求，视为该项索赔已经认可。

（5）当该索赔事件持续进行时，承包人应当阶段性向工程师发出索赔意向，在索赔事件终了后28天内，向工程师送交索赔的有关资料和最终索赔报告。索赔答复程序与（3）、（4）规定相同。

36.3 承包人未能按合同约定履行自己的各项义务或发生错误，给发包人造成经济损失，发包人可按36.2款确定的时限向承包人提出索赔。

37. 争议

37.1 发包人承包人在履行合同时发生争议，可以和解或者要求有关主管部门调解。当事人不愿和解、调解或者和解、调解不成的，双方可以在专用条款内约定以下一种方式解决争议。第一种解决方式：双方达成仲裁协议，向约定的仲裁委员会申请仲裁；第二种解决方式：向有管辖权的人民法院起诉。

37.2 发生争议后，除非出现下列情况的，双方都应继续履行合同，保持施工连续，保护好已完工程：

（1）单方违约导致合同已无法履行，双方协议停止施工。

（2）调解要求停止施工，且为双方接受。

（3）仲裁机构要求停止施工。

（4）法院要求停止施工。

十一、其 他

38. 工程分包

38.1 承包人按专用条款的约定分包所承包的部分工程，并与分包单位签订分包合同。非经发包人同意，承包人不得将承包工程的任何部分分包。

38.2 承包人不得将其承包的全部工程转包给他人，也不得将其承包的全部工程肢解以后以分包的名义分别转包给他人。

38.3 工程分包不能解除承包人任何责任与义务。承包人应在分包场地派驻相应管理人员，保证本合同的履行。分包单位的任何违约行为或疏忽导致工程损害或给发包人造成其他损失，承包人承担连带责任。

38.4 分包工程价款由承包人与分包单位结算。发包人未经承包人同意不得以任何形式向分包单位支付各种工程款项。

39. 不可抗力

39.1 不可抗力包括因战争、动乱、空中飞行物体坠落或其他非发包人承包人责任造成的爆炸、火灾，以及专用条款约定的风雨、雪、洪、震等自然灾害。

39.2 不可抗力事件发生后，承包人应立即通知工程师，在力所能及的条件下迅速采取措施，尽力减少损失，发包人应协助承包人采取措施。不可抗力事件结束后48小时内承包人向工程师通报受害情况和损失情况，及预计清理和修复的费用。不可抗事件持续发生，承包人应每隔7天向工程师报告一次受害情况。不可抗力事件结束后14天内，承包人向工程师提交清理和修复费用的正式报告及有关资料。

39.3 因不可抗力事件导致的费用及延误的工期由双方按以下方法分别承担：

（1）工程本身的损害、因工程损害导致第三人人员伤亡和财产损失以及运至施工场地用于施工的材料和待安装的设备的损害，由发包人承担。

（2）发包人承包人人员伤亡由其所在单位负责，并承担相应费用。

（3）承包人机械设备损坏及停工损失，由承包人承担。

（4）停工期间，承包人应工程师要求留在施工场地的必要的管理人员及保卫人员的费用由发包人承担。

（5）工程所需清理、修复费用，由发包人承担。

（6）延误的工期相应顺延。

39.4 因合同一方迟延履行合同后发生不可抗力的，不能免除迟延履行方的相应责任。

40. 保险

40.1 工程开工前，发包人为建设工程和施工场内的自有人员及第三人人员生命财产办理保险，支付保险费用。

40.2 运至施工场地内用于工程的材料和待安装设备，由发包人办理保险，并支付保险费用。

40.3 发包人可以将有关保险事项委托承包人办理，费用由发包人承担。

40.4 承包人必须为从事危险作业的职工办理意外伤害保险，并为施工场地内自有人员生命财产和施工机械设备办理保险，支付保险费用。

40.5 保险事故发生时，发包人承包人有责任尽力采取必要的措施，防止或者减少损失。

40.6 具体投保内容和相关责任，发包人承包人在专用条款中约定。

41. 担保

41.1 发包人承包人为了全面履行合同，应互相提供以下担保：

（1）发包人向承包人提供履约担保，按合同约定支付工程价款及履行合同约定的其他义务。

（2）承包人向发包人提供履约担保，按合同约定履行自己的各项义务。

41.2 一方违约后，另一方可要求提供担保的第三人承担相应责任。

41.3 提供担保的内容、方式和相关责任，发包人承包人除在专用条款中约定外，被担保方与担保方还应签订担保合同，作为本合同附件。

42. 专利技术及特殊工艺

42.1 发包人要求使用专利技术或特殊工艺，就负责办理相应的申报手续，承担申报、试验、使用等费用；承包人提出使用专利技术或特殊工艺，应取得工程师认可，承包人负责办理申报手续并承担有关费用。

42.2 擅自使用专利技术侵犯他人专利权的，责任者依法承担相应责任。

43. 文物和地下障碍物

43.1 在施工中发现古墓、古建筑遗址等文物及化石或其他有考古、地质研究等价值的物品时，承包人应立即保护好现场并于4小时内以书面形式通知工程师，工程师应于收到书面通知后24小时内报告当地文物管理部门，发包人承包人按文物管理部门的要求采取妥善保护措施。发包人承担由此发生的费用，顺延延误的工期。

如发现后隐瞒不报，致使文物遭受破坏，责任者依法承担相应责任。

43.2 施工中了现影响施工的地下障碍物时，承包人应于8小时内以书面形式通知工程师，同时提出处置方案，工程师收到处置方案后24小时内予以认可或提出修正方案。发包人承担由此发生的费用，顺延延误的工期。

所发现的地下障碍物有归属单位时，发包人应报请有关部门协同处置。

44. 合同解除

44.1 发包人承包人协商一致，可以解除合同。

44.2 发生本通用条款第26.4款情况，停止施工超过56天，发包人仍不支付工程款（进度款），承包人有权解除合同。

44.3 发生本通用条款第38.2款禁止的情况，承包人将其承包的全部工程转包给他人或者肢解以后以分包的名义分别转包给他人，发包人有权解除合同。

44.4 有下列情形之一的，发包人承包人可以解除合同：

（1）因不可抗力致使合同无法履行。

（2）因一方违约（包括因发包人原因造成工程停建或缓建）致使合同无法履行。

44.5 一方依据44.2、44.3、44.4款约定要求解除合同的，应以书面形式向对方发出解除合同的通知，并在发出通知前7天告知对方，通知到达对方时合同解除。对解除合同有争议的，按本通用条款第37条关于争议的约定处理。

44.6 合同解除后，承包人应妥善做好已完工程和已购材料、设备的保护和移交工作，按发包人要求将自有机械设备和人员撤出施工场地。发包人应为承包人撤出提供必要条件，支付以上所发生的费用，并按合同约定支付已完工程价款。已经订货的材料、设备由订货方负责退货或解除订货合同，不能退还的货款和因退货、解除订货合同发生的费用，由发包人承担，因未及时退货造成的损失由责任方承担。除此之外，有过错的一方应当赔偿因合同解除给对方造成的损失。

44.7 合同解除后，不影响双方在合同中约定的结算和清理条款的效力。

45. **合同生效与终止**

45.1 双方在协议书中约定合同生效方式。

45.2 除本通用条款第34条外，发包人承包人履行合同全部义务，竣工结算价款支付完毕，承包人向发包人交付竣工工程后，本合同即告终止。

45.3 合同的权利义务终止后，发包人承包人应当遵循诚实信用原则，履行通知、协助、保密等义务。

46. **合同份数**

46.1 本合同正本两份，具有同等效力，由发包人承包人分别保存一份。

46.2 本合同副本份数，由双方根据需要在专用条款内约定。

47. **补充条款**

双方根据有关法律、行政法规规定，结合工程实际经协商一致后，可对本通用条款内容具体化、补充或修改，在专用条款内约定。

此外，我国制定有《房屋建筑工程质量保修书（示范文本）》，其文本如下，供读者参考。

房屋建筑工程质量保修书（示范文本）

发包人（全称）：＿＿＿＿＿＿＿＿＿＿＿＿＿＿＿＿＿＿＿＿＿＿＿＿＿＿＿

承包人（全称）：＿＿＿＿＿＿＿＿＿＿＿＿＿＿＿＿＿＿＿＿＿＿＿＿＿＿＿

发包人、承包人根据《中华人民共和国建筑法》、《建设工程质量管理条例》和《房屋建筑工程质量保修办法》，经协商一致，对＿＿＿＿＿＿＿＿＿＿＿＿＿＿＿＿＿＿＿＿（工程全称）签定工程质量保修书。

一、工程质量保修范围和内容

承包人在质量保修期内，按照有关法律、法规、规章的管理规定和双方约定，承担本工程质量保修责任。质量保修范围包括地基基础工程、主体结构工程，屋面防水工程、有防水要求的卫生间、房间和外墙面的防渗漏，供热与供冷系统，电气管线、给排水管道、设备安装和装修工程，以及双方约定的其他项目。具体保修的内容，双方约定如下：
＿＿＿。

二、质量保修期

双方根据《建设工程质量管理条例》及有关规定，约定本工程的质量保修期如下：

1. 地基基础工程和主体结构工程为设计文件规定的该工程合理使用年限。
2. 屋面防水工程、有防水要求的卫生间、房间和外墙面的防渗漏为＿＿＿＿＿＿年。
3. 装修工程为＿＿＿＿＿＿年。

4. 电气管线、给排水管道、设备安装工程为_____年。
5. 供热与供冷系统为_____个采暖期、供冷期。
6. 住宅小区内的给排水设施、道路等配套工程为_____年。
7. 其他项目保修期限约定如下：
_____
_____。

质量保修期自工程竣工验收合格之日起计算。

三、质量保修责任

1. 属于保修范围、内容的项目，承包人应当在接到保修通知之日起7天内派人保修。承包人不在约定期限内派人保修的，发包人可以委托他人修理。

2. 发生紧急抢修事故的，承包人在接到事故通知后，应当立即到达事故现场抢修。

3. 对于涉及结构安全的质量问题，应当按照《房屋建筑工程质量保修办法》的规定，立即向当地建设行政主管部门报告，采取安全防范措施；由原设计单位或者具有相应资质等级的设计单位提出保修方案，承包人实施保修。

4. 质量保修完成后，由发包人组织验收。

四、保修费用

保修费用由造成质量缺陷的责任方承担。

五、其他

双方约定的其他工程质量保修事项：
_____
_____。

本工程质量保修书，由施工合同发包人、承包人双方在竣工验收前共同签署，作为施工合同附件，其有效期限至保修期满。

发　包　人（公章）：
承　包　人（公章）：
法定代表人（签字）：
法定代表人（签字）：

第三节　内地建设工程合同管理案例及相关建议

一、可行性研究报告案例及相关建议

在第三章中已有［案例3-4］我国某印染厂可行性研究评估和［案例3-5］某大型化肥厂的建设两个正反面的案例，说明顺从领导意图走过场，把"可行性报告"编制为"可批性报告"对国家的危害性，本节中不再赘述。

二、设计施工案例及相关建议

施工就是把设计图纸和意图转变为实际工程的建造过程，因此建设单位、施工单位和设计单位施工合同双方应客观、实事求是地对设计图纸和文件认真审查，发现问题必须充分讨论，妥善处理。否则将会影响工程质量，造成事故，危及工程及人身安全，导致索赔和诉讼，给社会和国家造成损失，举例说明如下。

【案例 5-1】"红水酒店"诉讼案

我国某市郊区新建一座酒店，业主与某建筑公司签订施工合同。在图纸会审会上，施工单位根据其施工经验，提出设计单位所选用的某厂制作的空调系统冷却塔内壁铜质喷镀层的质量不过关，建议改用另一厂家生产的冷却塔。设计单位声称该冷却塔质量没有问题，且价格较低，不同意更改。争论结果是建设单位同意不必更改。施工单位要求三方会审纪要中写明施工方的保留意见，即：施工单位对由此发生的质量事故不承担责任。

工程竣工后不久，在维修期间内，上述冷却塔的喷镀层就大面积脱落，使该酒店的供水变成浅红色，获得"红水饭店"美名，生意萧条。建设单位竟迁怒于施工单位，结算中扣罚施工单位巨额价款。施工单位多次与之商谈，不能解决，施工单位遂向法院起诉。由于施工单位持有上述的图纸会审纪要中的书面保留意见，并聘请了一位富有处理此类纠纷经验的律师，事先对索赔事项进行严格甄选，将证据不确凿者全部剔除。在法院进行庭外调解过程中，建设单位认为自己不能胜诉，而达成调解协议，内容为：发还所扣结算款，更换冷却塔；施工方则应允无偿为其更换冷却塔及有关管道。更换不久后，水质变为正常，酒店经营也逐渐兴旺。

设计方坚持己见，没有听取施工方的合理意见而造成工程事故的情况并不罕见，例如某分节拼装大桥的图纸会审中，有经验的施工方认为该桥中间跨所用预制拼装构件的强度不够，提出希望设计方加强的意见。设计方经过验算，强度虽已达到规范上限，但还可以保证不出问题。建设单位最后同意设计方的意见，不予更改。结果在施工中，该段破损，造成严重事故。虽然事故的起因复杂，各方看法不一，但如事先对其加强，或许可防止此次事故。

此类案例反映出一个对工程质量安全至关重要的问题，即对设计和施工规范的认识问题。我们知道，建筑结构的安全性，首先取决于结构设计时的安全设置水准，安全设置水准是确定具体设计计算和构造方法的依据。对这二者的立法和管理，不同的国家和地区也不尽相同。有的由政府颁布的建筑管理法规规定结构的安全设置水准，设计计算和构造方法则属技术规范等各种技术标准的内容，而且声明技术标准中对涉及事项提出的要求是最低要求。例如，英国标准（The British Standard，简称 BS）的前言中都用黑体字母明确宣告：遵守英国标准本身并不授予豁免法律责任的权利（Compliance with a British Standard does not of itself confer immunity from legal obligations）。英国标准的主旨是提出该标准涉及的事项应满足的最低要求，使用英国标准的人要对自己是否正确使用该标准负责。如寒冷地区的钢筋混凝土桥梁钢筋保护层厚度就要比标准的规定合理地增加，才能保证桥梁不致因喷洒盐水消除路面冰雪，使钢筋锈蚀而结构过早损坏。北京西直门立交桥，甚至按交通部标准图建造的桥梁等都因钢筋保护层厚度不够导致配筋锈蚀，建成后十几年就不得不拆除重建。

2008 年我参加某部代表团访问香港某咨询公司时，设计某街道路口过街桥的工程师介绍，因该路交通繁忙、行人众多，将该桥安全设置水准提高了20%。代表团中的内地结构工程师感到惊讶，因为内地一部分设计人员养成了照套规范最低要求的习惯。出了事故，"按规范设计"就成为一把保护伞，使个人或集体不致承担责任。持有这种观点和作风的人虽为数不多，但已严重损害了并在继续损害着我国当前为建设现代化社会而进行的大规模土建工程的安全质量，政府有关部门和社会对此应重视和纠正。

第四节　国际工程施工合同简介

由于采用国际承包的工程施工合同一般具有涉及两个或多个国家（政府）、项目实施周期长、投资巨大，且涉及金融贷款、规划、设计、施工、材料和设备供应、运输、海关、法律咨询、仲裁机构甚至法庭等众多单位的特点，故多采用标准合同范本。但考虑到工程项目各有特点，不能采用"锅炉钢板式的附意合同"。如前所述，因此这类标准合同范本（以下简称标准合同）大多由通用条件（general conditions）和专用条件（conditions of particular application）两部分组成，两者相应条款编号相同，便于查阅。通用条件不能更改。专用条件实际是根据具体工程情况对通用条件具体条款的修订、删除和补充。一般编有专用条件编写指南，以保证二者不致自相矛盾。专用条件的效力优先于通用条件，因而能确保合同符合拟建工程施工的实际。

国际上常用的工程施工合同有英国、美国和国际咨询工程师联合会（FIDIC）编写的标准合同，分别简介如下。

一、英国标准合同简介

英国制定和出版标准合同范本的机构主要有合同裁审联合会（Joint Contracts Tribunal，JCT，网站为：http://www.jctltd.co.uk）、英国土木工程师学会（Institution of Civil Engineers，ICE）、英国政府出版处（Her Majesty's Stationary Office，HMSO）及咨询建筑师协会（Association of Consulting Architects，ACA）。根据欧盟的要求，英国政府出版处 HMSO 从 2005 年起已逐渐并入公共部门信息办公室（Office of Public Sector Information，OPSI）。ACA 是 JCT 的成员，支持 JCT 合同的制定及使用，但 ACA 本身也制定了一套标准合同，它专门为新兴的项目管理方式 partnership（伙伴关系）制订的合同文本，较有独特创新性。

以上各机构制定和刊行的标准合同范本各自适用于一般房屋建筑工程，土木工程项目、政府工程项目以及特殊工程项目，可参看表 5-1。

英国土木工程学会除表 5-1 所列的 ICE7 合同外，还编有分包合同、设计建造模式的施工合同。ICE7 合同在国际工程承包市场中虽然得到广泛的应用或借鉴，但由于它是为传统的总承包管理模式编写的；在这种模式下，合同当事人（业主与总承包商）基于各自的商业利益处于对立状态，监理工程师在处理合同管理问题上难免有时遭到偏袒业主的非议，并易于导致争端和索赔。为了解决这一问题，ICE 于 1995 年 3 月推出了一套新的合同，名为《新工程合同》（New Engineering Contract，简称 NEC）。2005 年 7 月 NEC 第三版问世，简称 NEC3。NEC3 的关键主导思想是力求把以往被动的总承包模式转变为合同当事人之间的创造性协作关系，也就是力求从沿用已久的对抗性项目管理模式转变为合作性的伙伴关系（partnership）模式。

NEC3 合同系列由第二版的 5 个主要文件扩展到第三版的六大类共 23 个文件，详见《工程项目管理的国际惯例》第三章，何伯森主编，中国建筑工业出版社 2007 年出版。

表 5-1　　　　　　　　　　　　　英国的标准合同范本

制定刊行机构	标准合同范本名称和适用范围
合同裁审联合会（JCT）	（1）标准房屋建筑合同（Standard Building Contract），分为带工程量、带估算工程量和无工程量三种。 （2）设计建造合同（Design and Build Contract）。 （3）大型工程项目施工合同（Major Project Construction Contract）。 （4）中型房屋建筑合同（Intermediate Building Contract）
土木工程学会（ICE）	（1）土木工程学会合同 ICE7（第七版），主要适用于土木工程项目施工，FIDIC 所制定的各版施工合同借鉴了许多 ICE 合同的内容。 （2）新工程合同 NEC3（New Engineering Contract，Third Edition），引入了伙伴关系（partnership）的概念，以符合现代工程项目管理的需要
咨询建筑师学会（ACA）	（1）ACA 合同，主要适用于私人开发商的房屋建筑工程。 （2）PPC2000、SPC2000 和 TPC2005 合同（专门为采用伙伴关系管理模式而制订的合同文件）
英国政府出版处（HMSO）	（1）政府合同/工程（GC/Works），适用于所有政府房屋建筑和土木工程项目，由 GC/Works//1 至 GC/Works/11 一系列合同文件组成。 （2）私人合同/工程（PC/Works），专门适用于私营业主的工程

二、美国标准合同简介

美国制定和出版标准合同范本的机构主要有美国建筑师协会（American Institute of Architects，AIA），工程师联席合同委员会（Engineers Joint Contract Documents Committee，EJCDC），美国总承包商协会（Associated General Contractor of America，AGC）以及美国各级政府机构。

美国建筑师协会（AIA）制定和出版的合同文件包括 90 多个独立的合同及协议书，各适用于不同的工程建设项目管理模式和工程类型，内容覆盖广泛，包括家具、装修和设备的设计、施工和供应、计价方式、境内或境外等方面。AIA 标准合同文件由 A、B、C、D、G 5 个系列组成，参看表 5-2。

表 5-2　　　　　　　　　　　　美国 AIA 合同文件系列简介

系列	简　介
A	（1）业主与承包商、CM 经理、供应商之间的以及总承包商与分包商之间的协议书及合同条件，如业主与承包商协议书 A101—1997（适用于固定总价一次付款方式的施工合同，并应与施工合同通用条件 A201—1997 配合使用）。 （2）施工合同通用条件，即上述的 A201—1997 合同条件

续表

系列	简 介
B	（1）业主与建筑师协议书标准格式，如 B171 ID—2003（室内设计 Interior Design 专用）。 （2）业主与咨询机构协议书标准格式，如 B142—2004。 （3）业主与风险型 CM 经理协议书标准格式，如 A121 CMc—2003 业主与 CM 经理（Construction Manager）协议书。风险型 CM 经理在项目筹划阶段和设计阶段向业主提供项目管理服务，并负责项目的施工。 （4）设计－建造（Design-Build 项目管理模式）承包商与建筑师协议书标准格式
C	包括建筑师与专业咨询机构协议书格式，如 C142—1997 简要格式等
D	建筑师行业有关文件
G	合同及办公管理用文件

AIA 是美国主要的建筑师专业团体，其成员来自美国和全球的注册建筑师。从 1857 年创建开始，一贯致力于改善建筑师专业服务水平以及通过改善居住环境提高居民的生活质量。该协会出版的合同文件系列范本在美国建筑市场和国际工程承包市场，特别是在美洲地区具有较高的权威性。由于根据美国政府提倡公文及正式文件应简明易懂，AIA 合同文件尽量避免使用一般公众较难理解的法律语言。此外，AIA 合同文件目前也以电子软件形式出售，使用者可通过其提供的软件，根据项目需要生成合同文件。这些都是 AIA 合同文件的特点。

三、国际咨询工程师联合会（FIDIC）合同简介

FIDIC 是国际咨询工程师联合会的法语名称的缩写。1913 年，欧洲 3 个国家的咨询工程师协会成立了国际咨询工程师联合会（简称 FIDIC）。二次世界大战结束后，受此次战争波及的国家急于医治战争创伤，建筑业得到了巨大发展的机会。与此同时，由于在咨询和协调建筑业各项活动所取得的业绩，FIDIC 也日益发展壮大。联合会成员至今已包括有 60 多个国家和地区，我国在 1996 年正式加入。

FIDIC 下设"业主咨询工程师关系"、"合同"、"质量"、"风险"和"环境"5 个常设专业委员会。这些专业委员会所编制的多种规范性标准文件，不但为 FIDIC 成员国所采用，世界银行、亚洲开发银行及非洲开发银行等国际组织的招标文件样本中也往往规定采用这些文件。我国鲁布格水电站引水系统工程是我国第一个利用世界银行贷款，并按世界银行规定，采用国际竞争性招标和项目管理的工程，也是国内第一个使用 FIDIC 土木工程施工合同条件的工程。从 1982 年国际招标，1984 年正式开工，到 1988 年 7 月竣工的 4 年多的时间内，创造了著名的"鲁布格工程项目管理经验"。FIDIC 合同条件也随之引入我国，并逐步获得广泛的应用。

限于本章篇幅，有关 FIDIC 合同条件的各种文本、特点及应用详见本书第六章中结合合同管理介绍。

第五节 有关经济贸易的国际公约及惯例

一、国际公约和国际惯例简介

改革开放以来，特别是我国加入世界贸易组织之后，国际经贸合同及其操作应当遵守

有关的国际公约和惯例。所谓国际公约（international conventions）就是国家与其他国际法主体为确定彼此之间的权利义务而达成的书面协议或条约。有关国际经贸法律制度的国际公约的主旨是为了在平等互利的基础上促进国际经贸的发展，并减少由于社会、政治和法律体制的差异而产生的障碍和纠纷。这些公约或条约由于众多国家参加而具有相应的约束力，其约束力的程度与范围则取决于有关国家政府或其立法机构。

国际惯例（international customs or international practice）是指适用于国家与国家之间（属国际公法性质）或适用于国际贸易或海事等活动的法人或自然人之间的（属国际私法性质）惯例。国际惯例应具备以下特征。

（1）必须是被一定范围的人员或组织一贯地、经常地、反复地采用。

（2）必须具有明确和肯定的内容，构成一套行为规则，以确定合同当事人的权利和义务；但这种规则一般不具有强制性，当事人可自行或通过协商选用，或纳入合同，以相互约束，有利于维持国际经济秩序。

（3）必须是在一定范围内众所周知并认为有普遍约束力的。

与我国国际经贸合同有关的国际公约和惯例见表 5-3。

表 5-3　　　　　　　　与我国国际经贸有关的主要国际公约和惯例简况

1. United Nations Convention on Contract for the International Sales of Goods（联合国国际货物销售公约）	该公约1980年4月在维也纳通过，由四部分组成。第一部分适用范围和总则中限定该公约仅适用于合同主体分别在不同国家的国际货物买卖合同，不适用于私人购买的货物的销售、拍卖、船舶、飞机、电力等买卖合同。第二部分为对要约和承诺规则的规定。第三部分为买卖双方的权利义务、违约和补救措施等。第四部分为《公约》的签署、批准、生效、推出和允许保留等规定。 1986年12月我国向联合国秘书长递交了批准书，《公约》已于1988年对我国正式生效。我国提交批准书时提出了两项保留。一是《公约》第十一条规定："销售合同无需以书面订立或书面证明，……"。我国认为国际货物销售合同必须采用书面形式。二是对《公约》第一条（b）款的保留，因该款规定："… when the rules of private international law lead to the application of the law of a Contracting State."（如果国际私法规则导致使用某一缔约国的法律……），我国认为该款限制了缔约国国内法的适用而作了保留
2. International Rules for the Interpretation of Trade Terms（国际贸易术语解释通则）	国际商会于1936年制定了该通则，简称INCOTERMS，目前使用的是在2000年修订补充的文本INCOTERMS 2000，载有13种与交货有关的贸易术语，目前在国际贸易中应用最为广泛
3. Warshaw-Oxford Rules（华沙—牛津规则）	国际法协会于1928年在华沙制定了关于CIF（到岸价）的统一规则，即《1928年华沙规则》，1932年在牛津开会，对它作了修改，定名为华沙—牛津规则 1932
4. Principles of International Commercial Contracts（国际商务合同通则，本条目中简称《通则》）	国际私法协会组织包括我国政府代表在内的许多国家的有关专家，经10余年的研究，于1994年5月制定了该通则。由于通则在法律原则上力求兼容不同的政治和文化背景及法律体系，并可适用于各种商贸合同，因而所制定的规则体系比只适用于一般货物贸易的《联合国国际货物销售公约》更有适用性
5. Uniform Customs and Practice for Documentary Credits（跟单信用证统一惯例）	在信用证长期使用过程中，由于其对当事人的权利与义务以及条款和术语的含义缺乏统一的国际规定，信用证当事人之间的争议时有发生。1926年美国商会建议国际商会制订信用证的国际统一规则。通过国际商会和有关组织的研究、草拟、讨论，经多次修订后，1962年11月国际商会在墨西哥城第19次大会上通过和公布了跟单信用证统一惯例，此名称沿用至今。目前的最新修订文本是《跟单信用证统一惯例》1993年修订本，已被170多个国家和地区的银行所采纳。我国中国银行从1987年开始也在所开信用证中注明依据该统一惯例开具，在业务操作上也以其为准

6. Hague Rules（海牙规则）	欧美 26 个航运国于 1924 年在布鲁塞尔召开会议，通过了 1921 年各国航运商在海牙拟定的关于提单的《海牙规则草案》，定名为《统一提单若干法律规则的国际公约》（International Convention for the Unification of Certain Rules of Law Relating to Bill of Lading），又称《1924 年海牙规则》（Hague Rules 1924），简称《海牙规则》。并于 1931 年 6 月生效。该规则已成为各国有关海运提单立法和运输组织制订格式提单的内容和依据。我国虽未参加《海牙规则》，但实践中我国大多采用该规则
7. The Visby Rules（维斯比规则）	由于《海牙规则》过多地维护了承运人的利益，因而一直受到航运业发展较慢的第三世界国家的反对。在国际海事委员会（International Maritime Committee）的协助下，在布鲁塞尔召开了外交会议，签订了修改《海牙规则》的议定书，由于该议定书是在 Visby 准备的，故称《维斯比规则》，其全名为《关于修订统一提单若干法律规则的国际公约的议定书》（Protocol to Amend the International Convention for the Unification of Certain Rules of Law Relating to Bill of Lading）。该议定书于 1977 年 6 月生效，它对《海牙规则》作了有限的修改，主要为：①扩大了适应范围；②提高了承运人的赔偿限额；③增加了集装箱和托盘运输等新的运输方式；④增加了保护承运人的雇员和代理人的规定；⑤延长了诉讼时效
8. The Hamburg Rules（汉堡规则）	汉堡规则的全称是《1978 年联合国海上货物运输公约》（United Nations Convention on the Carriage of Goods by Sea 1978，简称《汉堡规则》），对海牙规则作了重大修改，限于篇幅，不再赘述
9. New York Convention《纽约公约》	《纽约公约》全名为《承认及执行外国仲裁裁决的公约》（Convention on the Recognition and Enforcement of Foreign Arbitral Awards），于 1959 年 6 月 7 日正式生效，是目前最主要的关于承认和执行外国仲裁裁决的国际公约，我国已于 1986 年 2 月正式加入《纽约公约》，该公约已于 1987 年 4 月 22 日起对我国生效

二、我国对国际公约和国际惯例适用性的有关法律规定

《中华人民共和国民法通则》第一百四十二条对国际公约和国际惯例适用性作了如下的规定：

"中华人民共和国缔结或者参加的国际条约同中华人民共和国的民事法律有不同规定的，适用国际条约的规定。但是，中华人民共和国声明保留的条款除外。"（If any international treaty concluded or acceded by the People's Republic of China contains provisions differing from those in the civil laws of the People's Republic of China, the provisions of the international treaty shall prevail, with the exception of those clauses on which the People's Republic of China has declared reservation.）第一百四十二条第 3 款又规定："中华人民共和国法律和中华人民共和国缔结或参加的国际条约没有规定的，可以适用国际惯例。"（International practice can be applied to matters for which neither the laws of the People's Republic of China nor any international treaty concluded or joined by the People's Republic of China has any prescription or speculation.）

《中华人民共和国民法通则》第一百五十条对国际惯例的适用作了一般性的限制规定，即："依照本章使用外国法律或者国际惯例的，不得违背中华人民共和国的社会公共利益。"

因此，国际经贸合同在国际公约或条约对该合同的适用性方面，应遵守以下的原则。

(1) 该公约是我国缔结或者参加的。

(2) 我国对该公约声明保留的条款不能适用。

应当注意，国际公约和国际惯例是有区别的。主要表现在：

(1) 某个国家缔结或加入了某个国际条约或公约，该国就受到该条约或公约的约束；国际惯例是一定的人员或组织在长期实践中形成的，且人们自愿信守的某些行为准则。国际惯例的法律效力依赖于国家法律的规定。当国家法律以明示或默示方式承认某国际惯例时，该惯例才能产生法律效力。

(2) 法律定得多么细致，也难免出现漏洞。国际惯例虽不等同于法律，但使用国际惯例可以填补法律的空缺，并能取得当事人各方和社会利益之间的平衡。如《日本裁判失误须知》中规定："民事之审判，有成文法者以成文法，无成文法者依习惯。"《国际商事调解与仲裁规则》等也都规定：仲裁庭应按照合同的条款进行仲裁，并考虑适用于该具体交易的贸易惯例。

因此，适用国际惯例，应遵守以下原则。

(1) 我国法律确实未对之作有规定的。

(2) 不损害我国社会公共利益。

笔者在翻译北京某中外合资项目的合同时，发现外方拟就的英语合同中有个别条款符合国际惯例，但不符合我国法律，提出并经投资双方协商作了修改，从而维护了我国的利益。翻译者应当负起这种把关的责任。

第六章 FIDIC《土木工程施工合同条件》的应用及各版对比

第五章第四节三中对《FIDIC 土木工程施工合同条件》作了简单的介绍。由于国内外至今广泛使用的是《FIDIC 土木工程施工合同条件》第四版及第四版修订版，为节省篇幅计，本章中将着重介绍《FIDIC 土木工程施工合同条件》第四版及第四版修订版（下文中简称为"FIDIC 合同条件"）的特点与其应用，并对第四版和 1999 年第一版进行对比。

第一节 FIDIC《土木工程施工合同条件》各版文本简介

FIDIC 土木工程施工合同条件各版本中应用较广者如下。

(1)《土木工程施工合同条件》(Conditions of Contract for Works of Civil Engineering Construction，又称红皮书)。

(2)《电气与机械工程合同条件》(Conditions of Contract for Electrical and Mechanical Works，又称黄皮书，1987 年第三版，并于 1988 年作了修订)。

(3)《业主/咨询工程师标准服务协议书》(Client/Consultant Model Services Agreement，又称白皮书)。

(4)《设计—建造与交钥匙合同条件》(Conditions of Contract for Design—Build and Turnkey，又称橙皮书，1995 年第一版)。

(5)《土木工程施工分包合同条件》(Conditions of Subcontract for Works of Civil Engineering Construction，1994 年第一版)。

土木工程施工合同条件（红皮书）从 1957 年第一版问世以来，相继于 1969 年、1977 年、1987 年出版了第二版、第三版和第四版。1988 年出版了第四版修订版，修订了 17 处。1992 年第二次修订版又修订了 28 处，增加了"期中支付证书"及"最终支付证书"两定义。1996 年出版了第四版增补本。增补本增补了三部分内容。

(1) 总价支付 (Payment on a Lump Sum Basis)。第四版 1992 年修订版仍然主要适用于单价合同，并允许单价合同中个别子项工程采用总价支付合同。1996 年增补版则对总价支付合同有关条款作了补充修订。

(2) 有关拖延签发支付证书 (Late Certification) 的规定，即将第 60.10 款有关期中付款的规定改为"在工程师收到承包商的中期支付报表后的 56 天内，业主应向承包商付款"。

(3) 将承包商与业主（工程师）之间的争端直接提交争端裁决委员会 (Dispute Adjudication Board，简称 DAB)，而不再交由工程师解决。

为了适应近年来发展的新的国际工程承包模式，1999 年 FIDIC 又推出了四种新的合同条件。

(1)《施工合同条件》(Conditions of Contract for Construction)。

(2)《生产设备和设计—施工合同条件》(Conditions of Contract for Plant and Design-Build)。

(3)《设计采购施工（EPC）/交钥匙工程合同条件》(Conditions of Contract for EPC/Turnkey Projects)。

(4)《简明合同格式》(Short Form of Contract)。

以上所述 FIDIC 施工合同条件的各个版本及其适用范围可参看表 6-1。

表 6-1　　　　　　　　FIDIC 施工合同条件各个版本及其适用范围

日期	版本	名称及适用范围
1957 年 8 月	第一版	土木工程（国际）施工合同条件，适用于国际土木工程施工，由通用条件和专用条件组成
1969 年 7 月	第二版	土木工程（国际）施工合同条件，称红皮书，适用于国际土木工程施工，由通用条件、专用条件及疏浚和填筑工程专用条件三部分组成
1977 年 7 月	第三版	土木工程（国际）施工合同条件 CONDITIONS OF CONTRACT (INTERNATIONAL) FOR WORKS OF CIVIL ENGINEERING CONSTRUCTION（称红皮书），适用于国际土木工程施工，由通用条件、专用条件和疏浚和填筑工程专用条件三部分组成
1987 年 9 月	第四版	土木工程施工合同条件 CONDITIONS OF CONTRACT FOR WORKS OF CIVIL ENGINEERING CONSTRUCTION（仍称红皮书），适用于英国国内及国际土木工程施工，名称中删去（国际）字样，由通用条件和专用条件两部分组成。第三版的疏浚填筑工程专用条件并入第四版的专用条件中
1999 年 1 月	1999 年第 1 版，包括四种合同条件	(1) 施工合同条件 Conditions of Contract for Construction（仍称红皮书），FIDIC 推荐在由雇主或其代表工程师设计的工程项目中采用这种合同条件。一般的合同安排情况是由承包商按照雇主提供的设计进行工程施工，但该工程可以包括由承包商设计的土木、机械、电气和（或）构筑物的某些部分。此合同条件适用于前述传统项目管理模式，即国内称为的总承包制。 (2) 生产设备和设计—施工合同条件 Conditions of Contract for Plant and Design-Build（称黄皮书），FIDIC 推荐在电气和（或）机械设备的供货以及房屋建筑和工程构筑物的设计与施工中采用这种合同条件。一般的合同安排情况是由承包商按照雇主要求来设计和提供生产设备和（或）其他工程。此类工程可以包括土木、机械、电气、房屋建筑和（或）工程构筑物以及它们的组合。此合同条件适用于前述的设计建造模式，但工程范围还包括机械、电气等工程。 (3)《设计采购施工（EPC）/交钥匙工程合同条件》(Conditions of Contract for EPC/Turnkey Projects)（称银皮书），这种合同条件适用于以交钥匙方式提供一个工厂或类似设施的加工或动力设备，或者提供一项基础设施或其他类型的开发项目，其特点是：①要求项目的最终价格和工期有较高的确定性；②由承包商承担这种项目的设计和实施的全部责任，而雇主很少介入。采用交钥匙（turn-key）安排的工程项目通常是由承包商负责全部设计、采购和施工（Engineering, Procurement, Construction；简称 EPC），以提供一个设备全部装好可用的设施，"一转动钥匙"，即可投入使用。 (4) 简明合同格式 Short Form of Contract（称绿皮书），FIDIC 推荐在资本金额较少的房屋建筑或工程构筑物项目中采用这种合同格式。根据工程的类型和情况，这种合同格式也可用于资本金额较大的工程，特别是用于简单或重复性的工程或工期较短的工程。采用这种合同格式时，通常由承包商按照雇主或其代表（如有时）提供的设计进行工程施工
2006 年 3 月	多边发展银行协调版第二版	FIDIC 推荐涉及下述银行的贷款项目采用该版，即：非洲开发银行、亚洲开发银行、欧洲复兴开发银行、加勒比开发银行、泛美开发银行、国际复兴开发银行、黑海贸易开发银行、伊斯兰开发银行和北欧发展基金

FIDIC 合同条件的格式与一般英国式合同类似，表 6-2 是 FIDIC1999 年第一版工程施工合同条件的格式，可资参考。

表 6-2　　　　　　　　　　FIDIC1999 年第一版施工合同条件的格式

1. 名称	施工合同条件	Conditions of Contract for Construction
2. 前言	前言	Foreword
3. 正文	施工合同条件	Conditions of Contract for Construction
	（1）通用条件，包括 20 条。	(1) General Conditions, consisting of 20 Clauses.
	1）一般规定	1) General Provisions
	2）雇主	2) The Employer
	3）工程师	3) The Engineer
	4）承包商	4) The Contractor
	5）指定分包商	5) Nominated Subcontractors
	6）员工	6) Staff and Labour
	7）生产设备、材料和工艺	7) Plant, Materials and Workmanship
	8）开工、延误和暂停	8) Commencement, Delays and Suspension
	9）竣工试验	9) Tests on Completion
	10）雇主的接收	10) Employer's Taking Over
	11）缺陷责任	11) Defects Liability
	12）测量和估价	12) Measurement and Evaluation
	13）变更和调整	13) Variations and Adjustments
	14）合同价格和付款	14) Contract Price and Payment
	15）由雇主终止	15) Termination by Employer
	16）由承包商暂停和终止	16) Suspension and Termination by Contractor
	17）风险与职责	17) Risk and Responsibility
	18）保险	18) Insurance
	19）不可抗力	19) Force Majeure
	20）索赔、争端和仲裁	20) Claims, Disputes and Arbitration
	（2）专用条件编写指南。	(2) Guidance for the Preparation of Particular Conditions.
	（3）投标函、合同协议书和争端裁决协议书格式	(3) Forms of Letter of Tender, Contract Agreement and Dispute Adjudication Agreement
4. 附件	附件　担保函格式	Annexes Forms of Security
	附件 A　母公司保函范例格式	Annex A　Example Form of Parent Company Guarantee
	附件 B　投标保函范例格式	Annex B　Example Form of Tender Security
	附件 C　履约担保函——即付保函范例格式	Annex C　Example Form of Performance Security—Demand Guarantee
	附件 D　履约担保函——担保保证范例格式	Annex D　Example Form of Performance Security—Surety Bond
	附件 E　预付款保函范例格式	Annex E　Example Form of Advance Payment Guarantee
	附件 F　保留金保函范例格式	Annex F　Example Form of Retention Money Guarantee
	附件 G　雇主支付保函范例格式	Annex G　Example Form of Payment Guarantee by Employer

FIDIC合同条件既可以应用于国际工程,经修订后又可以用于国内工程,因而被广泛应用在国际工程项目实施中。世界银行等国际金融组织的贷款项目,均采用FIDIC合同条件。我国有关部委编制的合同条件或协议书范本一般将FIDIC合同条件作为重要的参考文本。

目前国内对"conditions of contract"一词译法颇不统一,有译为"合同条件"者,也有译为"合同条款"者。下面对有关合同的几个名词的译法和其涵义作一说明,不当之处,尚希读者指正。

(1) 合同,英语为"contract",可译为"合同、合约"等,目前多译为"合同"。

(2) 合同条件,英语为"conditions of contract",1983年笔者讲授土木工程施工合同条件第三版(FIDIC)施工合同时,将其译为"合同条件"。而未译为"合同条款"。因为英语中contract一词作动词用时,有"承包"的含义,contractor意为"承包商"。招标文件中的"合同条件"就是投标人应遵守的"承包条件"。合同条件由若干"条"(clauses)和"款"(sub-clauses)组成,一般称为"条款"(terms)。当然译为"合同条款"也未为不可。

(3) 合同文件(contract documents)指签署合同以后构成合同的全部文件。FIDIC合同条件(第四版)第5.2款对合同文件及其优先顺序规定如下。

"构成合同的若干文件应被认为是互相说明的,但在出现含糊或歧义时,则应由工程师对之作出解释或订正,工程师并应就此向承包商发出有关指示"。在此情况下,除合同另有规定外,构成合同的各文件的优先顺序应如下。

1) 协议书(如填写有协议书时)。
2) 中标函。
3) 投标书及其附件。
4) 本合同条件的第二部分(专用条件)。
5) 本合同条件的第一部分(通用条件)。
6) 构成本合同一部分的任何其他文件。

(4) 协议书(agreement)是指根据国际公开招标惯例,评标结束后招标机构应向雇主(employer,即业主)提交授予合同的建议书。如雇主同意所建议的投标人中标(但雇主也可选其他投标人中标),则向所选定的投标人发出中标函(又称授标函)。一般情况下,从雇主与承包商双方在合同条件中的指定处签字之日起,合同(即前述的合同文件)开始生效。1991年3月颁行的我国《建设工程施工合同》(示范文本)就规定,双方在此文本的第二部分"协议条款"结尾处签字。FIDIC合同条件和国际上某些合同则要求,雇主和承包商必须签署一份合同协议书(简称协议书),才算正式签订了合同,合同才具有法律约束力。

FIDIC合同条件通用条件第9.1款对合同协议书作了以下的规定"在被邀请签约时承包商应同意签订并履行合同协议书,该协议书由雇主根据本合同条件所附格式拟订。如有必要,可对其进行修改。该协议书的拟订和签订费用由雇主承担"。

9.1款中提到的协议书格式,就是一份印好的待填写签字的协议书。它是合同文件的一个组成部分,其内容如下。

合同协议书*

本协议书于____年____月____日由_____的_____（以下简称"**雇主**"）为一方，与_____的_____（以下简称"**承包商**"）为另一方协商签订。

鉴于**雇主**愿将名称为_____的**工程**，交由**承包商**实施，并已接受了**承包商**提交的关于实施和完成此等工程及修补其中任何缺陷的**投标书**，雇主和承包商达成协议如下：

1. **本协议书**中的词语和措辞的含义与下文提及的**合同条件**中分别赋予它们的含义相同。

2. 下列文件应被视为**本协议书**的组成部分，并应被作为其一部分进行阅读和解释。
   (1) _____（日期）的**中标函**。
   (2) _____（日期）的**投标书**。
   (3) **补充文件**第_____号（填写编号）。
   (4) **合同条件**。
   (5) **规格书**❶
   (6) **图纸**，以及
   (7) 已填写好的各种**表格**。

3. 鉴于**雇主**将按下文所述将各项款项付给**承包商**，**承包商**特此与**雇主**签约，保证遵照**合同**的各项规定，实施和完成**本工程**及**修补**其中任何缺陷。

4. 鉴于**承包商**将承担**本工程**的实施和竣工及**修补**其中任何缺陷，**雇主**特此立约，保证按照合同规定的时间和方式，向**承包商**支付合同价格。

此协议书由双方依据各自的法律于本协议书开始载明之日起实施，**特此立据**以资证明。

签字人签字：_____	签字人签字：_____
在下述见证人在场下，代表雇主签字	在下述见证人在场下，代表承包商签字
见证人：_____	见证人：_____
姓　名：_____	姓　名：_____
地　址：_____	地　址：_____
日　期：_____	日　期：_____

投　标　书

合同名称❷：_____

致❷：_____

先生们：

1. 在研究了上述工程的施工合同条件、规格书、图纸、工程量表以及附件第❷_____

---

* FIDIC施工合同条件版本中对在合同条件已定义的词语用黑体字表明，如以上协议书中的"**雇主**、**承包商**"等词。本书以后引用FIDIC施工合同条件的内容时，对其中用黑体字标明的词语都改用普通字体表示，请读者注意。

❶ 内地多将specification误译为"规范"，应译为"规格书"或"技术规格书"。

❷ 应在投标书文件发出之前填好。

_____号到第❶_____号，我们，即文末签名人以❶_____（货币单位）或根据上述合同条件可能确定的其他金额，按合同条件、规范、图纸、工程量表以及附件要求，实施和完成上述工程并修补其中任何缺陷。

2. 我们承认该附件为我们投标书的组成部分。

3. 如果我们中标，我们保证在接到工程师开工通知之后尽可能快地开工，并在招标书附件中规定的时间内完成合同中规定的全部工程。

4. 我们同意从贵方接到本投标书之日起❶_____天内遵守本投标书，在此期限期满之前的任何时间，本投标书一直对我们具有约束力，并可随时被接受中标。

5. 在制定和执行一份正式的协议书之前，本投标书连同贵方书面中标通知，均应构成我们双方之间的有约束力的合同。

6. 我们理解你们并不一定非得接受最低标或贵方可能收到任何投标书的约束。

_____年_____月_____日

签字人_____ 职务_____

授权代表：_____（英语楷体大写字母）
地址：_____
证人：_____
地址：_____
职业：_____

投 标 书 附 件 *

担保金额（如有时）_____ 10.1 为合同价格的_____%
第三方保险的最低金额_____ 23.2 不限发生次数，平均每次____（货币单位）
颁发开工通知的时间_____ 41.1 _____天
竣工时间_____ 43.1 _____天
误期损害赔偿费金额_____ 47.1 每天_____（货币单位）
误期损害赔偿费限额_____ 47.1 _____（货币单位）
缺陷责任期_____ 49.1 _____天
暂定金额调整的百分比_____ 59.4 (c) _____%
表列材料发票价值百分比_____ 60.1 (c) _____%
保留金百分比_____ 60.2 _____%
保留金限额_____ 60.2 _____%

_____

＊ 所列所有细节，除了对应于第 59.4 款的百分数以外，所有详细数字应在招标文件发出后填入。凡应填入天数之处，为与本合同条件保持一致，希望该数为 7 的倍数。

❶ 应在投标书文件发出之前填好。

中期付款证书的最低金额_____ 60.2 _____（货币单位）
未付款额的利率_____ 60.10 _____%

投标书签署人签名：_____

凡合同中包括下列有关的规定时，应附加相应的条款。
1）区段的竣工：第43.1和48.2（a）款。
2）区段误期损害赔偿费：第47.1款。
3）奖金：第二部分第47.3款。
4）工地材料的支付：第60.1（c）款。
5）以外币支付：第二部分第60条。
6）预付款：第二部分第60条。
7）表列材料引起的对合同价格的调整：第二部分第70.1款。
8）汇率：第二部分第72.2款。

第二节 FIDIC合同条件的内容组成

FIDIC合同条件第三版和第四版的内容组成见表6-3。1977年第三版中的第三部分"疏浚和填筑专用条件"适用于大型地上和水下土方工程。由于考虑此类机械费用在工程造价中占很大比例，所以对疏浚和填筑工程特别编制了第三部分的专用条件。第四版中则考虑现实情况，将第三版的第二、三部分合并一处，并加修订，而称为第二部分"专用条件"。

表6-3　　　　FIDIC合同条件第三版和第四版文本结构的比较

	FIDIC合同条件第三版（1977年）			FIDIC合同条件第四版（1987年）	
1	协议书	合同双方签字之处	1	协议书	合同双方签字之处
2	第一部分	通用条件	2	第一部分	通用条件
3	第二部分	专用条件	3	第二部分	专用条件
4	第三部分	疏浚和填筑工程专用条件	4	投标书及其附件	投标人应填写呈交的投标文件
5	投标书及其附件	投标人应填写呈交的投标文件	5	履约保证书 履约担保书	参考示例

FIDIC合同条件第四版中考虑当时担保保证的作用越来越重要，在第二部分中给出了"履约保证书"和"履约担保书"两个示例，供使用者参考。

合同条件一般按其性质归为不同的类别，称为"单元"或"节"等。随着合同的修订，其所包含的单元的数目和性质也会相应变动。例如，FIDIC合同条件第四版分为28个单元，共72条194款（不包括最后未编条款号的"可能使用的补充条款"）。我国财政部世界银行司于1991年组织编写并经世界银行同意出版了《世界银行贷款项目招标采购文件范本（以下简称"范本"》，包括 9 种文本，供建设单位和招标代理机构使用。1995 年 1 月，世界银行出版了新版"采购指南"，随后世界银行根据新版"采购指南"编写了"标准招标采购文件（SBD）"，并要求其借款国在世行项目招标中必须使用 SBD。但财政部考虑我国具体情况和国内竞争性招标经验，经与世界银行协商后，世界银行同意保留和修订中国的"范本"，但要求其主要内容与 SBD 保持一致。修订的范本从 1996 年 7 月 1 日施行。范本中《土建工程国内竞争性招标文件》的"合同条款"内容由总则、工期控制、质量控制、费用控制和完成合同 5 个单元组成，共 63 条，适用于按国内竞争性招标的世界银行贷款项目（Local Competitive Bidding，简称 LCB）。世界银行贷款项目的《土建工程国际竞争性招标文件》（国际竞争性招标 International Competitive Bidding，简称 ICB）则仍采用 FIDIC 合同条件第四版 1992 年版修订版。

第三节　FIDIC 合同条件的特点

FIDIC 所编制的各种合同条件具有以下的共同特点。

（1）国际通用性。FIDIC 所编制的各合同条件是通过总结国际工程合同管理的经验与教训而制定的，并不断吸收新的经验、教训和意见进行修订，使之更臻完善。因此，FIDIC 合同条件具有很高的国际通用性，适用于不同国家和地区的法律和规定，既可用于国际工程，经过一定修订后又可用于国内工程。某些国际金融组织，如世界银行和亚洲开发银行，其贷款项目和某些国家、地区的国际工程都规定采用 FIDIC 合同条件。我国的各种合同示范文本或协议书的编制也将 FIDIC 合同条件作为重要的参考文本。

（2）各方的权利义务和责任规定明确，公正合理，便于操作。由于 FIDIC 合同条件客观地吸取了合同有关各方的意见，所以在其规定中公平合理地考虑了各方的利益，对雇主、承包商和工程师的权利和责任，以及三者在履行合同中的相互工作关系都作了详尽而合理的规定。在第四版中，更在雇主赋予工程师一定权限的同时，还在费用、工期和变更等事项的处理上，对工程师的权限加以合理的限制，以保证工程师在依据合同处理问题时能更加公正。

（3）内容全面，条款前后规定一致，文字严谨，符合现有各种法律体系的要求。FIDIC 合同条件吸取了英国土木工程师学会（ICE）、联合合同评议会（JCT）等编制的合同文本用词遣句严格的优点。从第四版开始，又使文字更加易读、易于理解。多年来的应用结果表明，FIDIC 合同条件对目前各种法律体系，如社会主义法律体系、普通法体系、罗马法体系及伊斯兰法律体系，均可适用。

（4）协议书、通用条件和专用条件三者形成既有分工又灵活适用的有机整体。如前所述，协议书明确了整套合同文件的内容、合同双方的最主要的权利和义务，经双方签署后合同始能生效。

通用条件是指对某一类合同标的都适用的规定，如《土木工程施工合同条件》的通用条件对工业民用房屋建筑、水利、桥梁、机场、港口、公路、铁路等土木工程项目均适用。

专用条件是专门为了合同所界定的具体工程项目所制定的，它是对通用条件的修改、删减和补充，这样就可以使 FIDIC 合同条件适用于工程所在国或地区的法规的差异，工程项目的特点以及雇主对合同的各种要求。

（5）FIDIC 合同条件的应用范围如下。

1）土木工程项目。

2）雇主授权工程师对合同实施进行监督的工程项目。

3）主要适用于单价合同，但单价合同也可带有若干总价（包干）合同。应当指出，1996 年增补版对总价合同的有关条款、协议书和投标书及附件做了修订，明确此类合同适用于合同价在 100 万美元以内，工期不超过 12 个月且变更较少的工程。如工程较大，则宜采用适用于总价合同的《FIDIC 设计、建造与交钥匙合同条件》。

限于篇幅，本文不拟对 FIDIC 土木工程施工合同条件逐条逐款进行介绍，只着重介绍有关"付款"的条款。"索赔"和"争端的解决"等问题则在第七章内介绍。

第四节 FIDIC 合同条件中有关期中付款的规定

工程付款是合同管理中的核心问题，也是工程师处理索赔问题的一个重要依据。FIDIC 合同条件对的规定如下。

一、期中付款包括的费用

期中付款（Interim Payment，简称 I.P.）又称月进度款。FIDIC 合同条件第 60.1 款规定，承包商应在开工后每一个月末按工程师指定的表格向工程师提交一式六份期中付款月报表，表中填报承包商认为该月内他有权得到的下述款项。

（1）已完工的永久工程的价款。

（2）工程量清单中任何其他的费用项目，包括承包商的设备、临时工程、计日工和类似的费用。

（3）表列材料及承包商在工地交付的准备为永久工程配套而尚未安装到该工程中的工程设备的发票价值的总额乘以某百分比所得的费用。此百分比一般为 75%～90%，由承包商在其投标书附件中填报。此项费用又称"材料（和设备）预付款"。

（4）按第 70 条进行的价款调整。

（5）承包商根据合同有权得到的任何其他款项（如索赔、变更费用等）。

国际承包常用的工程量清单（Bill of Quantities）一般由序言、分项清单表和清单汇总表三部分组成。序言规定清单的适用范围、填写要求和工程量计算方法等。工程量清单的第二部分（分项清单）则由总则（涉及整个工程的工作）、各主要工程（如土方等）、计日工等分章清单表组成。

以工程量清单为分界线，以上费用可分解为表 6-4 所列的各项费用。

二、工程量清单内费用的报价和付款

工程量清单内费用包括"总则"及各章中已报费用。各章中已报单价和总价的分项工程完成后按清单所填费用付款。如因工程量等变更情况需调整单价，则按下文所述，按调整后单价和相应工程量付款。总则中各项费用的报价和付款方法常用者有以下几种，见表 6-5。

表6-4　　　　　　　　　　　　　　　中期付款包括的费用

费用类别	费用项目	费用性质	有关条款
工程量清单内费用	（见下文中说明）		（有关工程量清单的条款）
工程量清单外费用	工程索赔	工程费用	51，52
	工程变更	工程费用	53
	调价费用	工程费用	70
	动员预付款	业主预付	60
	材料预付款	从期中付款中扣还	60.1
	保留金	从期中付款中扣留	60.2，60.3
	业主拖延付款应付利息	属于业主违约费用	60.10
	承包商违约罚金	业主扣发	39，47

表6-5　　　某工程的工程量清单"总则"中各项费用的报价表　　　　　单位：元

编号	项 目 名 称	单位	数量	单价	金额
101	工程师现场办公室清洁及维护	项	1	498.98	8998
102	工程师雇员住宿费	项	1	59480	59480
103	现场保护费	项	1	15400	15400
...	……	...	...	...	...
...	……	...	...	...	...
110	临时设施修建及维护费	项	1	250000	250000
111	……	项	1	2400	2400
...	……	...	...	...	...
...	……	...	...	...	...
120	银行履约保函手续费	项	1	2500	2500
121	工程师办公室用设备	项	1	101300	101300
122	提供和维护实验室设备	项	1	420000	420000

1. 均匀分摊法

用于每月发生的费用基本相同时，每月的付款额等于费用总额除以合同工期。表6-5为某工程工程量清单"总则"中各项费用的报价表。

表6-5中第101项工程师现场办公室清洁及维护费用为8998元，如合同工期为18个月，按均匀分摊法，则每月付款应为 $8998 \div 18 = 498.98$（元/月）。

2. 不均匀分摊法

适用于虽然每月都发生该项费用，但每月应付金额并不相同的情况。如第110项临时设施修建及维护费主要发生在开工后头两个月，以后进入经常维修阶段时这项费用就减少得很多。经工程师与承包商商定：第1、2月支付该项费用的60%，其余费用则分摊在 $(18-2)=16$ 个月内。因此，第一及第二个月各支付 $250000 \times 0.6 \div 2 = 75000$（元/月）；其余16个月每月各支付 $250000 \times 0.4 \div 16 = 6250$（元/月）。

3. 凭证法

根据承包商提供的付款凭证进行支付。如第120项银行履约保函手续费就用此法支付。

4. 估价法

适用于购买机械设备或仪器的费用项目,且承包商不能一次购齐的情况。此法可用式(6-1)说明。

$$当月计量支付金额 = Q \times \frac{A}{B} \quad (6-1)$$

式中　Q——清单中开列的该项目支付费用;
　　　A——购进一部分该项物品的实际发生的费用;
　　　B——按上述实际购置费用估测的全部物品的估价。

【案例 6-1】 前表中的第 121 项"工程师办公室用设备"包括微机两台、打印机两台、传真机一台和复印机一台,承包商报价为 $Q=101300$ 元。开工后第一个月内承包商实际购买了微机一台、打印机一台、传真机一台和复印机一台。一月份期中付款中此项费用应支付的金额计算见表 6-6。

表 6-6　　　　　　　一月份工程师办公室用设备费用金额计算

品　名	单价(元)	实购数量	应购数量	估价 B(元)
586 微机	10500	1	2	21000
喷墨打印机	14000	1	2	28000
传真机	4600	1	1	4600
复印机	26800	1	1	26800
总　计		$A=55900$		$B=80400$

故第一个月期中该项费用应付款额付款 $= Q \times \frac{A}{B} = 101300 \times \frac{55900}{80400} = 70431.22$(元)。

但应指出,该项目的付款总额总是等于工程量清单中承包商原来所报的价款 Q。因此,如下月承包商购齐了所有设备,他下个月应得到的费用为 $101300 - 70431.22 = 30868.78$(元)。

三、动员预付款的支付和扣还

动员预付款属于清单外费用的支付,是业主暂时支付承包商的一笔无息贷款,以供施工准备和开工之用。预付款总额一般为合同价的 5%～20%(世界银行对我国贷款项目定为 15%)。根据 FIDIC 合同条件第 60 条,动员预付款的支付程序为:签订合同协议书后,承包商向业主提交了履约担保及预付款担保之后的合同规定天数内(一般为 14 天),由工程师签发预付款支付证书,并呈送业主。业主收到该证书后在合同规定的时间内,向承包商支付此项预付款。应当指出,动员预付款一般为一次付清,而履约担保则可以与业主商定,分期提交担保。

动员预付款的扣还一般从期中付款的累计金额达到合同价的某一规定百分率时(例如 20%)开始每月等额扣还,并在合同工期期满前三个月(或按类似上述百分率规定)的提前期前还清。动员预付款扣还期内每月等额扣还额 M 可用式(6-2)计算:

$$M = \frac{A}{N-(P-1)-3} \qquad (6-2)$$

式中　A——动员预付款总额；

　　　N——合同工期的月数；

　　　P——期中付款的累计金额达到合同价的某一规定百分率时的月数。

【案例 6-2】 我国某省利用世界银行贷款修建一条高速公路，甲段合同价为 7310 万元，工期 N 为 30 个月，动员预付款 A 为合同价的 15%，从期中付款的累计金额达到合同价的 20% 后开始每月等额扣还。开工后前 8 个月的期中付款金额和累计额见表 6-7，试确定每月的预付款扣还额为若干元？

表 6-7　　　　　某高速公路甲段合同期中付款（前 8 个月）　　　　　单位：元

月 份	期中付款额		月 份	期中付款额	
	当 月	累 计		当 月	累 计
1	2168961	2168961	5	2476064	13424227
2	2941743	5110704	6	2789430	16.213.707
3	31185302	8296006	7	2654695	18868392
4	2652207	10943213	8	2085621	20954013

已知合同价为 7310 万元，则动员预付款总额为 $A = 73100000 \times 0.15 = 10965000$（元）。又合同价的 20% 为 $73100000 \times 20\% = 14620000$（元），故由表 6-7 知，扣还期开始月份为 $P = 6$（因 16213707 元超过了 14620000 元）。

根据前述公式，可知：

动员预付款扣还期 $N-(P-1)-3 = 30-(6-1)-3 = 22$（个月）；

扣还期内每月应扣还的动员预付款金额 $10956000 \div 22 = 498409$（元）。

施工中如工程师根据合同在第 12 个月批准延长工期 4 个月，且允许承包商相应延长动员预付款的扣还期。则从第 12 个月开始到第 31 个月的每月应扣还的动员预付款金额可计算如下。

第 6 个月到第 11 个月已扣还的动员预付款 $6 \times 498409 = 2990454$（元）；

尚未扣还的动员预付款 $10965000 - 2990454 = 7974546$（元）；

故从第 12 个月开始到第 31 个月的每月应扣还的动员预付款金额 $7974546 \div 20 = 398727.30$（元）。

四、用于永久工程的材料和设备预付款

由于 FIDIC 合同条件主要适用于单价合同，且承包商负责采购的材料和设备应由承包商自筹资金订购，为了解决承包商订购大宗材料设备可能面临流动资金周转的困难，我国财政部编制的世界银行贷款项目招标采购文件范本及 FIDIC 合同条件第 60.3 款，对用于永久工程的材料和设备预付款作了以下的规定。

（1）业主只对承包商已运到现场且尚未用于永久性工程的材料和设备支付此类预付款。

(2) 此类预付款不得超过下述价值的75%,即:
1) 进口材料或设备的到岸价格(CIF)。
2) 当地采购的材料或设备的出厂价或库外价。
3) 当地生产的材料(如砂、碎石等)的料场价。

(3) 支付以上预付款不应视为对此类材料或设备的工程师批准,承包商仍应对它们的妥善保管和不使其变质负完全责任。

(4) 材料设备预付款的支付和扣还一般采取下述的逐月同时进行的方法。

本月材料设备预付款=(本月末现场材料设备价)×(材料设备预付款百分率)-(上月已付的材料设备预付款)

材料设备预付款百分率一般为发票价值的70%~75%,最多不超过90%。

【案例6-3】 某工程施工期为6个月,每月支付的此类预付款可按式(6-2)计算,见表6-8。

表6-8 材料设备预付款的计算 单位:元

月份	每月盘点现场材料设备价值	月末现场材料设备价值的75%	应扣的上月已支付的材料设备预付款	本月材料设备款金额	说 明
1	300000	225000	0	225000	开工后第一个月
2	250000	187500	-225000	-37500	"-"表示扣还
3	300000	225000	-187500	37500	
4	200000	150000	-225000	-75000	
5	200000	150000	-150000	0	
6	0	0	-150000	-150000	工程在月底竣工
合计		9375000	937500	0	预付款均已扣还

五、保留金

保留金(retention)是业主按照投标书中规定的保留金百分率,从每月承包商期中付款应得款项中扣留的金额,用以支付承包商在缺陷责任期中修复缺陷所花的费用,但不包括承包商造成的缺陷的维修费用,后者应由承包商自行支付。每月扣留的保留金的数额为保留金百分率(一般为10%~5%)乘以该月承包商应得的未经调价的期中付款额。

【案例6-4】 如前述的高速公路案例中第九个月的永久工程费为2171352.00元,本月的材料预付款为89427.00元,上个月的材料预付款为78630.00元,动员预付款扣还额为498409.00元,调价系数为1.15,保留金百分率为10%,则该月期中付款额可计算如下。

该月承包商应得期中付款额:(2171352.00+89427.00)×1.15=2599895.85(元);

应扣除的保留金:(2171352+89427)×0.10=226077.90(元);

再扣除动员预付款,就得到第9个月的期中付款额:2599895.85-226077.90-78630.00-498409.00=1796778.95(元)。

当所扣保留金逐月累计达到投标书附件中规定的保留金限额时,以后各月就不再扣留保留金。此限额一般为合同价乘以保留金百分率的一半，在本例中即为5%。由于合同价为7310万元，本例中的保留金限额为73100000×0.05＝3655000（元）。

关于保留金的发还，FIDIC合同条件第60.3款规定"当颁发整个工程的移交证书之时，工程师应签发证书将所扣的保留金的一半发还给承包商，或在工程师颁发永久工程的一区段或一部分的移交证书时，他应开具证书，将由他决定的与永久工程该区段或一部分的价值相应的保留金支付给承包商"。

当工程缺陷责任期满，并由工程师签发了缺陷责任证书后，工程师应签发证书将另一半保留金发还给承包商。

六、工程变更费用

FIDIC合同条件所规定的工程变更的范围比国内过去采用的设计洽商要广泛得多。FIDIC合同条件第51.1款对工程变更的范围作了如下的规定。

"如果工程师认为有必要对工程或工程的任何部分、质量或数量作出任何变更……他应有权指示承包商进行，而承包商也应进行任何下述工作：

（1）增加或减少合同中所包括的任何工作的数量。

（2）省略任何此类工作。

（3）改变任何此类工作的性质或质量或类型。

（4）改变工程任何部分的标高、基线、位置或尺寸。

（5）实施工程竣工所必需的任何种类的附加工作。

（6）改变工程任何部分的任何规定的施工顺序或时间安排。"

为了便于对变更工作的计价进行审查和控制，FIDIC合同条件第二部分里可在52.2款中规定以下的定价限制，即，合同内包括的任何项目的单价或价格不应考虑改变，除非：

（1）该项目实际完成工程量增减超过工程量清单中规定的工程量的25%（或其他约定的百分率）以上；或

（2）该项目涉及的款额超过合同价的2%。

以上两种限制不能同时使用，否则会造成争端。例如，京津塘高速公路工程就采用了前者。

【案例6-5】 某蓄水池基础土方量为1500m^3，单价为15元/m^3。基础竣工后实测土方量为2200m^3。根据FIDIC合同条件规定，工程量增减超过工程量清单中原定估算工程量的25%时，对超出或减少部分，双方可重新商定单价。经协商后，工程师决定新单价为14.50元/m^3，则该土方工程价格为：

应按原单价计价的土方量1500×（1+25%）＝1875（m^3）；

应按新单价计价的土方量2200－1875＝325（m^3）；

故该土方工程价格为1875×15＋325×14.5＝28125.00＋4712.50＝32837.50（元）；

合同价增加额为32837.5－1500×15＝10337.50（元）。

独立确定或与承包商商定单价或价格，是工程师经常要处理的问题。工程师对此应坚持以原合同单价为基础的原则，即应以合同中有关项目的单价为依据。

【案例6-6】 某土方工程的原工程量清单中工程量为16000m³，单价为15元/m³。由于工程变更，实际完成的土方量为10000m³。根据25%的工程量增减规定，工程师对计价作了如下的分析。

原土方单价15元/m³是按现场管理费率14%、总部管理费率8%、利润率5%和直接费11.6元/m³确定的。各项费用的关系如下。

直接费＝11.60（元/m³）；
现场管理费＝11.60×14%＝1.62（元/m³）；
总部管理费＝(11.60＋1.62)×8%＝1.06（元/m³）；
利润＝(11.60＋1.62＋1.06)×5%＝0.72（元/m³）；
单价总计＝11.60＋1.62＋1.06＋0.72＝15.00（元/m³）。

已知以上的单价分析，即可对此土方工程的价格进行分析和计算如下。

根据25%的工程量增减规定，可以考虑给以费用补偿的土方量为16000－16000×25%－10000＝2000(m³)。

由原单价分析及实际施工情况，可予补偿的费用项目包括：

直接费中的设备进场、出场费用，现为0.40元/m³（根据承包商呈交的直接费分析表）；

土方工程现场管理费1.62元/m³；

土方工程总部管理费1.06元/m³。

由于工程量不是增加，而是减少，故对减少的工程量不考虑补偿利润。这样，对承包商给予补偿的费用为0.40＋1.62＋1.06＝3.08（元/m³）。

承包商因工程量减少超过25%而蒙受的损失费用为2000×3.08＝6160（元）。

此土方工程的修正单价为6160/10000＋15.00＝15.616（元/m³）。

该项土方工程的价格为10000×15.616＝156160（元）。

由以上两个案例可以看出，对于超出原工程量的125%的那部分工程量，其单价应减少，反之则单价应提高。

此外，颁发整个工程接收证书时，应考虑所有变更工作对合同价调整的影响。FIDIC合同条件通用条件第52.3款规定：

"如果在颁发整个工程的移交证书时，发现由于：

（1）按52.1和52.2款估价的所有变更工作；

（2）对工程量清单进行实测后所做的一切调整（不包括暂定金额、计日工费和根据第70条所做的价格调整），而不是基于其他原因，使合同价的增加或减少超过'有效合同价'的15%（对本款而言，'有效合同价'是指不包括暂定金额和计日工费的合同价），则在此情况下，经工程师与业主和承包商适当协商后，应在合同价中减去或加上承包商和工程师可能议定的额外款项……"

现举一例对FIDIC合同条件通用条件第52.3款1)、2)两款说明如下。

【案例6-7】 某工程的有效合同价为400万元，颁发整个工程移交证书时发现，由于第52.3款所指明的1)和2)两项原因使合同价的增加超过了有效合同价75万元，即超过了 750000/4000000＝18.75％＞15％，故应扣除承包商一定的费用。工程师计算该补偿费用的合同价增加额为

$$\Delta C = 4000000 \times (18.75 - 15)\% = 150000 (元)$$

如现场管理费率为 14％，总部管理费率为 8％，利润率为 5％，则首先应求出合同价增加额 15 万元中包含多少直接费。按照国际常用算法，如直接费为 C_d，则

现场管理费＝C_d×现场管理费率(R_s)＝$C_d \times R_s$；

总部管理费＝(直接费＋现场管理费)×总部管理费率＝$(1+R_s) \times R_h \times C_d$；

利润＝(直接费＋现场管理费＋总部管理费)×利润率＝$(1+R_s)(1+R_h) \times R_p \times C_d$；

由以上各式可求得 ΔC 中所含的直接费 C_d 为

$$C_d = \Delta C / [(1+R_s)(1+R_h)(1+R_p)]$$
$$= 150000/[(1+0.14) \times (1+0.08) \times (1+0.05)] = 116030.81 (元)$$

工程师应考虑扣除的费用为现场管理费和总部管理费之和，即

$$扣除费用 = (116030.81 \times 0.14) + 116030.81 \times (1.14 \times 0.08) = 26806.32 (元)$$

为了避免上述较复杂的计算，也可以在签订合同时，在专用条件中规定好一个百分率。当结算价为合同价的 115％ 以上时，业主可要求承包商对超过 115％ 的部分按此百分率减少利润；而当结算价为有效合同价的 85％ 以下时，承包商可要求业主对低于 85％ 的部分适当提高利润。

以上案例也可供索赔计算参考。

七、工程费用调整

FIDIC 合同条件第 70 条专门对施工费用的调整做了相当具体的规定。这些规定也是国际工程施工承包合同中大多采用的做法。第 70 条考虑了两种调价情况，即

(1) 第 70.1 款：关于费用增加或减少应予调价的规定。

(2) 第 70.2 款：关于后继法规变更应予调价的规定。

1. 对于工期不超过一年的工程

一般宜采用固定总价合同。在这种情况下，合同价格只能根据第 70.2 款调整。原来第一部分的第 70.1 款原文为"对于劳务费和（或）材料费或影响本工程的任何其他事项的费用的涨落，合同价应增加或扣除按本合同条件第二部分所确定的金额"。因此，在第二部分中第 70.1 款相应地改为"合同价格应受第 70.2 款的制约，而不能因劳务费、材料费以及影响本工程的任何其他事项的涨落而予调整"。

尽管所签合同是固定总价合同，但在一定条件下，也可在签约前与业主商讨，争取纳入类似 70.2 款的关于后继法规变更的调价条款。我国某对外承包公司在中东某国投标中标的一项工程就采取了这种做法，并获得了成功。该国虽地处中东，但不产石油，经济不甚富足，因此对石油产品及钢材、水泥、木材等主要建筑材料实行了国家专卖，且不得由第三国进口此等材料。针对这一情况，该公司在谈判中根据 FIDIC 合同条件，将此类材料专卖价格以后的涨落视为该国法规的后续变更。当其涨落超过所定的百分率时，应按超过此百分率的价格差异对费用进行调整。后来业主同意纳入此条款。开工后仅数月该国就提高了上述材料的专卖价格，且涨价幅度都超过了所商定的百分率。由于有了这一条款，该公司据以调价，而减少了损失。

2. 对于工期超过一年的合同

应允许考虑价格涨落，按第 70.1 款进行费用调整。调整方法主要有"价格法"和"指数法"两大类，现分别说明如下。

（1）价格法。价格法是根据劳务和表列材料的现行价格和基本价格二者之差进行费用调整。FIDIC 合同条件第二部分第 70.1 款对价格法的采用有以下几点关于表列材料、基本价格和现行价格的规定，说明如下。

1）"表列材料"是指在投标书附件中列表商定的施工所需的大宗材料（也包括工资或设备），只有表列材料的价格才允许调价。

2）"基本价格（或工资率）"是指在投标截止日期以前 28 天当日的表列材料的价格（或工资率）。

3）"现行价格"是指在投标截止日期以前 28 天以后任何日期的表列材料的价格（或工资率）。

根据第 70.1 款确定费用调整额时，不考虑企业（总部）管理费和利润。

当发生可以导致本款所说明的合同价格调整之任何事件时，承包商应立即向工程师就此发出通知，承包商并应保存合同价格调整所需的账簿、账单、票据和记录，以便在工程师提出要求时，出示这些文件和其他所需资料。

竣工日以后的费用调整，应按竣工日或移交证书颁发日期二者中的较早日期的现行价格进行调整。

采用价格法进行费用调整时，可按式（6-3）计算：

$$\Delta C = \sum_{i=1}^{n} M_i (P_{i,c} - P_{i,b}) \qquad (6-3)$$

式中　ΔC——费用 C 的调整金额；

　　　M_i——第 i 种表列材料（劳务或设备）的数量；

　　　$P_{i,c}$——第 i 种表列材料的现行价格；

　　　$P_{i,b}$——第 i 种表列材料的基本价格；

　　　n——为表列材料的种类数目。

价格法虽然概念清楚，计算简便，但由于同一物品可能有不同的购进价格，而且价格票证凭据往往不甚真实可靠，会给业主带来不应有的损失。因此，在有指数可循的情况下，宜采用下面的指数法进行调价。

（2）指数法。指数法在国际上应用广泛，如国内的世界银行贷款项目等均采用此法。FIDIC 合同条件第 70.2 款对指数法的规定如下。

"基本指数"是指在投标截止期以前 28 天当日适用的劳动力、材料、运费等的指数。指数是指工程所在国或地区的政府定期公布的某项物品当时价格与某年该项物品的价格的比值，以百分率表示（如香港地区以 1970 年第一季度的所有物品的价格指数为 100%），以反映物价涨落。

"现行指数"是指对期中付款、竣工结算和最终决算等报表适用的价格指数。

"有效值"是指承包商依据第 60 条规定所应得的款额（未扣保留金，且不包括预付款的偿还，但须减去任何以下款项）：①指定分包商实施的工作应得款项；②现场上的材料及工程设备等的预付款；③计日工、变更费用或任何其他基于实际费用或现行价格的项目的费用；④根据第70条所做的各类调整费用。

用指数法调价时，可按式（6-4）计算：

$$\Delta C = C\sum_{i=1}^{n} X_i \left(\frac{I_{i,c} - I_{i,b}}{I_{i,b}} \right) \tag{6-4}$$

式中　C——证书所核准的付款有效值；

　　　ΔC——付款证书中的调价金额；

　　　X_i——加权系数是指第 i 项费用总值在合同价有效值中所占的比重，即

$$X_i = \frac{\text{第 } i \text{ 项材料费用总值}}{\text{合同价格有效值}}$$

　　　$I_{i,c}$——第 i 项材料的现行指数；

　　　$I_{i,b}$——第 i 项材料的基本指数；

　　　n——可调价的表列材料数目。

FIDIC 合同条件第二部分关于第三种方法的第 70.1 款中未用公式说明指数法的调价计算，因而较难理解。用上述公式表达，就容易掌握了。世界银行等所采用的调价公式形式上与式（6-4）不同，但本质上完全一样。如利用世界银行贷款的国内某工程，在招标文件中就规定了下面的调价公式［式（6-5）］。

$$ADJ = C\Big(X_0 + X_1\frac{EL_1}{EL_0} + X_2\frac{PL_1}{PL_0} + X_3\frac{FU_1}{FU_0} + X_4\frac{BI_1}{BI_0}$$
$$+ X_5\frac{CE_1}{CE_0} + X_6\frac{TI_1}{TI_0} + X_7\frac{ST_1}{ST_0} + X_8\frac{MT_1}{MT_0} - 1\Big) \tag{6-5}$$

式中　ADJ——付款证书中的调价金额，即式（6-4）中的 ΔC；

　　　X_0——合同价有效值中不调价费用部分总额所占的比重，又称不调价费用加权系数；

$X_1, \cdots, X_8$——各表列材料的加权系数；

　　　C——付款证书所核准的付款有效值。

EL、PL、FU、BI、CE、TI、ST 和 MT 各表示外籍工人工资、机械设备、油料沥青、水泥、木材、钢材和海运八项可调价费用，下标 1（如 EL_1）表示该项目的现行指数，下标 0（如 EL_0）则表示该项目的基本指数。

根据加权系数的定义，显然存在 $\sum_{i=1}^{n} X_i = 1$ 的关系。

由以上关系，将式（6-4）改写为如下形式

$$\Delta C = C\sum_{i=1}^{n} \left(X_i \frac{I_{i,c}}{I_{i,b}} - X_i \right) = C\left(\sum_{i=1}^{n} X_i \frac{I_{i,c}}{I_{i,b}} - \sum_{i=1}^{n} X_i \right)$$

在上式右侧括弧内加上和减去 X_0，则得

$$\Delta C = C\Big(\sum_{i=1}^{n} X_i \frac{I_{i,c}}{I_{i,b}} + X_0 - X_0 - \sum_{i=1}^{n} X_i \Big) = C\Big(\sum_{i=1}^{n} X_i \frac{I_{i,c}}{I_{i,b}} + X_0 - \sum_{i=0}^{n} X_i \Big)$$

但 $\sum_{i=0}^{n} X_i = 1$，故得

$$\Delta C = C\left(X_0 + \sum_{i=1}^{n} X_i \frac{I_{i,c}}{I_{i,b}} - 1\right) \tag{6-6}$$

将世界银行所用符号代入式 (6-6)，就得到式 (6-5)。因此，FIDIC 合同条件和世界银行采用的调价公式所得结果是相同的。

式 (6-4) 和式 (6-5) 均可写成下面的形式

$$ADJ = \Delta C = C \times \mu_c \tag{6-7}$$

式中 μ_c——调价系数。

【案例 6-8】 某世界银行贷款项目施工合同的外汇部分规定采用以下的调价公式

$$ADJ = C\left(0.15 + 0.14 \frac{EL_1}{EL_0} + 0.30 \frac{PL_1}{PL_0} + 0.01 \frac{FU_1}{FU_0} + 0.12 \frac{BI_1}{BI_0} + 0.10 \frac{CE_1}{CE_0}\right.$$
$$\left. + 0.05 \frac{TI_1}{TI_0} + 0.10 \frac{ST_1}{ST_0} + 0.03 \frac{MT_1}{MT_0} - 1\right)$$

该工程施工第 6 个月期中付款证书批准工程款为 600 万元人民币，合同规定的外汇比例（美元）为 30%，兑换率为——美元=7.46 人民币元。第 6 个月报账时，对于由某国采购的表列材料，该国政府公布的现行指数与基本指数比值分别为：钢材 1.15，水泥 1.20，沥青 1.10，木材 1.12，故该月中起付款中外汇部分金额可计算如下

由式 (6-7) 求得调价系数 μ_c 为

$\mu_c = 0.15 + 0.14 \times 1 + 0.30 \times 1 + 0.01 \times 1 + 0.12 \times 1.10 + 0.10 \times 1.20$
$\quad + 0.05 \times 1.12 + 0.10 \times 1.15 - 1 = 1.021 - 1 = 0.021$

故 6 月份外汇部分调价金额为

$ADJ = 6000000 \times 30\% \times 0.021 \div 7.64 = 4947.64$（美元）

因为工程量清单每章内的表列材料每月的使用数量不一定相同，而且实际发生的人民币与外汇的支出也不是像上例那样逐月按原定比例分布的。基于此点，较好的调价方法是每次调价都按工程量清单各章分章计算出每章的调价系数及应调金额，将后者相加汇总就求得此次的总调价金额。这种方法称为"分章调价法"。我国京津塘高速公路工程，经世界银行同意，对国内购置的材料、设备和劳务的价格就采用了分章调价法。

八、期中付款的最低金额和付款时限

(1) 期中付款的最低金额。FIDIC 合同条件 60.2 款规定，经过扣除保留金和其他应扣款额后的期中付款净余值，如于投标书附件中规定的期中付款的最低额时，工程师可不签发该月的付款证书，而将此款转入下月支付。

(2) 期中付款的付款时限。FIDIC 合同条件 60.10 款规定：在该期中付款证书被送交雇主后的 28 天内，雇主应付款给承包商。如果雇主未能在上述期限内向承包商付款，则雇主应按投标书附件中规定的利率，从应付款之日起，向承包商支付全部未付的利息。

九、竣工报表

FIDIC 合同条件 60.5 款规定"颁发整个工程的移交证书后的 84 天内，承包商应以工程师批准的格式向工程师呈交附有证明文件的竣工报表"。竣工报表（Statement at Completion）中费用项目详细说明如下。

(1) 到该竣工报表标明的日期为止，根据本合同已完成的所有工作的最终价值。

（2）承包商认为应该支付的任何其他款项。

（3）承包商认为根据本合同应支付给他的估算款额。

此等估算款额应在上述竣工报表中单独列出。工程师应根据第60.2款签发付款证明。

（3）中的"估算款项"是指竣工验收后尚未完成而应在缺陷责任期中实施的工作的估算价值，它们完成后才能确定其价值，按其实际完成的工程量的单价结算。有时合同中使用的"工程基本竣工"一词，就是指竣工验收后还需要实施此类工作，它们的内容和数量应在合同中明确规定。

工程师签发付款证明后，应报雇主批准付款。

十、最终报表与结算单

1. 最终报表（Final Statement）

FIDIC合同条件60.5款规定，在根据62.1款颁发缺陷责任证书后的56天内，承包商应按工程师批准的格式向工程师呈交一份最终报表草案，供工程师审核，该草案应附有证明文件，详细说明如下事项。

（1）根据本合同已完成的所有工作的价值。

（2）承包商认为根据本合同或其他情况应支付给他的任何其他款项。

如工程师不同意或不能核实此最终报表草案的任何部分，则承包商应根据工程师的合理要求呈交进一步的资料，并对该草案进行修改，以使双方可能达成一致意见。此后，承包商应编制经双方一致同意的最终报表并呈交给工程师审批。

2. 结算单（Discharge）

FIDIC合同条件60.5款规定，呈交最终报表时，承包商应向雇主呈交一份书面结算单，确认最终报表中的总金额就是由本合同造成或与本合同有关的应支付给承包商的全部和最终结算金额，并将一份副本送交工程师。

对于结算单的生效，FIDIC合同条件规定了两个条件，即：

（1）根据60.8款颁发的最终支付证书所规定的款项付清之后。

（2）履约保证金（如有时）发还给承包商之后。

十一、最终支付证书（Final Payment Certificate 或 Final Certificate）

FIDIC合同条件60.8款规定，在收到最终报表及书面结清单之后的28天内，工程师应向雇主呈送一份最终支付证书，并将一份副本送交承包商。最终支付证书中应说明：

（1）工程师认为根据本合同最终应支付的款项。

（2）承包商以前已得到的一切款项及根据本合同承包商有权得到或应归还雇主的一切款项收支差额。此类差额应由雇主支付给承包商或由承包商归还给雇主，视情况而定。

FIDIC合同条件60.10款规定，在工程师根据本条或本合同的任何其他条款颁发的最终支付证书中规定应支付给承包商的款项，应在最终支付证书送交雇主后56天内，由雇主支付给承包商。如果雇主未能在上述期限内向承包商付款，则雇主应按投标书附件中规定的利率，从应付款之日起，向承包商支付全部未付的利息。

十二、缺陷责任证书（Defects Liability Certificate）

缺陷责任证书证明：承包商已经履行了他在本工程的实施、竣工和修补其中任何缺陷的义务，并达到使工程师满意的程度。证书中应写明签发日期。工程师应在缺陷责任期期满后28天内签发缺陷责任证书；或者在对永久工程的不同区段或部分适用不同的缺陷责任期时，则在最后一个缺陷责任期期满后28天内签发缺陷责任证书。

尽管签发了缺陷责任证书，但对于在颁发缺陷责任证书前雇主和承包商应当履行的义务，如在该缺陷责任证书颁发时还未曾履行或未完成此类义务，则雇主与承包商仍应对此类义务承担责任。

第五节 FIDIC施工合同条件第四版和1999年第一版的对比

如前所述，FIDIC于1999年9月出版了一套新版标准合同条件，并于1999年9月27日在伦敦召开了新版合同应用研讨会。新版合同条件包括新施工合同条件（新红皮书）、设备安装与设计-施工合同（黄皮书）、设计采购施工（EPC）/交钥匙项目合同条件（银皮书）和简单合同格式（绿皮书），统称为1999年第一版合同条件。前三份合同条件均包括以下三部分：通用条件/专用条件编写指南、投标书、合同协议和争议评审协议；其合同条件的通用条件部分都有20个篇章。

合同条件一般按其性质分为不同的篇章，称为"单元"或"条"等，本节中称之为"条"。随着合同的修订，其所包含的单元的数目和性质也会相应变动。FIDIC土木工程施工合同条件第四版（1992年修订本，下文中简称第四版）分为28条或单元，共72条194款（不包括最后未编条款号的"可能使用的补充条款"）。FIDIC施工合同条件1999年第一版则分为20条或单元，共163款（下文中简称1999年第一版）具体的比较见表6-9。

表6-9　　　　第四版与1999年第一版各条（单元）组成对比

合同条件 条	第 四 版	1999年第一版
1	定义及解释（第1条）	一般规定（第1条）
2	工程师及工程师代表（第2条）	雇主（第2条）
3	转让与分包（第3、第4条）	工程师（第3条）
4	合同文件（第5～第7条）	承包商（第4条）
5	一般义务（第8～第19条）	指定的分包商（第5条）
6	责任的分担和保险的义务（第20～第25条）	员工（第6条）
7	雇主办理的保险（第21、23、25条）	工程设备、材料和工艺（第7条）
8	承包商的其他义务（第26～第33条）	开工、延误和暂停（第8条）
9	劳务（第34、35条）	竣工试验（第9条）
10	材料、工程设备和工艺（第36～第39条）	雇主接收（第10条）
11	暂时停工（第40条）	缺陷责任（第11条）
12	开工和误期（第41～第48条）	测量和估价（第12条）
13	缺陷责任（第49、50条）	变更和调整（第13条）

续表

合同条件 条	第 四 版	1999 年第一版
14	变更、增添和省略（第51、52条）	合同价格和付款（第14条）
15	索赔程序（第53条）	由雇主终止（第15条）
16	承包商的设备、临时工程和材料（第54条）	由承包商暂停和终止（第16条）
17	计量（第55～第57条）	风险与职责（第17条）
18	暂定金额（第58条）	保险（第18条）
19	指定的分包商（第59条）	不可抗力（第19条）
20	支付证书（第60～第62条）	索赔、争端和仲裁（第20条）
21	补救措施（第63、64条）	
22	特殊风险（第65条）	
23	解除履约（第66条）	
24	争端的解决（第67条）	
25	通知（第68条）	
26	雇主的违约（第69条）	
27	费用和法规的变更（第70条）	
28	货币及费率（第71、72条）	

FIDIC 施工合同条件第四版和 1999 年第一版条款的比较摘要说明如下。

一、两版合同条件第一条的比较

(1) 1999 年第一版第一条 1.1 款增加了许多新的概念，同时也将过去一些被认为不解自明的定义列入其中，而且作了分类，见表 6-10。

表 6-10　　　　　　1999 年第一版第一条新增条款

条 款	备 注
1.1.1.4　"投标函"（Letter of Tender）	—
1.1.1.7　"资料表"（Schedules）	—
1.1.1.10　"计日工计划表"（Daywork Schedule）	可译为"计日工表"
1.1.2.1　"当事方"（Party）	—
1.1.2.5　"承包商代表"（Contractor's Representative）	—
1.1.2.6　"雇主人员"（Employer's Personnel）	—
1.1.2.7　"承包商人员"（Contractor's Personnel）	—
1.1.2.9　"DAB（争端裁决委员会）"（DAB）	新概念

续表

条　款	备　注
1.1.2.10 "菲迪克"（FIDIC）	FIDIC连自己的名字也作为定义列入
1.1.3.1 "基准日期"（Base Date）	新概念
1.1.3.6 "竣工后试验"（Tests After Completion）	新概念
1.1.3.7 "缺陷通知期限"（Defects Notification Period）	其实就是"缺陷责任期"
1.1.3.8 "履约证书"（Performance Certificate）	亦即"缺陷责任证书"
1.1.3.9 "年"（Year）	—
1.1.4.1 "中标合同金额"（Accepted Contract Amount）	
1.1.4.4 "最终付款证书"（Final Payment Certificate）	即第四版的"最终证书"
1.1.4.5 "最终报表"（Final Statement）	
1.1.4.7 "期中付款证书"（Interim Payment Certificate）	
1.1.4.8 "当地货币"（Local Currency）	
1.1.4.9 "付款证书"（Payment Certificate）	
1.1.4.10 "暂定金额"（Provisional Sum）	
1.1.4.12 "报表"（Statement）	
1.1.5.2 "货物"（Goods）	包括承包商设备、材料、工程设备和临时工程，或视情况指其中任何一种
1.1.5.3 "材料"（Materials）	—
1.1.6.1 "承包商文件"（Contractor's Documents）	新概念
1.1.6.2 "工程所在国"（Country）	—
1.1.6.3 "雇主设备"（Employer's Equipment）	新概念
1.1.6.4 "不可抗力"（Force Majeure）	新概念
1.1.6.5 "法律"（Laws）	—
1.1.6.6 "履约担保"（Performance Security）	
1.1.6.8 "不可预见"（Unforeseeable）	
1.1.6.9 "变更"（Variation）	
1.2（a） 表示某一性别的词，包括所有性别	—
1.10 雇主使用承包商文件（Employer's Use of Contractor's Documents）	首次涉及版权问题，这是以往版本所未提及的。本款是对承包商的一种保障
1.11 承包商使用雇主文件（Contractor's Use of Employer's Documents）	第四版6.1款有类似的规定
1.12 保密事项（Confidential Detail）	—
1.14 共同的和各自的责任（Joint and Several Liability）	对雇主的保障

注　表中"—"表示合同条款中没有具体规定，以下同。

（2）合同协议书 Contract Agreement。1999第一版1.6款对签订时间加了"承包商收到中标函后28天内……"，如果承包商没有在规定时间内应邀签订协议书，那么就可以认为他已放弃本工程。第四版9.1款中未作具体规定。

（3）"合同转让"改为"权益转让"。1999第一版1.7款将第四版3.1款中的"合同转让"改为"权益转让",显示出 FIDIC 的平等原则。双方在正常情况下都不能将合同权益转让。过去第四版中仅指"承包商无雇主的同意不得将合同或权益转让",那是因为 FIDIC 合同条件的初衷本来就是为了保障雇主的权益。新版对雇主也作了约束,是对承包商的一种保障、尊重。在往后的条款中还可以看出 FIDIC 关于这方面的一种微妙变化。

需要指出的是,即使 FIDIC 合同条件中没有特别指出雇主不得将合同或权益转让,在合同法中也会有所规定,新版只是将这方面列入而已。

二、两版合同条件"变更和调整条款"的比较

1999 第一版的第 13 条"变更和调整"相当于第四版"变更、增添和省略"(第 51、52 条)及"费用和法规的变更"(第 70 条)两部分的合并。1999 第一版新增及变更的条款见表 6-11。

表 6-11　　　　　　　　　　1999 第一版第 13 条新增条款

条　　款	备　　注
13.2　价值工程(Value Engineering)	承包商可以随时向工程师提交他认为将给雇主带来利益的建议
13.3　变更程序(Variation Procedure)	
13.4　以适用货币支付(Payment in Applicable Currencies)	

对费用增加或减少的调整,1999 年第一版 13.8 款给出了调价公式,而第四版 70.1 款未作详细规定,见本章第四节七的说明。

三、合同价格和付款

(1) 1999 年第一版第 14 条"合同价格和付款"。此条相当于第四版的"支付证书"第 60、61、62 条,增加了表 6-12 所列的条款。

表 6-12　　　　　　　　1999 年第一版第 14 条合同价格和付款新增条款

条　　款	说　　明
14.1　合同价格(The Contract Price)	本款对合同价格作了详细的说明。"合同价格"在第四版中作为定义有简单的说明
14.2　预付款(Advance Payment)	第四版并没有把"预付款"列入合同通用条件中
14.4　付款表(Schedule of Payments)	
14.5　拟用于工程的工程设备和材料(Plant and Materials Intended for the Works)	
14.15　支付的货币	第四版的第 71 及 72 条有关于货币和汇率的规定

(2) 期中付款证书的申请。1999 年第一版不仅对月报表所包括的项目作了更详细的规定,而且对它们的排列顺序也要求符合表 6-13 所列的顺序。

表 6-13　　　　　　　　　　　两版期中付款证书申请条款的比较

比较内容	第四版 60.1 款	1999 年第一版 14.3 款
向工程师提交的文件	月报表	月报表及包括进度报告在内的证明文件
月报表包括的项目	只说明月报表申请款项内容，未规定费用项目顺序。 (1) 已实施的永久工程的价值。 (2) 工程量表中的任何其他项目，包括承包商的设备、临时工程、计日工及类似项目。 (3) 表列材料及承包商在工地交付的准备为永久工程配套而尚未装到该工程之中的工程设备的发票价值的百分比，如投标书附件中所注明的。 (4) 按第 70 条"费用和法规的变更"进行的调整。 (5) 按合同规定承包商有权得到的任何其他金额	应按下列顺序排列： (1) 截至月末已实施的工程和已提出的承包商文件的估算合同价值［包括各项变更，但不包括以下（2）～（7）项所列项目］。 (2) 按照第 13.7 款［因法律改变的调整］和第 13.8 款［因成本改变的调整］的规定，由于法规改变和成本改变应增减的任何款额。 (3) 截至雇主提取的保留金额达到投标书附录中规定的保留金限额（如有）以前，用投标书附录中规定的保留金的百分比计算的，对上述款项总额应扣减的任何保留金额。 (4) 按照第 14.2 款［预付款］的规定，因预付款的支付和付还应增加和扣减的任何金额。 (5) 按照第 14.5 款［拟用于工程的工程设备和材料］的规定，应付的工程设备和材料的任何增加和扣减额。 (6) 按照合同或包括第 20 条［索赔、争端和仲裁］等其他规定，应付的任何其他增加或扣减额。 (7) 所有以前付款证书中确认的扣减额

(3) 期中付款的支付时间。1999 年第一版将期中付款的支付时间由 28 天延长到 56 天，并增加了有关规定，详见表 6-14。

表 6-14　　　　　　　　　　　两版付款条款的比较

比 较 内 容	第四版 60.10	1999 年第一版 14.7 款
首期预付款的支付时间	—	中标函颁发后 42 天，或在收到按照第 4.2 款［履约担保］和第 14.2 款［预付款］规定提交的文件后 21 天，两者中较晚的日期内
期中付款支付时间	期中证书送交雇主后 28 天之内	工程师收到报表和证明文件后 56 天内
最终付款支付时间	最终证书送交雇主后 56 天内	雇主收到最终付款证书后 56 天内
雇主未能在规定时间内付款，承包商有权获得延误期内未付款额的利息，此时采用的利率应为	投标书附录中规定的利率	高出支付货币所在国银行的贴现率三个百分点的年利率（14.8 款［延误的付款］）

(4) 保留金的支付。与第四版不同，本款对工程的区段或部分的保留金支付作了修改，提供了一个具体比值。在计算这些比例时，无需考虑第 13.7 款［因法律改变的调整］和第 13.8 款［因成本改变的调整］中规定的任何调整，见表 6-15。

表 6-15　　　　　　　　　　两版保留金支付条款的比较

比 较 内 容	第四版 60.3 款	1999 年第一版 14.9 款
当永久工程的一个区段或部分颁发了移交证书时，保留金的确定和支付	工程师把由他决定的与这一区段或部分的价值相应的保留金付给承包商开具证书	由工程师按一定比例予以确认和支付。此比例应是该区段或部分工程估算的合同价值，除以估算的最终合同价格所得比例的五分之二（40%）
缺陷通知期限期满时，各区段或部分的另一半保留金的确定和支付	由工程师开具证书付给承包商	由工程师按一定比例予以确认和支付。此比例应是该区段或部分工程估算的合同价值，除以估算的最终合同价格所得比例的五分之二（40%）

（5）最终付款证书的申请。在履约证书颁发之后，由承包商向工程师提交最终报表的草稿，并于最终报表提交之前在承包商和工程师之间达成一致意见，这一做法业已证明相当成功，见表 6-16。

表 6-16　　　　　　　　　　两版最终付款证书条款的比较

比 较 内 容	第四版 60.6	1999 年第一版 14.11
提交最终报表草案的份数	一份	一式六份
最终报表草案修改后仍明显存在争端，此时应采取的解决方式	—	工程师先向雇主报送最终报表草案中已同意部分的期中付款证书（给承包商一份副本）。此后，如果争端根据第 20.4 款［取得争端裁决委员会的决定］或第 20.5 款［友好解决］的规定，最终得到解决，承包商应编制并向雇主提交最终报表（给工程师一份副本）

（6）最终付款证书的颁发。"最终证书"（Final Statement）改称"最终付款证书"（Final Payment Certificate）。根据最终付款证书，对工程师向雇主开具承包商应得金额的证书，一般有时间限制。由于工程师和承包商在承包商提交的最终报表草稿的基础上已达成一致意见，工程师就没有理由在 28 天内不去履行自己的义务。1999 年第四版为工程师提供了承包商未按要求提出申请时应采取的措施，见表 6-17。

表 6-17　　　　　　　　　　两版"最终付款证书条款"的比较

比 较 内 容	第四版 60.8	1999 年第一版 14.13
名称	最终证书 Final Statement	最终付款证书 Final Payment Certificate
承包商未按要求提交最终报表和结清单时，工程师应采取的措施	—	工程师应要求承包商补办。如果承包商在 28 天内未能提交申请，工程师应发出由他公正地确定应付金额的最终付款证书

四、1999 年第一版第 11 条缺陷责任

此条相当于第四版"缺陷责任"部分（第 49、50 条），新增条款见表 6-18。

表 6-18　　　　　　　　1999 年第一版第 11 条缺陷责任的新增条款

条　款	备　注
11.3　缺陷通知期限的延长	根据本款,雇主有权要求延长缺陷通知期限。但缺陷通知期限的延长时间不得超过两年。 这并不是 1999 年第一版才有的做法,不过第四版的通用条件中没有此规定,需在合同第二部分补充
11.5　移出有缺陷的工程	此项规定可以导致履约担保金额的增加
11.6　进一步试验	如果缺陷或损害的修补可能对工程的性能产生影响,本款适用
11.7　进入权	

(1) 完成剩余工作和修补缺陷。1999 年第一版取消了第四版的 14 天宽限期,见表 6-19。

表 6-19　　　　　　　　两版"完成剩余工作和修补缺陷"的比较

比较内容	第四版 49.2	新版 11.1
承包商完成修补缺陷或损害所需的所有工作的期限	缺陷通知期限内或期满后的 14 天内	缺陷通知期限期满日期或以前

(2) 未能修补缺陷。第四版对承包商未能修补缺陷的规定过于苛刻。实际上,雇主很多时候都不希望让他人代替原本对该工作更熟悉的承包商,因此新的规定建议雇主可以给承包商一个宽限期。若承包商在该宽限期内仍未修补好缺陷,雇主可以采取本款建议的三种措施,见表 6-20。

表 6-20　　　　　　　　两版"未能修补缺陷"的比较

比较内容	第四版 49.4	新版 11.4
如果承包商未能在合理的时间内修补任何缺陷或损害,雇主可以给承包商一个宽限期	—	雇主(或其代表)可以确定一个日期,要求到或不迟于该日期修补好缺陷和损害,并将该日期及时通知承包商
如果承包商未能在合理的时间内修补任何缺陷或损害,雇主有权采取的措施	雇用他人从事该工作,并付给报酬;如果工程师认为该项工作按合同规定应由承包商自费进行,则在与雇主和承包商适当协商之后,工程师应确定所有由此造成或伴随产生的费用,此费用应由雇主向承包商索取,并可由雇主从其应支付或将支付给承包商的款项中扣除,工程师应相应地通知承包商,同时将一份副本呈交雇主	如果承包商到上述宽限期仍未修补好缺陷或损害,且此项修补工作根据第 11.2 款[修补缺陷的费用]的规定应由承包商承担实施的费用,雇主可以(自行选择): (1) 以合理的方式由他自己或他人进行此项工作,由承包商承担费用,但承包商对此项工作将不再负责任;承包商应按照第 2.5 款[雇主的索赔]的规定向雇主支付由雇主修补缺陷或损害而发生的合理费用。 (2) 由工程师按照第 3.5 款[确定]的要求商定或确定合同价格的合理减少额。 (3) 如果上述缺陷或损害实质上使雇主丧失了工程或其任何主要部分的整个利益时,终止整个合同,或其不能按原定意图投入使用的该主要部分合同。雇主还应有权在不损害根据合同或其他规定所具有的任何其他权利的情况下,收回工程或该区段(视情况而定)全部支出总额,加上融资费用和拆除工程、清理现场以及将工程设备和材料退还给承包商所支付的费用

(3) 履约证书。不管是1999年第一版的履约证书，还是第四版的缺陷责任证书，它们的颁发都被视为构成对工程的认可。"履约证书"一词比"缺陷责任证书"更能体现这一点。尽管颁发了证书，各方仍应对在证书颁发时尚未履行的合理规定的义务承担责任。并且，为此目的，合同对双方仍然有效。此类未履行的义务只能是财务或管理方面的问题，因为证书颁发时，承包商的实际义务业已完成。本款应与11.10［未履行的义务］联系起来解释。两个版本有关条款的比较见表6-21。

表6-21　　　　　　第四版62.1款与1999年第一版11.9款的比较

比较内容	第四版62.1款缺陷责任证书 Defects Liability Certificate	1999年第一版11.9款履约证书 Performance Certificate
证书签发的时间	缺陷通知期限终止之后28天内	(1) 缺陷通知期限期满的最后一天起28天内；或 (2) 承包商提供所有承包商文件，完成所有工程的施工和试验，包括修补任何缺陷后
如果不同的缺陷通知期限适用于永久工程的不同区段或部分时，何时签发证书	在最后一个缺陷通知期限终止或根据第49条和第50条，在任何被指示进行的工程已完成并达到工程师满意之后尽快签发	—
证书的颁发是否作为第二部分保留金支付的先决条件	不是	—

五、小结

FIDIC在新世纪将临之际推出了全新的版本，与第四版相比，新版具有以下的特点。

1. 适用范围扩大

第四版（包括以往版本）对以单价合同为主的土木工程比较适用，而对于一般的房建工程，特别是结构复杂，分项工程繁多的大型工程就不太适合了。新版是土木工程合同与房屋建设合同的合并，适用范围自然更广。这是FIDIC通过这次修订的一个很大的目的。

2. 文字更简洁易懂，却不失严谨

FIDIC合同条件吸取了英国土木工程师学会（ICE）、联合合同评议会（JCT）等编制的合同文本用词遣句严谨的优点。从第四版开始，又使文字更加易读，易于理解，新红皮书更是如此，这给使用者带来更大的方便，如对"指定的分包商"、"保险"等的叙述都能体现这一特点。

3. 相关概念增加，定义明确

对过去一些模糊的概念重新定义，如"不可抗力"等，也增加了新兴相关的概念，如"恐怖主义"，还有新兴的做法，如"DAB"等。

4. 进一步贯彻公平原则

近年来，FIDIC开展了规模很大的调查研究工作，对使用者（包括雇主、承包商和中介服务方）的意愿分别列表查询，也比较了世界上各种主要标准合同文本，这样一来，新红皮书赋予合同双方更多的权利和保障。如对雇主的资金安排的限制、承包商不得改变其法律地位的规定、双方的版权问题等。

5. 结构体系统一

在 FIDIC 原有的合同条件体系中，几个主要的合同条件文本的结构体系不统一，如红皮书有 28 单元 72 条 194 款，黄皮书有 32 单元 51 条 197 款，而银皮书（原设计施工和交钥匙合同条件）则为 20 条 160 款。显然，这三个合同条件的内容分类和条款设备不统一，同一内容在不同合同条件文本中的位置不同，甚至具体表述也不统一。这对于各合同条件的实际运用是非常不利的，尤其是对于能够运用多种方式承包工程的承包商来说，必须对各个合同条件文本进行深入的分析和比较研究，才能避免失误。

而新版本的合同条件实现了结构体系的统一，取消了原来没有编号且有点乱的分类，三个合同条件文本（新红皮书、新黄皮书和银皮书）均为 20 条 160 多款。这为承包商分析和比较不同合同条件文本（实质上反映的是不同承包方式）的区别提供了极大的便利。

经过多次的修改，FIDIC 合同条件在各方面已经非常的完善。新的版本更为合同双方增加了多项保障，而且相对为承包商增加了更多的保障。但这并不意味着双方在权利和义务上的完全对等。在建筑市场成为买方市场的今天，承包商经常要事先替雇主垫付巨额工程款，雇主能否按时按量支付工程款成为承包商所要面对的一大风险。FIDIC 规定承包商要开具相当于工程款一定比例的履约保函，而对雇主却没有任何担保的要求（虽然新版 2.4 款对雇主的资金安排作了规定）。显然这样是有利于雇主而不利于承包商的。还有只对承包商的索赔规定期限等，许多条款都反映了这一不公的现象，不过这也是当今建筑市场的特点。

第七章 工程施工中的索赔和争端处理

第一节 施工中的索赔

当前，建设工程施工中的索赔与反索赔问题，已经引起工程管理者们的高度重视。如何看待索赔，不同的管理者可能会从不同的角度给索赔作出不同的定义。如：索赔是合同履行中的调节器，用以调节合同双方责任、权力和利益，使合同在内外客观情况变化的条件下仍符合平等互利、等价有偿的原则。

一、索赔的定义与特征

索赔一词的英文为 claim，其原意是取回或索回本来属于自己的东西或费用。旅客下飞机后取托运的行李，英语即为 baggage claim。在 FIDIC 和国际合同文件中原意是"申诉，权益申明"的意思。内地翻译成"索赔"，加强了它的法律意义，这是好的方面，但也往往引起误会。它不是对合同另一方的处罚，而是申明自己的权益，要求对方给予补偿。索赔就是在经济合同履行过程中，如果任何一方没有按照合同和（或）法律的规定履行合同，他就违反了合同和（或）法律，构成了"违约行为"，对这种违约行为给另一方所造成的损失，违约方当然应根据合同和法律的规定，给另一方以赔偿或补偿。索赔对合同各方都是正当合法的权力要求，没有"谈虎色变"的必要。

由以上分析可知，施工索赔是双方面的：索赔既包括承包商向业主的索赔，也包括业主向承包商的索赔。但常见的、有代表性的、处理和解决比较困难的，是承包商向业主的索赔，所以通常将它作为监理工程师索赔管理的对象。本文中，除特别指出者外，索赔都指承包商对业主的索赔。这种索赔有以下的基本特征。

(1) 索赔是承包商要求业主给予补偿的权力主张。
(2) 承包商自己没有过错。
(3) 索赔完全符合合同和法律的规定。
(4) 索赔事件之所以发生是由业主、监理工程师、设计单位或非承包商的有关单位造成的。
(5) 与合同和法律原来的规定相比较，承包商已承受实际损失，包括工期和（或）经济损失。
(6) 必须有确切的证据。

二、索赔的分类

索赔可归纳为费用索赔（要求经济赔偿）和工期索赔（要求延长合同工期）。但应当强调指出：对任何索赔只能是承包商请业主对其所蒙受的实际经济损失或工期延长给予补偿的合法请求，而不具有对业主的任何惩罚性质。合同中如有索赔的规定，承包商才能在投标时把施工中可能出现的风险压缩到一定的限度，而提出较低的合理的报价。因此，业主允许承包商索赔，对自己也是有利的。索赔从不同的角度，按不同的方法和不同的标准，可以有许多种分类的方法，见表7-1。

表7-1　　　　　　　　　　　索赔的分类

类别	分类	内容
1. 按索赔要求分类	(1) 工期索赔。 (2) 费用索赔	(1) 要求延长合同工期。 (2) 要求追加费用，提高合同价格
2. 按合同类型分类	(1) 总承包合同索赔。 (2) 分包合同索赔。 (3) 合伙合同索赔。 (4) 供应合同索赔。 (5) 劳务合同索赔。 (6) 其他	(1) 总承包商与业主之间索赔。 (2) 总承包商与分包商之间索赔。 (3) 合伙人之间的索赔。 (4) 业主（或承包商）与供应商之间的索赔。 (5) 劳务供应商与雇用者之间的索赔。 (6) 向银行、保险公司的索赔等
3. 按索赔的起因分类	(1) 业主违约。 (2) 合同变更。 (3) 工程环境变化。 (4) 不可抗力因素	(1) 如业主未按合同规定提供施工条件（场地、道路、水电、图纸等）、下达错误指令、拖延下达指令、未按合同支付工程款。 (2) 双方协商达成新的附加协议、修正案、备忘录、会谈纪要，业主下达指令修改设计、施工进度、施工方案，合同条款缺陷、错误、矛盾和不一致等。 (3) 如地质条件与合同规定不一致、物价上涨、法律变化、汇率变化。 (4) 恶劣的气候条件、洪水、地震、政局变化、战争、经济封锁等
4. 按干扰事件的性质分类	(1) 工期的延长或中断索赔。 (2) 工程变更索赔。 (3) 工程终止索赔。 (4) 其他	(1) 由于干扰事件的影响造成工程拖期或工程中断一段时间。 (2) 干扰事件引起工程量增加或减少或增加新的工程、变更施工次序。 (3) 干扰事件造成合同被迫停止并不再进行。 (4) 如货币贬值、汇率变化、物价上涨、政策、法律变化等
5. 按处理方式分类	(1) 单项索赔。 (2) 总索赔（又叫一揽子索赔，综合索赔）	(1) 在工程施工中，针对某一干扰事件，在该项索赔有效期内提出。 (2) 将许多已提出但未获解决的单项索赔集中起来，提出一份总索赔报告。通常在工程竣工前提出，双方进行最终谈判，以一个一揽子方案解决

三、索赔现状及存在的问题

1. 索赔在国内的执行情况

索赔管理在国内的执行情况大概可以分为3个阶段。

(1) 在计划经济的体制下，施工阶段索赔没能得到很好的执行。

(2) 改革开放以来，中国经济的急速发展，多种经济形式的出现，索赔管理的重要性逐渐体现。在这一段时期内，由于索赔意识的淡薄和合同订立的不严格，我国有些公司在一些涉外工程中吃了不少暗亏，如在20世纪80年代的鲁布格引水工程中就学习到处理外方承包商索赔的经验。而在国内，虽然有一些法律法规的出台，如1984年开始实行招投标承包制、合同管理制（深圳在1982年采用合同制），1988年实行工程建设监理制，1992年业主责任制的出台。但是由于承包商对索赔的认识不足，没有认识到市场已由初期"靠关系"转化到"关系加合同",除非迫不得已,一般不会索赔,把索赔当做一种"亡羊补牢"的工作,认为这样有失"面子",更别谈创造索赔机会了。

(3) 直到1995年十四届五中全会召开,提出经济工作的两个根本性转变:一是经济体制从传统的计划经济体制向社会主义市场经济体制改变;二是经济增长方式由粗放型向集约型转变。1996年工程建设监理制全面推行,1998年《中华人民共和国建筑法》和1999年《中华人民共和国合同法》推出,"合同"在今后将占主导地位,发展商和承包商是平等的合同关系,一切以合同条款为准绳,对索赔管理和索赔工作的开展铺平了道路。

2. 索赔现今存在的问题

虽然索赔管理在改革开放以来有较大的进展。但在实施过程中仍存在许多问题,具体有以下7个问题。

(1) 索赔的动机不正确,把索赔作为一种补偿合同任一方所蒙受的不合理损失的手段。

(2) 把发展商的意向作为索赔依据。

(3) 不以合同的条款、施工图纸为准绳。

(4) 不能抓住机遇,利用风险进行索赔。

(5) 不能主动创造索赔机会。

(6) 承包商自己无主见,任人踢足球。

(7) 在索赔计价方面,缺乏专业知识。

索赔问题的产生是多方面的,往往是多种因素的结合,但其中也有主导因素。下面举一主动创造索赔机会,化被动为主动的案例。

【案例7-1】 A公司承包一项石坝工程。合同技术规范要求石坝心墙填料的含水量介于2%～3%之间。开工后,该公司从料场开挖的填料含水量高达15%,超出规范要求。监理工程师遂要求此公司对填料进行处理,降低含水量。这样做无疑将大大增加费用,但工程师却拒绝增加费用。于是该公司建议工程师改变含水量标准,并保证采取适当的措施达到设计质量要求。工程师采纳了该公司的建议并下达了工作命令。由于填料的含水量标准改变了,原先采购的碾压机不适用,需要新配置。于是A公司据此提出索赔。工程师无奈只好同意。

评析: 由于施工中遇到难以克服的困难,要求改变用料或改换施工做法,这是常事。但承包商如果一开始就借此提出索赔要求,则工程师很可能连承包商的建议也不予采纳。这样不但得不到索赔收益,连最初的被动处境都无法改变,承包商唯有按合同技术规格要求的标准施工,结果势必受罚。A公司的高明之处就在于有计划地逐步达到预期目的,其真实意图隐藏在其建议之中,不易被监理工程师察觉,待条件成熟了再提出要求。此时监理工程师因自己已同意承包商的建议,再反悔已经来不及,只好同意承包商的索赔要求。

在承包工程实践中,千方百计地变被动为主动至关重要。然而主动地位并非可轻易取得,这就要求承包商有计划有目的地一步步去实现,利用一切可能利用的条件,有意识地创造索赔机会,扩大收益。A公司的成功经验是先设法让工程师同意自己的建议,取得书面变更命令，实现其前期目标，进而造成事实，最后达到其根本目的，而且确保了工程质量。这种步步为营的办法很值得借鉴。

四、索赔机会

1. 索赔的起因

索赔常常起因于承包商不能控制，不能影响的干扰事件。这些事件与承包商应承担的责任无关。在实际工程中常见的干扰事件见表7-2。

表7-2　　　　　　　　　　　　实际工程中常见的干扰事件

索赔的依据	常见的干扰事件
业主违约	（1）没有按合同规定提供设计资料、图纸，未及时下达指令、答复请示，使工程延期。 （2）没按合同规定的时期交付施工现场，道路，提供水电，和应由业主提供的材料和设备，使工程不能及时开工或造成工程中断。 （3）业主未按合同规定按时支付工程款，业主处于破产境地或不能再继续履行合同。 （4）下达错误的指令，提供错误的信息。 （5）在工程施工和保修期间，由于非承包商原因造成未完或已完工程的损坏
合同错误	（1）合同缺陷，如合同条文不全、不具体、错误，合同条文间有矛盾。 （2）工程地质与合同规定不一致，出现异常情况，如未标明管线、古墓或其他文物等。 （3）设计错误，图纸上给定的基准点、基准线、标高错误，造成工程报废、返工、窝工
合同变更	（1）工程师指令增加或减少工程量，增加新的附加工程，提高设计、施工材料的标准。 （2）非承包商原因，业主或工程师指令中止工程施工。 （3）非承包商责任的工程拖延或业主要求采取加速措施或业主希望提前交付工程。 （4）业主要求修改施工方案，打乱施工次序。 （5）业主要求承包商完成合同规定以外的义务或工作
工程环境变化	由于以下原因，材料价格和工资大幅度上涨。 （1）国家法令的修改。 （2）货币贬值，外汇汇率变化
不可抗力因素	反常的气候条件，战争状态，经济封锁等

这些干扰事件影响了合同的正常实施，造成工期的延长和成本的增加，对合同双方都会造成损失。但干扰事件却是可能成为承包商的索赔机会，这些索赔机会能否导致索赔事件或承包商能否进行成功的索赔，这要看索赔管理人员是否能及时、全面地发现潜在的索赔机会，是否具有较强的索赔意识，是否善于研究合同文件和实际工程事件等；还要看这些索赔要求是否符合合同的规定，即承包商是否能找到有利于自己，可据以进行索赔的合同或法律条文。合同作为承包商的主要索赔依据，不同的合同有不同的索赔规定，包括索赔条件、时间程序和范围等，所以在实际工程中，相同的干扰事件，有时会导致不同的，甚至完全相悖的解决结果。为了能够进行成功的索赔，就必须对干扰事件的影响进行分析，其目的在于定量地确定干扰事件对各施工过程，对各项费用，对各项活动的持续时间以及对总工期的影响，进而准确地计算索赔值。

2. 干扰事件影响的分析

干扰事件影响的分析主要有两个方面。

（1）干扰事件的实情。也就是事实根据，首先确定该干扰事件确实存在，而且事情的经过有详细的、具体的法律证明效力的书面证据。因而必须以实际工程资料和事实作为干扰事件影响分析的佐证,这些资料包括施工日报、月报、各种签证、验收证明、天气报告、各种会计核算资料等;其次,干扰事件应当不是由承包商责任造成的。

(2) 合同约定。合同是索赔的依据,也是索赔计算的依据。合同中对索赔有专门的规定,主要有:合同价格的调整方法和条件,工程变更的补偿条件和补偿计算方法,附加工程的价格确定方法,业主的合同责任和工期补偿条件等。

例如某固定总价合同规定"合同价格是固定的,……承包商不得以任何理由增加合同价格,如市场价格上涨,货币价格浮动,生活费用提高,工资基限提高,调整税法等","业主有权调整合同内容,但增加和减少工程量不超过合同金额的15%,在此范围内,承包商无权要求任何补偿"。在上述的范围内,尽管干扰事件存在,非承包商的责任,承包商损失也存在,但却不能提出索赔。因它们是合同规定的承包商应承担的风险。

下面将FIDIC合同条件第四版1992年修订版中可作为承包商索赔依据的条款列于表7-3中,以供参考。

表7-3　　　　　可作为承包商索赔依据的FIDIC合同条款

条款编号	条款标题或内容	索赔类型	条款编号	条款标题或内容	索赔内容
5.2	措辞含糊	T+C	49.3	修补缺陷	C+P
6.3及6.4	工程图纸误期	T+C	50.1	调查缺陷	C
12.2	不利的外界条件或障碍	T+C	52.1	变更	C+P
17.1	放线(由于原始数据不正确)	T+C	52.1及52.2	依据变更命令的额外付款	C+P
18.1	勘探钻孔	C+P	52.3	合同价增加或减少超过15%	±C
20.3	修理雇主风险造成的损失或损坏	C+P	65.3	特殊风险对工程的损害	C+P
27.1	化石、古物和古代构筑物	T+C	65.5	由特殊风险引起的费用增加	C
31.2	为其他承包商创造条件	C+P	65.8	合同的终止	C及C+P
36.5	合同未规定的检验	T+C	69	雇主的违约	T+C
38.2	剥露已完成的工作	C	70.1	费用的增加或减少	据公式
40.2	暂时停工	T+C	70.2	后继法规的变更	±C
42.2	雇主未能提供施工现场	T+C	71	货币及汇率	C+P

注　T指时间索赔,C指费用索赔,C+P指费用索赔中可包含利润。

FIDIC合同条件第四版1992年修订版中可作为业主索赔依据的条款列于表7-4中,以供参考。

表7-4　　　　　业主可据以索赔的条款

条款编号	条款标题或内容	说　明
6.5	承包商未能按时提供图纸	EN
25.3	承包商未办理保险	EN
30.3及30.4	对公路桥梁造成破坏	协商解决
37.4	拒绝验收承包商采购的材料和机械设备	EN
39.2	承包商未服从工程师关于工程和材料不合格的指示	EN

续表

条款编号	条款标题或内容	说明
46.1	施工进度	EN
47.1	未按时竣工（误期损失赔偿费）	NN
49.4	承包商未进行修理	EN
59.5	承包商未提供向分包商付款的证明	EN
63.3	承包商违约	EN
64.1	紧急修理工作	EN
65.8	合同终止后的付款	EN

注 EN 指"按照工程师的指示"，NN 指"不需要任何指示"。

FIDIC《施工合同条件》1999年第一版第20条［索赔、争端和仲裁］相当于第四版"索赔程序"（第53条）和"争端的解决"（第67条）的合并。其中第20.1款对承包商任何进行索赔的细节规定得很详细，不但强调了费用上的增加，而且也规定了对延长合同期限的索赔程序。表7-5为FIDIC《施工合同条件》1999年第一版中承包商可以引用的索赔条款。

表 7-5　　　　　　1999 年第一版中承包商可以引用的索赔条款

条 款 编 号	条款标题或内容	索 赔 内 容
1.3	通信交流	T+C+P
1.5	文件的优先次序	T+C+P
1.8	文件有缺陷或技术性错误	T+C+P
1.9	延误的图纸或指示	T+C+P
1.13	遵守法律	T+C+P
2.1	雇主未能提供现场	T+C+P
2.3	雇主人员引起的延误或妨碍	T+C
3.3	工程师的指示	T+C+P
4.7	因工程师数据差错导致放线错误	T+C+P
4.10	雇主应提供现场数据	T+C+P
4.12	不可预见的物质条件	T+C
4.20	雇主设备和免费供应的材料	T+C
4.24	发现化石、货币或有价值的文物	T+C
5.2	指定分包商	T+C+P
7.4	工程师改变试验细节或附加试验	T+C+P
8.3	进度计划	T+C+P
8.4	竣工时间的延长	T+(C+P)
8.4	当局造成的延长	T
8.9	暂停施工	T+C

续表

条款编号	条款标题或内容	索赔内容
10.2	雇主接收或使用部分工程	C+P
10.3	工程师对竣工试验的干扰	T+C+P
11.8	工程师指令承包商调查	C+P
12.3	工作计量数量超过工程量清单的10%	T+C+P
12.4	删减	C
13	工程变更	T+C+P
13.7	法规改变	T+C
13.8	成本的增减	C
14.8	延误的付款	T+C+P
15.5	雇主终止合同	C+P
16.1	承包商暂停工作的权利	T+C+P
16.4	合同终止时的付款	T+C+P
17.4	雇主的风险	T+(C+P)
18.1	雇主应投保而未投保时	C
19.4	不可抗力	T+C
20.1	承包商的索赔	T+C+P

注 T—工期，C—成本，P—利润。

我国国家发改委、财政部、原建设部等9个部委第56号令发布的《标准施工招标文件》通用条件中，承包人可以合理索赔的条款见表7-6。

表7-6 我国《标准施工招标文件》通用条件中承包人可以合理索赔的条款

条款编号	条款主要内容	索赔内容
1.10.1	发现文物、古迹及其他遗迹、化石、钱币或其他物品	T+C
4.11.2	承包人遇到不利物质条件	T+C
5.2.4	发包人要求向承包人提前交付材料和工程设备	C
5.2.6	发包人提供的材料和工程设备不符合合同要求	T+C+P
8.3	发包人提供资料错误导致承包人返工或造成工程损失	T+C+P
11.3	发包人的原因造成工程延误	T+C+P
11.4	异常恶劣的气候条件	T
11.6	发包人要求承包人提前竣工	C
12.2	发包人原因引起的暂停施工	T+C+P
12.4.2	发包人原因引起造成的暂停施工后无法按时复工	T+C+P
13.1.3	发包人原因造成工程质量达不到合同约定的验收标准	T+C+P
13.5.3	监理人对隐蔽工程重新检查而证明工程质量符合要求	T+C+P
16.2	法规变化引起的价格调整	C

续表

条款编号	条款主要内容	索赔内容
18.4.2	发包人在全部工程竣工前,使用已接收的单位工程导致承包人费用增加的	T+C+P
18.6.2	发包人的原因导致试运行失败的	C+P
19.2	发包人的原因导致的工程缺陷和损失	C+P
21.3.1	不可抗力	T

五、索赔证据

（1）索赔证据的收集。在进行干扰事件影响分析的同时，也要注重索赔证据的收集，因索赔证据是关系到索赔成败的重要文件之一。否则即使抓住了合同履行中的索赔机会，但拿不出索赔证据或证据不充分，则索赔要求往往难以成功或被大打折扣。又或者拿出的证据漏洞百出，前后自相矛盾，经不起对方的推敲和置疑，不仅不能有助于自方索赔要求的成功，反而会被对方作为反索赔的证据，使承包商在索赔问题上处于极为不利的地位。因此，收集有效的证据是搞好索赔管理中不可忽视的一部分。

（2）索赔证据的分类。索赔证据通常有以下几类（见表7-7）。

表7-7　　　　　　　　　索赔证据的分类

索赔证据的种类	证明干扰事件存在和事件经过的证据，主要有来往信件、会谈纪要、业主指令等
	证明干扰事件责任和影响的证据
	证明索赔理由的证据，如合同文件、备忘录等
	证明索赔值的计算基础和计算过程的证据，如各种账单、记工单、工程成本报表等

（3）有效索赔证据特征。在合同实施过程中，资料很多，面很广。因而在索赔中要分析考虑业主和仲裁人需要哪些证据及哪些证据最能说明问题、最有说服力等，这需要索赔管理人员有较丰富的索赔工作经验。而在诸多证据中，有效的索赔证据是顺利成功地解决索赔争端的有利条件。

下面举例说明没有有效索赔证据造成的后果。

有一个28层，近5万 m^2 的综合楼，合同价9000多万元，结算时有2000多万元超过合同价而未获支付，承包商也进行了索赔，但是未获成功，其原因就是有几个大的增项未作有效签证及补充付款协议。

一般有效的索赔证据都具有以下几个特征。

（1）及时性。既然干扰事件已发生，又意识到需要索赔，就应在有效时间内提出索赔意向。在规定的时间内报告事件的发展影响情况，在规定时间内提交索赔的详细额外费用计算账单，对业主或工程师提出的疑问及时补充有关材料。如果拖延太久，将增加索赔工作的难度。

（2）真实性。索赔证据必须是施工过程中产生的真实资料，有当时有关双方人员的认可，经得起推敲。

（3）全面性。所提供的证据应能说明索赔事件的全部内容，不能只有发生原因的证据而没有持续影响的证据，或证据零乱无序含糊不清等。

(4) 法律效力。所提供索赔证据必须具有法律效力，特别是在双方意见分歧、争执不下时，更要做到这点。具有法律效力的证据一般是当时的书面文件、有双方代表的签字的文件，符合国家法律的规定的协议等。

为更好地进行索赔证据的收集和对尚未发生的索赔做好准备，承包商应做到以下几点。

(1) 建立健全的文档资料管理制度。
(2) 建立一个由专人管理责任分工的组织体系。
(3) 对重大事件应有针对性的证据收集等良好的制度。

六、施工阶段的索赔管理

1. 施工索赔工作的特点

任何一个问题的解决都必须按照一定的程序来完成，施工阶段索赔问题的解决也不例外，但与工程项目的其他管理工作不同，索赔的处理和解决有如下的特点。

(1) 对一特定干扰事件的索赔没有预定的统一标准的解决。要达到索赔的目的就必须具体问题具体分析，不可盲目照搬以往案例，或一味凭经验办事。在国际工程中，许多相同或相近的干扰事件却得到不同，甚至完全相悖的解决结果也是不奇怪的。这与合同的背景、业主的管理水平、承包商的工程管理水平和承包商的索赔业务能力都有关系。

(2) 不"索"则不"赔"，如承包商放弃索赔机会（不会索赔、超过合同规定的索赔有效期等），或放弃索赔权力（承包商不敢索赔、不要索赔等），则业主没有赔偿责任。承包商必须自己承担自己的损失。

(3) 索赔的成败不仅在于事件本身的实情，而且还在于能否找到最有利于自己的证据，能否找到为自己辩护的法律条文。

(4) 承包商的索赔都以利益为原则，即通过索赔使自己的损失得到补偿，争取自己合理的收益。索赔要求只有得到业主、调解人、仲裁人等的认可才有效，所以承包商必须十分注重索赔的处理技巧和策略。

2. 索赔程序

索赔工作必须按合同规定的程序和时间限制进行，图 7-1 是 FIDIC 合同条件第 53 条规定的索赔程序和时间限制。

从总体上看，索赔工作可分为两个阶段。

(1) 索赔的内部准备。承包商对引起损失的干扰事件进行调查，分析干扰事件的原因和责任，收集证据文件，在索赔解决中起着重要作用。索赔报告包括标题、事件叙述、索赔理由、经济支出和费用计算、附注及本报告事件五个方面的内容。标题应该能够简要地概述索赔的中心内容。事件叙述主要包括：事件发生的时间、工程部位、发生的原因、影响的范围、乙方采取的措施、事件持续时间、乙方已经向甲方报告的次数和日期、最终结束影响的时间等。索赔的理由则明确指出依据合同条款××条、协议××条、××会谈纪要，证明自方有合理合法的索赔资格。经济支出和费用计算应明确计算依据及计算资料的合理性，如合同中已规定的计算原则、甲方代表已经认可的计算资料等。附注及本报告时间。当编写索赔报告人员对某些问题的处理或计算具有商讨性质时，表示有商量余地，应在附注中写明。报告时间也不可忽视，因为合同条件中规定了索赔提出的时间限制，如不注明可能会对索赔的处理带来新的麻烦。

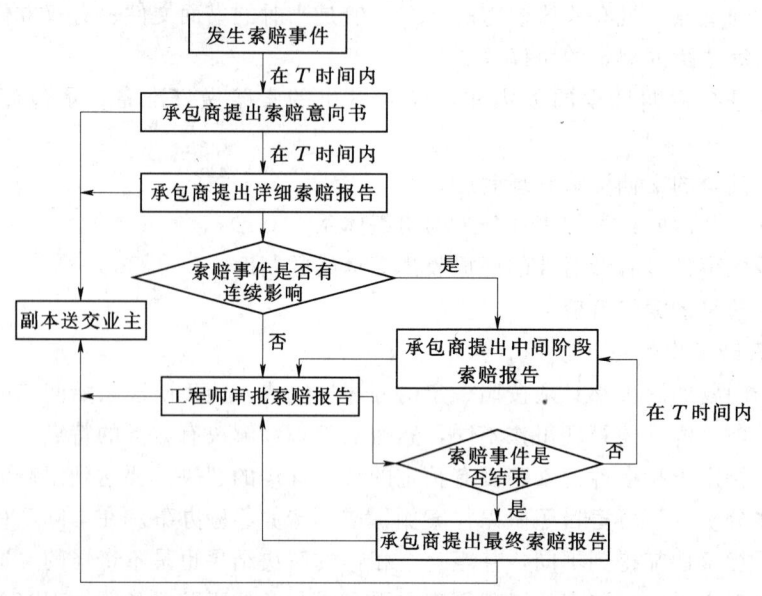

注：T 指 28 天或工程师指定的时间

图 7-1 FIDIC 合同条件规定的索赔程序

下面提供某一工程对单项索赔采用的索赔报告格式（见表 7-8）。

表 7-8 单项索赔报告的一般格式

负责人：

编号： 日期

题 目	××项目索赔报告
事件	
理由	
影响	
成本增加	
工期拖延	
结论	

索赔报告一般在综合索赔或比较复杂的单项索赔中显得最为重要，因而在索赔报告编制过程中应特别注意：事实叙述的正确性，不要有任何主观随意性；用词要明确，不能用"大概"、"大约"、"可能"等模棱两可的词；选用合同条款时不能断章取义，牵强附会；不宜夸大事实；编写完后认真审查，避免错误，否则会降低索赔报告的可信度。

（2）索赔的解决阶段。递交索赔报告后，即进入索赔解决阶段。首先工程师（或甲方代表）要对乙方提出的索赔报告进行审查，然后合同双方进行谈判，或请人调解或仲裁，最终就索赔的解决达成一致。由此可见索赔的解决是多途径的，根据解决条件的不同可以大致分为4种：无分歧解决的条件、友好协商的条件、索赔的调解和仲裁、起诉与判决解决。第一种情况一般索赔的金额比较小，涉及的问题比较单一，也容易解决；第二种情况是一般索赔解决的主要途径，这种办法解决问题的优点是气氛平和、时间较短、不需额外的花费，有利于后期继续合作；当谈判不能达成解决协议时，就只有采取第三种方法了，调解人按照合同规定、国家法令，分清各方责任，提出调解方案，如索赔双方同意调解方案并签字后，即调解完成，所达成的协议具法律效力，必须得到执行。如对调解或仲裁协议不服可在15天内向法院起诉，法院依据国家法律和司法程序对争执进行审判处理，最终进行判决。最终判决具有强制性的法律效力，必须执行。在索赔解决阶段，为避免走入死胡同，最好采取以友好协商的方式解决，这样做对双方都是有利的。

第二节 施工索赔的分析方法

一、工期索赔

在工程施工过程中，常常会发生一些未能预见的干扰事件使施工不能顺利进行，使预定的施工计划受到干扰，结果造成工期延长。这在实际工程中是屡见不鲜的。对此应先计算干扰事件对工程活动的影响，然后计算事件对整个工期的影响，计算出工期索赔值。

《建设工程施工合同》第39.3款规定如下："因不可抗力事件导致的费用及延误的工期由双方按以下方法分别承担：

（1）工程本身的损害、因工程损害导致第三方人员伤亡和财产损失以及运至工地用于施工的材料和将要安装的设备的损害，由发包人承担。

（2）发包人和承包人人员伤亡由其所在单位负责，并承担相应费用。

（3）承包人机械设备损坏及停工损失，由承包人承担。

（4）停工期间，承包人应工程师要求留在施工场地得必要的管理人员及保卫人员的费用由发包人承担。

（5）工程所需清理、修复费用由发包人承担。

（6）延误的工期相应顺延。"

工期索赔可分为"可原谅拖期"和"不可原谅拖期"两种情况，不可原谅拖期见表7-9。

表7-9　　　　　　　工期索赔处理原则

拖期性质	拖期原因	责任者	处理原则	索赔结果
不可原谅拖期	由承包商原因造成的拖期	承包商	不延长工期，不给予经济补偿，竣工结算时业主扣除合同规定的竣工误期违约赔偿金	无权索赔

工程实际施工过程中，往往有两种或多种原因同时造成工期延误，这种情况称为"共同延误"或"平行延误"。这时应根据以下原则来确定哪一种情况是有效延误，即承包商可以据之得到工期延长，或既可得到工期延长又可得到费用补偿。

(1) 首先判断造成拖期的哪一种原因是最先发生的，即确定"初始延误"的责任者。在初始延误发生期间，其他平行发生的延误责任者不承担延误责任。

(2) 如果初始延误责任者是业主/工程师，则在业主造成的延误期内，承包商既可得到工期延长，又可得到经济补偿。

(3) 如果初始延误责任者是客观因素，则在客观因素发生影响的期间内，承包商可得到工期延长，经济补偿则按通用条件第40.1款和第40.2款处理。

(4) 如果初始延误责任者是承包商，则承包商不能索赔。

现举下面的案例说明"共同延误"的分析方法。

【案例7-2】 国内某工程项目施工采用我国《建设工程施工合同》(1999年12月修订文本)，并规定承包商包工和包全部材料。工程招标文件参考资料中提供的供砂地点距离工地4km。但开工后，由于监理工程师检查确定，该砂石场的砂质量不符合施工要求，承包商改由另一个距工地20km的供砂地点采购质量合格的砂。

开工后，发生了下述原因造成的暂时停工。

(1) 5月20—26日承包商的主要施工设备出现了重大故障。

(2) 应于5月24日交给承包商的后续图纸直到6月10日才交给承包商。

(3) 6月7—12日施工现场下了该季节罕见的特大暴雨，造成了6月11—14日的该地区供电全部中断。

由于以上的暂时停工，承包商提出了以下两项索赔。

(1) 第一项索赔。供砂地点和施工现场之间距离的增大，必然引起费用的增加。承包商经过仔细认真计算后，在工程师指示改变供砂地点后的第3天，向监理工程师提交了将原用砂单价每吨提高5元人民币、共计2万2千元的索赔要求。工程师会批准该索赔要求吗？为什么？

(2) 第二项索赔。由于上述几次暂时停工承包商在6月15日向监理工程师提交延长工期25天、成本损失费人民币2万元/天（此费率已由监理工程师核准）以及利润损失费人民币2000元/天的索赔要求，共计索赔57.2万元。工程师应批准的索赔款额及工期补偿为若干？

分析： 分析以上问题时，应当考虑上述共同延误下的工期索赔处理原则。对于本题第1和第2种延误，可根据图7-2进行分析。

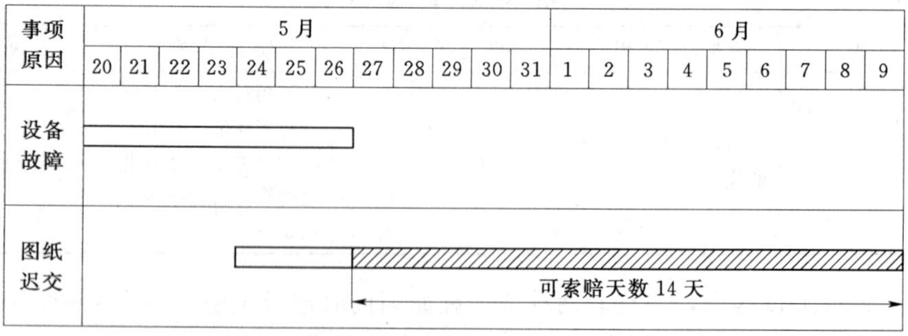

图7-2 索赔天数的分析

第一种情况是设备故障，承包商为初始延误责任者，故承包商从5月20—26日期间都无权索赔。

第二种情况，因图纸迟交的延误责任者为业主，承包商有权提出工期和经济索赔。但工期补偿天数为14天（从5月27日到6月9日，即图中绘有剖面线的时间段）。

对于第一项索赔，工程师没有批准因供砂地点变化所提出的索赔，所依据的原因如下。

(1) 承包商应对招标文件的理解和解释自行负责，并在报价时考虑与此有关的风险。

(2) 承包商应对自己报价的正确性和完备性负责。

(3) 材料供应情况的变化是一个有经验的承包商能够合理预见到的。

对于第二项索赔，工程师对承包商所提出的57.2万元的费用索赔审查结果如下。

(1) 5月20—26日发生的设备故障是承包商应承担的风险，故驳回承包商对此的费用索赔。

(2) 5月27到6月9日的暂时停工是由于业主迟交图纸造成的，属于业主应承担的风险，承包商可以索赔，但不应索赔利润，故批准索赔金额为14天×2万元/天＝28（万元）。

(3) 6月10—12日的特大暴雨属于业主和承包商共同的风险，不应考虑承包商的费用索赔，但应考虑工期索赔。

(4) 6月13—14日的停电属于一个有经验的承包商不能预见到的风险，应由业主承担，故批准索赔金额为2天×2万元/天＝4（万元）。

工程师批准的费用索赔总额为28＋4＝32（万元），工期延长为14＋3＋2＝19（天）。

【案例7-3】 某外资贷款项目，业主与承包商按照FIDIC《土木工程施工合同条件》签订了合同，合同工期为1年。施工合同专用条件规定：钢材、木材和水泥由业主供货到现场仓库，其他材料由承包商自行采购。施工中发生了以下情况。

(1) 当工程施工到第五层框架柱钢筋绑扎时，因业主提供的钢筋未到，使该项作业从10月3—16日停工（该项作业的总时差为0）。

(2) 10月7—9日因停电、停水使第三层的砌砖停工（该作业的总时差为4天）。

(3) 10月14—17日因砂浆搅拌机发生故障使第一层抹灰延迟开工（该作业的总时差为4天）。

为此，承包商于10月20日向工程师提交了一份索赔意向书，又于10月25日送交了一份工期、费用索赔计算书和索赔依据的详细材料。其计算书内容如下。

(1) 工期索赔。

1) 框架柱扎筋	10月3—16日停工	计14天
2) 砌砖	10月7—9日停工	计3天
3) 抹灰	10月14—17日迟开工	计4天
4) 小计		21天

(2) 费用索赔。

1) 机械设备窝工费：

一台塔吊　　　　　　　　　　　　　　　　　　　　　　　　14×234＝3276（元）

一台混凝土搅拌机　　　　　　　　　　　　　　　　　　　　14×55＝770（元）

一台砂浆搅拌机 　　　　　　　　　　　　　　　　　　7×24＝144（元）
小计 　　　　　　　　　　　　　　　　　　　　　　　　　　　4190元
2）窝工人工费：
扎筋 　　　　　　　　　　　　　　　　　　35人×20.15×14＝9873.50（元）
砌砖 　　　　　　　　　　　　　　　　　　30人×20.15×3＝1813.50（元）
抹灰 　　　　　　　　　　　　　　　　　　35人×20.15×4＝2821.00（元）
小计 　　　　　　　　　　　　　　　　　　　　　　　　　14508.00元
（3）保函费延期补偿：　　　（1500×10％×0.6％/365）×20＝490（元）
（4）管理费增加：　　　　　（4190＋14508.00＋490）×15％＝2878.20（元）
（5）利润损失：　　　（4190＋14508.00＋490＋2878.20）×5％＝1103.31（元）
（6）费用索赔合计：　4190＋14508.00＋490＋2878.20＋1103.31＝22317.92（元）

试分析以下问题

问题1　承包商提出的工期索赔是否正确？工程师予批准的工期索赔为若干天？

问题2　如双方商定，窝工机械设备索赔费按台班单价的65％计算；考虑窝工人工应安排工人从事其他作业后的降效损失而定窝工人工费按10元/工日计算；保函费仍按原来算法；管理费和利润损失不予补偿。在这种情况下，工程师所批准的索赔费为若干？

分析：

问题1　承包商提出的工期索赔不正确，原因如下。

（1）框架柱扎筋停工14天，应予工期补偿。因为这是由于业主原因造成的，而且该项作业位于关键线路上。

（2）砌砖停工，不予工期补偿。因为该项工作虽属于业主造成的，但该项作业不在关键线路上，且未超过其总时差。

（3）抹灰停工，不予工期补偿。因为该项停工是由于承包商自身造成的。

综上所述，工程师批准的工期索赔为14＋0＋0＝14（天）。

问题2　工程师对费用索赔的审查结果如下。

（1）机械窝工费审查计算如下。

1）塔吊一台，14×234×65％＝2120.40（元）（按惯例，机械闲置费只应计取机械折旧费或机械停滞费）。

2）混凝土搅拌机1台，14×55×65％＝500.50（元）（按惯例，机械闲置费只应计取机械折旧费或机械停滞费）。

3）砂浆搅拌机1台，3×24×65％＝46.80（元）（按惯例，机械闲置费只应计取机械折旧费或机械停滞费）。

4）砂浆搅拌机因故障而停机4天，经济损失应由承包商自己负责，不予补偿。

机械窝工费小计：2129.40＋500.50＋46.80＝2676.70（元）。

（2）人工窝工费。

1）扎筋窝工，35×10×14＝4900.00（元）（业主造成，只考虑降效费用）。

2）砌砖窝工，30×10×3＝900.00（元）（业主造成，只考虑降效费用）。

3) 抹灰窝工，承包商造成，故不给补偿。

人工窝工费小计：4900＋900＝5800.00（元）。

(3) 保函费补偿。

(1500×10％×0.6％×14)/365＝350.00（元）。

经济补偿总计：2676.70＋5800.00＋350＝8826.70（元）。

在实际工程中一般有两种分析干扰事件的方法，即网络分析法和比例分析法。

1. 网络分析法

通过分析干扰事件发生前后网络计划，对比两种工期的计算结果，计算出工期索赔值，这是一种科学、合理的分析方法，适合于各种干扰事件的索赔。关键线路上工程活动持续时间的拖延，必然造成总工期的拖延，可提出工期索赔，而非关键线路上的工程活动在时差范围的拖延如果不影响总工期，则不能提出工期索赔，举下例说明。

【案例7-4】 某承包商（乙方）与某建设单位（甲方）签订了修建某单层工业厂房基础工程的施工合同，合同工期为15天。工程师批准了承包商所提交的施工方案和图7-3所示的施工进度计划。

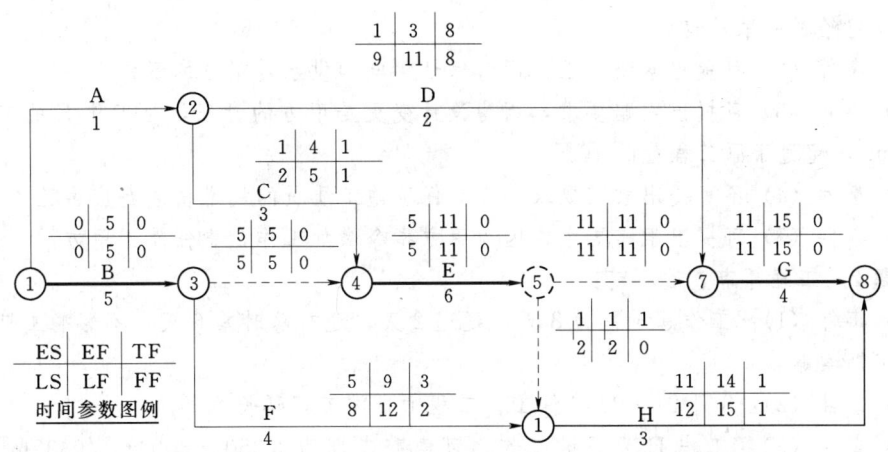

图7-3 施工网络进度计划图

（箭线上方为工作名称，箭线下方为工作持续时间，粗箭线为关键线路）

甲、乙双方按合同中规定：采用单价合同，每一分项工程工程量增加（或减少）超过招标文件中所约定值的10％以上时调整单价；乙方自备主导施工机械（挖土机）一台，其台班费为400元/台班，其中台班折旧费为50元/台班。甲方又与某降水公司订立了基础施工人工降水合同。

甲、乙双方按合同规定于8月15日开工，工程施工中发生如下的事件。

(1) 降水方案错误，致使工作推迟2天，乙方人员配合用工5个工日，窝工6个工日。

(2) 8月21—22日，场外停电，造成乙方人员窝工16个工日。

(3) 因设计变更，工作E的工程量由合同文件中的300m³增至350m³，超过了10％；

合同中该工作的单价为 55 元/m³，经协商后调整其单价为 50 元/m³。

(4) 为保证施工质量，乙方在施工中将工作 B 原设计尺寸扩大，增加工程量 15m³，该工作单价为 80 元/m³。

(5) 在工作 D 和 E 均完成后，甲方指令增加一项工作 K。经工程师核准，完成该项工作需要 1 天时间，机械一个台班，人工 10 个工日。

问题

1. 上述五个事件中，乙方可对哪些事件提出索赔要求？哪些事件不能提出索赔要求？说明其原因。
2. 每个可索赔事件的工期索赔各为多少天？工期索赔总计多少天？
3. 工作 E 的结算价为多少？
4. 假设人工单价为 25 元/工日。合同规定窝工人工补偿标准为 12 元/工日，因增加用工所需管理费为所增加人工费的 20%。试计算除事件 (3) 外的合理索赔费用总额。

解答

问题 1　工程师审查后决定：

(1) 事件 (1) 可提出索赔要求，因为降水方案错误不是乙方的责任，甲方已经把降水工程发包给另一家承包商。

(2) 事件 (2) 可提出索赔要求，因为保证供电和供水是甲方的责任。

(3) 事件 (3) 可提出索赔要求，因为设计变更是甲方的责任，且工作 E 的工程量增加了 50m³，超过了原工程量的 10%。

(4) 事件 (4) 不可提出索赔要求，因为保证施工质量的技术措施费应由乙方承担。

(5) 事件 (5) 可提出索赔要求，因为甲方指令增加工作，责任属于甲方。

问题 2　工程师审查后决定：

(1) 事件 (1)：工作总时差为 8 天，延迟 2 天，还有总时差 6 天，不影响工期，故不能提出工期索赔。

(2) 事件 (2)：8 月 21—22 日停工，工程师批准工期延长 2 天。

(3) 事件 (3)：工作 E 为关键工作，可索赔工期为 $(350-300)\text{m}^3/(300\text{m}^3/6)=1$ (天)。

(4) 事件 (4) 不能提出工期索赔，理由见问题 1 解答。

(5) 事件 (5)：工作 E 和 G 均为关键工作，在它们之间插入的工作 K 也是关键工作，故可索赔 1 天。

(6) 总计所批准的工期延长天数为 $2+1+1=4$（天）。

问题 3　工作 E 的结算价如下：

按原单价结算的工程量为 $300\times(1+10\%)=330(\text{m}^3)$；

按新单价结算的工程量为 $350-330=20(\text{m}^3)$；

总结算价 $=330\times55+20\times50=19150$（元）。

问题 4　除事件 (3) 外，工程师批准的费用索赔计算如下。

(1) 事件 (1)：人工费 $=6$ 工日 $\times 12$ 元/工日 $+5$ 工日 $\times 25$ 元/工日 $\times(1+20\%)=222$（元）；

(2) 事件（2）：人工费＝16 工日×12 元/工日＝192（元）；

机械费＝2 台班×50 元/台班＝100（元）；

(3) 事件（5）：人工费＝10 工日×25 元/工日×(1＋20%)＝300（元）；

机械费＝1 台班×400 元/台班＝400（元）；

费用索赔＝222＋192＋100＋300＋400＝1214（元）。

2. 比例分析法

网络分析法虽然最科学，也是最合理的，但在实际工程中，干扰事件常常仅影响某些单项工程、单位工程或分部分项工程的工期，分析它们对总工期的影响，可以采用更为简单的比例分析法，即以某个技术经济指标作为比较基础，计算出工期索赔值。

(1) 按合同价所占比例计算。某工程施工中，业主改变办公楼工程基础设计图纸的标准，使该单项工程延期 10 周，该单项工程合同价为 80 万美元，而整个工程合同总价为 400 万美元。则承包商提出工期索赔时间可按下式计算：

$$总工期索赔值 = \frac{受干扰事件影响的那部分工程的价值}{整个工程的合同总价} \times 该部分工程受干扰后的工期拖延$$

故　　　　　工期索赔周数 $\Delta T = (80 \div 400) \times 10$ 周 ＝ 2（周）

(2) 按单项工程工期拖延的平均值计算，举下例说明。

【案例 7-5】 某工程有 A、B、C、D、E 五个单项工程，合同规定由业主提供水泥。在实际工程中，业主没能按合同规定的日期供应水泥，造成停工待料。根据现场工程资料和合同双方的通信等证据证明，由于业主水泥提供不及时对工程造成如下影响：

(1) 单项工程 A 500m³ 混凝土基础推迟 21 天。

(2) 单项工程 B 850m³ 混凝土基础推迟 7 天。

(3) 单项工程 C 225m³ 混凝土基础推迟 10 天。

(4) 单项工程 D 480m³ 混凝土基础推迟 10 天。

(5) 单项工程 E 120m³ 混凝土基础推迟 27 天。

承包商在一揽子索赔中，对业主材料供应不及时造成工期延长提出索赔要求如下：

$$总延长天数 = 21＋7＋10＋10＋27 = 75（天）$$

$$平均延长天数 = 75/5 = 15（天）$$

工期索赔天数＝15＋5＝20（天）（加 5 天是为考虑单项工程的不均匀性对总工期的影响）

(3) 两种方法的比较。当然也可按其他指标，如按劳动力投入量、实物工作量等的变化计算。比例分析的方法虽计算简单、方便，不需作复杂的网络分析，在意义上也容易接收，但也有其不合理、不科学的地方，如从网络分析可以看出，关键线路上工作的拖延方为总工期的延长，非关键线路上的拖延通常对总工期没影响，但比例分析法对此并不考虑，而且此种方法对有些情况也不适用，如业主变更施工次序，业主指令采取加速措施等均不能采取这种方法，否则会得到错误结果，这在实际工期索赔中应予以注意。

二、费用索赔

1. 费用索赔的定义

费用索赔是乙方根据合同条款的规定，向甲方索取他应该得到的合同价以外的费用。

乙方根据合同条款的有关规定从甲方那里得到的这种费用，既不是他的意外收入，也不是甲方花了不必要的钱。而是在合同中所规定的因签订合同时还无法确定的，应由甲方承担的某些风险因素导致的结果。乙方投标时的报价中不含有甲方承担的风险对报价的影响。所以，一旦这类风险发生并影响到乙方的工程成本时，乙方提出费用索赔的行为是一种正常现象。

2. 费用索赔的原则

费用索赔是整个施工阶段索赔的重点和最终目标，工期索赔在很大程度上也是为了费用索赔。因而费用索赔的计算就显得十分重要，必须按照如下原则进行。

（1）赔偿实际损失的原则，实际损失包括直接损失（成本的增加和实际费用的超支等）和间接损失（可能获得的利益的减少，比如业主拖欠工程款，使得承包商失去了利息收入等）。

（2）合同原则，通常是指要符合合同规定的索赔条件和范围、符合合同规定的计算方法、以合同报价为计算基础等。

（3）符合通常的会计核算原则，通过计划成本或报价与实际工程成本或花费的对比得到索赔费用值。

（4）符合工程惯例，费用索赔的计算必须采用符合人们习惯的、合理、科学的计算方法，能够让业主、监理工程师、调解人、仲裁人接受。

3. 挣值法（又称"赢值法"）

如有一工程由5个分项工程组成，其施工进度计划如表7-10所示，现用挣值法分析进度与费用之间的关系。此法所用的三种费用的含义说明如下。

（1）拟完工程计划费用BCWS（Budgeted Cost of Works Scheduled）是根据工作的费用平均分布在原进度计划中该工作的持续时间上所计算出的费用及其累计，并据之绘出"拟完工程计划费用曲线"，参看表7-10。

表7-10　　　　　　　　拟完工程计划费用BCWS计算过程　　　　　资金单位：万元

分项工程	进度计划（周）											
	1	2	3	4	5	6	7	8	9	10	11	12
A	5	5	5									
B		4	4	4	4	4						
C				9	9	9	9					
D						5	5	5	5			
E								3	3	3		
每周拟完工程计划费用	5	9	9	13	13	18	14	8	8	3		
拟完工程计划费用累计	5	14	23	36	49	67	81	89	97	100		

(2) 已完工程实际费用 ACWP (Actual Cost of Work Performed) 是将根据已完工程的实际持续时间和单位时间实际发生的费用所计算出的费用及其累计，并据之绘出"已完工程实际费用曲线，参看表 7-11。

表 7-11　　　　　　　　　　已完工程实际费用计算过程　　　　　　　　资金单位：万元

分项工程	进度计划（周）											
	1	2	3	4	5	6	7	8	9	10	11	12
A	5	5	5									
B				4	4	4	3	3				
C							9	8	7	7		
D							4	4	4	5	5	
E										3	3	3
每周已完工程实际费用	5	5	9	4	4	12	15	11	11	8	8	3
已完工程实际费用累计	5	10	19	23	27	39	54	65	76	84	92	95

(3) 已完工程计划费用 BCWP (Budgeted Cost of Works Performed)。计算已完工程计划费用时，进度按实际进度，但费用分布是将该工作的总计划费用均匀分布在其实际持续时间上。如表 7-12 中分项工程 D 的计划持续时间为 4 周，而其实际持续时间为从第 7 周开始到第 11 周末完成，共 5 周。分项工程 D 的总计划费用为 20 万元（见表 7-10），故每周均匀分摊的计划费用为 20/5=4 万元。表 7-12 为已完工程计划费用的计算过程。

表 7-12　　　　　　　　　　已完工程计划费用计算过程　　　　　　　　资金单位：万元

分项工程	进度计划（周）											
	1	2	3	4	5	6	7	8	9	10	11	12
A	5	5	5									
B				4	4	4	4	4				
C							9	9	9			
D							4	4	4	4	4	
E										3	3	3
每周已完工程计划费用	5	5	9	4	4	13	17	13	13	7	7	3
已完工程计划费用累计	5	10	19	23	27	40	57	70	83	90	97	100

将表 7-10、表 7-11 和表 7-12 中最后一行汇总,就得到表 7-13。

用挣值法进行费用和进度控制时,根据以下关系分析费用与进度偏差。

费用偏差=已完工程的实际费用(ACWP)—已完工程计划费用(NCWP)

(正值)表示费用超支,(负值)表示费用节约。

进度偏差(Ⅰ)=已完工程的实际进度—已完工程计划进度

(正值)表示进度拖延,(负值)表示进度提前,或

进度偏差(Ⅱ)=拟完工程的计划费用(BCWS)—已完工程计划费用(BCWP)

(正值)表示进度拖延,(负值)表示进度提前。

表 7-13　　　　　　　　　　累　计　费　用　数　据

费 用 类 别	进 度 计 划(周)											
	1	2	3	4	5	6	7	8	9	10	11	12
拟完工程计划费用累计 BCWS	5	14	23	35	49	67	81	89	97	100		
已完工程实际费用累计 ACWP	5	10	19	23	27	39	54	65	76	84	92	95
已完工程计划费用累计 BCWP	5	10	19	23	27	40	57	70	83	90	97	100

将表 7-13 中累计费用数据分别绘成曲线,如图 7-4 所示。

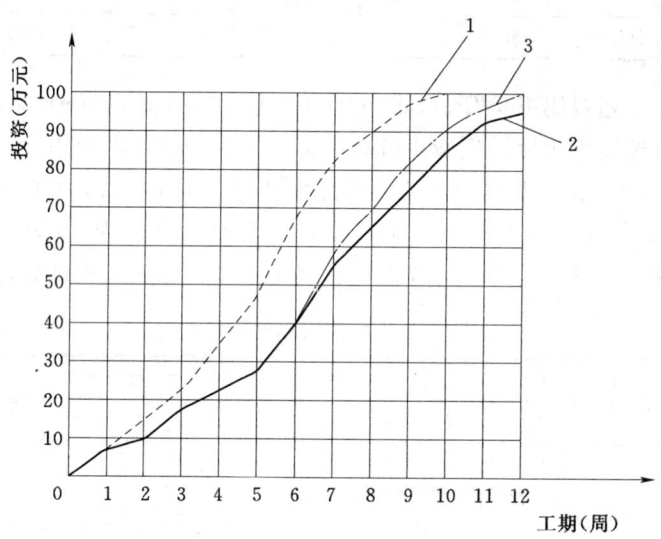

图 7-4　三种费用累计曲线

1—拟完工程计划费用累计曲线;2—已完工程实际费用累计曲线;3—已完工程计划费用累计曲线

现根据上述分析,可求得第 10 个月末的费用偏差如下。

费用偏差=84-90=-6(万元)(节约费用 6 万元);

进度偏差=100-90=10(万元),即进度少完成 10 万元。

或者由图 7-5 知,$\triangle ABC$ 和 $\triangle DEA$ 相似,故
$DE:BA=AD:CB$,又 $BA=1$ 周,$DE=x$,$AD=90-89=1$(万元),$CB=97-89=8$(万元),故 $x=\dfrac{90-89}{97-89}=\dfrac{1}{8}=0.13$(周),因此进度偏差=11-(9+0.13)=1.87(周)。

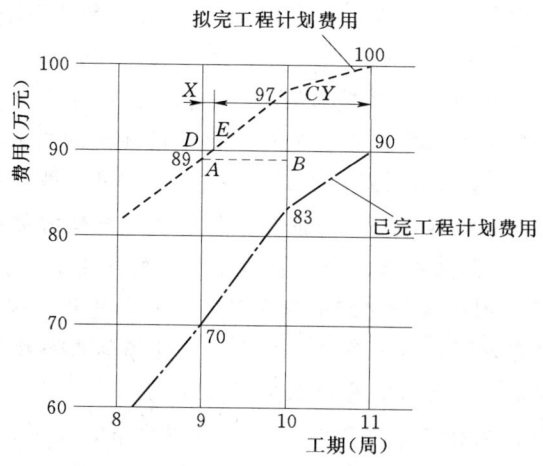

图 7-5 将以费用表示的进度偏差换算为时间偏差
(图 7-4 的局部放大,以便由几何关系求进度偏差)

第三节 监理工程师在索赔管理中的原则和主要任务

1. 监理工程师在索赔管理中的原则

监理工程师既受雇于业主进行工程管理,同时在原则上又作为第三者,不属于施工合同任何一方。他在行使合同赋予的权力,进行索赔管理工作中主要应遵循以下几个原则。

(1) 尽量将争执解决于合同签订之前,或合同实施之前。在合同签订之前就对干扰事件、对合同中的漏洞有充分预测和分析,在工作中减少失误,减少索赔事件的发生。

(2) 公平合理的行使权力,在作出决定、下达指令、决定价格、调解争端时不偏袒任何一方,站在公平的立场上行事。由于业主和承包商之间目的和经济利益不相一致,所以监理工程师应照顾双方利益,调整双方的经济关系。

(3) 监理工程师在处理和解决索赔事件时(如提出解决方案、决定价格等),必须充分地与业主、承包商协商,考虑双方的要求,做两方面的工作,使之尽早达成一致,这也是减少争执的有效途径。

(4) 在处理索赔事件时必须以合同和相应的法律为准绳,以事实为根据,完整地、正确地理解合同,严格地执行合同。只有监理工程师严格按合同办事,才能促使业主和承包商合理地履行合同,工程才能顺利进行。

(5) 迅速、及时地处理问题。监理工程师在行使自己权力,处理索赔事务,解决争执时必须迅速行事,在合同规定的期限内,或在通常认为合理的时间内履行自己的职责,否则不仅会给承包商提供新的索赔机会,而且不能保证索赔及时、公正、合理地解决,使许多问题积累起来,造成混乱。

下面举例说明监理工程师是如何公平处理索赔问题的。

【案例 7-6】 1996 年,南方某工程,雇主与施工单位签订施工合同中规定:工期每提前一天,施工单位可得业主方 2 万元奖励,反之则受 2 万元处罚。索赔有效期为 20 天。

在执行合同的过程中，由于雇主的原因，本该4月10日交付的图纸，直到4月25日才交付。在此期间，施工单位的塔吊发生故障，维修了7天（4月13—20日）；8月21—31日由雇主订货的电梯未按计划到货，影响工期10天；9月3—7日，台风造成连日暴雨；9月8—12日停电5天。最终施工单位的竣工日期比合同规定竣工日期滞后31天，对此雇主要求罚施工方62万元，施工单位对此有异议并于9月13日提出部分事件（如未按时交付图纸等）的索赔。监理工程师以合同为依据，作出公平合理的裁决：施工单位拖延工期24天，从工程款中扣除48万元的违约金。监理工程师的理由如下。

(1) 4月10—25日，图纸未按约定的期限交付，雇主违约，但施工单位9月13日提出工期索赔，超过索赔有效期，索赔条件不成立。在此期间塔吊故障7天，责任在施工单位，雇主方并未提出索赔，因而影响合同工期不成立。

(2) 8月21—31日，电梯未按期到货，责任在雇主方，但是根据施工单位的施工网络计划图，对电梯安装调试一项不在关键线路上，只对总工期影响2天，同意施工方2天工期索赔，工程顺延2天。

(3) 9月3—7日台风暴雨，按照我国的有关规定，结合国际惯例，属于有经验的承包商意料内的气象变化，因而索赔不成立。

(4) 9月8—12日停电5天，雇主方在招标时，曾要求施工方自备柴油发电机，施工方也曾口头答应，但并未写入合同条款及双方协议书，施工单位索赔成立，工期顺延5天。

(5) 施工单位的竣工日期比合同工期滞后31天，扣除工期顺延的7天，实际上，施工单位拖延工期24天，罚款48万元。

雇主与施工单位对监理工程师的裁决有仍存异议，于是向工商行政管理部门提出仲裁，工商行政管理部门经过详细的调查取证后最后裁决：维护监理工程师的意见，认为监理工程师的裁决是公正的。而施工单位作为此次索赔的"受害者"也表示要以此为鉴，接受教训，今后加强内部合同管理，提高索赔意识，防止此类事件的发生。

【案例7-7】 香港木湖至大揽涌输水管线工程索赔

(1) 工程概况：该工程北自广东省木湖经罗湖至香港大揽冲水库，总长约20km，主要工程包括直径3.4m隧道4条，长14.25km；管道3条，共长5.64km；进场道路、地下通道等。该工程由港英政府水务署招标。1982年2月24日由中国建筑工程总公司香港分公司与广东水利水电公司以低价中标，总合同价为2.209亿港元，3月5日签约，3月10日开工。工期为970工作天（含假日在内）拖期罚款30天以内13.75万港元，30天以外19.85万港元。

(2) 开工后发生了以下事件。

1) 规定3月10日开工，但港府入境事务署拖延中方65名管理人员的签证，几经交涉，首批人员于5月27日抵港，致使一个多月内施工管理机构不能正常工作。

2) 位于新界的H隧道洞口，进洞仅10m就发现地质情况与合同提供的资料差异很大，强风化凝灰岩层内出水，很快软化，使支撑钢架拱腿内移，以后洞顶突然出水，流量达$7m^3/h$，造成塌方，不得不采取措施，而影响工期和成本。

3) 其他隧道均因地质问题影响了工期和成本。

(3) 索赔项目及金额。中方与工程师之间的争端成立后经与雇主香港水务署商定,由香港工程师学会先进行调解,调解失败再仲裁。经过半年多的调解,于 8 月 22 日调解人提出正式调解建议:补偿工期 192 天,补偿金额 3136.1328 港元。水务署与中方对建议认真研究讨论,多次磋商,4 次论证,最后于 1987 年 3 月 21 日正式签订了一揽子解决该工程索赔协议书,主要内容如下。

1) 香港水务署付给中方联营公司 3750 万港元,中方不再要求任何其他索赔。

2) 水务署已扣误期违约赔偿金即刻退还。

3) 该项索赔不影响工程师执行合同的责权。

该工程此次索赔时是成功的,除一揽子索回 3750 万港元外,水务署撤销误期违约赔偿金 2931.95 万港元,加上工程师批准的工程款与补偿 3432.5531 万港元,共收入 10111.4503 万港元。

这次索赔不仅经济收入增多,而且在索赔期间,中方更加努力,解决工程施工遇到的困难,得到社会的支持和水务署的好评,为以后的投标创造了条件。在以后的天水围工程投标中,中方虽然排名第二低标,但考虑中方公司的良好信誉,港府还是把标授予了中方公司。

当然,索赔成功,得来不易。索赔书由中方有经验的专家用英文编写后,聘请英国大律师根据香港和英国的法律润色,又请香港名流某先生咨询。事后销毁的文件资料重约 1t,其艰巨性可想而知。

这个案例说明,索赔不是那么轻而易举,但应该索赔时,就要勇于索赔。索赔成功,反而受到对方的重视,真是不打不成交情,索赔的"双赢"意义就在于此。

2. 监理工程师在索赔管理中的任务

监理工程师在索赔管理中的主要任务是通过有力的合同管理防止干扰事件的发生,也即防止了索赔事件的发生根源。那如何才能防止或减少索赔事件的发生呢?要采取哪些措施呢?

首先我们应该了解一下索赔的类别。虽然索赔的类别有许多种,但是从大方面来看,可以把它分成两个大类:一类是由于非雇主或监理工程师原因引起的索赔,如一个有经验的承包商无法预见的外界障碍、雇主的风险、特殊风险、物价上涨或法规的变更等,这些是不以人的意志为转移的,一般情况下监理工程师或雇主对此也是无能为力的;另一类是由于雇主或监理工程师原因引起的索赔,如雇主未按时提供施工图纸,未解决征地拆迁、支付工程款,施工过程中出现工程变更、工程暂停等,其实这些索赔只要雇主或监理工程师加强合同管理,是完全可以避免或减少的。可以采取以下具体措施。

(1) 在项目开始前,按程序办事,做好充分的准备工作,避免由于雇主方因项目准备不充分,违反招标程序,在资金不到位、设计未完成、征地拆迁等问题未解决的情况下匆忙开工而导致承包商的停工、窝工及机械设备闲置等损失,而被承包商索赔。

(2) 选择合适的承包合同类型,例如总价合同要求有明确的施工图纸,而单价合同要求则没有这么严格,所以当工程项目施工图纸未完成时,以选用单价合同为好,否则,一旦工程量和工作性质出现与设计图纸不符的变更情况时,会导致大量的施工索赔。

(3) 完善承包合同条款,在不违反公平原则的条件下,可以通过附加条款对合同某些条款进行补充。

(4) 加强设计审查，大力开展设计监理工作，及时发现设计图纸的错误或不足，避免施工中因设计变更而引起的索赔。

(5) 加强质量管理，监理工程师在施工中应强化质量跟踪，避免或减少由于抽样检查或工程复查引起的索赔。

(6) 恰当地选择承发包模式和划分标段。根据不同的承发包模式自身的特点，恰当地划分标段，选择适用的承发包模式可以起到减少承包商之间的施工干扰、保证承包合同正常履行的作用，从而可以减少施工索赔。

(7) 监理工程师也应该不断提高自身业务素质，如减少监理过程中的错误指示，增强工作责任性，提高监理工作水平。

(8) 做好监理记录，发现索赔问题及时处理，避免索赔问题时过境迁、难于核实，而索赔问题如拖延太久或不予解决，也会影响到承包商的积极性，使之产生抵触情绪，不利于合同的正常履行。

(9) 索赔事件发生后应采取有效的措施，如调整施工进度计划，防止损失的进一步扩大。

第四节 索赔管理的重要性和发展趋势

在现实工作中，做好索赔管理工作不仅对承包商有利，对雇主来讲也是很有好处的，因而我们说做好索赔管理工作具有极其现实的意义，是一件利国利民的好事，具体表现在以下几个方面。

(1) 有利于降低承包商的投标报价，索赔条款的设立使报价中的风险费用由承包商掌握变为由雇主掌握，承包商可以不考虑或少考虑风险对报价的影响。如风险不发生时，雇主可以节省这笔风险费用（而仅当风险发生时，雇主才需支付这笔费用），所以有利于降低承包商的报价，也有利于雇主最终降低工程造价。

(2) 有利于合同的正常履行，合同条款的公平性，为甲、乙双方创造了一种相互信任和合作的客观环境，这是合同正常履行的前提。

(3) 有利于加强合同管理，促使承包合同双方按合同办事。由于承包商不考虑风险费用，可以防止承包商出现资金不足，而导致合同无法履行的现象。

(4) 可以提高工程质量，防止"豆腐渣"工程，避免了承包商因风险太大而被迫在工程中偷工减料的行为。

(5) 有利于提高招投标的工作质量，推动承包商之间开展公平正当的竞争。

(6) 有利于完善合同条款。与 FIDIC 合同条件相比，国内施工合同条款太少、太简单，而承包商也没有运用自己的经验，把现实中的种种风险的防范措施写入合同中，使得开展索赔工作就很困难，因此合同条款写得越详细、准确，索赔工作就容易展开。

虽然开展索赔管理工作有如此多的益处，但我们提倡的索赔是一种对双方都有利的合同行为，并且索赔是在"以索促管"的战略性策划下操作的，从招投标开始介入，在合同谈判、订合同、施工准备、施工阶段、保修阶段，随时随地以合同管理为主线，"用鹰一样的眼光"去发现索赔机会,挖掘和积累索赔的砝码,然后在谈判中,有选择地"牺牲"一些砝码,让业主产生"超值"的感受,达到"双赢"的效果。

从总体看,中国市场经济发展为时较短,在1993年召开的第一次工程建设索赔研讨会上,当时各地反映的情况是:索赔还仅仅停留在外资项目上,索赔被当做"舶来品",没人要。但是随着这几年市场化的深入,市场活力不断提高,而市场的活力正来源于利润的存在,这个利润机制渗透到哪里,哪里就会充满活力。公平竞争,利益共享是市场发展的总趋势,所以索赔是市场发展到一定程度自然而然的产物,它反映了市场的进步。承包商如把握好"以索促管,利益共享"的双赢索赔战略,就顺应了市场发展的趋势,不但有助于自身的发展,也促进了工程项目施工的各个方面的提高,"豆腐渣"工程自然减少,因而对国家也是有利的。

第五节 争端的解决

一、FIDIC 土木工程施工合同条件中解决争端的规定

FIDIC 土木工程施工合同条件(1987年第四版修订版)通用条件第67条对"争端的解决"作了如下的规定。

(1) 争端提交工程师解决(详见第67.1款)。

(2) 友好解决(Amicable Settlement)和调节。第67.2款中规定,当一方通知另一方将争端提交仲裁后,应在该通知发出后的第56天或在此之后开始仲裁。在这段时间内,双方可采取友好协商方式来解决争端,必要时,工程师可协助调解。

(3) 仲裁(Arbitration)第67.3款规定,当工程师的决定未被接受,以及在第67.2款规定的56天期限内未达成友好调解,则除合同另有规定外,均应依据国际商会(International Chamber of Commerce,简称ICC)的调解与仲裁章程,并由据此章程指定的一名或数名仲裁人予以最终裁决。

(4) 未遵从工程师的决定。第67.4款规定:当工程师已做出具有约束力的最终决定后,且雇主和承包商均未在第67.1款规定的期限内发出将争端提交仲裁的意向通知,如一方不遵从此决定则另一方可将此未履约行为直接提交仲裁,而不需要经过友好解决或第67.1款和67.2款中规定的阶段。国际上解决争端的最后方式是诉讼,但诉讼拖延时间,而且一旦败诉,损失更大,一般不宜采取。我国某公司在某国承包一项工程,由于雇主违约而双方产生争端,最后该公司诉诸法庭,结果该公司胜诉,法庭判雇主赔偿公司的经济损失。但由于是政府工程,雇主始终未付赔款,不了了之,只是以后雇主比较注意遵守合同,工程圆满竣工。

二、世界银行贷款项目土建工程国际竞争性招标文件解决争端的规定

世界银行贷款项目土建工程国际竞争性招标文件(1997年我国财政部刊行)采用了FIDIC合同条件第四版的通用条件,但在其专用条件中,则根据国际仲裁的常用做法和经验来解决争端。即在专用条件第67条中规定"争端的解决应按照投标书附录内供选择的方案一、方案二或方案三中的一种方案解决"。因而,在《世界银行贷款项目招标文件范本》的投标书附录中相应增加了"争端解决方式选择"一项,要求承包商选择以上三种方案中的一种。现将这三种方案分别介绍如下。

1. 方案一

方案一又称"争端审议委员会"方案。采用此方案时，在专用条件中，将通用条件的第 67.1 款"工程师的决定"删除，而代之以下面的条文，见表 7-14。

表 7-14　　　　　　　　　　　　争端审议委员会方案

争端审议委员会	67.1	如果雇主和承包商之间发生与合同或工程的实施有关或起因与合同实施的争端，则无论工程施工期间还是完工之后，也无论在合同解除还是其终止之前或之后，包括任何一方对工程师的任何行动、不行动、意见、指令、决定、证明或评价表示异议时，应首先将终端提交给争端审议委员会（Disputes Review Board，下文中称"争端委员会"）。 争端委员会的产生应以其所有三位委员签署的一份"争端委员会委员接受声明"（A Board Member's Declaration of Acceptance）为依据（根据标准合同专用条件附件 A 第 12 段的要求）。 争端委员会应由三名在同类工程建设和合同文件解释方面具有经验的委员组成，雇主和承包商各选一名委员并经另一方批准。如果在中标通知书签发之日后的二十八（28）天内上述任一委员仍未被选出或批准，则任何一方或双方可提出要求，由投标书附录中规定的权威机构尽快选定上述委员。第三名委员应由其他两位委员选择，并经双方批准。如上述由双方选出并代表双方的两名委员，在他们选定后的十四（14）天之内未能选出第三名委员，或者在第三名委员选出后的十四（14）天内双方未能批准该委员，则任何一方或双方可提出要求，由投标书附录中规定的同一权威机构来迅速选定第三位委员，该指定权威机构在选择第三名委员之前应征求双方的批准，但未能征得批准时，仍应选定第三名委员。第三名委员应作为争端委员会主席。 当任一委员死亡，失去能力或辞职时，则应按选定该委员的同样方式进行补选。如因任何原因，一名委员未能或不能发挥作用时，则主席（或主席不称职时，则其他任何一名委员）应通知双方并按选定该名委员的同一方式予以更换。双方应在使争端委员会出现空缺的事件发生后的二十八（28）天内完成任何此类委员更换，否则应由指定的权威机构按上述同样方式进行委员更换。当新委员签署争端委员会委员接受声明时，此类更换即告完成。在任何委员更换过程中，尚未被更换的委员应继续工作，争端委员会也应继续发挥作用，其活动具有假如空缺没有发生时的同样的效力，但在更换完成之前，争端委员会不应进行听证或签发建议书。 雇主或承包商均可按标准合同专用条件第 67 条附件 A 的有关规定将争端提交争端委员会。 如雇主或承包商对争端委员会的争端解决建议书不满意，或者在争端委员会主席收到书面的"建议书申请函"的五十六（56）天内争端委员会未能签发建议书时，雇主或承包商可在收到建议书的十四（14）天内或上述五十六（56）天期满后的十四（14）天内向另一方出具就争端请提仲裁的意向通知书，并向工程师提供此通知的附件。此项通知即确立提出仲裁一方的权利。按照第 67.4 款的规定，除非发出上述通知，否则不得进行仲裁。 如在上述五十六（56）天之内争端委员会向雇主和承包商签订了解决争端的建议书，并且双方在收到争端委员会的建议书之后的十四（14）天内均未曾发出将争端提请仲裁的意向通知，则上述建议书即成为最终决定并对雇主和承包商具有约束力。 无论上述建议书是否已成为最终决定并对雇主和承包商具有约束力，在此后任何争端解决的程序中，包括与该建议书所涉及的争端有关的任何仲裁和诉讼，均应以该建议书作为法庭可采纳的证据。 所有已成为最终决定并具有约束力的建议书均应由双方立即执行，此类执行包括工程师的任何有关行动。除非合同已解除或终止，否则承包商在任何情况下均应以应有的勤奋继续进行工程的实施。除非或直至在按本合同 67.1 款对工程师的决定进行修改或其后做出仲裁决定之前，承包商和雇主应立即实施工程师的每一个决定
	67.2	删除原第 67.2 款，但不改变本条其他各款的编号

续表

仲裁	67.3	对任何争端委员会的建议书未能成为最终决定和具有约束力的争端应按下述规定解决。 （1）如此争端发生于雇主和承包商之间，则最终应由双方所同意的争端委员会按其规则和程序解决。 （2）如此争端发生于雇主和国外承包商之间，则最终应由中国经贸仲裁委员会（China International Economic and Trade Arbitration Commission，其缩写为 CIETAC）按其规则和程序，在北京或中国其他地点仲裁，除非投标人在投标时要求按照联合国国际贸易法委员会（United Nations Commission on International Trade Law，其缩写为 UNICITRAL）规则进行仲裁。 制裁机构有权公开、审查和修改与争端有关的工程师的任何决定、意见、指令、决定、证明或评价以及争端委员会的任何建议书。制裁裁决应对双方都是最终裁决，除仲裁另有规定外，仲裁费由败诉方承担。 双方中的任何一方在仲裁机构的仲裁程序中，均不受根据第 67.1 款为取得争端委员会的建议书而向争端委员会提供证据或论据的限制。上述争端委员会的建议书，不应使其任何委员失去被传为证人和向仲裁人提供任何与争端有关的证据的资格。 在工程竣工之前或之后均可诉诸仲裁。但在工程进行过程中，雇主、工程师、承包商和争端委员会各自的义务不得以仲裁在施工时进行为理由而加以改变。 指定权威机构应是投标书附录中列明的权威机构；仲裁地点应是投标书附录中列明的仲裁地点；仲裁语言应是投标书附录中列明的语言
未遵守建议书	67.4	当雇主和承包商均未在第 67.1 款规定的时间内发出将争端提请仲裁的意向通知书，且有关建议书成为最终决定并具有约束力时，如一方未能遵从此建议书，则另一方在不损害本身其他权利的情况下，可根据 67.3 款的规定将此种未遵守行为提请仲裁。第 67.1 款的规定不适用于任何上述提请

2. 方案二

方案二又称"争端审议专家"方案。采用此方案时，在专用条件中，将通用条件的第 67.1 款"工程师的决定"删除，而代之以下面的条文，见表 7-15。

表 7-15 争端审议专家方案

争端审议专家	67.1	如果雇主和承包商之间发生与合同或工程的实施有关或起因与合同实施的争端，则无论工程施工期间还是完工之后，也无论合同解除还是其终止之前或之后，包括任何一方对工程师的任何行动、不行动、意见、指令、决定、证明或评价表示异议时，应首先将终端提交给争端审议专家（Disputes Review Expert，缩写为 DRE，下文中称"审议专家"）。 审议专家在按标准合同专用条件附件 B 第 12 条的要求签署《争端审议专家接受声明》后才可履行其职责。 审议专家应是一名在同类工程建设和合同文件解释方面具有经验的人员，雇主和承包商应一致同意并选定此专家。如果中标通知书签发之日后的二十八（28）天内上述审议专家仍未被选出或批准，则任何一方或双方可提出要求，由投标书附录中规定的权威机构尽快选定上述审议专家。 当审议专家死亡，失去能力或辞职时，则雇主和承包商应共同选定一名审议专家予以更换。双方应在使审议专家出现空缺的事件发生后的二十八（28）天内完成任何此审议专家的更换，否则应由指定的权威机构按上述同样方式进行审议专家的更换。 雇主和承包商均可按合同标准特殊条件附件 B 的有关规定将争端提交给审议专家。 如雇主或承包商对审议专家的争端解决建议书不满意，或者在审议专家收到书面的"建议书申请函"的五十六（56）天内审议专家未能签发建议书时，雇主或承包商可在收到建议书的十四（14）天内或上述五十六（56）天期满后的十四（14）天内向另一方出具就争端提请仲裁的意向通知书，并向工程师提供此通知的附件。按照第 67.4 款的规定，此项通知即确立提出仲裁一方的权利。除非发出上述通知，否则不得进行仲裁。

争端审议专家	67.1	如在上述五十六（56）天之内按照第67.4款的规定，审议专家向雇主和承包商签订了解决争端的建议书，并且双方在收到审议专家的建议书之后的十四（14）天内均未曾发出将争端提请仲裁的意向通知，则上述建议书即成为最终决定，并对雇主和承包商具有约束力。 无论上述建议书是否已成为最终决定并对雇主和承包商具有约束力，在此后任何争端解决的程序中，包括与该建议书所涉及的争端有关的任何仲裁和诉讼，均应以该建议书作为法庭可采纳的证据。 所有已成为最终决定并具有约束力的建议书均应由双方立即执行，此类执行包括工程师的任何有关行动。除非合同已解除或终止，否则承包商在任何情况下均应以应有的勤奋继续进行工程的实施。除非或直至在按本合同67.1款对工程师的决定进行修改或其后做出仲裁决定之前，承包商和雇主应立即实施工程师的每一个决定
	67.2	删除原第67.2款，但不改变本条其他各款的编号
仲裁	67.3	对任何审议专家建议书未能成为最终决定和具有约束力的争端应按下述规定解决。 （1）如果此争端发生于雇主和国内承包商之间，则最终应由双方所同意的仲裁委员会按其规则和程序解决。 （2）如果此争端发生于雇主和国外承包商之间，则最终应由中国经贸仲裁委员会（China International Economic and Trade Arbitration Commission，其缩写为CIETAC）按其规则和程序，在北京或中国其他地点仲裁，除非投标人在投标时要求按照联合国国际贸易法委员会（United Nations Commission on International Trade Law，其缩写为UNICITRAL）规则进行仲裁。 仲裁庭有权公开、审查和修改与争端有关的工程师的任何决定、意见、指令、决定、证明或评价以及审议专家的任何建议书。仲裁裁决应对双方都是最终裁决，除仲裁另有规定外，仲裁费由败诉方承担。 双方中的任何一方在仲裁庭的仲裁审理中，均不受根据第67.1款为取得审议专家的建议书而向曾审议专家提供证据或论据的限制。上述审议专家的建议，不应使审议专家失去被传为证人和向仲裁人提供任何与争端有关的证据的资格。 在工程竣工之前或之后均可诉诸仲裁。但在工程进行过程中，业主、工程师、承包商和审议专家各自的义务不得以仲裁在施工时进行为理由而加以改变。 指定权威机构应是投标书附录中列明的权威机构；仲裁地点应是投标书附录中列明的仲裁地点；仲裁语言应是投标书附录中列明的语言
未遵守建议书	67.4	当雇主和承包商均未在第67.1款规定的时间内发出将争端提请仲裁的意向通知书，且有关建议书成为最终决定并具有约束力时，如一方未能遵从此建议书，则另一方在不损害本身其他权利的情况下，可根据67.3款的规定将此种未遵守行为提请仲裁。第67.1款的规定不适用于任何上述提请

3. 方案三

方案三适用FIDIC通用条件第67条，其中第67.1款、第67.2款和第67.4款保持原来词语，不作变动。对第67.3款则作了修改，见表7-16。

表7-16　　　　　　　　　适用FIDIC通用条件第67条方案

仲裁	67.3	删除此款第4段的第一句，并代之以下内容。 涉及的争端应： （1）如果此争端发生于雇主和国内承包商之间，则最终应由双方所同意的国内仲裁委员会按其规则和程序解决。 （2）如果此争端发生于雇主和国外承包商之间，则最终应由中国经贸仲裁委员会（China International Economic and Trade Arbitration Commission，其缩写为CIETAC）按其规则和程序，在北京或中国其他地点仲裁解决，除非投标人在投标时要求按照联合国国际贸易法委员会（United Nations Commission on International Trade Law，其缩写为UNICITRAL）规则进行仲裁解决。仲裁结果应为最终的，且对双方有约束力。仲裁费由败诉方承担，除非仲裁审议专家另有规定

三、争端裁决委员会（DAB）方式

国际咨询工程师联合会于1996年又在争端解决方面对FIDIC合同条件作了如下的修改，即：采用争端裁决委员会（Dispute Adjudication Board，下文中简称为DAB）方式解决争端。雇主与承包商之间如有争端，则直接提交DAB，而不交给工程师解决。

DAB由三位委员组成。在工程开工之日起28天内雇主和承包商各提一名，再由双方提第三名委员。这三名委员都应得到对方或双方批准，并与双方签订服务协议。委员的酬金由委员与双方商定，或参照国际投资争议解决中心（International Center of Settlement of Investment Disputes，简称ICSID）仲裁员的酬金确定。委员应具有相应的资历和经验。

采用DAB方式解决争端的程序简述如下（参看图7-6）。

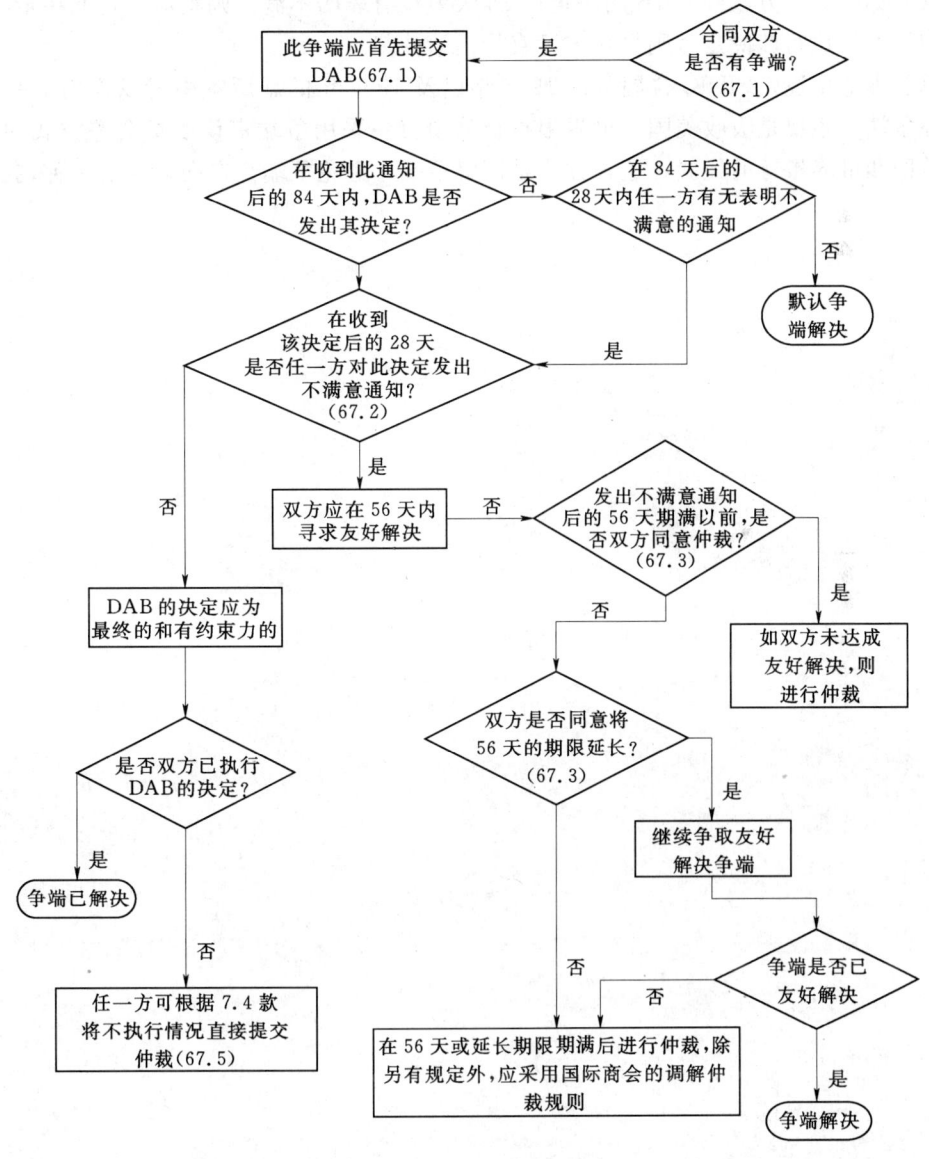

图7-6 采用争端裁决委员会时新67条的争端解决程序

（1）产生争端后，合同双方中任一方应以书面形式将争端提交 DAB，并将副本送交对方及工程师。

（2）DAB 应在收到该书面报告后的 84 天内作出决定。

（3）如合同双方中任何一方对 DAB 的决定不满意，应在收到决定后的 28 天内发出"不满意"通知，并表明要提交仲裁。

（4）如 DAB 未能在 84 天内对争端作出决定，则任何一方均可在前述 84 天后的 28 天内要求仲裁。

（5）在（3）或（4）所述任一情况下，必须经过 56 天的友好调解。如不能达成友好解决，才可开始仲裁。

（6）如合同双方收到 DAB 的决定后 28 天内没有表明不满，则均应执行此决定。如此后任何一方不执行此决定，则另一方可直接提请仲裁。

综合本节所述，FIDIC 合同条件 1996 年以及 1999 年的新版本中所以采用 DAB 方式来解决争端，主要是吸收美国及世界银行贷款项目中采用争端审议委员会等方式的经验。根据美国和世界银行的经验，这种方式是调解争端、避免争端都走向仲裁的一种较有效的方式。

第八章 建设工程项目的风险管理

自古以来人们总是对事物中隐含的风险进行预测、分析,并且通过已知经验来判断和预测。古代关于风险预测和管理的文献,如易经、占星术等浩如烟海。"福兮祸之所倚,祸兮福之所伏",我国古代哲学家很早就阐明了祸(风险)和福(效益)之间的辩证关系。

但只有到了近代,随着概率统计、技术经济等学科的发展,人们才能用定量的方法去分析、评估和防范带有偶然性、随机性的风险,形成了今天的风险管理理论。人类一直希望更深地认识风险,以达到控制风险、减少损失的目的,但由于风险本身的复杂性以及人们认识的局限性,到目前为止,对风险的认识和对风险的控制还远远没有达到令人满意的程度。现代风险管理科学的建立,使得人们对风险的认识变得更明确,能更好地对风险进行描述、评估,并且使它们比较容易管理。

限于篇幅,本章将对建设工程项目的风险管理,包括其识别、分析与评估、决策和管理作简单的介绍,更深入的探讨可参阅有关文献。

第一节 建设工程项目风险管理概述

一、风险管理与项目管理

从整体系统分析来看,风险管理和项目管理都是要保证实现项目的成本、时间、质量、安全和环境保护等目标的完整实现。但二者还是有区别的。风险管理主要着重于处理项目实施过程中各种不确定性可能对项目系统目标实现所产生的影响,也就是说,风险管理的目标是风险,着重于不确定的未来;而项目管理则针对各种有限资源的有效发挥作用,着重的是各种资源配置的现实效果。

风险管理应该贯穿项目建设的全过程,特别是在项目的可行性研究和规划阶段,风险管理的应用尤为重要,这一点和项目管理是完全一致的。在项目的前期阶段面对的不确定因素较多,因此在这一环节推行风险管理对提高项目计划的准确性和可行性有极大的帮助。

二、建设项目的风险

1. 风险的含义

从本质上讲,风险来源于不确定性,而不确定性则来源于信息的缺乏。一般来说,风险包含三个方面的含义。

(1) 风险具有不确定性。风险的不确定性是指人们不能控制风险发生的潜在可能性。不确定性不一定是风险,因为,有时不确定性的后果对事件或活动来说是有利的。

(2) 风险必然导致不良后果。从工程项目管理的目标看,风险管理重点在于预见在项目进行过程中会不会出现损失或损害,并设法如何减轻和处理其不利后果。因此,建设项目的风险可以理解为是一种必然会导致不良后果的不确定性,或者说不产生不良后果的不确定性一般不称为风险。

(3) 风险是可以度量的。风险是可以进行量化的，比较适合于保险，这也是风险的概念最早在保险业中出现的原因。

2. 建设项目的风险

建设工程项目的风险可定义为：造成建设项目达不到预期目标的消极的不确定性。建设项目的目标是一个十分复杂的系统，国内外通常都认为建设工程的建设是一项风险十分巨大的活动，工期延长和投资超标是经常出现的情况，施工安全也往往是人们的主要担心。建设项目的风险因素和风险承担主体见表8－1。在考虑建设工程项目风险时，需要注意以下两点。

(1) 每一个工程项目，例如住宅小区里的每一栋住宅，即使建筑和结构的布置和功能完全相同，在场地土质、施工条件、所遭遇的风险等方面都不可能完全一致。风险管理必须考虑建设项目这一特点。

(2) 参与建设项目建设活动的主体很多，如发展商、设计人、监理人、承包商及供货商等，不同的主体经济利益不同，立场和目标不同，承担的风险不同，对风险的理解和态度不同，对风险的承受能力也不同。因此，对于同样的项目，不同的风险承担主体所采取的风险防范措施也不相同。

表8－1　　　　　　　　建设项目的风险因素和风险承担主体

风险类型	风　险　因　素	风险主要承担主体
政治风险	政府政策，民众意见，意识形态的变化，宗教，法规，战争，恐怖活动，暴乱	发展商，承包商，供应商，设计人，监理人
环境风险	环境污染，许可权，民众意见，国内/社团的政策，环境法或规则或社会习惯	发展商，承包商
计划风险	许可要求，政策和惯例，土地使用，社会经济影响，民众意见	发展商
市场风险	需求，竞争，经营陈旧化，顾客满意程度，时尚	发展商，承包商，设计人，监理人
经济风险	财政政策，税制，物价上涨，利率，汇率	发展商，承包商
融资风险	破产，利润，保险，风险分担	发展商，承包商，供应商
自然风险	不可预见的地理条件，气候，地震，火灾或爆炸，考古发现	发展商，承包商
项目风险	采购策略，规范标准，组织能力，施工经验，计划和质量控制，施工程序，劳力和资源，交流和文化	发展商，承包商
技术风险	设计充分，操作效率，安全性	发展商，承包商
人为风险	错误，无能力，疏忽，疲劳，交流能力，文化，缺乏安全，故意破坏，盗窃，欺骗，腐败	发展商，承包商，设计人，监理人
安全风险	规章，危险物质，冲突，倒塌，洪水，火灾或爆炸	发展商，承包商

3. 风险管理的重点

无论是什么项目，有一点是共同的，即越是项目的早期，进行风险分析和风险管理的效果就越好。当然，在项目过程中出现未曾料到的新情况，或者是项目进展出现转折，或有一些特殊的目标需要实现时，项目风险管理的重要性更加突出了，下面是一些特别需要考虑风险管理的情况。

（1）具有重要政治、经济和社会意义的项目，对某些事情可能会出问题需要特别加以关注时。

（2）当项目中引入技术上或组织上的新事物或变更时。

（3）当项目中有不可预见的新的变化，或者要满足特定的目标时。

（4）在项目的生命周期内主要决策点或变更点；帮助解决特定的问题时，例如，采购策略、意外准备金。

（5）在处理实质性的开支，成本的不确定性巨大时（成本的不确定性通常是隐藏的，例如，大量的暂定金额，争端解决与诉讼费用，气候、地质构造、考古学和污染的风险）。

（6）项目投资数额大、财务影响明显，或者资金提供人（例如，财政部门、金融业者或者保险业者）要求进行风险控制时。

（7）项目涉及敏感问题、受到法律法规等严格要求，或者当风险发生的后果是灾难性的，所考虑的问题超出正常经验的范围时。

第二节　建设项目风险管理计划

一、风险管理的基本环节

风险管理的基本环节包括风险识别、风险分析、风险评估、风险控制和监控等环节，简述如下。

1. 风险识别

风险识别是进行风险管理的第一步，其目的就是通过对影响建设项目实施过程的各种因素进行分析，寻找出可能的风险因素，也就是说，需要确定项目究竟有些什么样的风险。风险识别首先要弄清项目的组成、各个分项的性质和相互间的关系、项目与环境之间的关系等。在此基础上利用系统的、明确的步骤和方法来查明对项目可能形成风险的事项。在这个过程中还要调查、了解并研究对项目以及项目所需资源形成潜在威胁的各种因素的作用范围。为了便于项目管理人员理解和掌握，风险一经识别，一般都要划分为不同的类型，以利于针对不同的类型采用不同的分析方法和处理对策。

风险识别是一个连续的过程。因为项目建设是一个发展的过程，情况在不断地变化，风险因素当然也就不会一成不变。即使某一工程项目刚进行了一次大规模的风险识别工作，但用不了多久，旧的风险可能消失或减少，新的风险可能出现。因此，风险识别工作是持续不断的。通过风险识别，应该建立如下的信息。

（1）存在的或潜在的风险因素。

（2）风险发生的后果，影响的大小和严重性。

（3）风险发生的可能性、概率。

（4）风险发生的可能时间。

（5）和本项目或其他项目及环境之间的相互影响。

2. 风险分析

风险分析主要包含几个方面的内容，首先对识别出来的风险因素尽可能量化，估算风险事件发生的概率；其次是估计风险因素后果的大小，确定各风险因素的大小及其轻重缓急顺序；另一方面是对风险出现的时间和影响范围进行分析和估计，并在分析的基础上形成风险清单，为风险控制提供各种行动路线和方案。

风险因素的估计有主观和客观两种。客观的风险估计以历史数据和资料为依据。由于无历史数据和资料可参照，主观的风险估计靠的是人的经验和判断。一般情况下，这两种估计都需要做，因为建设项目的进展情况并非一目了然，而且新技术、新材料的应用使得影响建设项目进程的客观因素更加错综复杂，原有的数据过时较快，因此，在某些情况下，主观的风险估计尤其重要。

3. 风险评估

风险评估就是对各风险事件后果进行评价，并确定不同风险的严重程度顺序；其重点是综合考虑各种风险因素对项目总体目标的影响，确定对风险应该采取什么样的应对措施，同时也要评估时各种处理措施可能需要花费的成本，也就是综合考虑风险成本效益。在风险评估过程中，管理人员要详细研究决策者决策的各种可能后果，并将决策者作出的决策同自己单独预测的后果相比较，判断这些预测能否被决策者所接受。各种风险的可接受或危害程度互不相同，因此就产生了哪些风险应该首先或者是否需要采取措施的问题。风险评估方法有定量和定性两种，进行风险评价时，还要提出防止、减少、转移或消除风险损失的初步办法。并将其列入风险管理阶段要进一步考虑的各种方法之中。在实践中，风险识别、风险分析和风险评估绝非互不相关，常常互相重叠，需要反复交替进行。

4. 风险控制

在完成风险分析与评估后，采取必要的应对措施来避免风险的发生或减少风险造成的损失。风险控制的前提是制定并正确地实施风险管理计划。通常情况下，对风险的应对，一是采取措施防患于未然，尽可能地消除或减轻风险，将风险的发生控制在一定的程度下；其二是通过适当的风险转移安排来减轻风险事件发生后对项目目标的影响。例如，在结合考虑不同风险承担主体的风险承受能力后，将某些风险的后果转有其他人承担，如保险公司等，当然，并非所有的风险都需要转移，也不是所有的风险都能转移，因此，需要正确的分析查明风险来源何处，属何种类型，有哪些特点，并谨慎地对风险进行评估，作出风险减轻和转移的计划。风险控制的关键步骤一般如下：

（1）识别评价的目标。

（2）识别风险因素。

（3）评估各种风险的可能性和后果。

（4）识别减轻风险行为。

（5）评估残留风险（包括间接风险）。

（6）估计减轻风险的成本收益。

（7）考虑风险的归属。

（8）决定要做的事情：选择和执行能获得收益的减轻风险的行动。

（9）必要时通过更新风险清单来监测和重复上述过程。

表8-2中举火灾为例说明风险控制的依据。

表 8-2 风险控制的依据

风险控制的依据	举例
风险是一种造成损害的不确定性	发生火灾就是一种风险,可能带来损失
风险的可能性和后果取决于危险周围的环境	哪里有火灾?暴露情况?消防队所在位置?火灾可能出现的时间
用减轻行动来改变环境,减轻风险的主要成本是行动成本	培训从业人员,改善工作环境,安装灭火系统等均是减轻风险是行动
残留风险是执行减险行动后所遗留的风险	火灾的可能性不变,但是后果减小了。因为如果安装了灭火系统,火再扩展的可能性就会减少
残留风险包括间接风险。间接风险的成本应该包括在成本收益评价中	如果灭火系统意外地发生事故而造成损失,就是间接风险
风险的责任主体是谁	可能是发展商、承包商、设计人、监理人、供应商,或者是保险公司等

5. 风险监控

建设项目从策划、实施到投入使用,需要一个较长的过程,在这个过程的不同的阶段,项目风险管理的重点和方法也会有所不同。例如,一个商品住宅项目在进行投资决策时,投资者最为关心的是该项目完成后能否顺利推出市场以及取得盈利的市场前景,因此,投资者应分析诸如该市场的价格行情,市场的潜力,政局稳定程度,政策是否多变,法规是否完善等各种不可知、不确定或不稳定因素。项目进入实施阶段后,如何能避免项目在合同、技术以及施工环境等方面的风险因素就成为风险管理的主要问题。由于不同阶段风险管理的目标不一致,因此,对建设项目来说,风险管理的目标应该是一个有机的目标系统,在总的风险控制的目标下,不同阶段需要有不同阶段的风险管理目标,见表 8-3。

表 8-3 建设项目不同阶段的风险因素

项目阶段	内容和目标	典型风险因素
项目前期	投资设想/可行性研究 投资估算 投资条件说明 技术说明	政治风险 环境风险 规章制度风险
项目勘察设计 初步设计 详细设计	勘察报告 初步设计 施工图设计	勘察设计不当风险等
项目招标和实施	采用何种施工招标方案 招标、评标及定标 合同的制订、签署与实施 索赔与争端的处理 竣工决算	合同风险 地质水文条件风险 施工方案和方法风险 不可抗力风险 造价及金融风险 妨害公众安宁和环境保护风险 资产及人身安全风险等
项目竣工后	经营 维护 退出使用和废弃	经营或使用风险 经营风险 污染风险 不可预计的风险等

二、建设项目风险管理计划

风险与机遇并存。因此,在采取的风险控制措施时,通常就存在着商业收益,或者称"增值"。例如,在进行风险决策时,你可以考虑将风险自留,从而节省购买保险的费用,这就需要承担一旦风险发生时所造成的损失,当然,你也可以考虑购买保险来避免风险造成的损失。买不买保险,取决于风险人员人员和项目主持人的决策,而决策取决于对建设项目风险管理的目标。明确风险管理目标后,可将风险分析以及管理目标等形成风险管理计划文件。

风险管理计划文件是项目风险管理组织工作的工作手册,它应包括项目的风险识别、风险分析与评价、风险管理计划以及风险规避策略计划。风险管理计划应当阐述如何把风险分析和管理步骤应用于项目管理之中。该文件详细地说明风险识别、风险估计、风险评价和风险控制过程的所有方面。风险管理计划主要包括以下内容。

1. 引言

(1) 风险管理目标。

(2) 风险管理的范围。

(3) 风险管理组织。风险管理团队的组成与责任和任务的划分。

(4) 风险管理的内容说明。进度安排、主要里程碑和审查行动及风险管理成本效益的估算。

2. 风险识别

(1) 风险情况调查、风险来源等。

(2) 采用的不同识别方法和手段。

(3) 风险分类、风险的归属权,清楚地理解所有识别出的风险因素。

3. 风险分析与风险评价

(1) 风险发生概率和风险后果的估计,对已识别出的关键风险因素进行评估,包括从风险发生的概率以及潜在的破坏力。

(2) 风险评价的方法,针对不同的风险属性,选择相应的风险评价方法。

(3) 主要风险的确定,清楚地界定关键风险因素及其对于项目目标实现的影响。

(4) 总风险结果评价,提交风险分析报告。

4. 风险管理

(1) 风险管理的程序,以及应急计划。应急计划就是预先计划好的,一旦风险事件发生就付诸实施的行动步骤和应急措施。

(2) 根据风险评价结果提出规避风险的建议方案,对每一关键风险因素,提出有关风险规避策略的建议,包括解决每一风险的实施计划。

(3) 风险管理所需资源的分配,包括关于费用、时间进度和技术措施的说明。

(4) 残留风险的跟踪以及反馈的时间,包括不断修改、更新需优先考虑的风险。

(5) 项目风险估计、风险管理计划和风险规避计划三者综合之后的总策略等。

第三节 风险管理的措施

在编写风险管理的计划及在计划的实施过程中,无论采取什么风险管理措施,都必须牢记，法律和合同是进行风险管理的依据。合同的基本作用之一是管理和分配风险。因此，在风险完成评估后以及相应的决策后，选择适当的合同形式和条款是十分重要的。

合同在很大程度上决定了所识别出的风险因素的后果。合同达成协议后，合同各方的权利和义务得到明确，包括工作的范围、资金的支付形式等，因而就能确定和项目资金相关的不确定性所产生的后果。特别需要指出的是，由于新融资形式、新工艺、新技术不断在现代项目中得到应用，使得参与项目建设的团队，除了传统的总承包模式的总承包商、分包商、设计师和工程师等外，还不断出现如本书姊妹篇《建设工程项目管理招标投标与进度控制》中第一章所述的 CM、BOT 等新的管理模式和相应的管理团队，尽管如此，项目整体的管理必须依据法律和合同。必须记住：合同模式和约定是管理法律风险的关键，施工合同必须符合实际、适合项目目标和项目的限制条件；因此，合同的模式和约定也必须从分配和管理风险的角度予以调整。

常采用的风险管理措施简介如下。

一、风险回避

在对项目风险事件完成了风险分析和评估后，如果发现项目风险发生的概率很高，而且可能的损失也很大，又没有其他有效的对策来降低该种风险。这时应放弃项目或放弃原有行动计划或改变目标，这种方法就是风险回避。从风险管理的角度看，风险回避也就是拒绝承担风险，这是一种最彻底的消除风险的方法。虽然建设项目的风险是不可能全部消除的，但借助于风险回避的一些方法，对某一些特定的风险，在它发生之前就消除其发生的机会或可能造成的种种损失还是有可能的。风险回避可以在建设项目的不同阶段进行，相应的损失也不同，在项目决策阶段，风险回避的主要方式是拒绝接受风险，例如，在水源保护区内，建设某些特殊的工程项目，可能给该地区的水源造成污染，因此，在进行城市规划时，就不允许建设可能造成水源污染的项目，不允许将有核辐射危险、产生有毒气体的电厂或农药厂建立在人口稠密的城市周围，这都是项目决策阶段就应回避的风险。而在项目进行的过程中，回避风险往往是采用终止项目的方法以避免风险的影响继续和扩大，虽然这可能会带来相当大的损失。

【案例 8-1】 项目进行过程中的风险回避

美国某州政府招标进行该州一主干河流的清淤工程，拓宽河道，增加河流抵御洪水的能力。这本是一个对公众有利的项目，但该河流上游为一湖泊，是许多动物栖息的自然保护区。河道拓宽，上游湖泊水位下降，改变了动物生存的环境。因而，在工程进行了不到两个月时，动物保护组织向州政府提出抗议，州政府被迫终止工程。虽然，该工程已经进入施工阶段，业主终止工程意味着面临对承包商的巨额索赔，但州政府的行为一方面保护了动物，另一方面赢得了当地居民的信任，避免了一次政治危机。

改革开放后，我国某省某市在"文革"期间建造的市内某农药厂竟然靠近早先建成的牛奶场，市政府不得不将该农药厂和牛奶场都搬迁到较远的郊区，彼此相隔很远的距离，并令该农药厂严格遵守环保规定。盲目建设造成了巨大损失。

另一方面，采取风险回避策略，与有关项目方对风险的态度有关。决策者和管理人员可分为保守型、中间型和冒险型三种类型。对于保守型主体认为风险很大，需要回避，而冒险型主体则可能认为风险程度可以接受。众所周知,风险与收益并存,而且风险越大,潜在的收益也越大。航天工程被认为是一项风险极大的项目,但也是一项综合效益极大的项目。单纯强调回避风险,则不但失去了潜在的赢利机会,还会阻碍技术的创新发展。尤其是在建设项目进行过程中,实际上不可能完全回避风险,当前的风险回避了,新的风险可能又出现了。如果一味地强调回避风险,则建设工程领域的创新和进步就无从谈起。

对建设项目来说,下列几种情形通常应考虑风险回避的策略。

(1) 风险事件发生概率很大且可能发生的后果损失也很大的项目。例如在山谷中建工厂可能面临洪水的威胁;在大江大河上建坝会淹没上游农田,使之盐碱化。

(2) 发生损失的概率并不大,但当风险事件发生后产生的损失是灾难性的、无法弥补的。换句话说,一旦损失出现,项目执行者无力承担后果的项目。例如在人口稠密地区建核电站,一旦发生核泄露,将危及成千上万人口的生命安全。

(3) 客观上不需要的项目,或仅仅是为了个人或地区的业绩而设立的项目,不应该冒险,应该回避。

二、风险减轻与分散

通常把风险控制的行为称为风险减轻,包括减少风险发生的概率或控制风险的损失。在某些条件下,采用减轻风险的措施可能会收到比风险回避更好的技术经济效果。在了解风险的来源和环境的情况下,就能更容易选择风险减轻措施,虽然风险的影响有时很难估计,但有效的风险识别仍然是非常有用的,对于不是十分明确的风险,要将其减轻,困难是很大的。在制定减轻风险措施前,必须将风险降低到可接受水平。早期采用降低风险的措施,比在风险发生后采用补救措施会有更好的效果。风险减轻的收益表现在两个方面,其一是风险发生概率的降低,在项目活动开始之前,采用一定措施,减少风险因素或者是降低其发生的概率,这实际上是一种事前的预防行为。其二是降低风险事件发生所造成的损失,可以采用遏制损失继续扩大或风险分散等方式,将人、财、物与风险源在空间上实行隔离,在时间上错开,以达到减少损失和伤亡的目的。

【案例 8-2】 减轻风险

某桥梁项目需要使用一种混凝土的连续浇灌技术,该技术是由澳大利亚企业开发的,能大量节省资金和时间。其主要的风险是主要构件的连续浇灌过程不能被中断,任何中断都需要拆毁整个部件来重新浇筑,经过风险分析,可能的风险主要集中在混凝土搅拌厂的混凝土交付上,卡车可能会延误,从而导致浇筑中断。这种风险可以通过以下方法降低,即在桥梁项目 20 英里内不同的高速公路旁设置两个额外的可拆卸混凝土搅拌厂,以备在主要的工厂供给中断时使用,这两个可拆卸的混凝土搅拌厂存有整个桥梁构件所需的原材料,而且每次进行连续浇灌时都在附近装备有额外的卡车。

采取风险减轻的行动并不能够完全消除风险,还会存在残余的风险,残余的风险同样需要进行适当的识别和管理,通过评估风险减轻行动后项目各个组成部分的变化可以有效地识别剩余的风险。需要注意的是,有些降低风险的措施会导致弊大于利。例如,提供少量有效的风险控制措施可能造成一种带有错觉的安全感,反而使该风险增加。因此,还要注意间接的风险,也就是说,由于风险减轻行为所造成的那些风险,在考虑残余的风险时要把它们考虑进去。不要忘记，风险管理的核心问题还是考虑项目的综合成本效益，过度的风险管理措施并不符合成本效益的原则，正如以上案例例中所述，增加备用的混凝土搅拌厂，降低了项目施工的技术风险，但却使得项目的成本风险上升了。

分散风险是指通过增加风险承担者，将风险各部分分配到不同的各方，以达到减轻总体风险压力的目的。作这样的风险分配必须注意的是，风险要分配给最有能力控制风险的、也有最好的控制动机的一方，如果拟分担风险的一方不具备这样的条件，就没有理由将风险传递给它们，否则反而会增大风险。如果试图把风险分配给他人但又不想转移对该风险的控制权，那将导致在风险成本上的全面增加。事实上，单方面地想把风险转移出去是不现实的。

在一个工期相对较短的小项目中，往往采用固定总价合同，将工程量不准确和材料价格上涨的风险全部交由承包商承担，业主不承担任何风险。但如果是工期较长的大型工程项目，由于风险难以预测和控制，业主和承包商都难以独立承担工程量和材料物价上涨的风险，因此，经常采用可调值总价合同，事先约定调值公式和调值条款，由业主承担工程施工期间材料价格变动的风险，而其余风险由承包商承担。这样，承包商不会因为风险太高，而提高合同报价，从而降低对业主产生的经济风险，双方的风险得到分担。在国际工程中，更多的是采用单价合同，在这种合同形式下，由业主提出工程量清单，承包商以此为基础填报工程单价。在工程结算时，将承包商实际完成并经监理工程师批准的工程数量和工程量清单中的单价相乘，得出应付的价款。由于工程量清单是由业主统一提出的，承包商只要经过复核并填上适当的单价即可，同样只承担工程价格波动的风险；而业主按承包商实际完成工程量结算，承担了工程量变动的风险。上述两种合同都对项目风险进行了合理的分担，双方的建设风险都得到了降低。

三、风险自留与利用

风险自留是指有关项目参与方自己承担风险带来的损失，并做好相应的准备工作。在工程项目管理的实践中，许多风险发生的概率很小，且造成的损失也很小，采用风险回避、降低、分散或者是转移的手段都难以发挥其效果，以至于项目参与方不得不自己承担这样的风险。另一方面，从项目参与方的角度出发，有时必须承担一定的风险，才有可能获得较好的收益，因此，也可以在对风险作出比较准确的评估后，量力而行，采取适当的财务准备，主动地承担风险的全部或一部分。

从某种意义上来说，不论采用了何种的风险管理技术，都无法完全彻底的消除风险，也不是所有的风险都可以转移出去。因此，总有一部分风险残留下来，这部分风险就必须由项目参与方自己来承担，无论是项目管理者、承包商还是其他的项目管理者，要想完成一个工程项目而又不承担任何的风险是不可能的。

需要指出的是，风险自留是一种建立在风险评估基础上的财务技术，主要依靠项目参与主体自己的财力去弥补财务上的损失。因此，必须对项目的风险有充分的认识，对风险可能造成的损失有比较准确的评估，总的原则是，如果采用风险自留的方案，所承担的风险必须和所能获得的收益相平衡。同时，所造成的损失不应超过项目参与主体的承担能力，也就是说，风险自留的前提是决策者应掌握较完备的风险信息。

采用风险自留的对策时，一般在事先对风险不加控制，但通常都会制定一个应对计划,以备风险发生之用,一般需要准备一笔费用,一旦风险发生时,将这笔费用用于损失补偿,如果损失不发生,则这笔费用即可节余,这一点将在下一小节作更详细的讨论。

正如前面所阐述的,风险与机会是并存的,因此,风险应对的措施也不仅仅是回避、消除风险或减轻风险的负面影响,在某些情况下,合理地利用风险有可能带来一些积极的效果和收益。影响建设项目风险的因素是在变化的,后果也在发展变化,同时,风险在某些情况下是社会生产力发展的动力,风险中往往蕴藏着机会。

【案例8-3】 风险的价值

欧洲北海的海底管道敷设项目与天气有关,存在很大的不确定性。长期恶劣的天气可能产生重大的、持久的影响。意识并处理好这种"威胁"很重要。可能会遇到异常好的天气,它们是与"威胁"相抵消的机会。显然,在这种情况下保证管材的及时供应从而满足快速敷设管道的要求十分重要。同样很重要的一点是,如果可能的话需要把后续活动向前移,这样整体管线项目就可以提前竣工。如果不能抓住好运气带来的机会,只是对坏天气做了充足的准备,是很不全面和明智的。

当然,利用风险是风险管理的较高层次,对风险管理人员的管理水平要求较高,必须要慎重地加以对待。

四、风险应急计划

如果采用风险自留或利用的方案,那么就应该考虑一个应急的计划,应急计划最常见的就是准备一笔应急的费用,当项目的经费预算中,确保能够提供实际的意外费用,风险越大,所需适当的应急费就越多。在整个项目周期过程中,要密切注视对这些意外费用的管理。在项目整个生命周期过程中,要不断地重估应急费,随着项目形势的变化,适当地调整应急费来适应其变化。通常情况下,对于特定主要的风险,需要准备独立的应急费用,在风险的分析评估中就应该同时考虑到应急的费用,其中,既要考虑到应急费用的多少,还要清楚地明确谁有权使用它们,在什么样的情况下使用。通常是项目经理或合同管理者使用,他们需要有丰富的经验和训练有素的判断力,而且还能在风险事件苗头出现时果断迅速地采取行动。

在进行项目成本规划时应该对风险因素影响的进行估计,诸如通货膨胀和质量问题预测。可以使用诸如电子表格等传统的工具建立成本模型和进行预算估计。

这种应急的措施就是对项目原有计划的范围和内容作出及时的调整,这需要在事先准备好若干种替代方案,当遇到某种风险时的时候,能够及时地根据应急的预案作出调整,例如,调整整个建设工程的进度计划、采购计划、供应计划以及全面审查可使用的资金情况,必要时进行筹资计划的调整等。对于可能出现的灾难性风险事件,还需要事先编制好明确的工作程序和具体措施,为现场人员提供明确的行动指南,使其在灾难性的事件发生后,不至于惊慌失措,也不需要临时研究应对措施,可以做到从容不迫、及时妥善地处理事故,对于建设项目的实施来说,这种应对严重风险事件的灾难计划,其内容通常包括:

(1) 安全撤离现场人员。

(2) 援救及处理伤亡人员。

(3) 控制风险事件影响的进一步发展,最大限度地减少资产和环境损害。

(4) 保证受影响区域的安全尽快恢复正常。

五、风险转移

风险转移（Risk Transference）是进行风险管理的一个十分重要的手段，当有些风险无法回避，必须直接面对，而以自身的承受能力又无法有效地承担时，风险转移就是一个十分有效的选择。必须注意的是，所谓风险转移，是通过某种方式将某些风险的后果连同对风险应对的权力和责任转移给他人，转移的本身并不能消除风险，或者说将风险管理的责任和可能从该风险管理中所能获得的利益移交给了他人，工程管理者不再直接地面对被转移的风险，特别要注意的是，某些在业主看来是较大的风险，对于其他方可能风险较小或者根本不是风险，甚至可能从风险管理中受益，风险转移并不是纯粹地向他人转嫁风险。在工程建设过程中，可能遇到的风险因素众多，工程项目的管理者不可能样样自己面对，因此，适当、合理的风险转移是合法的、正当的，是一种高水平管理的体现。风险转移的方法很多，主要包括非保险转移和保险转移两大类。

1. 非保险转移

非保险转移又称为合同转移，也就是通过签订合同的方式将工程风险转移给非保险人的对方当事人，对于建设项目来说，非保险转移包括以下三种情况。

(1) 保证担保。在工程的招投标和合同的履行过程中，有两大类情况是经常出现的，其一是投标方在投标前或投标过程中没有能够很好地对项目的实施条件进行了解，因而盲目参与投标，而以后退出投标的过程，不签订合同或者是在合同签订后不履行合同义务或提出新的履约条件等，这对招标人来说就是一种风险，可能导致招标的失败或其他损失。针对投标人上述行为导致的风险，招标人可以在投标开始前或施工开始前分别要求投标人或中标人提供担保公司或银行出具的投标担保或履约担保，这样，一旦出现投标人的上述行为，则由担保公司或银行来赔偿招标人的损失，这实质上是通过保证担保的方式将风险转移给了担保公司或银行，这是一种风险量不变的转移方式，在风险转移的过程中，风险量并没有发生变化，只是风险承担的主体发生了变化。

(2) 工程分包。工程分包是工程建设过程中不可避免承包方式。在合同的履行过程中，对某些特殊的施工项目，作为总包单位在该特殊领域的技能和经验不足，自身承担该项目的施工可能有较大的风险，而这又是其他的专业队伍的强项，将该项目分包，无论从工程管理还是风险管理的角度，都是一个很好的选择。将该项目分包，总包人的风险发生了转移，但对于分包人来说，这正是自身的特长，风险可以得到有效的控制。这是一种改变了风险量的转移方式。

(3) 合同条件。合同条件的内容是多种多样的，合理地制定合同条件，采取正确的合同计价方式，可以达到转移风险的目的。例如在合同中经常采用的固定总价合同，单价合同及成本加酬金合同等，就分别适用于不同的具体条件。例如，在较大型的工程项目中，由于实施的过程较长，施工期间可能遇到物价上涨，因此，采用单价合同，而固定单价，就可以将施工期间物价上涨的风险转移给施工单位。再如，对于施工设计深度还不够深的项目，施工过程中可能会遇到大量由于工程量计算不准确带来的风险，如果采用单价合同，工程总价随工程量而变化，业主将承担较大的经济风险，而采用固定总价合同，工程的总价不随工程量而变化，该部分的风险就由业主转移到承包商来承担，同样达到了转移风险的目的。

2. 保险转移

工程保险是一种非常有效的风险转移方式,也就是在工程建设中引入了另一种由市场利益驱动的风险转移机制。通过对工程实施保险,将工程项目可能会遇到由工程建设的参与方可能要面对的某些类型的风险转移由社会盈利性质的保险公司来承担,当然,这种风险的转移是有偿的,投保人需要向保险公司缴纳一定的费用来换取风险的转移,通过保险来实现的风险转移是一种补偿性的,完全基于当风险事件发生造成损失后,由保险人对被保险人提供一种经济上的补偿,如果风险事件没有发生或者发生后所造成的损失很小,则投保人所缴纳的保险费就成为保险人所获得的利润。需要指出的是,并不是工程项目中的任何风险都可以通过保险来得到转移,能够保险的风险通常称为可保风险,一般说来,可保风险都具备这样的特点,即风险是偶然的、意外的,而且往往损失巨大而损失又是可以较准确地计量的。工程保险的具体内容将在第九章中介绍。

六、风险监控

正如前面所述,无论采取什么样的风险控制措施,都很难将风险完全消除,而且,原有的风险消除后,还可能产生新的风险,因此,在项目进行的过程中,定期对风险进行监控就是一项必不可少的工作内容,其目的是考察各种风险控制行动产生的实际效果,确定风险减少的程度,监视残留风险的变化情况,进而考虑是否需要调整风险管理计划以及是否启动相应应急措施等。

1. 监控的内容

风险管理计划实施后,人们的风险控制行动必然会对风险的发展产生相应的效果,其过程是一个不断认识项目风险的特性和不断修订风险管理计划和行为的过程,对这一过程的监控,主要包括如下内容。

(1) 评估风险控制行动产生的效果。

(2) 及时发现和度量新的风险因素。

(3) 跟踪、评估残余风险的变化和程度。

(4) 监控潜在风险的发展、监测项目风险发生的征兆。

(5) 提供启动风险应变计划的时机和依据。

2. 风险跟踪检查

跟踪风险控制措施的效果是风险监控的主要内容,在实际工作中通常采用风险跟踪表格来记录跟踪的结果,然后定期地将跟踪的结果制成风险跟踪表,使决策者及时掌握风险发展趋势的相关信息,以便及时地作出反应。表8-4是一个风险跟踪表实例。

表8-4　　　　　　　　　　　　风险跟踪报告表实例

主要风险跟踪报告表				
项目名称:		编制人:		报告编号:
风险名称	本次排名	上次排名	潜在后果	解决进展情况

第四节 建设工程项目的风险识别

风险识别是风险管理的基础,风险识别的目的如下。

(1) 识别风险的来源以及可能对项目进展有影响的风险因素、性质以及风险产生的条件,据此可以用来衡量风险的大小。

(2) 记录具体风险的各方面特征,判断其属于何种类型,并提供最适当的风险管理对策。

(3) 识别风险可能引起的后果。

通过风险识别,应该建立如下的信息。

(1) 存在的或潜在的风险因素。

(2) 风险发生的后果,影响的大小和严重性。

(3) 风险发生的可能性、概率。

(4) 风险发生的可能时间。

(5) 和本项目或其他项目及环境之间的相互影响。

一、建设工程项目风险识别的依据和原则

项目风险识别的依据一般包括以下几个方面。

(1) 风险管理计划。

(2) 项目计划。项目计划中的项目目标、任务、范围、进度、质量、造价、资源等涉及项目进行过程的任何一种计划和方案都是进行项目风险识别的依据。

(3) 风险分类。确定风险的分类可以避免在风险识别时的误判和遗漏,有利于突出重要的因素,发现哪些对项目目标实现产生严重影响的风险源。

(4) 历史资料。以往相关项目或相近项目的历史资料(如项目的风险应对计划、风险因素或评估资料等)是一种重要的信息和依据;其他的统计、出版资料(如商业数据库、学术研究成果、行业标准以及书籍、报刊等);同时,项目风险管理人员的知识和经验也是进行风险识别的重要依据。

风险识别的方法包括:分解分析法、图解法及现场观察法等。风险因素的具体识别方法,目前还远远不够完善,仍然需要继续研究和探讨,从现有的情况来看,对于建设项目风险的识别,以德菲尔法、核查表法和面谈法最为常见。风险识别在整个风险管理中占有重要位置。在运用这些风险识别方法的时候,需要注意如下原则。

(1) 任何一个建设项目,可能遇到各种不同性质的风险,因此,采用唯一的识别方法是不可取的,必须把几种方法结合起来,相互补充。

(2) 对于特定活动和事件,采用某种识别方法比其他方法更有效。例如,对于混凝土的浇筑质量问题,采用因果分析法就比较适当。

(3) 项目的风险管理人员应尽量向有关业务部门的专业人士征求意见以求得对项目风险的全面了解。例如,其他熟悉项目风险的单位以及专家等。

(4) 风险因素随着项目的进展是会不断发生变化的,一次大规模的风险识别工作完成后,经过一段时间又会产生新的风险。因此,必须制定一个连续的风险识别计划。

(5) 风险识别的方法必须考虑其相应的成本，讲究经济上的合理，对于影响项目系统目标比较明显的风险，需要花较大的精力、用多种方法进行识别，以期做到最大限度地掌握情况，但对于影响小的风险因素如果花费较大的成本来进行识别就失去了经济意义。

(6) 资料的不断积累是开展风险管理的重要基础，而在风险识别时产生的记录则是主要的风险资料之一，因此，识别风险的同时要做好准确记录。

风险识别的成果、风险的来源、风险事件及其所造成的影响有时是很难准确界定的，例如，一个施工现场的楼板塌垮事件，其原因可能是设计的问题，也可能是施工或材料的问题，但此塌垮的事件却导致了工期的延误和成本的增加，也就是说工期和成本的变化是由塌垮事件直接造成的。尽管如此，从概念上进行区分还是非常有意义的，可以帮助人们考虑风险来源、风险事件和影响之间的关系，表8-5可供参考。

表8-5 风险源、事件及影响

可能的风险来源		风险事件	可能造成的影响
认知环境	设计存在错误	楼板塌垮 工人受伤	工人死亡或严重伤害 造成停工、工期延误 工人的赔偿 造成返工、成本上升 保险费增加 被政府罚款
	脚手架设计有问题		
操作环境	安全措施不到位		
	工人盲目施工		
	缺乏足够的监督		
经济环境	通货膨胀超出预计	建材大幅度涨价 发生火灾、洪灾 中途停工 发生质量缺陷 工程量增加	项目超投资 项目逾期完工 质量达不到标准 火灾或洪水造成损害 无法按时使用致使收入减少
	政策改变、税收提高		
操作环境	设计存在错误		
	逾期交付关键材料		
	承包商破产		
	缺乏协调、管理不善		
	缺乏足够的监督		
物质环境	极端恶劣的气候		
	无法预见的不利地质条件		

风险还可分为以下类别。

(1) 纯粹风险与投机风险。纯粹风险是指不能带来机会、没有获得利益可能的风险。典型的纯粹风险如由于不可抗力或由于人为的错误所导致的只有损失而不能获利的风险。纯粹风险较容易预测，因此成为风险管理所研究的主要对象。

既可能带来机会获得利益，又可能造成损失的风险称为投机风险。金融市场上的典型风险多为投机风险。投机风险有三种可能的后果，即造成损失、不造成损失和获得利益。投机风险的特点之一是，就社会整体而言，投机风险如果使投机主体蒙受了损失，但其他活动主体并不一定遭受损失，因而社会不一定也跟着受损失。

就工程项目而言，人们更加关心的是各种风险因素对项目目标实现的影响，在一定的程度上也可考虑承担投机风险，如采用新发明、新技术等，这对社会能发挥积极的作用，若只考虑纯粹风险，则对社会进步毫无益处。

(2) 整体风险与局部风险。局部风险是指由某个特定因素导致的风险,其损失影响的范围小,而总体风险是指对项目总体目标实现有较大影响的风险,其影响范围大,往往无法加以控制(如政治、经济等)。例如,项目施工进度控制中所有的活动都有拖延的风险,但是处在关键路线上的活动一旦延误,就要推迟整个项目的完成日期,形成总体风险。而非关键路线上活动的延误在许多情况下是局部风险。

(3) 可控风险与不可控风险。可控风险是指虽然很难避免但可适当控制或减少其出现的可能性,例如由于项目活动致使他人遭受财产损失和人身伤害而应负的法律赔偿等,虽然很难完全避免,但可以通过分析预防、加强管理等措施来控制和减小它们出现的可能性,因此属于可控风险。而自然灾害、地质条件、原材料价格变动、通货膨胀、国家政策调整,国际局势变化包括战争和动乱等因素,人们不可能影响和控制其产生的后果,因此这一类风险称为不可控风险,对于不可控的风险,人们只能采取某些措施来减轻其负面的影响。

在工程项目建设中区分可控风险和不可控风险是十分重要的。例如,决策者可以考虑主动承担某种技术革新所导致的风险,这种革新可能导致费用超过一定的标准,但只要该革新对公司带来好的影响或收益而费用超标的幅度在可控的范围内,这种风险就是可以承受的。工程项目实施常遭遇的风险事件可参看表8-6。

表8-6 工程项目实施常遭遇的风险事件和类型

风险事件	风险类型	风险承担主体
通货膨胀、材料涨价	投机风险、整体风险、不可控风险	发展商、承包商
税收变化、政策改变	投机风险、整体风险、不可控风险	发展商、承包商等
合同条件不严格	投机风险、局部风险、可控风险	发展商、承包商、设计人、监理人等
恶劣的气候条件	纯粹风险、局部风险、不可控风险	发展商、承包商
不可预见的地质条件	纯粹风险、局部风险、不可控风险	发展商、承包商
未发现潜在的缺陷	投机风险、局部风险、可控风险	发展商、承包商、设计人、监理人等
工程中的安全事故	纯粹风险、局部风险、可控风险	发展商、承包商、监理人等
工程中采用的新技术	投机风险、局部风险、可控风险	发展商、承包商等

二、建设工程项目通常遭遇的风险事件

基于建设工程项目自身的特点和所应对的政治、经济、社会、环保等要求与约束种类繁多而多变,其所遭遇的风险事件和一般风险事件大不相同。在实现项目建设的过程中,通常遭遇的风险事件类型及有案例介绍如下。

1. 政治风险

(1) 政局不稳。政局整体不稳,全国企业都受到影响;局部政局不稳,可能影响部分企业或行业,有的企业或行业还可能受益。但建设业一般受到负面影响。

【案例8-4】 北京某公司在非洲南部某国开展工程承包业务。由于该国主管建设的部长与我国甚为友好,该公司承包了不少工程,并请清华大学土木系对其要派至该国的大学本科毕业的工长进行施工英语培训。不料反对派竟将与我国友好的主管建设官员暗杀,

该公司经营受到极大影响，培训也因之中断。后经该公司多方努力，才使关系趋于正常，培训又继续进行。

(2) 政策变动。有些国家政策变动频繁，甚至将政府法令凌驾于法律之上。进行工程承包的企业，必须慎重防范。

【案例 8-5】 我国某公司在中东某国承包一项从约旦河取水泵站施工。由于我方考虑该国政府对石油及石油产品等实行国家定价专卖制度且不准从其他国家购买，商谈合同时，我方提出，国际工程施工合同中一般规定，"如果国家专卖物品涨价超过签约时价格的15%，对超过15%的价款应予补偿。"经过协商，结果对方同意将该条款纳入施工合同。开工后不久，该等物资涨价都超过15%，我方得到了应有的补偿。

(3) 国家之间发生变化。在国际工程中，国家关系的变化往往对建设项目的打击是致命的。如伊拉克战后重建是世界瞩目的焦点。但美国国防部在伊拉克战后公布一份备忘录，列出伊拉克重建中的26项大型工程，总价值为186亿美元，且只允许支持其对伊动武的国家的公司参与竞标。德国、法国、俄罗斯和加拿大等许多国家的公司被排除在外，引起这些国家不满。

【案例 8-6】 海湾战争前的1986年至1990年7月，伊拉克就因延期付款欠下中国贸易和劳务承包款约10.87亿美元，中国建筑总公司、中国路桥集团等是其中主要的受害者。海湾战争结束后，中国作为主要竞标方积极参与联合国的对伊"石油换食品"协议，到2000年底，共有60多家中国公司与伊拉克签订了650多份合同，总金额超过16亿美元。其中，已经获得联合国批准执行的有近500多份，价值约13.4亿美元，包括中石油、东方电力、中石化、中建公司等中国的大公司。但是，伊拉克战争爆发打断了中国企业在伊拉克的正常经济活动。目前，伊拉克的安全形势依然有不少变数，涉足伊拉克重建还需认真评估其风险。

(4) 战争或动乱。在不少发展中国家，尽管经济发展很快，但国内动乱不止，国际形势多变，随时都有可能发生战争，对于建设期较长的工程项目来说，不但工程会受到破坏，还会造成人员死亡或受伤。

【案例 8-7】 我国在中东某国海边承包一项工程，工程进行到一半左右，突然夜间发生执政党与反对党之间军队的战争。炮火波及工地现场及员工宿舍。我方人员逃入邻近的法国承包商的工地，在法方帮助下，乘船到达邻国安全地带。战争结束后，我方虽无人员伤亡，但因对方拒绝索赔而受到很大的损失。

2. 经济风险

(1) 宏观经济风险。某些国家和地区经济发展不景气，政府官员贪污腐败、经济结构不合理、债务繁重等，且由于宏观经济形势不佳，往往导致通货膨胀、物价不稳，利率和汇率的动荡，税收变化等。在这些国家承包工程必须要考虑可能发生的经济风险和应对对策。

【案例 8-8】 密切注意外汇汇率变动的风险

我国某公司在伊拉克某城市承包一座日本设计的医院，招标书规定用美元和伊拉克第纳尔支付，我方没有重视。中标后不久发现，日方设计中大量采用日本制造的设备，甚至五金材料，必须用日元支付。当时恰值日元对美元汇率升值，结果本来赢利的工程反而亏损。类似情况在国内也曾出现过。

我国某核电站施工单位考虑到此类风险，对外汇风险采取了分散管理策略，取得了成功，简述于下。

某核电站招标标书规定适用货币为人民币、美元和港元三种。中、法、日四家公司组成的联合体 HCCM 投标时，考虑购买大量日本和法国生产的材料设备的需要，建议业主允许增加日元和法国法郎两种货币，并陈述理由，得到业主的同意。中标签约后，这五种货币的比例为：

人民币（RMB）　　　13%
法国法郎（FRF）　　37%
美元（USD）　　　　13%
港元（HKD）　　　　25%
日元（JPY）　　　　 12%

合同价由五种货币组成，主要考虑了出口信贷的利用、材料设备的供应条件，使合同价格构成合理，减少汇率风险的冲击。

由于中期付款按照上述五种货币支付，施工单位适时地进行以法国国债为主的外汇买卖和调剂，追求更好的货币资金的收益，在坚决保证施工质量第一和工期的条件下，以现金流量预测为核心的成本月计划控制为基础，实施了如图 8-1 所示的成本月计划滚动编制法，精心实施控制；不但完成了核电站的建设，而且收到了很好的经济效益。

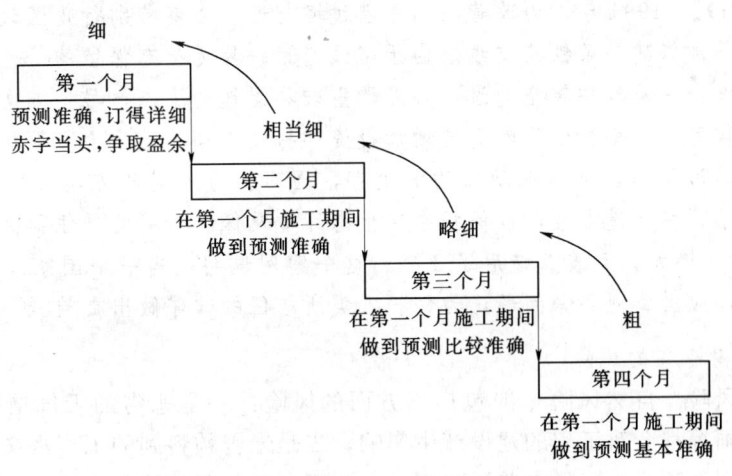

图 8-1 我国某核电站成本月计划滚动编制法

（2）投资和施工环境。工程建设的投资和施工环境包括诸如交通、水电供应、通信等硬环境和诸如法制建设、政府服务水平、工作效率等软环境，都会带来风险。

【案例 8-9】 我国某公司在北非某国投标一个位于沙漠地区的工程，投标人员到现场勘察时，重点了解水的供应情况。结果发现，该地附近的水不能供人饮用，也不能用以制备砂浆和混凝土等。施工时必须从一百多公里外的绿洲取水。而且路况很差,施工现场需建造有盖的蓄水池。如果没有发现这些潜在风险,报价漏报这些费用,中标后必然亏损。开标后该公司中标,施工进展顺利,质量优良,取得了较高的利润。

3. 社会风险

(1) 宗教信仰。宗教势力常常严重地阻碍经济的发展,严重地制约各种经济活动,甚至造成民族歧视、敌对心理,在国际工程项目建设活动中,特别在中东、北非等地区,该风险因素不可忽视。

【案例 8-10】 我国某公司承包位于伊拉克北部的一项灌溉工程,由于靠近与伊拉克政府不和的库尔德族人地区,存在施工人员来往驻地与工地之间的安全风险。虽然倍加小心,但还是发生了某工程师和司机连同汽车在去工地途中被地方武装劫持的事件。由于伊拉克政府不宜出面调解,只好通过当地上层人士斡旋,费尽周折,终于放回了所扣人员,但汽车未予归还。因为此次劫持事件的目标就是汽车。人员在扣留期间受到较好待遇,还算不幸之中的万幸。

(2) 社会治安。良好的社会秩序是经济活动取得成功的重要保证。社会治安不好还有可能造成人员伤亡、财产损失,从而对项目的实施带来极大的影响。我国某公司在东南亚某国承包一个水利灌溉项目,该国政府非常支持,但现场邻近某部族的领地。该部族领袖反对修建此项目,经常武装骚扰工程施工,政府不得不派军队保护施工人员和工程,才得以竣工。

(3) 公众态度。公众对项目建设的态度也会构成对项目的风险,举下例说明。

【案例 8-11】 1994年,为改善深圳香港过境交通,香港特别行政区政府计划从新界上水车站向落马洲修建一条铁路支线。由于路线经过一片为生态保留的低洼湿地,决策时有两种备选方案:一是建桥架空通过,势必严重破坏湿地的生态;另一方案是开挖隧道从地下通过,这样可以保全湿地,然而要增加投资和拖长工期。由于大多数居民认为架桥方案会造成噪音等污染,影响湿地动植物的生存,因而极力反对此方案。香港政府考虑民意,最终采取了开挖隧道方案,以保护原来生态环境及保障居民的居住和休闲条件;但为此增加投资20亿港元,且竣工拖后了3年。这个案例说明:当一个国家或地区经济发展到一定水平时,应当重视环保问题,为保护人类所居住的地球做出贡献。

4. 工程本身存在的风险

(1) 自然风险。自然风险一般包括三方面的风险:一是恶劣的天气情况出现,如严寒、台风、暴雨等都会对工程的建设产生影响;二是未曾预料到的工程水文地质条件,如洪水、地震、泥石流等;三是未曾预料到的一些不利地理条件等。

【案例 8-12】 我国某公司承包伊拉克政府在底格里斯河上一个拦河闸,工程进展顺利,建起了拦河闸基础围堰,挖好了导流河道,正待施工基础之际,夜间突发百年不遇的洪水,围堰冲垮,荡然无存。面对着如此的天灾,该公司沉着积极应对,日夜奋战,重建围堰,迅速建成了闸墩,赶上了进度,并从伊拉克主管单位顺利获得了应有的补偿。

(2) 决策风险。在投资、总体方案、设计施工队伍的选择等方面若出现错误决策,将对工程产生决定性的负面影响。

【案例 8-13】 国内某市一家中外合资企业开发的一项商品房工程中,外方建议通过投标选择施工承包商,但是中方坚持用他的子公司。由于那家子公司技术实力较差,建筑方法使用不当,相邻工厂的基础因其施工活动发生了沉降,工厂的生产线在项目的基础挖掘施工期间被迫停工。工厂控告了这家合资企业并要求赔偿。然而承包商拒绝赔偿,并且拒绝出席任何为解决这一问题而举办的协商和解决会议。最终,这件事虽通过调解解决了,但这家合资企业不得不赔偿相邻工厂的所有损失。

(3) 工程本身存在的风险还有组织管理风险、责任风险等,限于篇幅,不再赘述。

对上述各类风险的责任分担,FIDIC 合同条件作了规定,可资参考,详见表 8-7。

表 8-7 FIDIC 合同条件中对各类工程风险责任分担的规定

工 程 风 险	雇 主	工程师	承包商
工程造成的损失和损害			
(1) 战争、暴乱、骚乱或混乱	遭受损失	无责任	无责任
(2) 核装置和压力波风险、危险的爆炸	遭受损失	无责任	无责任
(3) 不可预见的自然力	遭受损失	无责任	无责任
(4) 运输中的损失和损坏	潜在损失	无责任	遭受损失
(5) 不合格的材料和工艺	潜在损失	无责任	有责任
(6) 工程师粗心设计	潜在损失	有责任	无责任
(7) 工程师非疏忽性缺陷设计	遭受损失	无责任	无责任
(8) 被雇主使用或占用	遭受损失	无责任	无责任
(9) 其他原因	潜在损失	无责任	遭受损失
对设备的损失与损坏			
(1) 战争、暴乱、骚乱或混乱	可能损失	无责任	遭受损失
(2) 核装置和压力波风险、危险的爆炸	可能损失	无责任	遭受损失
(3) 运输中的损失和损坏	无责任	无责任	遭受损失
(4) 其他原因	无责任	无责任	遭受损失
第三方损失			
(1) 在执行合同中无法避免的结果	有责任	无责任	无责任
(2) 雇主的疏忽	有责任	无责任	无责任
(3) 承包商的疏忽	无责任	无责任	有责任
(4) 工程师的职业疏忽	无责任	有责任	无责任
(5) 工程师的其他疏忽	无责任	无责任	有责任
承包商/分包商的雇员的人身伤害			
(1) 承包商的疏忽	无责任	无责任	有责任
(2) 雇主的疏忽	有责任	无责任	无责任
(3) 工程师的职业疏忽	无责任	有责任	无责任
(4) 工程师的其他疏忽	无责任	有责任	无责任

三、风险识别的方法

风险的识别包括确定风险的来源,风险产生的条件,描述其风险特征和确定哪些风险会对本项目产生影响。风险识别的方法很多,目前比较常用的方法有:德尔菲法(Delphi method)、头脑风暴法(Brain storming)、情景分析法(Scenarios analysis)、核对表法(Checklists)和面谈法(Interviewing)等。

1. 德尔菲法

德尔菲法,或者称为专家调查法,它起源于20世纪40年代末期,最初由美国的兰德公司(Rand Corporation)首先使用,很快就在世界上盛行起来,目前此法已经在经济、社会、工程技术等领域广泛应用。采用该方法,首先是由项目风险管理人员选定和该项目有关的领域专家,并与之建立直接的函询联系,通过函询进行调查,收集意见后加以综合整理,然后将整理后的意见通过匿名的方式返回专家再次征求意见,如此反复多次后,专家之间的意见将会逐渐趋于一致,可以作为最后预测和识别的依据。

采用德尔菲法的重要一环就是制定函询调查表,又称问卷(questionnaire),调查表制定得好坏,直接关系到预测结果的质量,在制定调查表时,问句应该以封闭型为主,将问题的答案列出,由专家根据自己的经验和知识进行选择,在问卷的最后,往往加入几个开放型的问句,让专家发挥其自身的主观能动性,充分表述自己的意见和看法,具体的问句设计应该注意如下几点。

(1) 在调查表中,首先应该对调查的目的和方法作出简要的说明,因为并非每一个被调查的对象都对德尔菲法有具体的了解。

(2) 问题要集中,用词要确切,排列要合理,问句的内容要具体,以引起专家回答问题的兴趣。

(3) 调查表要简化,问题的数量要适当,问题太少起不到调查的目的,太多则容易引起人们厌倦,一般以20~30为宜。

(4) 避免把两个以上的问题放在一起来提问,如果一个事件包括两个方面,一个方面是专家同意的,而另一个方面是专家不同意的,这时就很难回答。

(5) 若问题涉及某些可能的数据时,需要给出预测的范围,让专家容易选择。

(6) 对于敏感性问题的调查,应注意问句表述的技巧和方式。

德尔菲法近年来在国内外都得到了广泛的应用,这种方法实际上就是集中许多专家意见的一种方法,从根本上说就是一种以多数意见为正确意见的方法,容易偏于保守,可能妨碍新思想的产生。

对于调查表确定的主要风险因素,还可以设计更加详细的风险识别问卷,选择若干专家进行进一步调查,着重摸清风险可能发生的时间、影响范围、风险的归属权等问题。这一类问卷往往采用开放式的问句,必须选择该领域具有丰富实践经验的专家进行,因此,人数范围不宜过大。风险管理人员也可以采用面对面提问记录的方式进行。

2. 头脑风暴法

头脑风暴法,有时又称为智爆法,也是常用的风险识别方法,它借助于专家的经验,通过会议,集思广益来获取信息的一种直观的预测和识别方法。该方法是由美国专家奥斯本于1939年首创,从20世纪50年代起就得到了广泛的应用。这种方法要求会议的领导者要善于发挥专家和分析人员的创造性思维，通过与会专家的相互交流和启发，达到相互补充和激发的效应，使预测的结果更加准确。组织者应注意使会议的进行符合如下的规则。

（1）要禁止参会人员相互之间发表对任何意见的非难，避免用词上的武断和无限上纲，要鼓励思想的活跃，思想越多，出现有价值的设想的概率就越大。

（2）要重视那些不寻常的、看得远的、自由奔放的思考，思路越广越新越好。

（3）要善于将不同的思想和想法进行组合、分类和改进，同时应将为同一目的举行的会议初步分析的结果公布出来，让与会人员明白，这样可以避免重复和提高效率，也可以促使人们产生新的思想。

（4）会议上探讨的问题应该比较单纯，要避免在一个会议上探讨一些牵涉面较广的问题，否则，讨论问题时可能漫无边际，难以集中主要意见。如果问题的牵涉的因素较多，则应该事先对其进行分析和分解，然后再采用该法。

（5）对于头脑风暴法产生的结果，决策者还应该进行认真的分析，既不要轻视，也不能盲目接受，一次会议的结果，只要有几条意见被采纳就已经很有成绩了。

在有组织地进行头脑风暴时，为了能够启发大家的思路，活跃会场的气氛，也可以使用提示列表，如表 8-8 所示。提示列表可以用来促进特殊风险的识别。

表 8-8　　　　　　　　什么情况会出现问题的列表

设计简短/项目目标不明确	承包人的能力不能胜任项目
采用未验证的设计方案	缺乏质量控制
供货问题，例如单一的原材料	项目管理不适当
安装设备连接或整体问题	团队交流不好
没有识别出已知的技术失败	项目团队成员的个人矛盾
未预见会遇到不良场地条件	承包人破产
劳资关系问题	项目遭到不必要的限制条件
法规的负面影响	获得计划批准的延迟
不充足的项目资金	计划批准的延迟

3. 情景分析法

情景分析法是一种适用于对可变因素较多的项目进行风险预测和识别的系统技术，它在假定关键影响因素有可能发生的基础上，构造多种情景，提出多种未来的可能结果，以便采取措施防患于未然。

【案例 8-14】　仿真有助于识别风险

在机场设计一种行李处理系统来传送行李。可以通过一种相互作用的计算机图形仿真程序一步一步证明所需求的全部工作性能，也就是全过程地在计算机上进行情景仿真，包括突然出现的阻塞组成各部件的处理功能。试验的结果表明，行李处理系统流程图的微小变更为故障处理率提供了重大改进。

4. 核对表法

核对表法实质就是把人们经历过的风险事件及其来源罗列出来，写成一张核对表，上面通常包括项目的环境、项目产品和技术资料以及内部因素如项目成员的技能和不足等。利用人们考虑问题的联想习惯,在过去经验的启示下,对未来可能发生的风险因素进行预测,此法的优点在于使风险识别的工作变得较为简单,容易掌握,缺点是对单个风险的来源描述不足,没有揭示出风险来源之间的相互依赖关系,对指明重要风险的指导力度不足,而且受制于某些项目的可比性,有时不够详尽,没有列入核查表上的风险容易发生遗漏,参看表 8-9。

表 8-9　　　　　　　　　　工程项目总体风险核查表

风 险 因 素	识别标准	核查结果
1. 项目的环境 　(1) 项目组织结构 　(2) 组织变更的可能 　(3) 项目对环境的影响 　(4) 政府的干涉程度 　(5) 政策的透明程度 　……	 稳定/胜任 较小 较低 较少 透明	
2. 项目管理 　(1) 业主同类项目经验 　(2) 项目经理的能力 　(3) 项目管理技术 　(4) 切实地进行了可行性研究 　(5) 承包商富有经验、诚实可靠 　……	 有经验 经验丰富 可靠 详细 有经验	
3. 项目性质 　(1) 工程的范围 　(2) 复杂程度 　(3) 使用的技术 　(4) 计划工期 　(5) 潜在的变更 　……	 通常情况 相对简单 成熟可靠 可合理顺延 较确定	
4. 项目人员 　(1) 基本素质 　(2) 参与程度 　(3) 项目监督人员 　(4) 管理人员的经验 　……	 达到要求 积极参与 达到要求 经验丰富	
5. 费用估算 　(1) 合同计价标准 　(2) 项目估算 　(3) 合同条件 　……	 固定价格 有详细估算 标准条件	

5. 面谈法

风险管理人员通过和项目相关人员直接进行交流面谈,收集不同人员对项目风险的认识和建议,了解项目进行过程中的各项活动,这将有助于识别哪些在常规计划中容易被忽视的风险因素,进行访谈时的记录,往往是识别风险的良好素材。

风险识别的成果是进行风险分析和评估的重要基础,风险识别的最主要成果是风险清单,风险清单是记录和控制风险管理过程的一种方法,并且在作出决策时具有不可替代的作用力。风险清单最简单的作用是描述存在的风险并记录可能减轻风险的行为,表 8-10 可供参考。

表 8-10 风 险 清 单 格 式

风　险　清　单			编号:	日期:
项目名称:			审核:	批准:
序号	风险因素	可能造成的结果	发生的可能概率	可能采取的措施
1				
2				
3				

当然,在风险识别的深度足够,条件允许时,也可以在风险清单中包括风险成本效益、风险归属权及残留风险等内容。风险清单一般包括以下的内容和信息。

(1) 对风险进行详细划分和描述。
(2) 可能性(概率性)和后果的评估。
(3) 风险归属权的识别。
(4) 风险的重要性/成本/可接受性。
(5) 风险管理的成本和归属权。
(6) 行动的时间。
(7) 残留风险的评估。
(8) 采用减轻风险行动的结果对于风险的重要性/成本/可接受性的变化。
(9) 成本收益的评估。

如果希望在风险清单中包括较多的上述信息,就可以设计一系列的记录表。表 8-11 给出了风险清单运用的另一个实例。

表 8-11 风 险 清 单 格 式

风　险　清　单		编制:		编号:
项目名称:		校对:		审核:
序号	风险描述		消除—减轻	
	风险因素	详细情况	可采取的行动	风险因素
1				
2				
3				

第五节　风险分析与评估

风险的分析和评估往往采用定性与定量相结合的方法来进行,二者并不相互排斥,而是可以相互补充的。具体地说，就是在占有比较完备的统计资料的条件下，把损失频率、损失程度以及其他因素综合起来考虑，找出有关变量之间的规律性联系，作为分析预测的重要依据。但是任何数学方法或统计方法的应用都是以过去的信息资料为基础，如果某些因素出现了重大变故，如政府政策，或出现了过去的信息资料所没有反应的其他重要情况，则应对定量结果根据新产生的因素加以修正，这就需要运用定性的方法提出修正意见。可见，只有将定性方法和定量方法合理的结合起来，相互补充和修正，才能取得比较好的效果。

风险分析和评估主要内容包括：

（1）确定单一风险因素发生的概率值，通过主观或客观的方法实现量化的目的。

（2）分析各风险因素的风险结果，探讨这些风险因素对项目目标的影响程度。

（3）在单一风险因素量化分析的基础上，考虑多种风险因素对项目目标的综合影响，评估风险的程度并提出可能的措施作为管理决策的依据。

一、风险概率的估算

1. 主观概率与客观概率

确定风险因素发生概率值的方法可分为客观概率和主观概率两类。客观概率是根据大量试验用统计方法确定的，其值是客观存在的，不依计算者或决策者的意志而转移，因此称为客观概率，显然，这种概率值的确定需要大量的试验数据和充足的信息，在金融、保险等领域对风险因素的度量大多以客观概率为基础。

主观概率是人们对根据经验或预感而估算出来的概率。在实际工作中，特别是在进行项目风险分析的过程中，人们遇到的各种分析因素是不可以进行重复的，而且往往是对未来可能发生的风险进行估计，所以不可能作出准确的分析，更难以计算出风险发生的客观概率。因此，在进行风险分析和决策的客观需要出现时，风险管理的决策者及相关领域的专家对某些风险因素出现的概率进行一个主观的估计，这是一种用较少信息量作出主观估计的方法。

2. 离散型和连续型概率

概率可根据其密度分布形式分为离散型和连续型两类。主观概率一般为离散型，如产品检验中的废品数目 x_k 和其出现的概率 $p(x)$ 就构成下示的分部对应数列。

$$x_1, \quad x_2, \quad x_3, \quad \cdots x_k, \cdots$$
$$p(x_1), \quad p(x_2), \quad p(x_3), \quad \cdots p(x_k), \cdots$$

由此分布对应数列，得出该离散型随机变量的分布函数

$$F(x) = p\{x_k < x\} = \sum_{x_k < x} p(x) \tag{8-1}$$

连续型概率分布较难确定，因为项目风险管理成员往往没有足够的历史资料来确定风险事件的概率分布。但有时可以考虑利用理论概率分布进行风险估计。实践中广泛用来描述风险结果及其概率值的概率密度分布有均匀分布、三角形分布、正态分布、偏态分布（贝塔分布）、二项式分布以及普阿松分布等。这些分布的选择取决于具体风险因素的性质。事实上，确定风险的概率分布不仅是一个应用概率数学模型的过程，而且也是一个运

用专家经验并结合主观判断的创造性过程。限于篇幅，本章仅对风险分析中应用广泛的正态分布及其概率分布作一简单描述，有关的严格定义和理论论证则参见有关文献，不再赘述。

二、正态分布简介

正态分布的概率密度函数为

$$p(x) = \frac{1}{\sqrt{2\pi}\sigma} e^{-(x-\alpha)^2/(2\sigma^2)}, -\infty < x < \infty \tag{8-2}$$

式中 α、σ——常数，$\sigma > 0$，且 $\sqrt{2\pi}$ 取正值。

其相应的概率分布函数 $F(x)$ 为

$$F(x) = \frac{1}{\sqrt{2\pi}\sigma} \int_{-\infty}^{x} e^{-(x-\alpha)^2/(2\sigma^2)} dy, -\infty < x < \infty \tag{8-3}$$

正态分布概率密度函数图像如图 8-2 所示。

(1) 正态分布具有下列性质。

1) 在图 8-2 中，如随机变量取值 u，则由式 (8-3) 知其概率 $p(u)$ 为正态分布密度函数曲线 u 由 $-\infty$ 到 u 所覆盖的面积；$u = \alpha$ 时，其出现概率 $p(\alpha)$ 最大，称 α 为该随机变量的数学期望（或均值）。当正态分布密度曲线对一竖向轴线对称时，就是该对称轴线的水平坐标值。$p(u)$

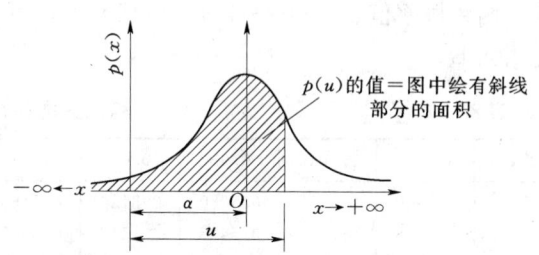

图 8-2 正态分布密度函数

在 $u = \alpha$ 处有唯一的极大值，等于 $\frac{1}{\sqrt{2\pi}\sigma}$；且 $u \rightarrow -\infty$ 和 $u \rightarrow \infty$ 时，$p(u)$ 的极限值为 0。

2) 正态分布密度函数的另一常数 σ^2 称为"方差"。由图 8-2 可以看出，σ^2 越大，密度分布愈加集中，反之愈加分散；但对同一个概率密度分布函数，尽管 σ^2 值发生变化，α 值仍然不变。因此，按正态分布评价风险结果时，应对 α 和 σ^2 综合考虑。图 8-1 和图 8-2 所示的正态分布称为 $N(\alpha, \sigma^2)$。N 表示正态分布（Normal Distribution）。

3) 当 $\alpha = 0$ 和 $\sigma^2 = 1$ 时，则图 8-2 变换为图 8-3，称为标准正态分布，记为 $N(0, 1)$，相应的分布密度函数和分布函数则记为 $f(u)$ 和 $F(u)$

$$f(u) = \frac{1}{\sqrt{2\pi}} e^{\frac{u^2}{2}}, -\infty < u < \infty \tag{8-4}$$

$$F(u) = \frac{1}{\sqrt{2\pi}} \int_{-\infty}^{x} e^{\frac{u^2}{2}} du, -\infty < u < \infty \tag{8-5}$$

人们常用投掷硬币来预测办一件事情的成功或失败，例如出现正面为成功，出现反面为失败。如果投掷很多次数，则硬币正面和反出现的次数几近相等。因此，从概率论角度看，服从正态分布的事件，例如施工网络计划的竣工工期 T_E 是 25 个月，T_E 实现的概率是图 8-4 中 u 由 0 到 $+\infty$ 对应的 $F(u)$ 曲线的上一段，即概率 $= 1 - 0.5 = 0.5 (50\%)$。T_E

实现的概率是 u 由 $-\infty$ 到 0 对应的概率，也是 50%。所以施工单位不能掉以轻心，要精心施工，才能保证施工得以及时或提前完成。

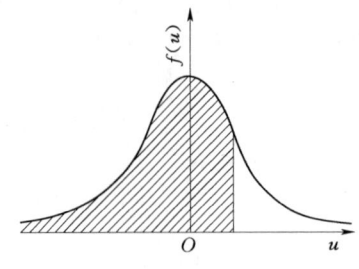

图 8-3 标准正态分布密度函数

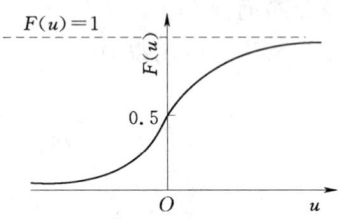

图 8-4 标准正态分布

（2）正态分布概率值表及例题。可以证明，如随机变量 x 服从正态分布 $N(\alpha, \sigma^2)$，则随机变量 $u = \dfrac{x-\alpha}{\sigma}$ 服从标准正态分布 $N(0, 1)$。为了便于应用，编制了下面的标准正态分布函数概率值表（表 8-12），根据 u 值，可查表求得 $N(\alpha, \sigma^2)$ 相应的概率值。举一例说明如下。

表 8-12　　　　　　　　　　标准正态分布函数表

u	0.00	0.01	0.02	0.03	0.04	0.05	0.06	0.07	0.08	0.09
0.0	0.5000	0.5040	0.5080	0.5120	0.5160	0.5199	0.5239	0.5279	0.5319	0.5359
0.1	0.5398	0.5438	0.5478	0.5517	0.5557	0.5596	0.5636	0.5675	0.5714	0.5753
0.2	0.5793	0.5832	0.5871	0.5910	0.5948	0.5987	0.6026	0.6064	0.6103	0.6141
0.3	0.6179	0.6217	0.5255	0.6293	0.6631	0.6368	0.6406	0.6443	0.6480	0.6517
0.4	0.6554	0.6591	0.5628	0.6664	0.6700	0.5736	0.6772	0.6808	0.6844	0.6879
0.5	0.6915	0.6950	0.6985	0.7019	0.7054	0.7088	0.7123	0.7157	0.7190	0.7224
0.6	0.7257	0.7291	0.7324	0.7357	0.7389	0.7428	0.7454	0.8486	0.7517	0.7579
0.7	0.7580	0.7611	0.7642	0.7673	0.7704	0.7734	0.7764	0.7794	0.7823	0.7852
0.8	0.7881	0.7910	0.7939	0.7967	0.7995	0.8032	0.8051	0.8078	0.8106	0.8133
0.9	0.8159	0.8186	0.8212	0.8238	0.8264	0.8289	0.8615	0.8340	0.8365	0.8389
1.0	0.8413	0.9345	0.8461	0.8485	0.8506	0.8531	0.8554	0.8577	0.8599	0.8621
1.1	0.8643	0.9463	0.8686	0.8708	0.8729	0.8749	0.8770	0.8790	0.8810	0.8830
1.2	0.8849	0.9504	0.8888	0.8907	0.8926	0.8944	0.8962	0.8980	0.8997	0.9215
1.3	0.9032	0.9649	0.9066	0.9085	0.9090	0.9115	0.9131	0.9147	0.9162	0.9177
1.4	0.9102	0.9719	0.9222	0.9236	0.9281	0.9265	0.9278	0.9292	0.9306	0.9319
1.5	0.9332	0.9345	0.9357	0.9370	0.9382	0.9394	0.9406	0.9416	0.9430	0.9441
1.6	0.9452	0.9463	0.9474	0.9484	0.9495	0.9505	0.9515	0.9525	0.9556	0.9545
1.7	0.9554	0.9554	0.9573	0.9582	0.9591	0.95909	009608	0.9616	0.9625	0.9633
1.8	0.9641	0.9649	0.9656	0.9664	0.9671	0.9678	0.9686	0.9693	0.9700	0.9706
1.9	0.9713	0.9719	0.9726	0.9732	0.9738	0.9742	0.9750	0.9756	0.9762	0.9767
2.0	0.9772	0.9778	0.9783	0.9788	0.9793	0.9798	0.9803	0.9809	0.9812	0.9817
2.1	0.9821	0.9826	0.9831	0.9834	0.9838	0.9842	0.9846	0.9850	0.9854	0.9857
2.2	0.9861	0.9864	0.9868	0.9871	0.9876	0.9878	0.9881	0.9884	0.9887	0.9890
2.3	0.9893	0.9896	0.9898	0.901	0.9904	0.9906	0.9909	0.9911	0.9913	0.9916
2.4	0.9918	0.9920	0.9922	0.9925	0.9927	0.9929	0.9931	0.9932	0.9934	0.9936

续表

u	0.00	0.01	0.02	0.03	0.04	0.05	0.06	0.07	0.08	0.09
2.5	0.9938	0.9940	0.9941	0.9943	0.9945	0.9946	0.9989	0.9989	0.9951	0.9952
2.6	0.9953	0.9955	0.9956	0.9957	0.9959	0.9960	0.9994	0.9995	0.9963	0.9964
2.7	0.9965	0.9966	0.9967	0.9968	0.9969	0.9970	0.9997	0.9997	0.9973	0.9974
2.8	0.9974	0.9975	0.9976	0.9977	0.9977	0.9978	0.9999	0.9999	0.9980	0.9981
2.9	0.9981	0.9982	0.9982	0.9983	0.9984	0.9984	0.9999	0.9999	0.9986	0.9986
3.0	0.9987	0.9987	0.9987	0.9988	0.9988	0.9989	0.9989	0.9989	0.9990	0.9990
3.2	0.9993	0.9993	0.9994	0.9994	0.9994	0.9994	0.9994	0.9995	0.9995	0.9995
3.4	0.9997	0.9997	0.9997	0.9987	0.9997	0.9997	0.9997	0.9997	0.9997	0.9998
3.6	0.9998	0.9998	0.9999	0.9999	0.9999	0.9999	0.9999	0.9999	0.9999	0.9999
3.8	0.9999	0.9999	0.9999	0.9999	0.9999	0.9999	0.9999	0.9999	0.9999	0.9999
4.0	0.999968329									

【案例 8-15】 某居住小区施工现场位于某市南郊,而供应砂石的料场位于东郊。可供汽车运送材料的路线有两个方案。方案一要穿过市区,路程虽短,但交通比较繁忙,根据统计资料,所需时间服从正态分布 N(50,100);方案二则要郊外绕行,路程较长,但交通阻碍较少,所需时间服从正态分布 N(60,36)。如运输时间不要超过70min,走哪条路线较好?如运输时间不要超过65min,则应走哪条路线?

分析: 如运输时间记为 T,根据以下情况分析如下(概率值均由表8-12查得)。

1) 如运输时间不要超过70min,则采取第一方案的运输时间概率为

$$p(T \leqslant 70) = F\left(\frac{70-50}{10}\right) = F(2) = 0.9772$$

采取第二方案的运输时间概率为

$$p(T \leqslant 70) = F\left(\frac{70-60}{4}\right) = F(2.5) = 0.9938$$

因此应采取第二方案。

2) 如运输时间不要超过65min,则采取第一方案的运输时间概率为

$$p(T \leqslant 65) = F\left(\frac{65-50}{10}\right) = F(1.5) = 0.9332$$

采取第二方案的运输时间概率为

$$p(T \leqslant 65) = F\left(\frac{65-60}{4}\right) = F(1.25) = 0.8944$$

因此应采取第一方案。

正态分布是自然界最常见的一种分布,如测量的误差、炮弹落点的分布、产品尺寸的检验等都近似地服从正态分布。同时,许多分布可以通过正态分布导出,或者可用正态分布来近似求解。因此,在理论和应用上,正态分布度是很重要的随机变量分析手段。下面将结合风险评析方法,对其作进一步说明。

第六节 风险评估的方法

项目风险的分析与评估，目前已有了一系列的定量方法可供采用，包括：调查打分法（Checklist）、层次分析法（AHP）、蒙托卡罗模拟（Monte Carlo Simulation）、敏感性分析（Sensitive Analysis）、模糊数学（Fuzzy Set）及影响图（Influence Diagrams）等。实际选用这些方法时需要考虑具体问题的规模、类型、项目目标的性质。1992年底，Steve J. Simister 对工程风险分析技术的应用情况作了一次广泛调查，他向英国项目管理协会（UK Association of Project Managers，APM）的37位有关风险分析与管理的专家会员以邮寄方式作了问卷调查，回收了25份（回收率为67%）。调查结果表明（参看表8-13）：尽管目前有许多有关风险分析与管理的新技术和方法，但传统的分析技术仍占主导地位，如目前较常用的分析技术主要是调查打分法（76%）、蒙特卡罗仿真模拟（72%）、计划评审技术（64%）和敏感性分析（60%），而且主要应用在项目可行性决策和投标阶段。其他方法和技术，如模糊数学及效用模型等，尽管也有应用，但并不广泛。

从 Steve J Simister 的这份调查研究可以看出，在国际学术界，已经研究并开发出的风险分析方法不少，但广泛应用于建设工程实际的并不多，其中主要的原因是建设项目管理人员在绝大多数情况下没有时间去作这样复杂的分析，分析评估所需数据的完整性和准确性还不能令人满意，另一方面，有些分析方法需要计算机技术的支持，推出使用灵活的风险管理软件还需时日。在本节中，着重讨论一些常用评估方法。

表 8-13　　　　　　　　　　工程项目风险管理技术应用情况

技术种类	经常使用（%）	过去使用，但已不再使用（%）	知道该技术，但不用（%）	还未听说过（%）	在项目各阶段的应用情况（%）				
					未用	立项/投标	设计/计划	实施	后评估
调查打分法	76		8	4	8	56	44		
CIM模型	8		48	32	28	8	4	16	
决策树	44		48		16	16	16	16	
模糊数学			64	24	36				
影响图	28		48	12	24	12	20	8	12
蒙特卡罗模拟	72	4	16			40	56	52	12
多目标决策模型	24		36	28	16	20			
计划评审技术	64	4	24			36	56	52	4
敏感性分析	60	4	20	8	36	40	24		
效用理论	4		48	36	4	4			

需要特别指出的是，无论采用什么样的风险识别和评估技术，要想识别所有的风险是不可能的，对风险评估也不要过分精确，否则劳而无功，从组织的角度来说，所有风险中最大的风险是缺乏沟通，最大的不可预见的风险是人为因素。在进行风险评估时，必须坚持实事求是但又富有远见的原则。

一、计划评审技术与关键线路法

建设工程项目计划管理所用的网络技术分为以下三种类型。

1. 肯定型网络技术

有单代号和双代号两种，其特点为网络中各工作逻辑关系确定（前一工作完成，后一工作才能开始）、持续时间为单一的确定值，适用于一般项目进度控制，以关键路线确定和调整工期，故又称为"关键线路法（Critical Path Methods，简称 CPM）"。

2. 非肯定型网络技术

又称"计划评审技术（Program Evaluation and Review Techniques，简称 PERT）"，其特点为网络中各工作逻辑关系确定、持续时间则为服从三参数偏态分布（贝塔分布）的随机变量，适用于工作的持续时间难以凭过去经验确定的科技开发项目。1957年10月4日晚，前苏联卫星号运载火箭携带世界上第一颗人造地球卫星 SP－1 号发射成功，继而苏联宇航员加加林随卫星上天，揭开了美苏空间竞赛的序幕。美国为了挽回劣势，研制北极星运载火箭。由于该计划涉及大量以前没有做过的工作，无法使用上述关键路线法，而采用兰德公司提出的非肯定型网络计划评审技术（PERT）进行进度协调和控制，结果项目提前完成，卫星上天，赢得了空间竞赛的均势。

3. 随机网络技术

随着科学技术的飞跃发展，在 PERT 的基础上，随机网络获得了发展，其特点为网络中各工作逻辑关系可以根据情况要求而实现反馈、方案选择等功能，工作持续时间可以服从多种分布，并在研究中发展了专用的仿真技术，如图示评审技术（GERT）、风险评审技术（VERT）等。本书姊妹篇《建设工程项目招标投标和进度管理》中对肯定型网络技术已有详尽阐述，本节中仅介绍 PERT 的特点及应用。

二、计划评审技术的特点和应用

计划评审技术设想每一活动的持续时间服从三参数的偏态分布 β 分布，三个时间参数是乐观时间 a、悲观时间 b 和最可能时间 c，如图 8-5 所示。利用加权平均求出其平均值 m 如下。

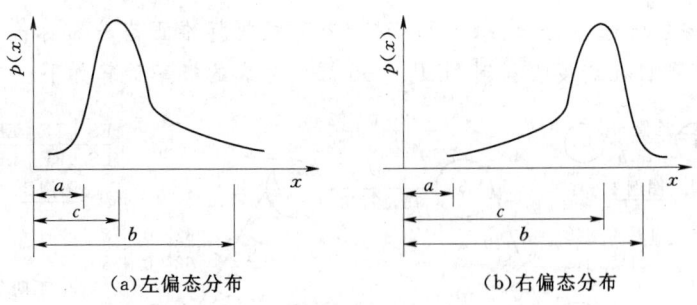

(a)左偏态分布　　(b)右偏态分布

图 8-5　工作持续时间的偏态分布

在取 a 和 b 的权重为 1，c 的权重为 2，则 a 和 $2c$ 的平均值 $=\dfrac{a+2c}{3}$；$2c$ 和 b 的平均值 $=\dfrac{2c+b}{3}$；再取这两个结果的平均值，得到该工作的加权平均值

$$m=\frac{1}{2}\left(\frac{a+2c}{3}+\frac{2c+b}{3}\right)=\frac{a+4c+b}{6} \tag{8-6}$$

可以证明，服从偏态分布的工作 t_i 的方差 $\sigma_{t_i}^2$ 和标准差 σ_{t_i} 为

$$\sigma_{t_i}^2 = \left(\frac{b-a}{6}\right)^2 \tag{8-7}$$

$$\sigma_{t_i} = \frac{b-a}{6} \tag{8-8}$$

求得每个工作的 m 值后，按 CPM 方法计算得出该网络计划的关键路线和竣工工期 T_E。每个工作虽服从偏态分布，但当工作数目多时，可认为 T_E 符合正态分布，进行工期风险的评估如下。

根据式 (8-8)，确定 T_E 的标准差：

$$\sigma_{T_E} = \sqrt{\sum \sigma_{t_i}^2} \tag{8-9}$$

式中的求和仅包括关键线路上的活动或者所考察路线上的活动的方差。

当 $a=b$ 时，方差为零，即该工作的持续时间是已知的、固定的。估计的 a、b 时间相差越大，该工作方差也就越大，说明对该工作的实际完成时间的估计把握不大。

已知项目平均工期 T_E 后，就可按照上节案例 8-15 的方法，采用下式计算 u 值，查表 8-12（标准正态分布函数表），求出进度计划拟安排该项目或项目段完成时间 T_S 的概率 $p(T_S)$。若 $p(T_S)$ 值为零，意味着按计划完成项目的概率为 0.50。

$$u = \frac{T_S - T_E}{\sqrt{\sum \sigma_{TE}^2}} \tag{8-10}$$

式中　T_E——按设定时间计算的关键路线的完成时间；

　　　T_S——进度安排的项目或项目段完成时间；

　　　u——查表 8-12 所用的参数。

【案例 8-16】 计划评审技术的应用

计划评审技术的应用可以通过下面的例题加以说明，网络计划以及活动持续时间和方差分别由图 8-6 及表 8-14 给出。已知项目工期 (T_E) 符合正态分布，期望值是 91 周；关键线路的顺序是 1→2→3→5→6→7。这样就可根据标准正态分布标价算按时完成项目的概率。例如，项目在进度安排时间 $T_S=95$ 周内完成的概率计算如下。

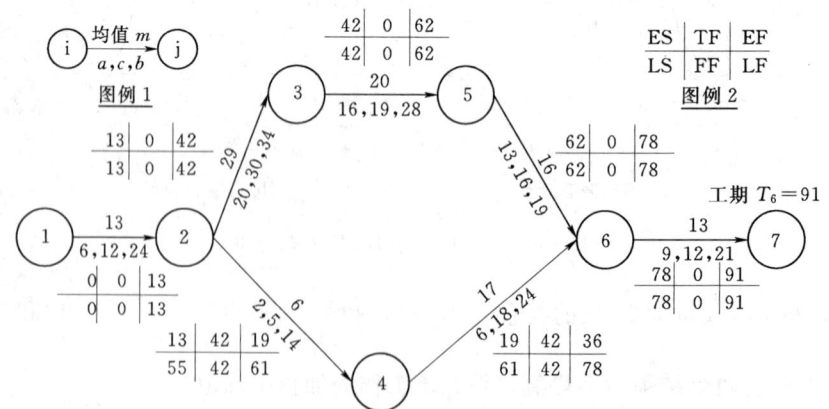

图 8-6　计划评审网络计划（PERT）时间分析

表 8-14 网络计划数据表

工作	a	m	b	T_E	$(b-a)/6$	$[(b-a)/6]^2$
1—2	6	12	24	13	3.00	9.00
2—3	20	30	34	29	2.33	5.43
2—4	2	5	14	6	2.00	4.00
3—5	16	19	28	20	2.00	4.00
4—6	6	18	24	17	3.00	9.00
5—6	13	16	19	16	1.00	1.00
6—7	9	12	21	13	2.00	4.00

使用 u 值的公式，概率可以计算如下：

$$u = \frac{T_S - T_E}{\sqrt{\sum \sigma_{T_E}^2}} = \frac{95 - 91}{\sqrt{9.00 + 5.43 + 4.00 + 1.00 + 4.00}}$$

$$= \frac{+4}{\sqrt{23.43}} = \frac{+4}{4.84} = +0.83$$

从标准正态分布表中，根据 $u=+0.834$ 查得概率为 $0.7967 \approx 0.80$，这意味着存在 80%的可能性在 95 周之前完成该项目。

如压缩工期，使该项目在 $T_S=86$ 周内完成，则其概率计算如下：

$u = \frac{86-91}{\sqrt{23.43}} = \frac{-5}{4.84} = -1.03$，根据 $u = 1 - p(u=1.03)$，由标准正态分布表中查得：该项目在 $T_S=86$ 周完成的概率 $= 1 - 0.8485 = 0.15$，完成的概率太低。

同理，对网络中的任意线路下或线路任意一段进行同样类型的计算，如发现问题，可进行进度调整或资源调配，以保证及时完成。

三、决策树法

决策树法是一种直观实用的概率分析图解方法，广泛应用于不同方案的决策，它不仅可以用来解决单阶段的决策问题，而且可以用来解决多阶段的决策问题。

决策树法一般由决策点、机会点、方案枝和概率枝组成，以方块表示决策点，然后由决策点后引出若干条直线代表各种不同的情况或备选方案，通常称为方案枝，方案枝后连接一个圆圈，称为机会点，机会点后引出若干直线，称为概率枝，代表不同的状态，在概率分枝的末端列出个方案在不同状态下的损益值，见图 8-7。

利用决策树将不同的风险因素分解开来，逐项计算其概率和期望值，就可以容易地进行风险的评估和进行不同方案的比较选择。

【案例 8-17】 某发展商欲开发一住宅小区，考虑了两种备选开发方案，其投资及收益如表 8-15 所示。

今用决策树方法进行决策并评估风险大小。首先绘制决策树如图 8-8 所示，其各机会点的损益期望值如下。

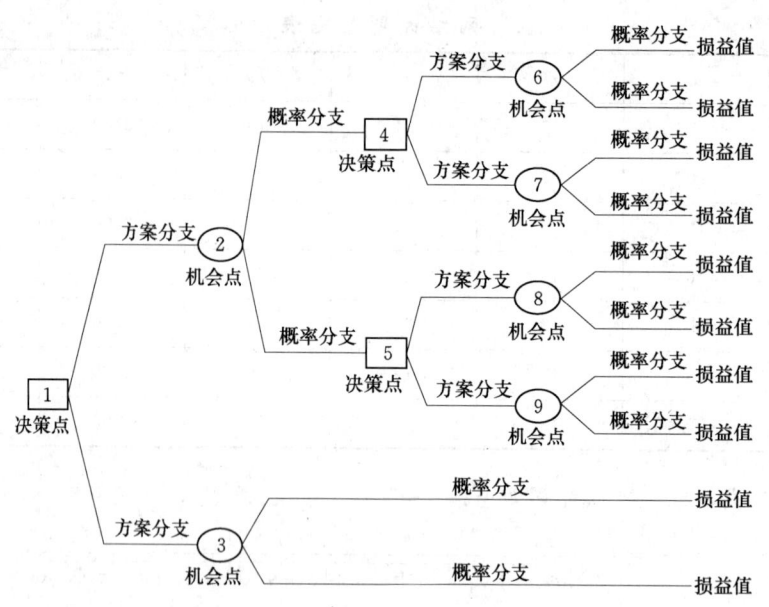

图 8-7 决策图图形结构

表 8-15　　　　　　　　开 发 投 资 及 收 益 表

方　案	开发期数	投资（亿元）	销售	概率	收益（亿元）
方案一： 一期完成	一期	7.0	好	0.7	+1.4
			差	0.3	-0.2
方案二： 两期完成	一期	2.0	好	0.7	+0.2
			差	0.3	-0.005
	二期	5.0	好	0.9	0.55
			差	0.1	-0.1

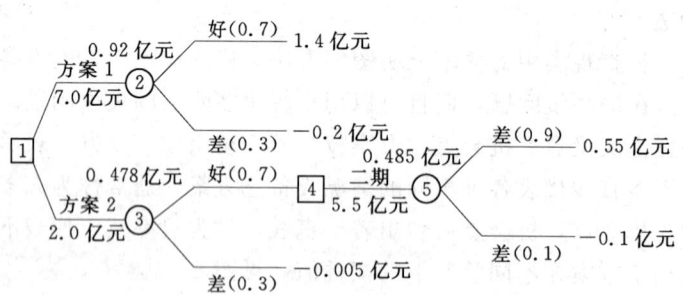

图 8-8　开发方案风险决策树

点 2：1.4×0.7-0.2×0.3=0.92（亿元）

点 5：0.55×0.9-0.1×0.1=0.485（亿元）

点 3：(0.2+0.485)×0.7-0.005×0.3=0.478（亿元）

从计算结果可知，方案一盈利期望值为 0.92 亿元，概率为 0.7，亏损期望值为 0.2

亿元，概率为0.3；第二方案盈利期望值为0.478亿元，其组合盈利概率为0.63，只开发一期工程亏损期望值0.005亿元，概率为0.3，开发二期亏损的期望值为0.1亿元，概率为0.07。

如以最大损益值为决策准则，则可取方案一。如综合考虑有关因素，方案二的盈利期望值虽低，但亏损的概率较小且期望值也低；再从融资难易和贷款利息考虑，也可采用方案二。这就取决于决策者的态度和实际情况。这恰好说明风险决策要全面考虑，才能做出较好的决策。

四、调查打分法

调查打分法又称为综合评价法或主观评分法，是一种最常见、最简单且易于应用的风险评估方法。其工作内容一般包括以下几个方面。

(1) 识别出工程项目可能遇到的所有风险，并列出风险表（Checklist）。

(2) 将列出的风险表提交给有关专家，利用专家经验，对可能的风险因素的重要性进行评价。

(3) 收集专家对风险的评估意见，对专家评估结果做计算分析，综合整个项目风险分析概况并确定出主要风险因素。具体步骤如下。

1) 针对风险识别的结果，确定每个风险因素的权重，以表征其对项目的影响程度。

2) 确定每个风险因素的等级值，等级值按可能性很大、比较大、中等、不大、较小分为五个等级，分别以1.0、0.8、0.6、0.4、0.2打分。

3) 将每项风险因素的权数与相应的等级值相乘，求出该项风险因素的得分。得分越高的风险因素对项目影响越大，因此，在此基础上可以确定出主要风险因素。

4) 将逐项风险因素的得分相加得出工程项目风险因素的总分，总分越高，风险越大。

风险调查和专家打分法的优点在于方法简单、易懂、节约时间，而且可以比较容易地用于识别主要的风险。目前，风险清单和目录的记录和保存已经成为风险管理人员日常工作中的一个环节，采用这种方法分析工程的潜在风险及其影响已经成为风险管理工作中的重要组成部分。当然，这种方法的分析结论主要用于项目决策前期，因为在这个阶段往往缺乏项目具体的数据资料，项目的未来不确定性最大。依据专家经验判断可以对项目的整体风险情况作一掌握，得出的结论也不要求是资金、进度方面的具体值，而是一种大致的程度，专家的经验越丰富，参与的专家越多，所得出的结论就越正确。

限于篇幅，有关调查打分法及其他方法的较详细的介绍请参阅王家远著《建设性民风险管理》（中国水利水电出版社，2006）及其他有关资料。

第九章 建设工程的担保和保险

第一节 我国工程担保和保险制度的市场背景和现状

　　工程建设领域改革在我国改革开放事业中率先起步,但目前的市场化程度却严重滞后于改革开放的总进程,并存在一些严重的问题:重大工程质量和安全事故不断发生;工程招标投标流于形式;市场主体法制意识和风险意识淡薄,无序竞争,恶性竞争,转包、挂靠以及过度压级、压价、垫资、垫料、拖欠、拖期行为屡禁不止;建设市场条块分割、政出多门,政府主管部门过多地介入微观的工程建设管理活动中,疲于应付各类工程纠纷;建设领域的违法违纪、腐败现象更成为了社会关注的热点和难点问题等。以合同履约和工程拖欠款为例,根据某市1999年的不完全统计,有50.3%的工程承包合同未经工程造价管理部门备案,其合同主体、形式和内容不同程度的存在违法、违规的情况;有40%的工程承包合同未能得到切实履行或产生严重影响工程建设进度的纠纷;有1082项工程被严重拖欠工程款项,涉及被拖欠的施工企业193家,拖欠款总额高达519327万元,平均每个项目被拖欠480万元,每家施工企业被拖欠2705万元。上述问题存在的因素是多方面的,但其深层次的原因是当前建设市场的运行机制中缺少市场经济发展所必须的经济制约和保障手段,即有效的工程保证担保和保险保障体制。

　　另一方面,我国建设业正面临着21世纪所赋予的历史性的机遇和挑战。首先,西部开发给西部各省带来重大发展的历史机遇,已成为世界各国及众多媒体关注的焦点。西部基础建设的启动为建筑业带来了前所未有的市场空间。其次,我国北京申请举办2008年奥运会的成功,给我国经济建设也带来美妙的前景。第三,我国已加入世界贸易组织。加入WTO将使我国的经济与国际全面接轨,不仅市场要接轨,更需要与国际的市场体制、国际惯例接轨,这必将加速我国经济的市场化进程。对于我国的各行各业来说,加入WTO既是一个机遇,更是一个挑战,不仅国外的企业要走进来,我们的企业也要闯出去。我国建筑业有从业人员3200多万之巨,占世界建筑从业人员的25%,但是,我国建筑企业的工程承包额却仅占国际工程总承包额的5%。简单的数字已从某个层面反映出了我们存在的巨大差距。

　　我国工程保证担保起步较晚。20世纪80年代改革开放初期,由于利用世界银行贷款进行经济建设,作为工程建设项目管理国际惯例的工程担保保证也被随之引入,主要应用于外资或一些合资的工程建设项目,担保的类别也十分有限,并缺乏专门的法律、法规制约。1995年6月30日我国颁布实施了《中华人民共和国担保法》和《中华人民共和国保险法》,但未对工程保证作出具体规定。

　　因此,为了及时抓住机遇并迎接挑战,客观上就要求我们积极、充分地研究和借鉴国外先进管理概念、管理方法和管理制度,结合实际情况,努力创新、大胆改革,不仅要从意识上,更要从行动上去推动我们市场尽快发育成熟,增强我国企业的适应能力和竞争能力。工程保证担保和保险就是需要发展的一个重要方面。

第二节 建设工程担保

第七章分析索赔时已经提到了风险这个概念，第八章对风险管理作了较详尽的阐述。风险管理就是人们对潜在的意外损失进行识别、评估，并根据具体情况采取相应预防措施，以防患于未然，或在风险无从避免时寻求切实可行的补救措施，使意外损失降低到最小限度。工程风险管理源始于19世纪30年代的西方工业化国家，现在已经在经济发达国家广泛应用。工程项目风险管理主要包括风险控制、风险自留和风险转移等方面，工程保证担保与保险则是工程项目风险管理手段中重要的组成部分，也是市场保障体系的基础，因而日益成为国际工程承包合同的必要条款。

一、建设工程担保的作用与制度

1. 工程担保的作用

担保，即担保人（担保单位）向权利人保证，如果被保证人无法完成其与权利人签订之合同中规定的应由被保证人履行的承诺、债务，则由担保人代为履行，或付出其他形式的补偿。

工程担保是维护建设市场秩序、保证参与工程的各方守信履约、优化资源配置的风险控制管理手段，主要是由银行、金融机构或经营担保业务的企业，在事先评估承包商和雇主业绩和信用的基础上，向雇主（或向承包商）保证承包商（或向雇主）履行合同约定完成工程的信用行为。

2. 工程担保的制度

由于美国的工程担保制度与其他国家有所不同，但更能阐明工程担保的定义和作用，简介如下。

工程担保最早起源于美国。1894年，美国国会通过了"赫德法案"，要求所有公共工程必须事先取得工程担保。1908年，美国成立了担保联合会。1935年，美国国会又通过了"米勒法案"，要求签订10万美元以上的联邦政府工程合同时，承包商必须提供全额的履约担保及付款担保。1942年，美国的许多州也规定州政府投资兴建的公共工程项目必须取得担保，被称为"小米勒法案"。在美国，无论是承包商、分包商，还是设计咨询商，如果没有取得相应的担保，或者没有购买相应的保险，几乎就无法获取工程合同。这不但是美国法律强制推行的制度，也是工程建设各方参与者普遍遵循的惯例。

工程担保在美国已经形成了比较完善的法规体系和运作体系，并成为世界上最大的市场：其每年的担保费收入占全世界的60%以上，高达24亿美元。美国对担保有严格的法律规定。凡在美国境内从事担保业务的公司，必须经美国财政部评估、批准，提供的每项担保业务的金额，也不得超过其注册金额。此外，法律还规定担保公司是承包商的第一债权人。美国的联邦法律规定了工程风险的有关标准，如美国职业安全及卫生管理局规定了建筑安全及工伤伤残的标准，50个州的法律法规则各提出了更为具体的要求。

在美国，90%以上的担保业务都是由保险公司承担的，尽管也有少量专门的担保公司，但规模都不是很大。美国法律禁止银行从事担保业务，但在其他国家，担保业务则大多是由银行来承担的。担保业务的开展一般是通过保险经纪或代理人进行，但由于条件非常苛刻，并非所有的公司都能取得相应的担保。承包商在这种关系到生存的强大压力下，不得不加强管理，采用新技术和先进设备以提高竞争力，降低成本，确保合同履约。

美国的工程担保是基于诚信的原则运行，雇主、承包商、经纪人以及保证人为了共同的目的，往往一起工作以求把工程损失降到最低限度。保证人会对工程的实地条件及周边环境、施工质量和安全措施的落实情况、投保人的信用和业绩情况等进行充分地调查、分析、评估和监督，帮助雇主和承包商指出潜在的风险及改进措施，杜绝出现纠纷时的扯皮推诿，以保证工程的顺利进行。提供有效的风险控制咨询服务，是美国保险公司和担保公司重要的竞争手段之一。此外，美国的保险公司主要不是从保险业务中赢利，而是积聚资金从事各方面的投资以获取更大的利益，因此，尽管保险公司的返赔率高、利润率低，保险公司仍然能够进行有效控制。

正是由于这种健全的法律法规体制、完善的市场运行机制和以经济联系为纽带形成的自觉监督、自觉调节而且高效的管理模式，使美国政府才得以超脱于市场经济繁重的事务管理，真正实现了所谓的"小政府"与"大社会"。

显然，世界各国的政治、法律和社会体制各有特色，其他国家的建筑企业要在美国开展工程建设经营业务，自然要遵照美国的法律规章。但就国际工程经营市场而言，则应遵循工程所在国的法规制度。所以《世行采购指南》仍然采用由合格的国家银行出具保函的做法。

二、工程担保的方式

我国《担保法》规定的担保方式一共有5种：保证、抵押、质押、留置和定金。这5种方式尽管都属于债权的担保，但它们的性质、特点、适用范围等各有不同，有的适用于给付金钱债权，有的适用于给付特定物债权，有的适用于劳务债权。工程项目风险管理中采用保证担保方式是国际工程风险管理长期实践的结果，即以专业担保公司（保险公司）履约担保书或银行保函方式进行工程担保，而不采用抵押、质押、留置、定金等方式。

工程担保作为一种特定物给付债务的担保，其义务首先是保证履约，保证按质按量按时地实现特定物（工程项目）的给付；其次才是承担赔偿损失责任。而其他4种担保方式只是承担金钱赔偿责任，并无实际履约的义务。而担保则提供了独立的第三方（银行或保险公司等）介入的机会，因而可以真正起到担保作用，以避免发包人与承包商陷入长期的债务纠纷，保证合同全面、合理地履行，并保护公共利益和当事人各方的合法权益。作为一种债权担保，工程担保还是一种"消化损失、分散风险"的经济补偿制度，担保公司和保险公司所提供的担保和保险，就是"集千家之财、补一家之灾"的风险损失补偿安排，这是其他担保方式所没有的。

工程担保包括多种方式，应用最多同时也是最具实效的主要有投标担保、履约担保、支付担保、预付款担保和工程保修担保5种，分述如下。

1. 投标担保

(1) 投标担保的作用。主要是保护招标人不因中标人不签约而蒙受经济损失，保证投标人如中标后有能力和资格按照竞标价签订合同，完成工程项目，并能提供业主要求的履约和付款保证担保。如果承包商在投标有效期内退出投标或中标后不签订工程合同，招标人将没收该投标人的投标保证金。

我国《工程建设项目施工招标投标办法》规定，施工投标保证金的数额一般不得超过投标总价的2％，但最高不得超过80万元人民币。投标保证金有效期应当超过投标有效期30天。投标人不按招标文件提交投标保证金的，该投标文件将被拒绝，作废标处理。

投标担保可以采用现金、保兑支票、银行汇票、不可撤销信用证、银行保函、由保险公司或担保公司出具的投标保证书等形式。

国际上的投标担保的保证金数额一般为投标总价的2％～5％。

(2)《世行采购指南》关于投标保证金的规定如下。投标保证金应当根据投标人的意愿采用保付支票、信用证或者由信用好的银行出具保函等形式。应允许投标人提交由其选择的任何合格国家的银行直接出具的银行保函。投标保证金应当在投标有效期期满后28天内一直有效，其目的是给招标人在需要索取保证金时，有足够的时间采取行动。一旦确定不能对其授予合同，应及时将投标保证金退还给落选的投标人。

2. 履约担保

(1) 履约担保的作用。主要是保证承包商履行施工合同的约定，合格地完成工程建设任务，以保护雇主的合法权益。工程开工之日，履约担保有效期即行开始，期满日期可以约定为工程竣工交付之日或缺陷责任期（保修期）期满之日。如以确定履约担保有效期期满日期为工程竣工交付之日，则需提供工程保修担保。

(2) 履约担保的形式。履约担保可以采用银行履约保函或履约保证书的形式。在缺陷责任期（保修期）期间，工程保修担保可用预留保留金方式。

1) 银行履约保函是由商业银行开具的，通常为合同金额的10％左右。银行保函分为有条件银行保函和无条件银行保函两种。有条件银行保函的金额支付规定为：在承包商没有实施合同或没有履行合同义务时，由雇主或工程师出具证明说明情况，并经担保人对已执行合同部分和未执行合同部分进行鉴定，确认后才能收兑银行保函。建设行业大采用有条件银行保函。无条件银行保函支付规定为：在承包商没有实施合同或没有履行合同义务时，雇主只要发现承包商违约，不需要出具任何证明和理由，银行即可收兑保函。

2) 履约担保书是由担保公司或保险公司开具的。当承包商在执行合同中违约时，开具担保书的担保公司或保险公司用该项担保金去完成施工任务或向雇主支付补偿费用，但该金额不得超出该保证书的担保金额。

3) 保留金指雇主（或工程师）根据合同约定，每次支付工程进度款时扣留一定数额的款项，作为承包商完成其施工及修补工作的保证。一般每次扣留进度款的10％作为保留金。但总额一般不得超过合同总价的5％（最高不超过10％）。在工程竣工移交时，雇主将保留金的一半退还给承包商；缺陷责任期期满时，将保留金的另一半或其剩余部分退还给承包商。

（3）《世行采购指南》关于履约担保的规定如下。工程的招标文件应要求约定一定金额的履约保证金，其金额足以抵偿承包商违约时所遭受的损失。该保证金应按照雇主在招标文件中的规定，以适当的格式和金额采用履约担保书或银行保函形式提供。担保书或银行保函的金额应根据提供保证金的形式及工程性质和规模而有所不同。该保证金的一部分应延期到工程竣工日之后，以覆盖截至雇主最终验收的缺陷责任期；另一种做法是，在合同规定从每次期中进度款内扣留一定百分比的金额作为保留金，直到工程验收为止。此外，可允许承包商在临时验收后用等额保证金代替保留金。

银行保函开具的保证金额为合同价的15%，由保证担保公司担保书开具的金额为合同价的30%。

（4）FIDIC《土木工程施工合同条件》关于履约担保的规定如下。如果合同要求承包商为其正确履行合同取得担保时，承包商应在收到授标函之后26天内，按投标书附件中列明的金额取得担保函，并将此保函提交给雇主。该保函应与投标书附件中规定的货币种类及其比例相一致。当向雇主提交此保函时，承包商应将此情况通知工程师。该保函采取投标书附件中的格式或由雇主和承包商双方同意的格式。提供担保的机构须经雇主同意。除非合同另有规定，执行本款时所发生的费用应由承包商负担。

在承包商根据合同完成工程的施工和竣工，并修补了其中任何缺陷之前，履约担保一直有效。在发出缺陷责任书之后，则不应对该担保提出索赔，并应在上述缺陷责任书发出后的14天内将该保函退还给承包商。

在任何情况下，雇主在按照履约担保提出索赔之前，均应通知承包商，说明导致索赔的违约性质。

3. 预付款担保

（1）预付款担保的作用。建设工程施工合同签订以后，如合同内有预付款的规定，雇主将支付一定数额的预付款给承包商，以保证和促进承包商按合同规定进行施工。如合同有要求，则承包商应向雇主提供预付款担保，以保证承包商合理正确地使用该预付款，并按规定偿还雇主所支付的预付款。如果承包商中途毁约、终止工程施工，使雇主不能在规定期限内从应支付的工程款内扣除全部预付款，则雇主作为预付款保函的受益人有权凭预付款担保向出具保函单位索赔该保函的担保金额作为补偿。

（2）预付款担保的形式。主要是银行保函，但也可由雇主与承包商约定，采取由担保公司提供担保或采取抵押等形式。

（3）《世行采购指南》、世行贷款项目《土建工程国内竞争性招标文件》、《亚洲开发银行贷款采购准则》及FIDIC《土木工程施工合同条件》等均对预付款担保有相应规定。

4. 支付担保

支付担保有两类。一类是承包商要求雇主提供的支付担保，其作用是保证雇主履行合同中约定的工程款支付义务。另一类又称付款担保，即在有分包商的情况下，雇主要求承包商向分包商提供的付款担保。在美国等国家的公共设施投资领域，法律要求执行付款担保。在私人工程中也有使用付款担保的。

(1) 支付担保的形式。支付担保一般采用的形式为：银行保函、履约保证金、担保公司或保险公司。雇主的支付担保应当是金额担保，用履约金分阶段滚动担保，支付担保的金额一般为合同总价的 20%～25%，本段结清后进入下段。承包商已完成某一阶段工程，而雇主未能按时支付，承包商可依据担保合同暂停施工。一旦雇主违约，担保人应为雇主付款并承担相应损失。

(2)《建设工程施工合同（示范文本）》第 47 条对雇主工程款支付担保的规定如下。

1) 雇主和承包商为了全面履行合同，应互相提供以下担保：雇主向承包商提供担保，按合同约定支付工程价款及履行合同规定的其他义务；承包商向雇主提供履约担保，按合同规定履行其各项义务。

2) 一方违约后，另一方可要求提供担保的第三方承担相应责任。

3) 雇主和承包商除在合同专用条件中约定外，还应签订担保合同，作为本合同附件。

(3)《房屋建筑和市政基础设施工程施工招标投标办法》中关于雇主工程款支付担保内容如下：招标文家要求中标人提交履约担保的，中标人应当提交；招标人应当同时向中标人提交工程款支付担保。

5. 工程保修担保

工程保修担保用预留保留金方式，见上述"履约担保"中对保留金的说明。

第三节 工 程 保 险

保险是一种经济制度，同时也是一种法律关系。一方面，保险首先是一种经济制度，它是为了确保经济生活的安定，对特定风险事故或特定事件的发生所导致的损失，运用多数经济单位的共同力量，通过建立共同基金来进行补偿或给付的一种经济保险制度。另一方面，保险是一种法律关系。保险这一经济制度对于国民经济有着重要作用，所以，世界上大多数国家均将调整这种保险经济关系的准则用法律形式固定下来，借以巩固这一经济补偿制度。从法律角度看，保险是根据法律规定或当事人双方约定，一方承担支付保险费的义务，换取另一方对其因意外事故或特定事件的出现所导致的损失负责经济补偿或付给的权利的法律关系。

保险的法律关系与一般损害赔偿的民事法律关系不同。首先，保险事故的发生，不是保险人的行为所致，保险人不是因侵权或违约行为而承担损害赔偿责任，而是因为法律规定或保险合同确定而承担补偿损失的义务。同时，保险人承担的只是损失补偿的责任，它有两层含义：一是保险事故造成损失就补偿，没有造成损失就不补偿；二是在约定范围内，损失多少补偿多少。其次，保险法律关系的另一方是以支付保险费来换取风险保障的权利，所以保险费的支付是取得风险保障的代价。因而，保险法律关系也是一种有一定代价的权利义务关系。

一、风险与保险的关系

风险与保险存在密切的关系，二者的研究和关心的对象都是风险，相辅相成，主要表现在以下几个方面。

(1) 风险是保险产生和存在的前提。无风险就不会产生损失，保险也就没有存在的必要，风险是客观存在的，特别是工程建设过程中，处处存在风险，风险的存在是保险关系确立的前提。

(2) 风险的发展是保险发展的依据。随着科学技术和管理水平的不断进步和提高，人们克服风险的能力也不断进步，但是，在人们不断克服就风险的同时，新的风险也不断产生，对保险的发展也提出新的要求，因此，新的保险险种不断涌现，极大地推动了保险的发展。

(3) 保险是风险应对的有效手段。面对各种风险造成的损失，单靠自身的力量是不够的，特别是建设工程项目，涉及的风险因素众多，而投资额巨大，一旦风险事件发生，损失是难以独立承受的。因此，保险就成为有效的风险转移手段，通过保险，以小额的固定支出换取对巨额风险的经济保障。

(4) 保险效益受风险管理水平的制约。保险的效益受到多种因素制约，风险管理的技术和水平对此有重大的影响，风险的识别是否全面，对风险的分析和评估是否准确，什么样的风险可以承保，保险的范围应该多大等都直接制约保险的成本和受益。

二、工程保险的发展

工程保险（Engineering Insurance）是对建筑工程、安装工程及各种机器设备因自然灾害和意外事故造成物质财产损失和对第三者损害进行赔偿的保险。它是以各种工程项目为主要承保对象的保险。

工程保险是适应现代工程技术和建筑业的发展由火灾保险、意外伤害保险及责任保险等演变而成的一类综合性财产保险，最早起源于英国锅炉爆炸保险。第二次世界大战后，随着建筑、安装业的发展，在欧洲保险市场上出现了一种非传统的工程保险——工程意外事故保险，该险种根据火灾保险、责任保险、其他意外伤害保险的原理对机器本身损坏除外的所有工程、机械设备的意外损毁提供保险保障，被称为"一切险"。于是，建筑工程保险一开始就以"一切险"的面目出现，成为工程保险的主要业务，并带来了安装工程保险等的发展；随着各种大规模工程建筑的开展，为完善承包合同条款，在承包合同中引进了承包人投保工程保险的义务，也对工程保险起了极大的推动作用。1950年国际土木工程师和承包建筑工程师组织制定了标准的土木建筑工程合同条款，规定要求承包人办理保险，对建筑、安装工程各关系方的权利和义务作了明确规定，从而为建筑、安装工程保险成为世界性的财产保险险别奠定了基础，目前，国际咨询工程师协会所编写的 FIDIC 合同文本中，对工程项目不同参与主体的责任和保险作出了比较恰当的安排（见表 9-1）。土木工程、特别是大型土木工程的保险得到了迅速的发展。表 9-1 中"不保险"项目依据合同约定处理。

表 9-1　　　　　　　　FIDIC 合同中不同合同主体的保险安排

风　　险	雇　　主	工程师	承包商
工程造成的损失和损害			
(1) 战争、暴乱、骚乱或混乱			不保险
(2) 核装置和压力波风险、危险的爆炸			不保险
(3) 不可预见的自然力	建筑工程一切险		

续表

风 险	雇 主	工程师	承包商
(4) 运输中的损失和损坏其他原因			运输保险
(5) 不合格的材料和工艺			建筑工程一切险
(6) 工程师粗心设计		职业责任保险	
(7) 工程师非疏忽性缺陷设计	雇主正常保险计划		不保险
(8) 被雇主使用或占用			不保险
(9) 其他原因			
对设备的损失与损坏			
(1) 战争；暴乱、骚乱或混乱			不保险
(2) 核装置和压力波风险、危险的爆炸			不保险
(3) 运输中的损失和损坏其他原因			运输保险
(4) 其他原因			建筑工程一切险
第三方损失			
(1) 在执行合同中无法避免的结果	雇主的第三者责任		
(2) 雇主的疏忽	雇主的第三者责任		
(3) 承包商的疏忽			承包商的第三者责任险
(4) 工程师的职业疏忽		职业责任保险	
(5) 工程师的其他疏忽		工程师的第三者责任	
承包商/分包商的雇员的人身伤害			
(1) 承包商的疏忽			承包商的除外责任
(2) 雇主的疏忽	雇主的第三者责任		
(3) 工程师的职业疏忽		职业责任保险	
(4) 工程师的其他疏忽		工程师的第三者责任	

在我国，工程保险始于 20 世纪 80 年代初，首先承保的是涉外业务，包括建筑工程一切险、安装工程一切险、机器损坏险、船舶建造险及科技工程险等，近年来又开设了设计责任险和监理职业责任险等，工程保险在国内也得到了迅速的发展。但总体而言，我国的工程保险只能算是起步，与国内经济持续增长和建筑安装工程的大发展很不相适应，因此，工程保险有着进一步发展的广阔市场潜力。本章主要介绍建筑工程险、安装工程险及职业责任险。

工程保险广义上说属于财产保险类别，但和传统的财产保险相比较，工程保险有着如下特征。

（1）风险广泛而集中。传统的财产保险只承保所列明的少数风险，而工程保险除条款列明的责任免除外，保险人对保险期间工程项目因一切突然和不可预料的外来原因所造成的财产损失、费用和责任，均予赔偿，其责任十分广泛。目前，国际上，建筑工程一切险成为了土木工程保险中的一种主要险种，其风险范围不仅仅局限于工程进行过程，还包括工程的验收期和使用的保证期所面临的风险。

(2) 涉及较多的利害关系人。在传统财产保险中，投保人是单个的法人或自然人，一般在保险人签发保险单后即成为被保险人；而在工程保险中，由于同一个工程项目涉及多个具有经济利害关系的人，如工程所有人、工程承包人、各种技术顾问及其他有关利益方（如贷款银行等），均对该工程项目承担不同程度的风险，所以，凡对于工程保险标的具有保险利益者，均具备对该工程项目的投保人资格，并且均能成为该工程保险中的被保险人，受保险合同及交叉责任条款的规范和制约。

(3) 工程保险的内容相互交叉。在建筑工程保险中通常包含着安装项目，如房屋建筑中的供电、供水设备安装等；在安装工程保险中一般也包含着建筑工程项目，如安装大型机器设备就需要进行土木建筑打好机座等；在船舶建造保险中，本身就是建筑、安装工程的高度融合。因此，这类业务虽有险种差异、相互独立，但内容多有交叉，经营上也有相通性。

(4) 工程保险承保的是高科技风险。现代工程项目的技术含量很高、专业性极强，而且可能涉及多种专业学科或尖端科学技术，如兴建核电站、大规模的水利工程和现代化工厂。因此从承保的角度分析，工程保险对于保险的承保技术、承保手段和分保能力比其他财产保险提出了更高要求。

三、工程保险的类型

按照保险市场上的承保惯例，工程保险一般分为以下几种。

(1) 建筑工程保险。建筑工程保险即承包商投保的建筑工程一切险（Contractor All Risk Insurance），简称建工险，其承保标的为以土木建筑为主体的工程在整个建筑期间因自然灾害和意外事故造成的物质损失，以及被保险人对第三者人身伤亡或财产损失依法应承担的赔偿责任。

(2) 安装工程保险。安装工程保险（Erection All Risk Insurance），即安装工程一切险，简称安工险，其承保标的为以各种大型机器设备的安装工程项目在整个安装期间因自然灾害和意外事故造成的物质损失，以及被保险人对第三者依法应承担的赔偿责任。

(3) 职业责任保险。工程保险中的职业责任保险（Professional Liability Insurance）是专门针对直接为工程服务的专业人士（如建筑师、工程师、监理工程师等）在工作中的疏忽和过失而设立的一种保险，从性质上来说属于责任保险的范畴，其保险的标的是责任而不是财产，这一点和建工险、安工险不同。该险种除了适用于工程领域的专业人士外，同样也适用于其他的专业人士（如医生、律师等），但在本章中，所涉及的保险均和工程有关，因此，将其归入工程保险中一起加以讨论。

第四节 建筑工程保险

一、建筑工程保险的特点与适用范围

建筑工程保险是我国为适应引进外资而举办的配套险种，随着现代工业和现代科学技术的发展在火灾保险、意外伤害保险及责任险的基础上逐步演变而成的一种综合性保险，目前，在国内其他投资项目中也得到了大量的应用。我国建工险的条款是参考国际通行标准，结合我国具体情况而设计的。其主要特点如下。

(1) 承保范围广。传统的财产保险只承保物质标的，而建工险则不但承保物质标的，而且承保责任标的，并对保险事故发生后的清理费用均予以承保，系综合性保险。

(2) 被保险人可能有多个。在传统的财产保险中，保险标的的利害关系人即投保人或被保险人一般为单个的法人或自然人，因此，一张保险单通常只有一个被保险人；而在建工险中，保险标的的利害关系人往往涉及多个，一般有工程所有人、承包人、供货方、技术顾问、贷款银行等，凡对保险标的具有利益的人均可作为被保险人列明在一张保险单上，可以对以上各方提供保障。当被保险人是多方时，一般由一方出面投保，并负责缴纳保险费，申报保险期间的风险变动情况，提出原始索赔等。由于存在多方被保险人，为了避免相互之间追偿责任，大部分保单都约定有共保交叉责任条款。根据这一条款，每一被保险人如同各自有一张单独的保单，其责任部分的损失，可以获得相应赔偿，当各个被保险人发生相互之间的责任事故，每一责任的被保险人都可以在保单项下获得保障。造成的损失均由保险公司负责赔偿，而免去了责任方之间相互追偿。

(3) 保险期限长短不一。传统财产保险的保险期间通常为一年，期满可以续保；而建筑工程险的保险期限则一般按工期计算，即自工程开始生效至工程竣工为止。特别是建筑大型综合性工程，其中有的项目是分期施工并交付使用，因而各个项目的期限有先有后，有长有短，同时建工险还可加保保证期保险，对此类保险期限又有特别的要求。总之，建工险的期限比传统的财产险复杂。

建筑工程一切险对各种工程项目提供全面保障。其保险对象是各种民用房屋工程、公共工程和工业用工程，包括以下几个方面。

(1) 住宅、商业用房、医院、学校、剧场。

(2) 工业厂房、电站、仓库。

(3) 公路、铁路、飞机场。

(4) 桥梁、船闸、大坝、隧道、排灌工程、水渠及港口等。

二、建筑工程保险标的和保险金额

建筑工程保险的标的范围很广，但概括起来可分为物质财产本身和第三者责任两类。物质财产本身，包括建筑、安装工程、机器及附属设备和工具、工程所有人提供的物料、现有建筑物和场地清理费等；第三者责任指在保险有效期内，因发生意外事故造成工地及邻近地区的第三者人身伤亡或财产损失，依法应由被保险人承担的民事赔偿责任和因此而支付的诉讼费及经保险人书面同意的其他费用。为了确定保险金额的方便，建工险保单明细表中列出的保险项目通常包括物质损失、特种风险赔偿、第三者责任三个部分，分述如下。

1. 物质损失项目

在建筑工程保险单的明细表中物质损失项目列有7种。

(1) 建筑工程。这是建工险的主要保险项目，包括建筑工程合同所规定建造的建筑主体，建筑物内部的装修设备、配套的道路、桥梁、水电设施等土木建筑项目以及存放在土地上的建筑材料，设备和临时的建筑工程等。本项保险金额为承包工程合同的总金额，即建成该工程的实际价格，其中包括设计费、材料设备费、运杂费、税款及其他有关费用。

(2) 所有人提供的物料及项目。指未包括以上项目中的工程所有人（雇主或业主）提供的物料及负责建筑的项目。保险金额按这一部分的重置价值确定。

(3) 安装工程项目。指未包括在承包工程合同金额内的机器设备安装工程项目,如办公大楼内发电、取暖、空调等机器设备的安装工程。若已包括在内,不用另行投保,在应保单明细表中注明。安装工程项目的保险金额按重置价值计算,所占保额不应超过全部工程项目保额的20%;超过20%则按安装工程险费率计收保费;超过50%则另行投保安装工程险。

(4) 建筑用机器、装置及设备。指施工用的各种机器设备,如起重机、打桩机、铲车、推土机、钻机、供电供水设备、混凝土搅拌机、脚手架、传动装置、临时铁路等机器设备。一般为承包人所有,不包括在承包工程合同价之内,因而应作为专项承保。保险金额按重置价值确定,包括出厂价、运费、关税、安装费及其他必要费用。

(5) 场地清理费。指发生承保危险所致的损失后,为清理工地现场所支付的费用。该项费用一般不包括在建筑合同价格内,需单独投保。大工程的该项保额不超过合同金额的5%,小工程不超过合同金额的10%。本项费用按第一危险赔偿方式承保,即发生损失时,在保额内按实际支出费用赔付。

(6) 工地内现有的建筑物。指不在承包工程范围内的,由所有人或承包人所有的或其保管的工程内已有的建筑物或财产。保险金额由双方共同商订,但最高不得超过这些建筑物或财产的实际价值。

(7) 所有人或承包人在工地的其他财产。指不包括在以上各项范围内的其他可保财产。如需投保,应列明名称或附清单于保单上。其保险金额可参照以上6项的标准,由保险双方协商确定。

以上7项之和,构成建筑工程险物质损失项目的总保险金额。

2. 特种风险赔偿

特种风险是指保单明细表中列明的地震、海啸、洪水、暴雨和风暴;特种风险赔偿限额(Limits of Indemnity for Special Risks)则是对保单中列明的上述特种风险造成的各项物质损失赔偿的限额。为控制损失,保险人将考虑工程所处地区的自然地理条件,以往发生该风险灾害的损失记录以及工程本身的抗灾能力等因素,来确定最高赔偿限额。凡保单中列明的特种风险造成的物质损失,无论发生一次或多次保险事故,其赔款均不得超过该限额;一般为物质损失总保险金额的50%~80%。如中国人民保险公司承保过的南京金陵饭店工程是70%,广州白天鹅宾馆工程是67%,上海的联谊大厦工程、华亭宾馆工程、雁荡大厦工程均为80%,这些百分比均应核算成具体金额表示,但对于特种风险不大或基本没有的地区,可不作规定。

3. 第三者责任

第三者责任(Third Party Liability)是指在工程保险期内,因意外事故造成工地及工地附近第三者的人身伤亡或财产损失,依法应由被保险人承担的损害赔偿责任,被保险人因此支付的诉讼费用,以及事先经保险公司书面同意的其他费用等,在此项下由保险公司负赔偿责任。一般会确定一个赔偿限额,该限额根据工地责任风险的大小确定,一般有两种形式。

一种只规定每次事故的赔偿限额,而不具体限定为人身伤亡或财产损失的分项限额,也不规定整个保险期间的累计赔偿限额。这种方法适用于责任风险小的第三者责任。

另一种是先规定每次事故人身伤亡及财产损失的分项赔偿限额,进而规定对每人的限额,然后将分项的人身伤亡限额与财产损失限额组成每次事故的总赔偿限额,最后再规定保险期内的累计赔偿限额。这种方法适用于风险大的第三者责任。

三、建筑工程保险的损失责任

建筑工程保险的保险责任相当广泛,概括起来分为物质损失部分和第三者责任部分的保险责任。物质损失部分的保险责任又分为基本保险责任和附加特别保险责任,其基本保险责任承保造成物质损失的风险有自然害、意外事故和人为灾害三大类。

(1) 列明的自然灾害。建筑工程保险所承保的自然灾害有洪水、潮水、水灾、地震、海啸、暴雨、风暴、雪崩、地陷、山崩、冻灾、冰雹及其他自然灾害(如泥石流、龙卷风、台风等)。

(2) 列明的意外事故。建筑工程保险承保的意外事故有雷电、火灾、爆炸;飞机坠毁、飞机部件或物体坠落;原材料缺陷或工艺不善所引起的事故;责任免除以外的其他不可预料的和突然的事故以及在发生保险责任范围的事故后,现场的必要清除费用,在保险金额内,保险人可予赔偿。其中,原材料缺陷指所用的建筑材料未达到既定标准,在一定程度上属于制造商或供货商的责任。这种建筑材料的缺陷必须是通过正常技术手段或在正常技术水平下无法发现的;否则,如果明知有缺陷而使用造成的损失,则属故意行为所致,保险人不予赔偿;工艺不善是指原材料的生产工艺不符合标准要求,尽管本身没有缺陷,但在使用时也会导致事故发生。本条款责任,仅负责由于原材料缺陷或工艺不善造成的其他保险财产的损失,对原材料本身损失不予赔偿。

(3) 人为风险。建筑工程保险承保的人为风险有盗窃,工人或技术人员缺乏经验、疏忽、过失、恶意行为。其中,盗窃是一切明显的偷窃行为或暴力抢劫造成的损失,但必须是非被保险人或其他代表授意或默许的,否则不予负责。工人、技术人员缺乏经验、疏忽、过失、恶意行为是建工险较大的风险之一,对于工人、技术人员恶意行为造成的损失必须是非被保险人或其代表授意、纵容或默许的,否则,便是被保险人的故意行为,不予赔偿。

(4) 除建筑工程保险有关物质部分的基本保险责任外,有时因投保人的某种特别要求或因工程有其特殊性质需要增加额外的风险保障,从而,通常还在基本保险责任项下可附加特别保险责任。物质部分的附加特别保险责任可供选择的条款一般有:罢工、暴乱、民众骚乱条款;工地外储存物质条款;有限责任保证期条款;扩展责任保证期条款;机器设备试车条款;使用、移交财产条款等。

建筑工程保险的责任免除称为除外责任。除外责任分为物质损失部分和第三者责任部分的责任免除,各有特定的内容。物质损失部分的一般责任免除可分为两类:一类是与火灾保险共有的责任免除,另一类是建工险特有的责任免除。

与火灾保险共有的除外责任有:

1) 被保险人及其代表的故意行为和重大过失引起的损失、费用或责任。

2) 战争、类似战争行为、敌对行为、武装冲突、没收、征用、罢工、暴动引起的损失、费用和责任。

3）核反应、辐射或放射性污染引起的损失费用或责任。
4）自然磨损、氧化、锈蚀。
5）各种后果损失如罚金、耽误损失、丧失合同。
6）文件、账簿、票据、现金、有价证券、图表资料的损失。
7）盘点货物当时发现的短缺。

建工险特有的除外责任包括：

1）错误设计引起的损失、费用或责任。建筑工程的设计通常是由被保险人自己或其委托的设计师进行的，因此，设计错误引起的损失、费用等视为被保险人的责任，故保险人不予负责。同时，设计师的责任可通过相应的职业责任险提供保障。

2）换置、修理或矫正标的本身原材料的缺陷或工艺不善所支付的费用。因为保险责任只负责原材料缺陷或工艺不善造成的其他保险财产的损失；而重置、修理或矫正原材料本身的缺陷而产生的一切费用属于制造商或供应商责任，则保险人不予负责。

3）非外力引起的机械或电器装置的损坏或建筑用机器、设备装置失灵。建工险是承保土木工程的财产一切险，对任何机器设备本身的原因，所致的损失一概除外，但由于外来原因导致的机器设备损失，可予以赔偿。

4）全部停工或部分停工引起的损失、费用或责任。在建筑工程长期停工期间造成的一切损失，保险人不予赔偿；如果停工时间在一个月内，并且被保险人在工地现场采取了有效的安全防护措施，经保险人事先书面同意；可不作本条停工论处，对于工程的季节性停工也可不作停工论处。

5）保单中规定应由被保险人自行负担的免赔额。保险单的明细表中规定有免赔额，免赔额以内的损失，由被保险人自负；损失超过免赔额部分，由保险人负责。

6）领有公共运输用执照的车辆、船舶、飞机的损失。因该类运输工具的行驶区域不限于建筑工地范围，应投保各种运输工具险予以保障。

四、第三者责任

1. 责任范围

凡在建筑工程保险期限内，因发生意外事故，造成在工地及邻近地区的第三者人身伤亡、疾病或财产损失，依法应由被保险人负责时，以及被保险人因此而支付的诉讼费用和事先经保险公司书面同意支付的其他费用，均可由本保险负责赔偿。其中，建筑工程第三者责任险的第三者是除所有被保险人及其与工程有关的雇员以外的自然人和法人；赔偿责任是被保险人在民法项下应对第三者承担的经济赔偿责任，不包括刑事责任；赔偿责任不得超过保险单中规定的每次事故赔偿限额或保单有效期内累计赔偿限额。

若一项工程中有两个以上被保险人，为避免被保险人之间相互追究第三者责任，则由被保险人申请，经保险人同意，可加保交叉责任条款。该条款规定，除所有被保险人的雇员及可在工程保险单中承保的物质标的外，保险人对保险单所载每一个被保险人均视为单独保险的被保险人，对他们的相互责任而引起的索赔，保险人均视为第三者责任赔偿，不再向负有赔偿责任的被保险人追偿。

2. 除外责任

建筑工程第三者责任险的责任免除包括：

(1) 明细表中列明的应由被保险人自行承担的第三者物质损失的免赔额；但对第三者人身伤亡不规定免赔额。

(2) 领有公共运输用执照的车辆、船舶、飞机造成的事故因本项应由有关的运输工具第三者责任险承保。

(3) 被保险人或其他承包人在现场从事有关工作的职工的人身伤亡和疾病；被保险人及其他承包人或他们的职工所有或由其照管、控制的财产损失。因为这些人均不属于建筑工程保险中的第三者范围。

(4) 由于震动、移动或减弱支撑而造成的其他财产、土地、房屋的损失或由于上述原因造成的人身伤亡或财产损失。因本项内的事故，多属工地上常见的属于设计和管理方的事故，为使被保险人恪尽职守，所以除外。但若被保险人对该类责任有特别要求，则可作为特约责任加保。

(5) 被保险人根据与他人的协议支付的赔偿或其他款项。本条属于契约责任，是一种常规的责任免除，因为它是通过被保险人与他人的契约规定而承担的责任，不属于被保险人因建筑工程对第三者依法应负的赔偿责任。

五、建筑工程保险的费率

1. 确定费率的依据

建工险没有固定的费率表，每个项目的费率，主要根据以下因素确定（保险业多称"厘定"）。

(1) 保险责任范围的大小。它与保险费率成正比，若保险责任范围大，则保险费率高；反之，则保险费率低。如保险人负责的风险数量、有无巨灾风险、发生频率以及可能造成的损害后果等。若承保地震、洪水等特种风险，则应考虑此类风险以前发生的记录，还应考虑特种风险限额和免赔额。

(2) 工程本身的危险程度。工程的危险程度主要包括工程的种类、性质、建筑结构、建筑高度。

(3) 工地及邻近地区的自然地理条件，特别风险发生的可能性，最大可能损失程度。

(4) 工期长短及施工季节，保证期长短及其责任大小。

(5) 施工现场安全防护及管理情况等条件。

(6) 承包人及其他工程关系方的资信、经营管理水平与及经验、工地现场的管理和安全条件。

(7) 保险人本身以往承保同类工程的损失记录。

(8) 工程免赔额的高低及第三者责任和特种危险的赔偿限额。免赔额的高低与费率成反比；第三者责任和特种危险的赔偿限额则与费率成正比。

总之，确定订费率一定要根据每一工程的具体情况和承保条件而定，既要考虑保险人的经营状况，也要考虑市场的竞争状况。

2. 保险费率的组成

由于建筑工程的同一工程的不同保险项目的风险程度不一，尤其是大型工程，因而应分项确定。建工险的费率一般由以下几个方面组成。

(1) 建筑工程所有人提供的物料及项目、安装工程项目、场地清理费、工地内已有的建筑物、所有人或承包人在工地的其他财产等，为一个总的费率，整个工期实行一次性费率。

(2) 建筑用机器、装置及设备为单独的年度费率，如保期不足一年，按短期费率计收保费。

(3) 保证期费率，实行整个保证期的一次性费率。

(4) 各种附加保障增收费率，实行整个工期一次性费率。

(5) 第三者责任险，实行整个工期一次性费率。

上述构成适合于大型工程项目，一般小型工程项目也可采用整个工期的平均一次性费率。对于一般性的工程项目，为方便起见，在费率构成考虑了以上因素的情况下，可以只规定整个工期的平均一次性费率。但在任何情况下，建筑用施工机器装置及设备必须单独以年费率为基础开价承保，不得与总的平均一次性费率混在一起。

六、保险期与保证期

建筑工程险的保险期包括从开工到完工的全过程，由投保人根据需要确定。一些大型综合性工程，由于各个部分的工程项目是分期施工的，如投保人要求分期投保，经保险人同意后也可分别规定保险期间。工程完毕后，一般还有一个保证期，在保证期间如发现工程质量有缺陷甚至造成损失，根据承包合同承包人须负赔偿责任，这是保证期责任。

1. 保险责任的开始

(1) 工程破土动工之日。

(2) 被保险项目运到工地时。

两种情况，以先发生者为保险期限的开始。

2. 保险责任的终止

(1) 保单规定的终止日期。

(2) 建筑工程完毕移交给所有人时。

(3) 所有人开始使用时。

三种情况都可以作为责任终止，以发生时间在先为准。

3. 保险期的风险控制

(1) 控制保险责任的开始时间和终止时间。动工日通常从基础施工开始，若经被保险人要求也可从基础施工完成开始，但应在保单中注明。

(2) 控制保证期。工程完毕后的保证期，也可以包括在保险期限内，保证期一般为12个月。保证期责任加保与否，由投保人自行决定，但加保则要加交相应的保费。

(3) 控制保险期限的扩展时间。在保单规定的保险期限内，若工程不能按期完工，则由投保人提出申请并加交规定保费后，保险人可签发批单，以延长保险期限。其保费按原费率以日计收，也可根据当地情况或风险大小增收适当的百分比。

(4) 通过有关义务条款要求被保险人按规范标准施工。同时，保险人应当到建筑工地进行防损检查，有针对性地提出整改建议，帮助被保险人加强风险管理。

七、免赔额

为了督促被保险人加强风险管理，减少损失。建工险对每个承保风险分别确定免赔额（deductibles），即当风险事件所造成的损失额度小于免赔额时，这部分损失由被保险人自己承担。

1. 物质损失免赔额

（1）建筑工程每项的免赔额一般为 2000～50000 美元，或者为保险金额的 0.5％～2％，对自然灾害的免赔额大一些，对其他灾害的免赔额则小一些。

（2）建筑用机器、装置及设备，每项免赔额为 500～1000 美元，或保额的 5％，也可同时规定为损失金额的 15％～20％。以高者为准。

（3）其余保险项目，每项免赔额为 500～2000 美元，或保额的 2％，场地清理费一般不单独规定免赔额。

（4）特种风险免赔额应视风险大小而定。

2. 第三者责任免赔额

第三者责任仅对财产损失部分有免赔额规定，可按每次事故赔偿限额的 1‰～2‰ 计算，由被保险人与保险人协商确定，除非另有规定，人身伤亡部分一般不规定免赔额。以上每项免赔额，均为每次事故的绝对免赔额。此外，在填写投保单和出立保险单时，均应如实、认真地填写，以防出现差错、引起纠纷，从而避免意外损失。

八、保险承保与理赔

1. 保险的承保

（1）风险调查。保险人在承保建筑工程项目的保险业务时，应对建筑工程项目及有关各方进行风险调查，其主要内容包括：

1）建筑工程本身的种类、性质及风险程度。
2）建筑工程项目所在地的自然环境和位置、有何特别明显的自然灾害威胁。
3）设计单位的技术水平及资信情况。
4）承包人的技术水平、经营管理水平及资信情况。
5）工期长短及进度。
6）工程造价和质量考核方式。
7）原材料的供应方、厂方及质量情况。
8）建筑工程合同的内容。
9）投保人及被保险人的数量及相互关系。
10）施工中的第三者责任风险大小。
11）其他有关情况。

（2）现场查勘。除了查阅上述资料外，还须进行现场查勘，并就下列各项做出查勘记录。

1）工地的位置、地势及周围的环境，例如，邻近建筑物及人口分布状况，是否靠海（江、河、湖）以及道路和运输条件等。
2）厂房等土建项目的状况。如砖混结构、钢筋混凝土结构、木结构等。
3）工地内有无现有建筑物和其他物资及其位置、状况。
4）储存物质的库场状况、位置及运输距离、方式等。
5）工地安全保卫及其设施状况。例如，防火、防水、防盗措施等。

（3）风险评估。根据对承保标的所掌握的各有关情况、数据，结合以往承保的经验，对被保险人在工程期间可能承担的风险大小作出科学的分析和估算；它是保险人正确确定承保条件、厘定费率、办理分保以及开展防灾、防损工作的依据，是建工险承保工作的一个十分重要的环节。风险评估的关键在于合理、准确地划分风险单位并测算最大可能损失。

（4）赔偿限额和免赔额确定。对承保地震、海啸、洪水、暴雨和风暴特种风险的，必须规定赔偿限额。对建工险的第三者责任则按惯例规定赔偿限额。与此同时，为促使被保险人加强对工地现场的安全防护工作，减少事故的发生，限制经常性的小额索赔，减少双方事务性开支，建工险还通常规定适当的免赔额。

2. 保险的理赔

建筑工程保险的理赔基本程序包括：出险通知、现场查勘、责任审核、核定损失、损余处理、计算赔款、赔付结案。即被保险人在发生保险责任范围内的事故后，应及时通知保险人；保险人应尽快赶到事故现场予以查勘定损，根据事故发生的时间、地点及原因来审核是否属于保险人应承担的保险责任；如果属于保险事故的损失，则应按保险单赔付。

对各承保项目的损失，按发生损失的账面金额或实际损失赔付；对于第三者责任事故造成他人的财产损失和人身伤亡，分别按保险单规定的赔偿限额内予以赔付；对于施救、保护、清理费用，应与保险项目和第三者责任保险分别计算，且以保险项目发生损失当天的账面金额为限，同时，保险人支付赔款时要扣除有关财产物质的残值。

（1）被保险人在索赔时除提供事故报告外，还须提供保险单、损失清单、账册等保险人认为有必要提供的单据作为索赔的依据，并严格审核各种单据和被保险人是否履行了相应的义务。

（2）在现场查勘定损时，要查勘出险的原因和经过、组织施救和整理工作、提取有关单据并拍摄受损现场照片，要对照保单核实有关情况尤其要分析风险事故是否属于保险事故，从而确定是否承担赔付责任。

（3）在定损时，要准确估算保险标的的全部损失、保险标的的部分损失、施救整理费用、第三者赔偿金额、现场必要的清除费用。

（4）在计算赔款时，如保险金额低于建筑完成时的总价值，其差额部分视为被保险人自保，赔偿时采用比例赔偿方式。若为足额或超额保险，则按实际损失赔偿；若为重复保险，则采用分摊方式。保险赔款以恢复投保项目受损前的状态为限，受损项目的残值和免赔额应予扣除。

（5）损失赔付后，保额应相应减少，要出立批单说明保险财产哪一项从何时起减少多少保额，要与明细表中的保险财产项目取得一致。对减少部分的保额不退回保费，若被保险人要求恢复保额，则应出具批单说明，并对恢复部分按日比例增收保费。

（6）本保险单负责赔偿的损失、费用和责任，如另有别家公司保险存在，不论为被保险人或他人投保，也不论该保险赔偿与否，本保险单只承担按比例分担赔偿的责任。

第五节 安装工程险

一、特点和适用范围

安装工程保险（简称"安工险"）是以各种大型机器设备的安装工程项目在安装期间

因自然灾害和意外事故造成的物质损失，以及被保险人对第三者依法应承担的赔偿责任为保险标的的保险，是同建工险一起发展起来的一种工程保险，其投保单结构、条款内容、保险项目有许多相似之处，因此，安工险又被称之为建工险的姐妹险种。但与建工险比较，它又有其明显特点，即：承保对象为安装项目；试车、考核和保证阶段风险最大以及承保风险主要是人为风险。

安装工程保险的承保项目主要是安装的机器设备及其安装费，凡属安装工程合同内要安装的机器、设备、装置、物料、基础工程（如地基、基础和机座等）以及为安装工程所需的各种临时设施（如临时供水、供电、通信设备等）均包括在内；此外，为完成安装工程而使用的机器、设备等，以及为工程服务的土木建筑工程以及工地上的其他财产物、事故后的场地清理费等，均可作为附加项目承保。安装工程保险的第三者责任保险与建筑工程保险的第三者责任保险相似，既可以作为基本保险责任，亦可作为附加或扩展保险责任。

二、被保险人

由于与安装工程相关的利益方都具有保险利益，所以均可以作为被保险人。以下各方都可以作为被保险人。

（1）工程所有人（订货人）。

（2）承包人或分包人。

（3）供货人，即负责提供安装机器设备的一方。

（4）制造商，即安装机器设备的制造人，如果供货人和制造人为同一人，或者制造人和供货人为共同被保险人，在任何条件下，安工险对制造人风险的直接损失都不予负责。

（5）技术顾问。

（6）其他关系人，如贷款银行或其他债权人。

三、保险标的和保险金额

安装工程保险的标的范围很广，但概括起来可分为物质财产本身和第三者责任两类：物质财产本身，包括安装项目、土木建筑工程项目、场地清理费、所有人或承包人在工地上的其他财产等；第三者责任指在保险有效期内，因在工地发生意外事故造成工地及邻近地区的第三者人身伤亡或财产损失，依法应由被保险人承担的民事赔偿责任和因此而支付的诉讼费及经保险人书面同意的其他费用。上述各项保险金额之和即为该安工险的保险金额。为了确定保险金额的方便，安工险保单明细表中列出的保险项目通常也包括物质损失、特种风险赔偿、第三者责任三个部分。

1. 物质损失

（1）安装项目。这是安工险的主要保险标的，包括安装的机器设备、装置、物料、基础工程（地基、基础和机座等）以及工程所需的各种临时设施，例如，水、电、照明、通信等。按照安装工程类型大致可分为：成套设备的安装工程、单独的大型机械装置，如发电机组、锅炉、巨型吊车的组装工程以及各种钢结构建筑物，如储油罐、桥梁、电视发射塔之类的工程管道、电缆的敷设工程等。安装项目的保额，当采用完全承包方式时，其保额为承包合同价；当订货人对引进设备投保时，其保险金额包括CIF合同价，国内运费及保险费，以及关税和安装费的总和。如引进设备的价格是FOB合同价，则应加上运费和保险费。安装项目的保险金额，一般按安装合同总金额确定，待工程完毕后再根据完毕时的实际价值调整。

(2) 土木建筑工程项目。这是指新建、扩建厂矿必须有的工程项目，如厂房、仓库、道路、水塔、办公楼、宿舍、码头、桥梁等。土建工程项目的保险金额应为该项工程项目建成的价格，包括设计费、材料设备费、施工费、运杂费、保险费；税款及其他有关费用等。这些项目一般不在安装工程内，但可在安装工程内附带投保，其保险金额不得超过整个安装工程保额的20％，超过20％在50％以内时，则按建工险费率收保费；超过50％，则需单独投保建工险。

(3) 场地清理费。保险金额由投保人自定，并在安装工程合同价外单独投保。对于大工程，一般不得超过工程总价值的5％，对于小工程，一般不得超过工程总价值的10％。

(4) 所有人或承包人在工地上的其他财产。指上述工程以外的保险标的，例如：安装工程用的机器设备，工地内现成财产等。保险金额以重置价值计算。

(5) 为安装工程施工用的承包人的机器设备。其保险金额按重置价值计算。

上述五项保险金额之和即构成物质损失部分的总保险金额。

2. 特种风险及第三者责任

该两项的内容和赔偿限额的规定均与建工险相同，不再赘述。

四、保险责任

1. 责任范围

安装工程险在保险责任规定方面与建筑工程险略有区别。安工险物质部分的保险责任除与建工险的部分相同外，一般还有以下内容。

(1) 安装工程出现的超负荷、超电压、碰线、电弧、走电、短路、大气放电及其他电气引起的事故。

(2) 安装技术不善引起的事故。技术不善是指按照要求安装但没达到规定的技术标准，在试车时往往出现损失。这是安工险的主要责任之一。承保这一责任时，应要求被保险人对安装技术人员进行技术评价，以保证技术人员的技术水平能适应被安装机器设备的要求。

除安装工程保险有关物质部分的基本保险责任外，有时因投保人的某种特别要求或因工程有其特殊性质需要增加额外的风险保障，因而，通常在基本保险责任项下可附加保险责任。物质部分的附加保险责任可供选择的条款一般有：罢工、暴乱、民众骚乱条款；工地外储存物质条款；有限责任保证期条款；扩展责任保证期条款；使用、移交财产条款等。

安装工程第三者责任险的保险责任与建筑工程第三者责任险的相同。若一项工程中有两个以上被保险人，为了避免被保险人之间相互追究第三者责任，则由被保险人申请，经保险人同意，可加保交叉责任。

2. 除外责任

安工险的除外责任中针对安装工程项目的有两条，其余与建工险的除外责任相同。这两条为：

(1) 因设计错误、铸造或原材料缺陷或工艺不善引起的本身损失以及为纠正这些缺点错误所支付的费用。这部分的风险责任应由制造商承担，而不能由保险公司代其承担。

（2）由于超负荷、超电压、碰线、电弧、超电、短路、大气放电及其他电气原因造成电气用具本身的损失。

五、安工险的费率

影响安工险费率的因素同建工险基本相似，也是由几部分组成，除试车期为单独的一次性费率、安装用机器设备为单独的年度费率外，其他项目均为整个工期的一次性费率。但需指出的是，安工险有其特殊的方面：即安工险危险变化不大；安装机械设备技术性强，人为风险性大；试车风险所占总危险的比重大。因此，一般而言，安工险费率高于建工险，尤其是试车期、考核期、保证期阶段的风险对费率影响较大。具体而言，安工险的费率主要由以下各项组成。

（1）安装项目、土木建筑工程项目、所有人或承包人在工地上的其他财产及清理费为一个总的费率，整个工期实行一次性费率。

（2）试车为一个单独费率，是一次性费率。

（3）保证期费率，实行整个保证期一次性费率。

（4）各种附加保障增收费率，实行整个工期一次性费率。

（5）安装、建筑用机器、装置及设备为单独的年费率。

（6）第三者责任险，实行整个工期一次性费率。

六、保险期与保证期

安工险的保险期间包括从开工到完工的全过程，由投保人根据需要确定。期限一般包括试车期、考核期，与建工险相比，安工险多了一个试车考核期间的保险责任，但旧机器设备的安装工程不包括试车期和考核期。如被保险人不能按保单规定的日期完工而延期，保险期限的扩展，必须经保险公司书面同意才能生效。

1. 保险责任的开始

工程动工之日或者被保险项目卸至施工地点时起生效，直到安装工程完毕验收结束，以两种情况以先发生者为准。

2. 保险责任的终止

（1）保单规定的终止日期。

（2）安装工程完毕移交给所有人时。

（3）所有人开始使用时，若部分使用，则该部分责任终止。

以上三种情况，以先发生者为准。

3. 保险期间的风险控制

（1）控制保险责任的开始和终止时间。动工日通常从打地基开始，若经被保险人要求也可从打完地基开始，但应在保单中注明。

（2）试车考核期。安工险保险期内一般应包括试车考核期。试车考核期是工程安装完毕后冷试、热试和试生产。冷试是指单机冷车运转；热试是指全线空车联合运转；试生产是指加料全线负荷联合运转。考核期的长短根据工程合同上的规定来决定，试车考核期的责任以不超过3个月为限；若超过3个月，则应另行加费。试车考核期的出险率最高，往往占整个工期出险的一半甚至80%以上，因此，对考核期的承保应非常慎重。对于旧的机器设备，则一律不负责试车，试车开始，保险责任即告终止。

（3）控制保证期和扩展时间。与建工险一样，安装工程完毕后，一般还有保证期，若加保，亦应注意选择。在保单规定的保险期间内，若安装工程不能按期完工，而被保险人要求延长保险期间时则由投保人提出申请并加交规定保费后，保险人可签发批单，以延长保险期间。其保费按原费率以日计收，也可根据当地情况或风险大小增收适当的百分比。

（4）防损检查。在保险期间，保险人应经常深入施工现场了解工程进度、发现隐患，尤其是在试车期间。更须加强防灾防损工作。

七、免赔额

安工险对每项损失的赔偿同样规定免赔额，在实务中采用绝对免赔额，即免赔额以下损失由被保险人自己负担。超过免赔额部分的损失，保险公司给予经济补偿。

八、保险承保与理赔

1. 保险的承保

（1）风险调查。保险人在承保安装工程保险业务时，除充分注重安装工程项目的自身特点外，应向投保人索取并认真查阅与工程有关的文件资料，主要包括供货合同、承包合同、设计书、工程进度表、现场平面图等，同时还应作细致的风险调查。调查的内容主要有：

1）机器设备的种类、性质和危险程度。

2）安装现场的自然地理环境和位置，如降雨量、地下水位，占主导地位的风力、风向，地质状况以及有无台风、洪水、地震等巨大灾害的可能性等。

3）机器设备的产地、厂家及其质量状况。

4）承包人的技术、经营管理水平及资信状况。

5）有无配套工程，是室内还是露天安装。

6）工期长短及进度。

7）试车、考核及保证期的有关规定。

8）工程合同涉及的利害关系方及他们之间在工程中与风险责任的关系。

9）各具体分项的价值，包括机器设备、材料、工程临时设施的价格及从属费用（运费、税款、安装费）以及各分项的分布情况、彼此分隔的距离和是否通连等。

10）其他有关情况。

（2）现场查勘。除了解、查阅上述资料外，保险人应还须进行现场查勘，并就下列各项做出查勘记录。

1）工地的位置、地势及周围的环境，如邻近建筑物及人口分布状况，是否靠海（江、河、湖）以及道路和运输条件，有何危险因素等。

2）厂房等土建项目的状况，如砖混结构、钢筋混凝土结构、木结构等。

3）工地内有无现有建筑物和其他物资及其位置、状况。

4）储存物质的库场状况、位置及运输距离、方式等。

5）工地安全保卫及其设施状况，例如，防火、防水、防盗措施等。

6）安装过程中最危险的部位、项目及阶段。

（3）风险评估。安工险最大可能损失的测算同测算建工险一样。它通常先找出安装工程中最易受损的项目及位置，估计该项目出险后可能受损的程度，然后根据其位置估计它对其他项目以致整个工程的可能波及程度，最后再根据各个项目的保额，算出整个工程的最大可能损失的数据。

1) 根据投保人填写的投保单确定保险单的各项内容。投保人提交投保申请书时，应要求其同时附上工程有关文件、图纸，包括工程合同、工程概算表、工程设计书、工程进度表等。安工险的投保单与保险单的内容与填写要求大致同于建工险。

2) 赔偿限额和免赔额的确定。参见建工险。

2. 保险的理赔

尽管建工险和安工险的责任在分析上依据的保险责任条款不同，但二者的理赔原则和程序是相同的，不再赘述。

第六节 职业责任保险

一、职业责任与职业责任保险

职业责任保险是指从事专业技术服务的专业人员对所承担的职业责任进行法律责任投保，即职业责任保险是以上述法律责任为保险标的的保险，因此，职业责任保险的标的没有有形的物质载体，保险的标的是责任，一旦由于上述责任风险产生导致了雇主或其他第三方的损失，其赔偿将由保险公司来承担，索赔的处理工程也由保险公司来负责。在国外，职业责任保险又常常被称为职业赔偿保险或过失责任保险，有时也称为专业责任保险，其实质是把职业人士需要承担的全部或部分风险转移给保险公司的一种机制。

职业责任保险涉及的专业技术人员是多方面的，在本章中所讨论的仅仅是和建设工程有关的专业技术人员的责任保险。一般情况下，职业责任保险只承保合同责任风险，一般不承保法定责任风险，但随着法律责任的延伸，职业责任保险的保单也逐步将一些职业人士需要承担的法定责任风险纳入保障范畴。

在工程项目的开发建设过程中，各种涉及的管理、设计、施工等工程技术人员往往不可避免地会因为过失、疏忽等行为给业主或第三者造成危害，也就是存在前面讨论过的职业责任风险，毫无疑问，这一类的损害一旦发生，造成损害的专业技术人员应当承担损害赔偿责任。但是，由于这一类的损害造成的经济损失往往是巨大的，而专业技术人员的经济承受能力是非常有限的，对遭受损害的一方的补偿是非常不够的，对于致害的一方来说，也是极其不经济的，并且极有可能对其职业生涯造成不可弥补的损害，致害人同时也可能是受害人，这就是责任风险具有两重性，而职业责任保险的存在则为专业人员提供了一条安全而经济的途径，来转移因为由于责任风险给业主或第三方造成的损失所必须承担的法律责任，从而使双方的利益都得到合理的保护。

二、职业责任保险的特征

责任保险是一种广义的责任财产保险，具有一般财产保险的特征，但是，责任保险也具有自身的特殊性，具备一些有别于普通财产保险的特征。

（1）保险的标的是职业责任。职业责任保险是以职业责任为保险标的的保险，其保险的标的没有有形的物质载体，由于责任保险的标的是职业责任，而职业责任的产生主要有两个方面，其一是法律法规，由法律法规所规定的责任是法定责任，当然，法定责任除了法律法规明确规定的责任外，还应该包括由国家法律法规而必然引申出来的一些政府规章和专业法规；第二个方面主要指的是由合同当事人双方约定的责任和义务，或者称为合同责任，就目前国际上的惯例来说，职业责任最主要的是合同责任，法定的责任也随着形势的发展，越来越受到当事人的重视，不少由法律法规所规定的责任也开始逐步列入职业责任保单的保险条款。

（2）法律责任界定困难。这是职业责任保险有别于其他责任险的一个重要的特征，就是专业技术责任的界定较为困难，尽管法律规定了相关的责任，但是，专业技术方面的风险涉及的面较广、专业技术性强，风险的暴露需要一定的时间和诱因，责任的识别和确认也都需要一个十分复杂、漫长的过程。例如，监理工程师按照正常的程序和方法对工程质量进行了监控，但工程的某些隐患仍然不一定会被发现，或者说不一定被及时发现，如果将来没有特殊的一些诱因，问题可能永远不会暴露。即使问题暴露，要对责任作出明确的识别和确认也都需要一个十分复杂、漫长的过程。

（3）责任方及受害方都得到保障。在专业责任保险中，责任方是专业技术人员，他们依靠自身所掌握的专业知识为业主提供技术服务，自身的经济赔偿能力是非常有限的，而他们工作的对象，即工程建设项目，涉及的人力、财力但是巨大的，而他们专业技术人员的工作涉及社会公众的切身利益，因此，一旦发生了索赔的事件，仅靠他们自身的经济实力，显然不能保障受害人的利益，而对责任方来说，损失也是无法估量的，通过责任保险，将这种责任风险转移到保险公司，由保险公司承担这种责任的赔偿，受害人的利益因此得到了切实的保障，另一方面，也使责任方不至于因为这种责任使自身的服务和生活受到严重的影响。

三、保险责任与除外责任

1. 保险责任

随着社会进步和科学技术的发展，人们对各种专业技术服务的依赖越来越多，另一方面，人们法律意识不断增强，对专业技术服务的水平要求也越来越高，职业责任保险也因此不断取得发展，有关的责任保险险种日益增多，如律师责任、建筑师责任、医生责任等，但是，尽管责任保险的名目繁多，其保险中责任的条款中通常涉及如下几个方面。

（1）保险只针对专业技术人员在提供服务时由于疏忽行为、错误或失职而造成受害方的损失，这种行为是无意的，且仅仅限于专业人员专业范围内的行为，而不负责和专业范围无关的疏忽行为而造成的损失。

（2）专业技术服务往往是一种集体的行为，职业责任保险可以以专业人员的执业机构名义购买，也可以以专业人员自身的名义购买，因此，除了被保险人自身外（机构或个人），责任还应包括从事某项专业技术服务的有关人员，如前任、雇员以及雇员的前任等的专业疏忽行为。例如，某建筑师在提供技术服务时，以他的名义购买了职业责任保险，而他助手在从事工作时发生了疏忽，而建筑师本人也未能发现这种从专业的角度来说本应该发现的疏忽，这对建筑师来说也是一种疏忽，对于保险人来说，他都应该承担赔偿责任。

（3）由于索赔的处理可能导致被保险人人的执业声誉受损，影响被保险人今后的执业生涯,因此,保险公司在处理此类承保的索赔事件时,都应征得被保险人的同意,而不能随意处置。

2. 除外责任

职业责任保险的除外责任一部分和一般责任保险的除外责任是类似的,如:

(1) 被保险人的故意行为。

(2) 战争、罢工、核风险。

(3) 被保险人的家属、雇员的人身伤害或财物损失。

(4) 被保险人所有或由其照管、控制的财产损失。

(5) 被保险人的契约责任,对未在契约中规定的,被保险人依法应负责的除外等。

下列情况是职业责任保险中的特有的一些除外责任。

(1) 被保险人以及其前任的任何雇员及其前任的不诚实、欺骗、犯罪或者恶意行为引起的任何损失。

(2) 因文件灭失或者损失引起的任何索赔。

(3) 在保险有效期内被保险人不如实向保险公司报告应报告的情况所引起的任何责任。

(4) 因被保险人被指控对他人诽谤或者恶意中伤行为而引起的任何索赔。

四、职业责任保险的承保方式

1. 以损失为基础的承保

又可称为期内发生式,即在保单有效期内,以损失发生为基础,不论业主或受损失的第三方提出索赔的时间是否在保单有效期内,只要在保单有效期内发生由监理职业责任而造成的损失,保险公司都需承担责任,这种以损失为基础的承保方式,使保险公司的责任期延长到了保险合同有效期之后,为了防止责任期太长而使保险人增加过大的风险,通常都会规定一个宽限期。由于监理职业责任风险的发生可能需要一个较长的时间和诱因,但这种诱因并不是在任何时候都会出现,因此,责任的宽限期太短,对保险公司的风险不大,监理的责任风险得不到保障,会挫伤监理投保的积极性;如果宽限期太长,则保险公司的风险太大,从国际上通行的做法上看,采用这种承保方式的责任保险保单,其宽限期限一般不超过10年。法国建筑工程的职业责任保险采用的宽限期为10年,又称"十年险"。

2. 以索赔为基础的承保

又可称为期内索赔式,即只要索赔是在保单的有效期内提出,对过去的疏忽或过失造成的损失就由保险公司承担赔偿责任,而不管导致索赔的事件发生在什么时候,这种承保方式实际上使保险的有效期提前到保险合同的有效期之前,考虑到工程事故发生的滞后性,引起索赔的事件往往是在保单有效期之前进行的,为了减少保险公司的承保风险,通常都对这种索赔设置一个追溯期,在监理单位第一次投保时,追溯期可设置为零,其后相应延长,但追溯期最长也不宜超过10年。这种承保方式比较适用连续投保,任何时候都必须保证保单是有效的。首先,提供监理服务和实际提出索赔之间可能有相当大的时间滞后。其次,对监理提出的大多数职业责任索赔,不仅是在提供监理服务之后,而且可能是在项目竣工移交业主之后,因此,如果提出索赔时,保险单无效,那么对该索赔就没有了保险。

3. 项目责任保险

对某些情况而言，上述两种方式的承保都不是最佳方式，从灵活方便的角度出发，可以针对具体的项目来购买监理职业责任保险，保险单内的资金仅限用于投保的项目，而不得用于监理单位由于其他项目引起的索赔或赔偿，这种保险方式不必像上述保单一样连续投保，其保险的有效期通常是从投保开始至业主接收该工程时止，其后设置一个宽限期，一般为10年，这个10年的期限，一般是指从业主接收该工程后的10年期限，而不是指从购买保险日开始的随后10年期限，10年的责任期限结束后，对于职业人士来说是绝对免责的。

五、赔偿限额与保险费率

1. 限额赔偿

普通财产保险的标的是有形的，因而可以根据标的实物价值通过市场来确定保险的金额，由于职业责任保险的标的没有实物形态，所以这种方法也就不再适用，通常情况下，采用一个赔偿的限额来代替赔偿的金额，保险单内只载明赔偿的最高限额，这个限额取决于专业人士从业的记录、信誉、和专业工作对象的实物价值不发生直接的关系。关于该限额的设定，可以采用两种方式，其一是采用累计限额方式，只要在保单有效期内，并不规定每次的限额，可以逐次累计直到达到最高的限额；另一方法是规定每次的限额而不规定累计限额的总额，每次超出限额的部分由投保人自行负担。

2. 免赔额

每个保险单所要求的免赔额，代表着除保险赔偿之外，要求被保险人从自己的资金中支付一定的金额。设立免赔额的好处是可以激励被保险人在提供专业服务时更加细致小心，减少疏忽，并坚持采取高标准的损失防范措施，同时，运用保险免赔额也可以避免专业人士因一些较小的索赔问题而滥用保险基金。

3. 诉讼费用

和其他责任保险一样，保险公司对职业责任保险承担的赔偿责任包括两个方面，一是在上述限额内的赔偿金，二是法律诉讼费用，这笔费用一般都在赔偿限额之外，当然，如果赔款总额超出了上述赔偿限额，法律诉讼费用也可以按比例由被保险人及保险公司分摊。

另外，由于索赔的处理可能导致监理的职业声誉受损，影响监理工程师今后的职业生涯，因此，保险公司在处理此类承保的索赔事件时，必须征得投保人的同意，而不能随意处置。对于一些小额的索赔要求，往往由投保人和受害人协商解决，这样效果可以更直接，也可以节省费用和时间，对被保险人的声誉也是有利的。

4. 保险费率

保险费率的确定是一个至关重要的问题，需要考虑的因素很多，主要有如下方面。

（1）职业的种类，也就是被保险人所从事的职业类型，不同类型的职业在赔款额度上可能相差很大。

（2）工作场所，即被保险人从事职业技术服务的所在地区，不同地区经济情况可能有所不同。

（3）工作单位的性质，营利性或非营利性、不同的所有制形式。

（4）被保险人的专业信誉，专业技术水平。

（5）被保险人及其雇员的责任心和个人品质。

（6）被保险人的索赔记录、处理情况。

（7）业务数量，被保险人每年提供专业技术服务的数量、服务对象的多寡。

（8）赔偿限额、免赔额和其他承保条件。

第七节　对建设工程担保发展的回顾与评述

由上述可知，担保与保险对建设业及建筑市场的发展极为重要。本节中将以履约保证为例，对建设工程担保的发展作一简单的回顾与评述。

履约担保使项目业主得到保证，即承包商将履行合同中规定的一切条款，将在规定的工期内，以不超过双方议定的价格完成该项目。一旦承包商在施工过程中违约或因故无法完成合同，则保证担保方将对业主因此而蒙受的一切损失进行补偿。

另外，总承包商也可以要求其分包商向其提供履约保证担保，以保证总承包商的利益。我国《招标投标法》第四十六条规定"招标文件要求中标人提交履约保证金的，中标人应当提交"。对于这条规定，不能简单地理解为由中标人向发包人交付一定数额的金钱作为履约保证金。

依据国际惯例，履约保证金最普遍的实现形式是履约保证担保或银行保函。《世界银行贷款项目采购指南》规定：工程的招标文件要求一定金额的保证金，其金额足以抵偿借款人在承包商违约时所遭受的损失，该保证金应当由借款人依据招标文件规定以适当的形式和金额采用履约担保书或者银行保函形式提供。如果将履约保证金理解为承包人向发包人交一笔钱作为某种担保，那么它不能作为法定担保形式，因为在《担保法》所列举的担保方式中没有"履约保证金"这种方式。从法理上分析，履约保证金不具备定金的性质、特点和法律效力，而与押金相似。押金是质押的一种特殊方式，属于担保物权范畴，物权担保不适合工程担保。

实践表明，承包人向发包人交一笔钱作为履约保证金的做法引发的弊端很大。目前，"拖欠工程款"的情况屡禁不止，建设市场恶性竞争还未得到根本扭转，发包人违纪违规违约概率远远高于承包人，在这种背景下，发包人挪用履约保证金，肆意侵害承包人利益的现象频繁发生。曾有一案例，某市某建筑公司和某房地产公司由于履约保证金（案件中称质量保证金）纠纷而对簿公堂，中标方向甲方讨回质量保证金。由于发包人尤其是房地产商建设资金或开发资金本身不落实或者有严重缺口状况现今比较普遍，一笔资金到手很难不被挪用。该案原告律师建议人民法院向有关部门发出司法建议，为具体落实《招标投标法》，务必加强履约保证金的监管力度，使履约保证金真正发挥其确保工期和质量的作用。

履约保证的游戏规则本来就应该由债权人、债务人之外的第三方提供和承担实施。为了确保公正、公平，确保履约保证金的担保功能不至于变形或丧失，必须引入人格化的独立第三方保证人。保证金交付给第三方保证人，由保证人向债权人出具担保书或保函，应该是建立工程担保游戏规则的合乎逻辑的结论。西方国家 100 多年来的经验教训也证明了这一点。

例如，《FIDIC 土木工程施工合同条件应用指南》（1989 年版）中，特别提请注意履约保证担保的释义：持有担保书的业主不能只要求担保人支付一笔金额——业主只能要求完成合同。换句话说，如果出现委托人（承包商）违约，担保人不是赔一笔钱了事，而是必须首先按合同规定的质量、工期、造价等各项目标履约。实践证明，这种方式更大程度地、更全面地保护了受益人（业主）的利益，因为业主花钱买的是工程产品，而不是耗费大量精力和时间后买回赔款。

1999 年第一版 FIDIC 施工合同条件的附件 C 和 D 明确提出两种不同的履约保证金的做法和格式，附件 C 为 Annex C Example Form of Performance Security-Demand Guarantee[1]，原译为："履约担保函—即付保函范例格式[1]"。附件 D 为 Example Form of Performance Security-Surety Bond[1]，原译为："履约担保函—担保保证范例格式[1]"。附件 C 和附件 D 的英语原文和译文如表 9-2 和表 9-3 所示（引自《施工合同条件》1999 年第一版 210~213 页。国际咨询工程师联合会与中国工程咨询协会编译．北京：机械工业出版社，2003 年）。

表 9-2　　　　　　　　　　　　　附件 C 的汉译

Annex C Example Form of Performance Security-Demand Guarantee
附件 C　履约担保函—即付保函范例格式

英语原文	汉语译文
[See comments on Sub-Clause 4.2] Brief Description of Contract …………… Name and Address of Beneficiary …………… ……（whom the Contract defined as the Employer） We have been informed that ……………（hereinafter called the "principal"）is your contractor under such contract which requires him to obtain a performance guaranty. At the request of the principal, we（name of bank）…… …………………… hereby irrevocably undertake to pay you, the Beneficiary/Employer, any sum or sums not exceeding in total the amount of …………… ……（the guaranteed amount, say: ……………）upon receipt by us of your demand in writing and your written statement stating: 　（a）that the Principal is in breach of his obligation（s）under the Contract, and 　（b）the respect in which the Principal is in breach. [Following the receipt by us of an authenticated copy of the taking-over certificate for the whole of the works under Clause 10 0f the conditions of the Contract, such guaranteed amount shall be reduced by ……% and we shall promptly notify you that we have received such certificate and have reduced the guaranteed amount accordingly.][1]	[见第 4.2 款解释] 合同简要说明 …………… 受益人名称和地址 …………… ……（合同中称为雇主） 我方已获知，……………（以下称为"委托人"）是你方在该合同下的承包商，合同要求其取得一份履约担保函。 应委托人请求，我方（银行名称）…………… ……在此不可撤销地承诺，在我方收到你方的书面要求和以下事项的书面说明后，向你方，受益人/雇主，支付总额不超过……………（"保证金额"即：……………）的任何一笔或几笔款额： 　（a）委托人违反合同规定的义务，以及 　（b）委托人违反的方面。 [在我方收到经确证的根据合同条件第 10 条规定颁发的整个工程接收证书的抄件后，此项保证金额应减少……%，我方将立即通知你方，我方已收到该证书并已相应减少了保证金额。][1]

续表

英语原文	汉语译文
Any demand for payment must contain your [minister's/directors'] signature(s) which must be authenticated by your bankers or by a notary public. The authenticated demand and statement must be received by us at this office on or before (the date 70 days after the expected expiry of the Defects Notification Period for the works) ……(the "expiry date"), when this guaranty shall expire and shall be returned to us. We have informed that the Beneficiary may require the Principal to extend this guarantee if the performance certificate under the Contract not been issued y the date 28days prior to such expiry date. We undertake to pay you such guaranteed amount upon receipt by us, within such period of 28 days, of your demand in writing and your written statement that the performance certificate has not been issued, for reasons attributable to the Principal, and that this guarantee has not been extended. This guarantee shall be governed by the laws of ………… and shall be subject to the Uniform Rules for Demand Guarantees, published as number 458 by the International Chamber Commerce, except as stated above. Date……………………………………………… Signature(s)……………………………………… Note:— (1) When writing the tender documents, the writer should ascertain whether to include the optional text, shown in parentheses [ ].	任何付款的要求都必须由你方银行或公证人确证的你方[部长/局长]的签字。经确证的要求和说明都必须要在（工程缺陷通知期限预计期满后70天的日期）……………（"期满日期"）或其以前，由我方在本办公地点收到，届时本保函应期满，应退还我方。 我方已获知，如果到上述期满日28天前，还没有颁发根据合同规定的履约证书，受益人可以要求委托人延长本保函。我方承诺，将在该28天期限内，根据我方收到的你方书面要求，和关于未颁发履约证书是由于委托人应负责的原因造成的，以及本保函尚未延长的书面说明，向你方支付该项保证金额。 本保函除上述要求外，应受………………………………法律管辖，并应遵守国际商会以458号文公布的即付保函同一规则的规定。 日期…………………………………………………… 签字…………………………………………………… 注：—— (1) 起草人在起草招标文件时，应确定是否要包括方括号[ ]中的备选文字。

表 9-3　　　　　　　　附件 D 的汉译

Annex D　Example Form of Performance Security-Demand Guarantee
附件 D　履约担保函—担保保证范例格式

英语原文	汉语译文
[See comments on Sub-Clause 4.2] Brief Description of Contract …………………… Name and Address of Beneficiary ……………… ……………(together with successors and assigns, all as defined in the Contract as the Employer). By this Bond, (name and address of contractor)………… ………(who is the contractor under such Contract) as the Principal and (name and address of the guarantor)…………… as Guarantor are irrevocably held and firmly bound to the Beneficiary in the total amount of………………(the "Bond Amount", say……………) for the due performance of all such Principal's obligations and liabilities under the Contract. [Such Bond Amount shall be reduced by………% upon the issue of the taking-over certificate for the whole of the works under Clause10 of the conditions of the Contract.](1)	[第4.2款解释] 合同简要说明……………………………………… 受益人名称和地址………………………………… (连同继任人和受让人，在合同中都称为雇主)。 根据本保证，(承包商名称和地址)…………………（根据上述合同的承包商）作为委托人与（担保人姓名和地址）……………作为担保人，对该委托人根据应履行的全部义务和责任以总金额………………("保证金额"，即:……………)向受益人不可撤销地保持和坚定地担保。[上述保证金额在根据合同第10条颁发的整个工程接受证书后，应减少………%。](1)

251

英语原文	汉语译文
This Bond shall become effective on the Commencement Day defined in the Contract. Upon the default by the Principal to perform any Contractual Obligation, or upon the occurrence of any of the events and circumstances listed in Sub-Clause 15.2 of the conditions of the Contract, the Guarantor shall satisfy and discharge damages sustained by the Beneficiary due to such default, event or circumstances(2). However, the total liability of the Guarantor shall not exceed the Bond Amount. The obligations and liabilities of the Guarantor shall not be discharged by any allowance of time or other indulgence whatsoever by the Beneficiary to the Principal, or by any variation or suspension of the works to be executed under the Contract, or by any amendments to the Contract or to the constitution of the Principal or the Beneficiary, or by any other matters, whether with or without the knowledge or consent of the Guarantor. Any claim under this Bond must be received by the Guarantor on or before (the date six months after the expected expiry of the Defects Notification Period for the Works) ……………… (The "Expiry Date"), when this Bond shall expire and shall be returned to the Guarantor. The benefit of this Bond may be assigned subject to the provisions for assignment of the Contract, and subject to the receipt by the Guarantor of evidence of full compliance with such provisions. This Bond shall be governed by the law of the same country (or other jurisdiction) as that which governs the Contract. This Bond incorporates and shall be subject to the Uniform Rules for Contract Bonds, published as number 524 by the International Chamber of Commerce, and words in this Bond shall bear the meanings set out in such Rules. Wherefore this Bond has been issued by the Principal and the Guarantor on (date) ……………… Signature (s) for and on behalf of the Principal …… Signature (s) for and on behalf of the Guarantor…… Note:—— (1) When writing the tender documents, the writer should ascertain whether to include the optional text, shown in parentheses [ ]. (2) Insert: [and shall not be entitled to perform the Principal's obligations under the Contract.] Or: [or at the option of the Guarantor (to be exercised in writing within 42 days of receiving the claim specifying such Default) perform the Principal's obligations under the contract.]	本保证书自合同中规定的开工日期起生效。 在委托人履行任何合同义务中发生违约，或出现任何合同条件第15.2款所列举的事件和情况时，担保人应满足并偿清受益人因该项违约、事件或情况遭受的损害赔偿费(2)。但担保人的全部责任不应超过保证金额。 担保人的义务和责任不因受益人对委托人做出的任何事先允许或其他宽让、或对根据合同应实施的过程的任何变更或暂停、或对合同或对委托人或受益人的组成的任何修改、或任何其他事项而解除，不论是否经担保人知晓或同意。 根据本保证提出的任何索赔必须由担保人在（工程缺陷通知期限预计期满后6个月的日期）…………（"期满日期"）或其以前收到，届时本保证书期满，应退还担保人。 本保证的权益可以依照合同转让的条款，以及担保人收到完全符合上述条款的证据，进行转让。 本保证供应由管辖合同的同一国家（或其他司法管辖区）的法律管辖。本保证体现并遵守国际商会第524号文公布的合同保证统一规则的规定，本保证使用的词语应具有该规则规定的含义。 本保证书于………………（日期）由委托人和担保人签署 委托人代表签字……………… 担保人代表签字……………… 注：—— (1) 起草人起草招标文件时，应确定是否包括方括号［ ］内的备选文字。 (2) 此处插入：[并不得履行委托人的义务。] 或：[或由担保人选择（应在收到提出违约索赔42天内用书面提出）履行委托人根据合同规定的任务。]

首先应当正确理解 security，performance security，guarantee，guaranty 和 surety bond 的含义。security 主要含义是"保证、保安（安全）等"；做"保证"解释时，指"保证、保证金、保证单、保函、抵押等"。performance security 在工程承包界，习惯称为履约保函，译为"履约担保函"似欠妥当。因为担保一词对应于英语的 bond。英语里 guarantee，guaranty 和 bond，不能笼统地都译作"保证（书）或担保（书）"。Guarantee 和 guaranty 指保证、保证书或保函一事已为国际工程承包界所公认（法律英语中多用 guaranty，见 Oxford University Press 出版的现代高级英汉双解辞典，1982）。

Surety 原指"担保人，担保物"，bond 指"担保，担保契据，担保书，债券，保税仓库"等。译文中将 surety bond 译为"担保保证"或"保证担保"，是恰当的；是否可译为"担保保函"，以与即付保函（demand guarantee）互相对比。此外，还需要准确理解所译专门术语的含义。在本例中，就要理解即付保函（demand guarantee）和担保保函（surety bond）二者究竟有什么区别。

从附件 C 中可以看出，出具即付保函的银行的承诺是："应委托人请求，我方（银行名称）……在此不可撤销地承诺，在我方收到你方的书面要求和以下事项的书面说明后，向你方，受益人/雇主，支付总额不超过……（"保证金额"即：……）的任何一笔或几笔款额："。（楷体字为附件 C 的原文）

因此银行收到你方的书面要求和以下事项的书面说明后，不要查明这些事项是否确切，就向雇主支付一笔或几笔款额来补偿雇主因承包商违约所遭受的损失。可是业主订立合同是为了建成一项工程。如果工程整个都不合格，只赔钱，管什么用！何况所得到的赔款总额不能超过保证金额，可能远远不够，这就是银行即付保函的缺点。

附件 D 对担保人的担保责任，按照原注［1］是这样规定的：
注［1］：——
（1）起草人起草招标文件时，应确定是否包括方括号［］内的备选文字。
（2）此处插入：［并不得］或：［或由担保人选择（应在收到提出违约索赔 42 天内用书面提出）履行委托人根据合同规定的任务。］

关键是其中的（2）有两种不同约定的选择。选择第一种约定时，附件 D 的有关文字如下：

"在委托人履行任何合同义务中发生违约，或出现任何合同条件第 15.2 款所列举的事件和情况时，担保人应满足并偿清受益人因该项违约、事件或情况遭受的损害赔偿费，并不得履行委托人的义务。但担保人的全部责任不应超过保证金额。

担保人的义务和责任不因受益人对委托人做出的任何时限允许或其他宽让、或对根据合同应实施的过程的任何变更或暂停、或对合同或对委托人或受益人的组成的任何修改、或任何其他事项而解除，不论是否经担保人知晓或同意。"

第一段规定了担保人的义务和责任，并明确规定；担保人的全部责任不应超过保证金额。第二段则规定了担保人义务和责任的范围。但其中有黑体字标明的译文"满足"和"不得"的含义值得商榷。首先，satisfy 一词内地大多译为"满足"，在此是不确切的，宜译为"确认"（详见拙著《法律和商务文件汉英互译》一书中有关说明，北京：建筑工程出版社，2013年）。其次是 shall not be entitled to 译为"不得"，因 to be entitled to 的含义是"有权去做什么事"，而"不得"相当于英语""shall not"或"to be obliged to"；前者含义为"不应，不得"等，后者含义为"有义务，有责任"等。笔者认为 shall not be entitled to 宜译为"无权"，因为担保人没有和雇主订立合同，没有这个义务（obligation），既然与雇主没有施工送给合同约定，也就不需要用 shall not。

因此，当选择"并无权履行委托人的义务。"时，第一段的文字为：

在委托人履行任何合同义务中发生违约，或出现任何合同条件第15.2款所列举的事件和情况时，担保人应确认该项违约、事件或情况并偿清受益人因此遭受的损害赔偿费，并无权履行委托人的义务。但担保人的全部责任不应超过保证金额。

当选择"或由担保人选择（应在收到提出违约索赔42天内用书面提出）履行委托人根据合同规定的任务。"时，第一段的文字则如下述：

在委托人履行任何合同义务中发生违约，或出现任何合同条件第15.2款所列举的事件和情况时，担保人应确认该项违约、事件或情况并偿清受益人因此遭受的损害赔偿费，或由担保人选择（应在收到提出违约索赔42天内用书面提出）履行委托人根据合同规定的任务。

第一种选择约定担保人还应确认该项违约、事件或情况，才能支付损害赔偿费，这比即付保函进了一步。但也可"或由担保人选择（应在收到提出违约索赔42天内用书面提出）履行委托人根据合同规定的任务"。即担保人可选择承担履行委托人根据与雇主签订的施工合同规定的义务。这与即付保函的凭票即付相比较，二者之间的差别就更大了。人们不禁要问，如果担保人还有承担履行该合同的义务，所冒的风险太大了，谁肯冒这个风险呢？还是让国际承包的实践来回答吧！

过去，国际工程承包市场上多采用由银行开具的即付保函，如世界银行贷款项目招标文件的旧范本——土建工程国际竞争性招标文件第一卷第二章第17条投标保证金第17.2款规定："根据投标人的选择，投标保证金可以是保兑支票、信用证或由投标人选择的任一合格来源国有信誉的银行出具的保函。"

鉴于即付保函的上述缺点，2004年4月世界银行出版了《国际复信开发银行贷款和国际开发协会信贷采购指南》（Guidelines—Procurement under IBRD Loans and IDA Credits），其第二部分国际竞争性招标关于履约保证金（Performance Security）的2.39款作了更改，规定如下：工程的招标文件应要求履约保证金，其金额应足以抵偿借款人在承包商违约情况下所遭受的损失。保证金应按照借款人在招标文件中规定的适当格式和金额提供。在该款的附注中明确规定：履约保证金的格式应符合标准文件的要求，并由投标人选择有信誉的银行或金融机构出具，……

新的世界银行采购（对工程而言，就是招标）指南所做的修订指出：除了有信誉的银行，投标人还可选择有信誉的金融机构出具履约保函。这可能是考虑美国和国际工程承包市场交互开展承包的需要。因为1935年美国国会通过了"米勒法案"，要求承包商签订10万美元以上的联邦政府工程合同时，必须提供全额的履约担保，即以合同价的全额提供担保，这样就解决了上述担保人担心风险过大的问题（世界银行贷款项目的银行即付履约保函的保证金额通常为合同价的30%左右，如采用履约担保保函，则担保金额可高达合同价的100％或更高。）。1942年起，美国许多州也相继规定州政府投资的公共工程必须取得担保。在美国，无论是承包商、分包商或设计咨询商，如不取得相应的担保保证，或者没有购买相应的保险，就无法获得较大的工程项目（详见《建设工程招标与合同管理》，第二版，第七章，卢谦编著，中国水利水电出版社，2008年）。

此外，美国法律禁止银行从事担保保证（surety bond）业务，90％以上的担保业务是由保险公司承担的，尽管也有少量专门的保证担保公司，但规模不是很大；而在其他国家，履约保函业务则大多由银行来承办的。考虑到上述背景，新的世界银行采购指南遂做出了以上的修订。

在美国，由于承包商违约，保证担保方出面使工程按合同正常进行的例子很多。有一个受雇为当地政府兴建一座市政建筑的承包商在该工程75％已完工时宣布放弃该项目的承建。由于承包商违约，业主要求担保公司安排该工程的完工。担保公司对业主索赔的调查认为，承包商放弃项目和未履约造成了承包合同的终止。保证公司为了履行其义务并使损失最小化，自己出资雇佣了一名建筑施工管理顾问。这项工程如果不能在冬天来临前完工，建筑物将遭受极大的破坏，所以担保公司必须很快做出决定。保证人与其管理顾问通过实地考察，在分析了所有可行方案后，担保公司决定用原来的分包商和供货商加快完成该工程，因为他们已经熟悉这项工程。共有28个分包商和12个专门供货商参与了这项工程。担保公司雇佣了一名专业监督员对施工现场进行每周一次的实地考察，并把结果报告给保证人和建筑管理顾问。此外，保证人还说服了项目业主向分包商和供货商支付工程款和货款，以促使工程早日竣工。自分包商返回工地施工后的四周内，市政当局即获得了该项目的实际完工证书，并将部分建筑投入了使用。产权证书于四周后发给了项目业主。项目业主向分包商和供应商支付工程款使之得以继续承建工程。这一切都有赖于有担保公司出面对局势所做的正确的评估和决策。

实行工程担保制度是使中国建筑业向国际惯例接轨重要的第一步。可以预见，建筑工程市场发展迅速的中国在不久的将来将成为世界上最大的建筑市场之一。在我国有效地推行工程担保制度可以约束工程业主和承包商的行为，回避风险，解决建筑市场诸如不公平招标、工期延期、成本加大、拖欠款等老大难问题，有助于建立和发展一个开放、公平的建筑工程市场。

附录 关于印发《建筑安装工程费用项目组成》的通知

建标〔2003〕206号

各省、自治区建设厅、财政厅，直辖市建委、财政局，国务院有关部门：

为了适应工程计价改革工作的需要，按照国家有关法律、法规，并参照国际惯例，在总结建设部、中国人民建设银行《关于调整建筑安装工程费用项目组成的若干规定》（建标〔1993〕894号）执行情况的基础上，我们制定了《建筑安装工程费用项目组成》（以下简称《费用项目组成》），现印发给你们。为了便于各地区、各部门做好《费用项目组成》发布后的贯彻实施工作，现将《费用项目组成》主要调整内容和贯彻实施有关事项通知如下：

一、《费用项目组成》调整的主要内容：

（一）建筑安装工程费由直接费、间接费、利润和税金组成。

（二）为适应建筑安装工程招标投标竞争定价的需要，将原其他直接费和临时设施费以及原直接费中属工程非实体消耗费用合并为措施费。措施费可根据专业和地区的情况自行补充。

（三）将原其他直接费项下对建筑材料、构件和建筑安装物进行一般鉴定、检查所发生的检验试验费列入材料费。

（四）将原现场管理费、企业管理费、财务费和其他费用合并为间接费。根据国家建立社会保障体系的有关要求，在规费中列出社会保障相关费用。

（五）原计划利润改为利润。

二、为了指导各部门、各地区依据《费用项目组成》开展费用标准测算等工作，我们统一了《建筑安装工程费用参考计算方法》和《建筑安装工程计价程序》（详见附件一、附件二）。

三、《费用项目组成》自2004年1月1日起施行。原建设部、中国人民建设银行《关于调整建筑安装工程费用项目组成的若干规定》（建标〔1993〕894号）同时废止。

《费用项目组成》在施行中的有关问题和意见，请及时反馈给建设部标准定额司和财政部经济建设司。

附件一：建筑安装工程费的组成

附件二：建筑安装工程计价程序

中华人民共和国建设部
中华人民共和国财政部
二〇〇三年十月十五

附表一：

建筑安装工程费用项目组成表

```
建筑安装工程费
├─ 直接费
│   ├─ 直接工程费
│   │   ├─ 1. 人工费
│   │   ├─ 2. 材料费
│   │   └─ 3. 施工机械使用费
│   └─ 措施费
│       ├─ 1. 环境保护
│       ├─ 2. 文明施工
│       ├─ 3. 安全施工
│       ├─ 4. 临时设施
│       ├─ 5. 夜间施工
│       ├─ 6. 二次搬运
│       ├─ 7. 大型机械设备进出场及安拆
│       ├─ 8. 混凝土、钢筋混凝土模板及支架
│       ├─ 9. 脚手架
│       ├─ 10. 已完工程及设备保护
│       └─ 11. 施工排水、降水
├─ 间接费
│   ├─ 规费
│   │   ├─ 1. 工程排污费
│   │   ├─ 2. 工程定额测定费
│   │   ├─ 3. 社会保障费
│   │   │   ├─ (1) 养老保险费
│   │   │   ├─ (2) 失业保险费
│   │   │   └─ (3) 医疗保险费
│   │   ├─ 4. 住房公积金
│   │   └─ 5. 危险作业意外伤害保险
│   └─ 企业管理费
│       ├─ 1. 管理人员工资
│       ├─ 2. 办公费
│       ├─ 3. 差旅交通费
│       ├─ 4. 固定资产使用费
│       ├─ 5. 工具用具使用费
│       ├─ 6. 劳动保险费
│       ├─ 7. 工会经费
│       ├─ 8. 职工教育经费
│       ├─ 9. 财产保险费
│       ├─ 10. 财务费
│       ├─ 11. 税金
│       └─ 12. 其他
├─ 利润：根据规定的费率，按公式计算
└─ 税金：是指国家规定的营业税、城市建设维护税和教育费附加税等三部分税收。营
         业税的取费基础是不含税造价，城市建设维护税和教育费附加税的取费基础则是
         营业税
```

附件一：建筑安装工程费的组成

建筑安装工程费是指建筑工程费和需要安装设备的安装工程费。它们是由直接费、间接费、利润和税金四大部分组成的。

建筑安装工程费由直接费、间接费、利润和税金组成（见附表）。

（一）直接费

由直接工程费和措施费组成。

1. 直接工程费：指施工过程中耗费的构成工程实体的各项费用，包括人工费、材料费、施工机械使用费。

人工费：指直接从事建筑安装工程施工的生产工人开支的各项费用，内容包括：

（1）基本工资：指发放给生产工人的基本工资。

（2）工资性补贴：指按规定标准发放的物价补贴，煤、燃气补贴，交通补贴，住房补贴，流动施工津贴等。

（3）生产工人辅助工资：指生产工人年有效施工天数以外非作业天数的工资，包括职工学习、培训期间的工资，调动工作、探亲、休假期间的工资，因气候影响的停工工资，女工哺乳时间的工资，病假在6个月以内的工资及产、婚、丧假期的工资。

（4）职工福利费：指按规定标准计提的职工福利费。

（5）生产工人劳动保护费：指按规定标准发放的劳动保护用品的购置费及修理费，徒工服装补贴，防暑降温费，在有碍身体健康环境中施工的保健费用等。

材料费：指施工过程中耗费的构成工程实体的原材料、辅助材料、构配件、零件、半成品的费用。内容包括：

（1）材料原价（或供应价格）。

（2）材料运杂费：指材料自来源地运至工地仓库或指定堆放地点所发生的全部费用。

（3）运输损耗费：指材料在运输装卸过程中不可避免的损耗。

（4）采购及保管费：指为组织采购、供应和保管材料过程中所需要的各项费用。

包括：采购费、仓储费、工地保管费、仓储损耗。

（5）检验试验费：指对建筑材料、构件和建筑安装物进行一般鉴定、检查所发生的费用，包括自设试验室进行试验所耗用的材料和化学药品等费用。不包括新结构、新材料的试验费和建设单位对具有出厂合格证明的材料进行检验，对构件做破坏性试验及其他特殊要求检验试验的费用。

施工机械使用费：指施工机械作业所发生的机械使用费以及机械安拆费和场外运费。

施工机械台班单价应由下列七项费用组成：

（1）折旧费：指施工机械在规定的使用年限内，陆续收回其原值及购置资金的时间价值。

（2）大修费：指施工机械按规定的大修理间隔台班进行必要的大修理，以恢复其正常功能所需的费用。

（3）经常修理费：指施工机械除大修理以外的各级保养和临时故障排除所需的费用。包括为保障机械正常运转所需替换设备与随机配备工具附具的摊销和维护费用，机械运转中日常保养所需润滑与擦拭的材料费用及机械停滞期间的维护和保养费用等。

（4）安拆费及场外运费：安拆费指施工机械在现场进行安装与拆卸所需的人工、材料、机械和试运转费用以及机械辅助设施的折旧、搭设、拆除等费用；场外运费指施工机械整体或分体自停放地点运至施工现场或由一施工地点运至另一施工地点的运输、装卸、辅助材料及架线等费用。

（5）人工费：指机上司机（司炉）和其他操作人员的工作日人工费及上述人员在施工机械规定的年工作台班以外的人工费。

(6) 燃料动力费：指施工机械在运转作业中所消耗的固体燃料（煤、木柴）、液体燃料（汽油、柴油）及水、电等。

(7) 养路费及车船使用税：指施工机械按照国家规定和有关部门规定应缴纳的养路费、车船使用税、保险费及年检费等。

2. 措施费：指为完成工程项目施工，发生于该工程施工前和施工过程中非工程实体项目的费用。

包括内容：

(1) 环境保护费：指施工现场为达到环保部门要求所需要的各项费用。

(2) 文明施工费：指施工现场文明施工所需要的各项费用。

(3) 安全施工费：指施工现场安全施工所需要的各项费用。

(4) 临时设施费：指施工企业为进行建筑工程施工所必须搭设的生活和生产用的临时建筑物、构筑物和其他临时设施费用等。

临时设施包括：临时宿舍、文化福利及公用事业房屋与构筑物，仓库、办公室、加工厂以及规定范围内道路、水、电、管线等临时设施和小型临时设施。

临时设施费用包括：临时设施的搭设、维修、拆除费或摊销费。

(5) 夜间施工费：指因夜间施工所发生的夜班补助费、夜间施工降效、夜间施工照明设备摊销及照明用电等费用。

(6) 二次搬运费：指因施工场地狭小等特殊情况而发生的二次搬运费用。

(7) 大型机械设备进出场及安拆费：指机械整体或分体自停放场地运至施工现场或由一个施工地点运至另一个施工地点，所发生的机械进出场运输及转移费用及机械在施工现场进行安装、拆卸所需的人工费、材料费、机械费、试运转费和安装所需的辅助设施的费用。

(8) 混凝土、钢筋混凝土模板及支架费：指混凝土施工过程中需要的各种钢模板、木模板、支架等的支、拆、运输费用及模板、支架的摊销（或租赁）费用。

(9) 脚手架费：指施工需要的各种脚手架搭、拆、运输费用及脚手架的摊销（或租赁）费用。

(10) 已完工程及设备保护费：指竣工验收前，对已完工程及设备进行保护所需费用。

(11) 施工排水、降水费：指为确保工程在正常条件下施工，采取各种排水、降水措施所发生的各种费用。

(二) 间接费

由规费、企业管理费组成。

规费：指政府和有关权力部门规定必须缴纳的费用（简称规费）。包括：

1. 工程排污费：指施工现场按规定缴纳的工程排污费。

2. 工程定额测定费：指按规定支付工程造价（定额）管理部门的定额测定费。

3. 社会保障费。

(1) 养老保险费：指企业按规定标准为职工缴纳的基本养老保险费。

(2) 失业保险费：指企业按照国家规定标准为职工缴纳的失业保险费。

(3) 医疗保险费：指企业按照规定标准为职工缴纳的基本医疗保险费。

4. 住房公积金：指企业按规定标准为职工缴纳的住房公积金。

5. 危险作业意外伤害保险：指按照建筑法规定，企业为从事危险作业的建筑安装施工人员支付的意外伤害保险费。

企业管理费：指建筑安装企业组织施工生产和经营管理所需费用。

内容包括：

1. 管理人员工资：指管理人员的基本工资、工资性补贴、职工福利费、劳动保护费等。

2. 办公费：指企业管理办公用的文具、纸张、账表、印刷、邮电、书报、会议、水电、烧水和集体取暖（包括现场临时宿舍取暖）用煤等费用。

3. 差旅交通费：指职工因公出差、调动工作的差旅费、住勤补助费，市内交通费和误餐补助费，职工探亲路费，劳动力招募费，职工离退休、退职一次性路费，工伤人员就医路费，工地转移费以及管理部门使用的交通工具的油料、燃料、养路费及牌照费。

4. 固定资产使用费：指管理和试验部门及附属生产单位使用的属于固定资产的房屋、设备仪器等的折旧、大修、维修或租赁费。

5. 工具用具使用费：指管理使用的不属于固定资产的生产工具、器具、家具、交通工具和检验、试验、测绘、消防用具等的购置、维修和摊销费。

6. 劳动保险费：指由企业支付离退休职工的易地安家补助费、职工退职金、6个月以上的病假人员工资、职工死亡丧葬补助费、抚恤费、按规定支付给离休干部的各项经费。

7. 工会经费：指企业按职工工资总额计提的工会经费。

8. 职工教育经费：指企业为职工学习先进技术和提高文化水平，按职工工资总额计提的费用。

9. 财产保险费：指施工管理用财产、车辆保险。

10. 财务费：指企业为筹集资金而发生的各种费用。

11. 税金：指企业按规定缴纳的房产税、车船使用税、土地使用税、印花税等。

12. 其他：包括技术转让费、技术开发费、业务招待费、绿化费、广告费、公证费、法律顾问费、审计费、咨询费等。

（三）利润

指施工企业完成所承包工程获得的盈利。

（四）税金

指国家税法规定的应计入建筑安装工程造价内的营业税、城市维护建设税及教育费附加等。

附件二：建筑安装工程计价程序

根据建设部第107号部令《建筑工程施工发包与承包计价管理办法》的规定，发包与承包价的计算方法分为工料单价法和综合单价法，程序为：

一、工料单价法计价程序

工料单价法是以分部分项工程量乘以单价后的合计为直接工程费，直接工程费以人工、材料、机械的消耗量及其相应价格确定。直接工程费汇总后另加间接费、利润、税金生成工程发承包价，其计算程序分为三种：

1. 以直接工程费为计算基础

序号	费用项目	计算方法	备注
(1)	直接工程费	按预算表	
(2)	措施费	按规定标准计算	
(3)	小计（直接费）	(1)+(2)	
(4)	间接费	(3)×相应费率	
(5)	利润	[(3)+(4)]×相应利润率	
(6)	合计（不含税造价）	(3)+(4)+(5)	
(7)	含税造价	(6)×(1+相应税率)	

2. 以人工费和机械费为计算基础

序号	费用项目	计算方法	备注
(1)	直接工程费	按预算表	
(2)	其中人工费和机械费	按预算表	
(3)	措施费	按规定标准计算	
(4)	其中人工费和机械费	按规定标准计算	
(5)	小计	(1)+(3)	
(6)	人工费和机械费小计	(2)+(4)	
(7)	间接费	(6)×相应费率	
(8)	利润	(6)×相应利润率	
(9)	合计	(5)+(7)+(8)	
(10)	含税造价	(9)×(1+相应税率)	

3. 以人工费为计算基础

序号	费用项目	计算方法	备注
(1)	直接工程费	按预算表	
(2)	直接工程费中人工费	按预算表	
(3)	措施费	按规定标准计算	
(4)	措施费中人工费	按规定标准计算	
(5)	小计	(1)+(3)	
(6)	人工费小计	(2)+(4)	
(7)	间接费	(6)×相应费率	
(8)	利润	(6)×相应利润率	
(9)	合计	(5)+(7)+(8)	
(10)	含税造价	(9)×(1+相应税率)	

二、综合单价法计价程序

综合单价法是分部分项工程单价为全费用单价，全费用单价经综合计算后生成，其内容包括直接工程费、间接费、利润和税金（措施费也可按此方法生成全费用价格）。

各分项工程量乘以综合单价的合价汇总后，生成工程承发包价。

由于各分部分项工程中的人工、材料、机械含量的比例不同，各分项工程可根据其材料费占人工费、材料费、机械费合计的比例（以字母"C"代表该项比值）在以下三种计算程序中选择一种计算其综合单价。

（一）当 $C>C_0$（C_0 为本地区原费用定额测算所选典型工程材料费占人工费、材料费、和机械费合计的比例）时，可采用以人工费、材料费、机械费合计为基数计算该分项的间接费和利润。

以直接费为计算基础。

序号	费用项目	计算方法	备注
（1）	分项直接工程费	人工费＋材料费＋机械费	
（2）	间接费	（1）×相应费率	
（3）	利润	［（1）＋（2）］×相应利润率	
（4）	合计	（1）＋（2）＋（3）	
（5）	含税造价	（4）×（1＋相应税率）	

（二）当 $C<C_0$ 值的下限时，可采用以人工费和机械费合计为基数计算该分项的间接费和利润。

以人工费和机械费为计算基础。

序号	费用项目	计算方法	备注
（1）	分项直接工程费	人工费＋材料费＋机械费	
（2）	其中人工费和机械费	人工费＋机械费	
（3）	间接费	（2）×相应费率	
（4）	利润	（2）×相应利润率	
（5）	合计	（1）＋（3）＋（4）	
（6）	含税造价	（5）×（1＋相应税率）	

（三）如该分项的直接费仅为人工费，无材料费和机械费时，可采用以人工费为基数计算该分项的间接费和利润。

以人工费为计算基础。

序号	费用项目	计算方法	备注
（1）	分项直接工程费	人工费＋材料费＋机械费	
（2）	直接工程费中人工费	人工费	
（3）	间接费	（2）×相应费率	
（4）	利润	（2）×相应利润率	
（5）	合计	（1）＋（3）＋（4）	
（6）	含税造价	（5）×（1＋相应税率）	

参 考 文 献

[1] 中华人民共和国建筑法. 1997.
[2] 中华人民共和国建设部和中华人民共和国财政部. 关于印发《建筑安装工程费用项目组成》的通知, 建标 [2003] 206 号. 2003.
[3] 原建设部标准定额司. GB 50500—2008 建设工程工程量清单计价规范 [S]. 北京：中国计划出版社, 2008.
[4] 中华人民共和国财政部编译. 世界银行贷款项目招标采购文件样本 [M]. 北京：清华大学出版社, 1997.
[5] 国际咨询工程师联合会（FIDIC）. 土木工程施工国际通用合同条件 [M]. 3 版. 卢谦译. 北京：中国建筑工程出版社, 1986.
[6] 国际咨询工程师联合会（FIDIC）. 土木工程施工合同条件应用指南 [M]. 臧军昌, 等译. 北京：航空工业出版社, 1991.
[7] 国际咨询工程师联合会, 中国工程咨询协会. 施工合同条件 [M]. 王川译. 北京：机械工业出版社, 2002.
[8] 全国一级建造师主页资格考试用书. 3 版. 建设工程项目管理 [M]. 北京：中国建筑工业出版社, 2011.
[9] 全国一级建造师主页资格考试用书. 3 版. 建设工程经济 [M]. 北京：中国建筑工业出版社, 2011.
[10] 王维如, 赵志缙. 注册造价工程师考试复习教程 [M]. 上海：同济大学出版社, 1998.
[11] 全国建筑施工企业项目经理培训教材编委会. 工程招投标与合同管理 [M]. 北京：中国建筑工业出版社, 2000.
[12] 方东平, 等. 房屋建筑物安全管理制度与技术标准（中国工程院咨询研究项目）[M]. 北京：清华大学出版社, 2011.
[13] 王守清, 柯永建. 特许经营项目融资（BOT｜PFI 和 PPP）[M]. 北京：清华大学出版社, 2011.
[14] 卢谦. 建设工程招标投标与合同管理 [M]. 2 版. 北京：中国水利水电出版社, 知识产权出版社, 2011.
[15] 卢谦. 法律和商务文件汉英互译 [M]. 北京：中国建筑工业出版社, 2013.
[16] 孙继德. 建设项目的价值工程 [M]. 北京：中国建筑工业出版社, 2011.
[17] 陈肇元, 卢谦, 遇平静, 等. 制订《既有大型公共建筑质量安全管理办法（建议稿）》的研究. 原建设部质工程质量安全监督与行业发展司的科研课题报告（内部文件）. 2008.
[18] 卢谦, 林爱莲. 建筑物全寿命周期管理整体系统分析初探 [C] //2008 年中国工程管理论坛论文集. 鄂尔多斯, 2008 年 9 月（内部文件）.
[19] 陈肇元, 卢谦, 遇平静, 等. 建筑物全寿命周期质量安全管理制度研究. 原建设部质工程质量安全监督与行业发展司的科研课题报告（内部文件）. 2007.
[20] 何伯森. 工程项目管理的国际惯例 [M]. 北京：中国建筑工业出版社, 2007.
[21] 卢谦, 陈肇元, 遇平静. 论建立"建筑物全寿命周期质量安全管理制度"的必要性 [C] //2006 年中国工程管理论坛论文集. 哈尔滨, 2006.
[22] 王家远, 刘春乐. 建设项目风险管理 [M]. 北京：中国水利水电出版社, 知识产权出版社, 2004.

[23] 王维如,赵志缙.注册造价工程师考试复习教程[M].上海:同济大学出版社,1998.
[24] 郎荣鑫,吴涛.施工企业项目管理[M].北京:中国人民大学出版社,1993.
[25] 卢谦,唐连珏,等.建筑工程招标投标手册[M].北京:中国建筑工业出版社,1987.
[26] 江景波.网络计划的计算与实例[M].上海:科学技术出版社,1983.
[27] 国家计委施工管理局.工程建设招标投标实例选.内部资料.1985.
[28] 周概容.概率论与数理统计[M].北京:高等教育出版社,1984.
[29] 复旦大学.概率论[M].北京:高等教育出版社,1986.